Christoph Kolumbus

Heinrich Pleticha

Christoph Kolumbus

Der Beginn der Neuzeit

Redaktion: Erhard Bethke
Kartenzeichnungen: Rudolf Fahnert

Lizenzausgabe 1987 für
Manfred Pawlak Verlagsgesellschaft mbH,
Herrsching

Schutzumschlag: Bine Cordes, Weyarn
Schutzumschlagmotiv: Blauel-Artothek, München

ISBN: 3-88199-360-6

Inhalt

Dieses Werk baut auf Texten wichtiger Publikationen auf
(siehe Quellennachweis am Ende des Buches).
Zitatanfänge sind durch ein Initial,
Zitatabschlüsse durch ein □ gekennzeichnet.
Die Zwischenüberschriften wurden zusätzlich aufgenommen.
Überleitungen dienen der Schaffung von Zusammenhängen
und Kommentaren.
Die Namensschreibungen entsprechen –
von den vereinheitlichten Hauptnamen abgesehen –
der Schreibung in den Originaltexten.
Daraus erklären sich abweichende Schreibungen.
Ebenso sind in einzelnen Fällen
altertümliche Begriffe und Schreibweisen
durch die Zitate bedingt.

Kubilai-Khan, die Perlen von Zipangu und der »Priesterkönig Johannes« oder: Der Weg nach Indien

So wie jeder einzelne Mensch hineingestellt ist in den »ewigen Fluß der Dinge«, in Werden und Vergehen, und nur ein winziges Glied bleibt in der Kette der Generationen, empfangend und gebend zugleich, so ist es häufig auch mit historischen Ereignissen. Es wäre falsch, sie losgelöst zu sehen von Vergangenheit und Zukunft. Meist reichen die Wurzeln für ein Geschehen weit zurück in die Vergangenheit, verzweigen sich und lassen Ursache und Wirkung verspüren. Zusammenhänge und Querverbindungen ergeben sich oft dort, wo man sie am wenigsten vermutet, und ein besonderer Reiz liegt im Aufspüren historischer Beziehungen und Wechselwirkungen.

Gewiß darf der strenge Historiker nicht mit »wenn« und »aber« arbeiten, dem Laien jedoch, der Zusammenhänge nicht nur analysieren, sondern Geschichte auch erleben will, mag es innerhalb gewisser Grenzen erlaubt sein, beim Nachspüren, bei Rück- und Ausblicken schon gelegentlich die Frage zu stellen, was gewesen wäre, wenn . . .

Jedes Kind kennt die große Tat des Christoph Kolumbus, und mögen Geschichtszahlen auch noch so verpönt sein, das Jahr 1492, in dem er Amerika entdeckte, ist doch allgemein bekannt. Wer aber kennt die Beweggründe für sein Unternehmen? Wer weiß etwas von seinen Ideen und Plänen oder den technischen Voraussetzungen dieser Fahrt nach Westen quer über den unbekannten Ozean? Dabei basieren sie auf Ereignissen, die rund zwei Jahrhunderte vor seiner Reise liegen. Und so stellt sich die Frage, ob wohl dieser Kolumbus seine Fahrt nach Westen auch unternommen hätte, wenn nicht im Jahr 1271 ein anderer Italiener mit beinahe dem gleichen Ziel, nur in genau entgegengesetzter Richtung und auf dem Landweg zu einem ähnlich großen Abenteuer ausgezogen wäre.

Es war der siebzehnjährige Venezianer Marco Polo, der seinen Vater Niccolo und seinen Onkel Maffeo an den Hof des Großkhans Kubilai nach China begleitete. Vielleicht wäre die Reise dieser drei überhaupt nicht weiter bekanntgeworden, hätte Marco nicht nach seiner Rückkehr einen ausführlichen Bericht darüber aufgeschrieben oder, besser gesagt, diktiert.

»Marco Millione« und die Wunder von Kambalu

Selten hat ein Werk eine so nachhaltige Wirkung erzielt. Die Zeitgenossen nahmen die Nachrichten über die Länder im Fernen Osten mit ungläubigem Staunen zur Kenntnis und bezichtigten Marco Polo des Schwindels. »Marco Millione« nannten sie ihn, was wir wohl am besten mit Marco, das Großmaul, übersetzen dürfen. Was er von Kambalu, der Residenz des Großkhans, dem heutigen Peking, berichtete, von Papiergeld und brennenden Steinen, mußte für die Europäer der damaligen Zeit, noch befangen in den Vorstellungen des späten Mittelalters, zunächst unglaubwürdig bleiben:

Wenn der Großkhan nach seiner Hauptstadt zurückgekehrt ist, hält er einen großen und prächtigen Hof, der drei Tage lang dauert, und währenddessen gibt er seiner Umgebung große Banketts und andere Feste. Die Feierlichkeiten dieser drei Tage sind in der Tat bewunderungswürdig. Die Menge der Einwohner und die Zahl der Häuser in der Stadt sowie in den Vorstädten ringsum (von denen es im ganzen zwölf gibt, entsprechend der Anzahl der Tore) ist unbegreiflich groß. Die Vorstädte sind sogar noch bevölkerter als die eigentliche Stadt, und dort nehmen die Kaufleute und andere, deren Geschäfte sie zur Hauptstadt führen und die dahin in großer Zahl ziehen, weil sie die Residenz des Hofes ist, ihre Wohnung. Wo auch immer der Kaiser seinen Hof hält, dahin wallfahrten diese Leute aus allen Gegenden, um ihre verschiedenen Gewerbe zu betreiben. In den Vorstädten gibt es ebenso hübsche Häuser und stattliche Gebäude wie in der eigentlichen Stadt, den Palast des Großkhans freilich ausgenommen. Keine Leiche darf im Weichbilde der Stadt begraben werden, und die Leichname der Heiden, bei denen es Brauch ist, die Toten zu verbrennen, werden an die gewöhnliche Stelle jenseits der Vorstädte geschafft. Dort finden auch die Hinrichtungen statt. Lustdirnen dürfen, es müßte denn ganz im geheimen geschehen, ihr Gewerbe nicht in der inneren Stadt betreiben, sondern müssen in den Vorstädten wohnen, wo, wie schon angegeben wurde, sich über fünfundzwanzigtausend aufhalten; auch ist diese Zahl nicht größer als notwendig für die ungeheure Schar von Kaufleuten und anderen Fremden, welche, vom Hof hierher gezogen, beständig ankommen und abreisen. Nach dieser Stadt findet alles, was in der Welt selten und kostbar ist, seinen Weg, und besonders gilt dies von Indien, welches Edelsteine, Perlen und verschiedene Spezereien und Gewürze schickt. Aus den Provinzen Kataias selbst sowie aus den anderen Län-

Die Menschen um 1500 erwarteten und befürchteten von den neuen Welten die merkwürdigsten Erscheinungen – ähnlich manchen heutigen Vorstellungen von Lebensformen im All. Der Holzschnitt aus dem Bericht des Mandeville: »Reisen« (geschr. im 14. Jh., Ausgabe von 1521) schildert ein Gewächs, aus dessen Früchten »ein wirkliches Tier in der Art eines Lammes« hervortritt.

dern des Reiches werden alle wertvollen Waren hierhergebracht, um den Bedarf der Menge, welche ihren Aufenthalt in der Nähe des Hofes nimmt, zu befriedigen. Die Menge der Waren, die hier verkauft wird, übertrifft den Handel aller anderen Plätze; denn nicht weniger als tausend Wagen und Packpferde, die nur mit roher Seide beladen sind, ziehen täglich in die Stadt ein, und goldene Gewebe und Seidenstoffe aller Art werden hier in ungeheurer Menge angefertigt. In der Nachbarschaft der Hauptstadt gibt es viele befestigte und andere Städte, deren Einwohner hauptsächlich vom Hofe leben; sie führen ihre Waren auf den Markt der Hauptstadt und nehmen dagegen solche Dinge mit sich, derer sie selbst bedürfen.

Die Kunst, Geld zu machen

In der Stadt Kambalu befindet sich die Münze des Großkhans, von dem man in Wahrheit sagen kann, daß er das Geheimnis der Alchimisten besitzt, da er die Kunst versteht, Geld auf folgende Weise zu verfertigen. Er läßt die Schale von solchen Maulbeerbäumen abstreifen, deren Blätter zum Futter der Seidenwürmer dienen, und nimmt davon die dünne innere Rinde, welche sich zwischen der rauheren Borke und dem Holze des Baumes befindet. Diese läßt er einweichen und darauf in einem Mörser zerreiben, bis sie zu Brei geworden ist; daraus wird das Papier gemacht, welches dem aus Baumwolle hergestellten gleicht, aber ganz schwarz ist. Ist dieses fertig, so wird es in Geldstücke von verschiedener Größe zerschnitten, fast viereckig, aber zuweilen etwas länger als breit. Von diesen gilt das kleinste einen kleinen Pfennig, dann ein etwas größeres einen venezianischen Silbergroschen, ein anderes zwei Groschen, dann fünf und zehn, wieder andere einen, zwei, drei bis zu zehn goldenen Byzantinen, und all dieses Papier wird mit großem Gepränge und Aufsehen hergestellt, als wenn es lauter lötig Silber und klares Gold wäre; denn auf jedes Stück schreiben eine Anzahl Beamte, die dazu besonders angestellt sind, nicht allein ihre Namen, sondern drükken auch ihr Siegel darauf, und wenn dieses in regelrechter Weise von allen vollzogen ist, so taucht der oberste Münzmeister, der von Sr. Majestät dazu bestellt ist, das ihm anvertraute Siegel in Zinnober und stempelt damit das Stück Papier, so daß die Form des Siegels zinnoberrot darauf abgedruckt ist; auf diese Weise erhält es volle Kraft als gültige Münze, und wenn es jemand nachmachen wollte, so würde er als Kapitalverbrecher bestraft werden. Wenn das in so großer Menge geprägte Papiergeld in allen Provinzen des Großkhans in Umlauf gesetzt worden ist, wagt niemand, bei Gefahr seines Lebens, sich zu weigern, es als Zahlung anzunehmen. Alle seine Untertanen nehmen es, wohin sie auch ihr Geschäft rufen mag, ohne Zögern an, weil sie es für Waren, die sie gerade kaufen wollen, loswerden sowie gegen Perlen, Juwelen, Gold oder Silber. Kurz, man kann dafür alle Waren erhalten, welche man kaufen will.

Zu verschiedenen Zeiten im Laufe des Jahres kommen große Handelskarawanen mit den schon oben erwähnten Artikeln und mit goldenen Geweben an, die sie vor Sr. Majestät niederlegen. Darauf ruft er zwölf erfahrene und geschickte Männer, die zu diesem Zwecke erwählt worden sind, und befiehlt ihnen, die Waren genau zu prüfen und den Wert festzustellen, zu welchem sie gekauft werden können. Bei der

Summe, die auf das gewissenhafteste angegeben wird, erlaubt er einen vernünftigen Gewinn und zahlt dann augenblicklich jenes Papier dafür, und dagegen haben die Eigentümer nichts einzuwenden, da es, wie schon bemerkt, für ihre eigenen Einkäufe wieder verwendet werden kann; wenn sie Einwohner eines Landes sein sollten, wo diese Art Geld nicht im Umlauf ist, verwenden sie den Betrag für den Einkauf anderer Waren, die sich für ihre eigenen Märkte eignen. Wenn irgend jemand Papiergeld besitzt, welches von langem Gebrauche beschädigt worden ist, so bringt er es in die Münze, wo er mit Bezahlung von nur drei Prozent neue Noten einwechseln kann. Sollte jemand sich gern Gold oder Silber verschaffen wollen, um es zu verarbeiten, z. B. zu Bechern, Gürteln oder anderen Gegenständen, die aus diesen Metallen verfertigt werden, so wendet er sich gleichfalls an die Münze und erhält für sein Papier die Metallstücke, die er braucht. Die sämtlichen Truppen Sr. Majestät werden mit diesem Kurant bezahlt, welches für sie von demselben Werte ist, als wenn es Gold oder Silber wäre. Aus diesem Grunde kann man wohl behaupten, daß der Großkhan über einen größeren Schatz gebietet als irgendein anderer Monarch in der Welt.

Köstlicher Wein und schwarze Steine zum Heizen

Der größere Teil der Einwohner der Provinz Kataia trinkt eine Art Wein, welcher aus Reis mit verschiedenen Gewürzen und Spezereien zubereitet wird. Dieses Getränk oder dieser Wein, wie es genannt werden mag, ist so gut und blumig, daß sie kein besseres wünschen. Er ist klar, glänzend und angenehm im Geschmack und berauscht, wenn er erhitzt wird, leichter als irgendein anderes Getränk.

Durch das ganze Land Kataia findet man einen schwarzen Stein, den man aus den Bergen gräbt, wo er in Adern läuft. Wenn er angezündet wird, brennt er wie Kohle und hält das Feuer weit besser als das Holz, so daß es die ganze Nacht hindurch erhalten werden kann und am Morgen noch brennend gefunden wird. Diese Steine haben keine Flamme, außer daß sie ein wenig auflodern, wenn sie angezündet werden, aber während ihres Brandes strömen sie viel Hitze aus. Allerdings ist kein Mangel an Holz in dem Lande, aber die Menge der Einwohner ist so ungeheuer, und die Öfen und Bäder, die sie beständig heizen, sind so zahlreich, daß die vorhandene Menge für das Bedürfnis nicht hinreichen würde; denn man pflegt dort wenigstens dreimal die Woche und im Winter womöglich an jedem Tage das Bad zu besuchen. Jeder Mann von Rang und Vermögen hat eins zu seinem eigenen Gebrauche in seinem Hause, und all das vorhandene Holz würde bald für solchen Verbrauch unzureichend erscheinen, während diese Steine in größtem Überflusse vorhanden und sehr wohlfeil zu erhalten sind. □

Stadt der zwölftausend Brücken: Quin-sai

Bei seinem jahrzehntelangen Aufenthalt in China lernte Marco Polo zahlreiche Provinzen und wichtige Städte kennen. Zu den interessantesten Teilen seines Reisewerks gehört die Beschreibung der »edlen und prachtvollen Stadt Quin-sai«, das heutige Hangtschou, das seit dem 12. Jahrhundert kaiserliche Residenzstadt war. Er spricht hier, wie stets in dem Reisewerk, von sich selbst in der dritten Person:

Diese Stadt wurde öfter von Marco Polo besucht, der sorgfältig und fleißig alles beobachtete und sich nach allem erkundigte, was sie betraf. Er machte sich Aufzeichnungen, aus denen folgende Einzelheiten wiedergegeben werden sollen. Nach der allgemeinen Schätzung hat die Stadt hundert Meilen im Umfange. Ihre Straßen und Kanäle sind sehr weit, und es gibt daselbst Marktplätze, die eine außerordentlich große Ausdehnung haben, weil sie eine ungeheure Menschenmenge aufnehmen müssen. Auf der einen Seite der Stadt liegt ein See mit frischem, klarem Wasser, auf der andern aber ein Strom, dessen Wasser durch zahlreiche große und kleine Kanäle in die Stadt geleitet wird. Diese führen allen Schmutz in den See und von dort in das Meer, so daß stets eine reine und gesunde Luft in der Stadt vorhanden ist. Überall kann man auf den Gassen gehen, fahren und reiten und daneben auf den Kanälen in Schiffen dahingleiten. Die Straßen und Kanäle sind so groß, daß sie Raum bieten für die Boote auf der einen und für die Wagen auf der andern Seite, welche ganz bequem mit den für die Bedürfnisse der Bewohner nötigen Gegenständen dahinfahren können. Man sagt allgemein, daß die Zahl der Brücken, der großen und kleinen, sich auf zwölftausend belaufe. Die, welche über die Hauptkanäle geschlagen sind und in Verbindung mit den vornehmsten Straßen stehen, haben so hohe und mit solcher Kunst aufgerichtete Bögen, daß Schiffe mit ihren Masten unter ihnen wegfahren können, während zu gleicher Zeit über sie Karren und Menschen hinwegziehen; so gut ist der Auf- und Abstieg von den Straßen der Höhe des Bogens angepaßt. Wären diese Brücken aber nicht so zahlreich, so könnte man nicht so bequem von einem Platze zum andern gelangen.

Breite Kanäle und eine Vielzahl von Märkten

Außerhalb der Stadt zieht sich ein Graben, der sie auf der einen Seite umfaßt, etwa vierzig Meilen hin; er ist sehr breit und mit Wasser gefüllt, welches aus dem vorerwähnten Flusse kommt. Ihn ließen die alten Könige des Landes ausgraben, damit, wenn der Fluß seine Ufer überströmen sollte, das überflüssige Wasser sich in diesen Kanal ergösse. Zu gleicher Zeit sollte er auch als Verteidigungsmittel dienen. Die Erde, die daraus gehoben ward, wurde nach der einen Seite geworfen, und das sieht nun aus, als wenn viele Hügel den Platz umgäben.

Die Zeit auf einen Blick

1369–1415	Hus, tschechischer Reformator
1386	Gründung der Universität Heidelberg
1389	Türkenkrieg in Serbien (Amselfeld)
1391	Judenverfolgungen in Spanien
1393	Timurs Mongolenheer in Persien
1394–1460	PRINZ HEINRICH DER SEEFAHRER
1399 (97) bis 1468	Gutenberg
1401–1464	Nikolaus von Kues, deutscher Philosoph und Theologe
1402	Erste deutsche Bank (Frankfurt)
1410–1469	Montezuma, Aztekenherrscher
1412–1431	Johanna von Orleans
1415	Grundregeln der perspektivischen Darstellung (Brunellesco)
1419–1434	Hussitenkreuzzüge
1421	Himmelstempel in Peking vollendet
1422	Nordfrankreich unter englischer Herrschaft
1430	Donatellos David (Darstellung des nackten Menschen)
1431	Johanna von Orleans verbrannt
1431–1503	Alexander VI. Borgia-Papst
1433–1477	Karl der Kühne von Burgund
1436–1488	Verrocchio, ital. Maler und Bildhauer
1440–1505	Iwan III., Zar von Rußland
1443–1490	Corvinus, König von Ungarn und Böhmen
1444	ERSTE PORTUGIESISCHE SKLAVENJAGD IN AFRIKA
1449–1492	Lorenzo de Medici, kunstsinniger Fürst von Florenz
1451–1504	Isabella von Kastilien
1452–1498	Savonarola, ital. Bußprediger
1451–1506	KOLUMBUS
1452–1519	Leonardo da Vinci

Es gibt innerhalb der Stadt zehn Hauptmarktplätze, außer den unzähligen Kaufhallen in den Straßen. Jede Seite dieser viereckigen Plätze ist eine halbe Meile lang, und an ihnen läuft die Hauptstraße hin, die vierzig Schritt breit ist und in einer geraden Linie von einem Ende der Stadt zum anderen geht. Es durchschneiden sie viele niedrige und bequeme Brücken. Diese viereckigen Marktplätze, deren Ausdehnung je zwei Meilen beträgt, sind einer von dem anderen vier Meilen entfernt. In paralleler Richtung mit der Hauptstraße, aber auf der anderen Seite der Plätze, läuft ein sehr breiter Kanal, auf dessen näherer Seite geräumige Warenhäuser von Stein aufgeführt sind; und das geschah zur

1453	Türken in Konstantinopel
1455	Gutenberg druckt 42zeilige Bibel
1456	Cadamosto auf den Kapverden
1458	Griechenland türkisch
1459–1525	Jac. Fugger, dtsch. Großbankier und Industrieller
1461	Villon schreibt Kleines und Großes Testament
1466–1536	Erasmus von Rotterdam, bedeutender Humanist
1471	Portugiesen an der Goldküste
1471–1528	Dürer
1473–1543	Kopernikus
1475–1564	Michelangelo
1476	Schweizer schlagen das Ritterheer Karls des Kühnen von Burgund
1476	Verrocchio und Leonardo da Vinci: Die Taufe Christi
1480–1492	Letzter Maurenkrieg und Besetzung Granadas
1480–1521	Magellan, port. Weltumsegler
1483	Kanarische Inseln spanisch
1483	Diego Cao am Kongo
1483–1520	Raffael
1483–1546	Luther
1484–1531	Zwingli, schweiz. Reformator
1488–1525	Thomas Münzer, revolutionärer Bauernführer
1491–1556	Ignatius von Loyola, Begründer des Jesuitenordens
1492	Kolumbus in Amerika
	behaim-Globus entsteht
1493	Teilung der Welt zwischen Spanien und Portugal
1493	Bundschuh-Bauernaufstand im Elsaß
1493–1541	Paracelsus, bedeutender Arzt und Naturforscher
1497–1560	Melanchthon, Religionsphilosoph und Reformator
1498	Kolumbus an Südamerikas Küste

Bequemlichkeit der Kaufleute, die mit ihren Gütern aus Indien und anderen Gegenden kommen, damit sie einen zweckmäßigen Stand für den Markt haben. Auf jedem der Plätze versammeln sich an drei Tagen in jeder Woche vierzig- bis fünfzigtausend Personen, welche auf den Markt kommen, um sich mit jeglichem Vorrate zu versehen. Da gibt es eine Menge Wild aller Art, wie Rehböcke, Hirsche, Damhirsche, Hasen und Kaninchen mit Rebhühnern, Fasanen, Birkhühnern, Wachteln, Haushühnern, Kapaunen und eine unbeschreiblich große Zahl von Enten und Gänsen; denn diese werden sehr leicht auf dem See aufgezogen, so daß man zum Werte eines venezianischen Silbergro-

1498	Verbrennung Savonarolas
1500	Brasilien portugiesisch
1500	Michelangelos Pietá entsteht
1500	Cabral in Brasilien
1500	Rechenbuch des Adam Riese
1500–1558	Karl V., dt. Kaiser
1501	Gründung des neupersischen Safawiden-Reiches
1502	Juden- und Maurenvertreibung in Spanien
1502	Kolumbus auf mittelamerikanischem Festland
1504	David von Michelangelo
1509–1564	Calvin, schweiz. Reformator
1510	Taschenuhr von Peter Henlein
1513	Balboa entdeckt den Pazifik
1513–1517	Bauernaufstände in Europa
1517	Reformation in Deutschland (Thesenanschlag)
1516	Raffaels Sixtinische Madonna
1519	Fugger finanziert Kaiserwahl
1521	Philippinen entdeckt
1524–1525	Große Bauernrevolution in Deutschland
1522	Luthers Bibelübersetzung
1528	Weltbild des Kopernikus
1529	Türken vor Wien
1529	Tabak in Spanien eingeführt
1533	Ende des Inka-Reiches, Peru spanisch
1534	Cartier entdeckt Kanada
1538	Kaffee wird in Europa bekannt
1540	Las Casas' Indianerbericht
1548	Michelangelo führt den Bau der Peterskirche fort (nach den Plänen Bramantes begonnen)
1548	Die Kartoffel kommt nach Europa

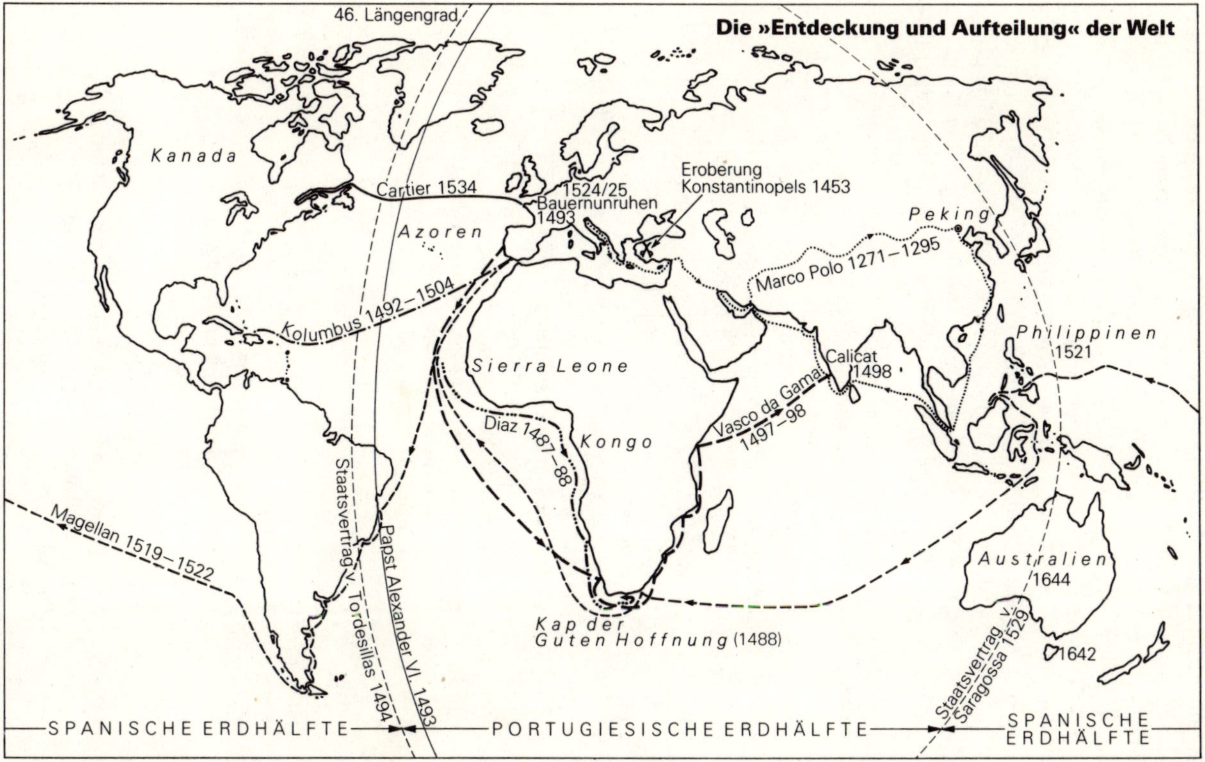

Die »Entdeckung und Aufteilung« der Welt

schens ein Paar Gänse und zwei Paar Enten kaufen kann. Da gibt es auch Schlachthäuser und Fleischbänke, wo das Vieh geschlachtet wird, wie Ochsen, Kälber, Böcke und Lämmer, um die Tische der reichen Leute und der hohen Magistratspersonen zu versorgen. Das Volk der niederen Klassen macht sich kein Bedenken daraus, jede andere Art von Fleisch ohne Auswahl, auch wenn es unrein ist, zu verzehren. Zu allen Jahreszeiten gibt es auf den Märkten eine Menge von Kräutern und Früchten aller Art und besonders Birnen von so außerordentlicher Größe, daß eine zehn Pfund wiegt; sie sind innen weiß wie Teig und von angenehmem Geruch. Auch sind zur Zeit der Reife Pfirsiche von lieblichem Geschmack vorhanden, gelbe und weiße. Trauben wachsen hier nicht; sie werden jedoch in gut getrocknetem Zustande aus anderen Gegenden eingeführt. Dasselbe gilt auch von dem Weine, den die Einwohner nicht sehr hochhalten, da sie an ihr eigenes Getränk aus Reis und Gewürzen gewöhnt sind. Von dem Meere, welches fünfundzwanzig Meilen entfernt ist, wird täglich den Fluß aufwärts nach der Stadt eine ungeheure Menge Fische gebracht; auch im See gibt es Fische im Überfluß, und eine Menge Menschen haben keine andere Beschäftigung, als sie zu fangen. Es gibt verschiedene Arten, je nach der Jahreszeit, und durch den Genuß der Abfälle, die sie aus der Stadt erhalten, werden sie groß und fett. Wenn man die Menge der eingeführten Fische sieht, könnte man glauben, es sei unmöglich, sie zu verkaufen, und doch sind sie in Zeit von wenig Stunden verschwunden; so groß ist die Zahl der Einwohner, und zwar der Leute, die sich solchen Luxus erlauben können; denn Fisch und Fleisch wird bei einer Mahlzeit gespeist. Jeder von den zehn Marktplätzen ist mit hohen Wohngebäuden umgeben, in deren unteren Teilen sich Kaufläden befinden, wo alle Arten von Waren lagern und verkauft werden; so unter anderem Spezereien, Gewürze, Tand aller Art und Perlen. In gewissen Läden wird nichts anderes verkauft als der Wein des Landes, den sie beständig brauen und den Leuten frisch zu einem mäßigen Preise ablassen. Die Straßen, die mit den Marktplätzen in Verbindung stehen, sind zahlreich, und in einigen von ihnen gibt es kalte Bäder, in denen Diener beiderlei Geschlechts bereit sind, die Abwaschung bei Männern und Frauen vorzunehmen. Die Besucher dieser Anstalten sind von Kindheit an gewohnt, in kaltem Wasser zu baden, was sie der Gesundheit für sehr zuträglich halten. Doch haben sie an diesen Badeplätzen Zimmer, die mit warmem Wasser versehen sind, zum Gebrauch der Fremden, die, weil sie nicht daran gewöhnt sind, den Schauer des kalten Wassers nicht vertragen können. Alle pflegen sich täglich zu baden und besonders vor ihren Mahlzeiten.

Die Straßen, in denen die Kurtisanen wohnen

In anderen Straßen befinden sich die Wohnungen der Kurtisanen, deren Zahl so groß ist, daß ich es gar nicht wage, sie zu nennen. Und nicht allein bei den Märkten, deren Lage für ihren Aufenthalt am geeignetsten ist, sondern in jedem Teile der Stadt sind sie zu finden, prächtig aufgeputzt und außerordentlich parfümiert, in schön eingerichteten Häusern und umgeben von zahlreichen Dienerinnen. Diese Frauenzimmer sind erfahren und vollkommen in den Künsten der Verlockung und Betörung, die sie schmeichlerisch für die Personen eines jeden Standes anzuwenden verstehen, so daß Fremde, die einmal ihre Reize gekostet haben, in einen Zustand der Verzauberung versetzt werden und von ihren buhlerischen Künsten so berückt sind, daß sie die Bestrickung nie wieder verwinden können; berauscht von den sinnlichen Genüssen kehren sie in ihre Heimat zurück und erzählen, sie seien in Quin-sai oder der Himmelsstadt gewesen, und sehnen sich nach der Zeit, wo sie in das Paradies wieder zurückgelangen können.

In anderen Straßen liegen die Wohnungen der Ärzte und der Astrologen, die auch Unterricht im Lesen und Schreiben sowie in vielen anderen Künsten erteilen; ihre Zimmer liegen in den Häusern, die den Marktplatz umgeben.

Auf den entgegenstehenden Seiten eines jeden dieser Plätze stehen zwei große Gebäude, wo die von Sr. Majestät bestellten Beamten sich befinden, um sogleich Kenntnis zu nehmen von irgendwelchen Mißhelligkeiten, die sich zwischen den fremden Kaufleuten oder unter den Einwohnern der Stadt erheben können. Es ist auch ihr Amt, darauf zu sehen, daß die Wachen auf den verschiedenen Brücken, die in ihren Bezirk gehören (wovon später noch die Rede sein soll), pflichtmäßig besetzt werden, und im Fall der Nachlässigkeit die Ungehorsamen nach ihrem Gutdünken zu bestrafen.

Und überall sorgen Wachen für das Wohl der Menschheit

In jeder Straße dieser Stadt befinden sich steinerne Gebäude oder Türme, wohin die Einwohner ihre Habe schaffen können, wenn etwa Feuer in irgendeinem Bezirke ausbricht, ein Unglück, das durchaus nicht ungewöhnlich ist, da alle Häuser zumeist aus Holz erbaut sind. Auf Anordnung Sr. Majestät ist eine Wache von zehn Mann unter einem Dache auf allen Hauptbrücken aufgestellt, von denen fünf bei Tage und fünf bei Nacht Dienst tun. In jedem der Wachthäuser befindet sich ein lauttönendes Instrument aus Holz, ferner ein anderes aus Metall, nebst einer Wasseruhr (horiulo), von welcher letzteren die Stunden bei Tag und Nacht angezeigt werden. Sobald die erste Stunde der Nacht vorbei ist, führt einer der Wächter einen einzigen Schlag auf das hölzerne Instrument und auf den metallenen Gong (bacino), wodurch den Leuten in der Nachbarschaft verkündet wird, daß es ein Uhr ist. Nach Verlauf der zweiten werden zwei Schläge getan und so fort, indem die Zahl der Schläge zunimmt, wie die Stunden vorrücken.

Die Wache darf nicht schlafen und muß immer bereit sein. Am Morgen, sobald die Sonne scheint, wird wieder ein einziger Schlag gegeben, wie am Abend, und so fort von Stunde zu Stunde. Einige dieser Wächter durchziehen die Stadt, um nachzusehen, ob jemand nach Ablauf der bestimmten Stunde noch Feuer oder Licht brennt. Sobald sie dieses Vergehen entdecken, heften sie ein Zeichen an die Tür, und am Morgen wird der Eigentümer des Hauses vor den Magistrat gerufen, von dem er, wenn er nicht eine genügende Entschuldigung für die Übertretung des Gesetzes findet, zu einer Strafe verurteilt wird. Sollten sie jemand außer dem Hause zu ungesetzlicher Stunde finden, so fangen sie ihn und sperren ihn ein, und am Morgen wird er vor denselben Gerichtshof geführt.

Wenn sie am Tage irgendeine Person treffen, die wegen Lähmung oder wegen eines anderen Gebrechens unfähig ist zu arbeiten, so bringen sie dieselbe in eins der Hospitäler, deren mehrere in jedem Teile der Stadt liegen. Sie wurden von den alten Königen gegründet und auf das freigebigste ausgestattet. Wenn der Mann geheilt ist, muß er in irgendeinem Geschäfte arbeiten.

Sobald ein Feuer in einem Hause ausbricht, machen sie Lärm, indem sie auf die hölzernen Maschinen schlagen, worauf die Wächter von allen Brücken innerhalb einer gewissen Entfernung herbeieilen, um es zu löschen und um die Güter der Kaufleute und anderer Personen zu retten, indem sie dieselben in die steinernen Türme schaffen, die wir schon erwähnt haben. Die Güter werden zuweilen auch in Boote geladen und nach den Inseln im See gebracht. Sogar bei solchen Gelegenheiten wagen die Einwohner es nicht, aus ihren Häusern zu gehen, wenn etwa das Feuer bei Nacht ausbricht, und nur die sind zugegen, deren Güter wirklich fortgeschafft werden müssen, nebst der zum Beistande versammelten Wache, die selten in einer kleineren Anzahl als zu ein- und zweitausend Mann beteiligt ist. Auch in Fällen von Tumult und Aufruhr unter den Bürgern sind die Dienste dieser Polizeiwache nötig; aber unabhängig von ihnen hält Se. Majestät immer eine bedeutende Truppenmacht,

Fußvolk und Reiterei, gerüstet in der Stadt und in der Nachbarschaft. Den Befehl darüber gibt er seinen geschicktesten Hauptleuten und solchen, auf die er das größte Vertrauen setzen kann, wegen der außerordentlichen Wichtigkeit dieser Provinz und besonders wegen ihrer edlen Hauptstadt, welche an Größe und Reichtum jede andere Stadt in der Welt übertrifft.

Für die Nachtwachen sind Hügel von Erde aufgeworfen in einer Meile Entfernung voneinander, auf deren Gipfel ein hölzernes Haus steht mit einem Schallbrette, welches mit einem hölzernen Hammer von der dort aufgestellten Wache geschlagen wird und dessen Schall man in weiter Entfernung hören kann. Wenn nicht Vorsichtsmaßregeln solcher Art getroffen wären, so würde beim Ausbruche einer Feuersbrunst die halbe Stadt in Gefahr sein, in Flammen aufzugehen. □

Gold und Perlen aus Zipangu

Mehr noch als auf die Zeitgenossen wirkte der Reisebericht Marco Polos auf die Nachwelt. Besonders die Notizen über Japan, das Zipangu genannt wird, erhitzte die Phantasie; denn er versprach Reichtümer und Schätze, wenn man nur bereit war, sie zu holen:

Sie haben Gold im größten Überfluß, seine Quellen sind unerschöpflich, aber da der König die Ausfuhr nicht gestattet, so kommen wenig Kaufleute in das Land, auch wird die Insel selten von Schiffen aus fernen Gegenden besucht. Diesem Umstande müssen wir den ungeheuren Reichtum in dem Palaste des Königs zuschreiben, wenn das wahr ist, was uns von denen erzählt wurde, die Zutritt zum Palaste haben. Das ganze Dach ist mit Goldplatten versehen, gerade so wie wir die Häuser, oder richtiger die Kirchen, mit Blei decken. Die Decke der Säle besteht aus demselben köstlichen Metall; viele Zimmer haben kleine Tische, die von dickem, massivem Golde gearbeitet sind, und auch die Fenster zeigen goldene Verzierungen. So ungeheuer sind die Reichtümer des Palastes, daß es unmöglich ist, sich eine Idee davon zu machen. Auf dieser Insel gibt es auch Perlen in großer Menge, die von roter Farbe, rund und sehr groß sind, den weißen Perlen an Wert gleich, ja sie haben einen noch höheren Preis. Es ist bei einem Teile der Einwohner Brauch, die Toten zu begraben, bei den anderen, sie zu verbrennen. Erstere legen eine Perle in den Mund der Leiche. – Auch findet man daselbst viele köstliche Edelsteine. □

Dschingis-Khan, der Negus und der »Priesterkönig Johannes«

Es besteht kein Zweifel, daß auch Kolumbus diese Texte kannte. Er besaß ein Exemplar des Reisewerkes und muß es fleißig studiert haben, wie die zahlreichen handschriftlichen Anmerkungen darin beweisen, und auch er mag von den Schätzen Japan-Zipangus geträumt haben.

Aber diese bildeten nur einen kleinen Teil der Triebkräfte, die zu den großen Entdeckungsreisen des 15. Jahrhunderts anregten, an deren Höhepunkt die erste Fahrt des Kolumbus stand. Gewiß gehörten auch eine tüchtige Portion Abenteuerlust und der uralte menschliche Erkenntnisdrang, die Suche nach Neuem und Fremdem, mit dazu. Sicher hatte aber auch eine seltsame Sage von einem geheimnisumwobenen christlichen König, dem sogenannten Priester Johannes, manches zu den Fahrten beigetragen. Obwohl es diesen Herrscher nie gegeben hat, beeinflußte die Suche nach ihm und seinem Reich die Entdeckungsreisen der Portugiesen, die ein halbes Jahrhundert vor Kolumbus die afrikanische Westküste erkundeten. Was es mit ihm auf sich hat, schildert Richard Hennig, einer der besten Kenner dieses Problems:

Der Brief des »Priesterkönigs«

Im Jahre 1165 oder etwas später langte in Konstantinopel beim byzantinischen Kaiser Manuel I. ein merkwürdiger Brief an, den ihm angeblich der Priesterkönig unmittelbar geschrieben hatte. Abschriften davon wurden alsbald auch dem Papst und dem deutschen Kaiser Barbarossa übermittelt. Der Brief war ein wirr phantastisches Geschreibsel ohne jeden positiven Wert, lediglich auf Sensation und Großsprecherei eingestellt, von ausgesprochen kindlicher Denkart, ganz zweifellos das Werk irgendeines kleinen Geistes, dem es nur darauf ankam, Aufsehen zu erregen und von sich reden zu machen. Der Verfasser hat sich nie ermitteln lassen. Kaum kann es zweifelhaft sein, daß das ziemlich törichte Machwerk in Europa fabriziert worden ist. Wenn neuerdings die Meinung aufgekommen ist, Bischof Christian von Mainz könne der Verfasser gewesen sein, und wenn diese Vermutung sogar Gläubige gefunden hat, so muß klipp und klar ausgesprochen werden, daß es eine intellektuelle Beleidigung des hochbedeutenden Staatsmanns und Feldherrn Christian von Mainz, der Jahre hindurch sogar Barbarossas Statthalter in Deutschland und Reichskanzler war, darstellen würde, wenn man ihm die Abfassung eines so ausgesprochen dummen Schriftstücks zutrauen würde, das gar keinen praktischen Sinn hatte.

»Unser Land ist die Heimat und Wohnstätte der Elefanten, Dromedare, Kamele, Panther, Waldesel, weißen und roten Löwen, weißen Bären, weißen Merulen, Zikaden, stummen Greife, Tiger, Lamien, Hyänen, wilden Pferde, wilden Esel, wilden Ochsen und wilden Menschen, gehörnten Menschen, Einäugigen, Menschen mit Augen vorn und hinten, Zentauren, Faune, Satyrn, Pygmäen, 40 Ellen hohen Giganten, Zyklopen und ebenso gearteten Weiber, des Vogels, der Phönix heißt, und beinahe aller unter dem Himmel lebenden Tiergattungen«, heißt es da. Und rennomistisch fährt der Text fort:

»An unsrem Tische speisen, außer den zufällig kommenden Personen, täglich 30000 (!) Menschen, und alle erhalten aus unsren Kammern Geschenke, seien es Pferde, seien es andre Dinge. Der Tisch ist von kostbarstem Smaragd, vier Amethystsäulen stützen ihn . . . In je-

Marco Polo

Marco Polo wurde 1254 in Venedig geboren. Während er in seiner Heimatstadt aufwuchs, unternahmen sein Vater Niccolo und sein Onkel Maffeo als Kaufleute ausgedehnte Reisen, die sie bis an den Hof des Mongolenkaisers Kubilai-Khan führten. Marco war fünfzehn Jahre alt, als sie mit einer Botschaft Kubilais an den Papst aus China zurückkehrten. Zwei Jahre später durfte er die beiden auf ihrer zweiten Chinareise begleiten. Sie zogen in dreieinhalb Jahren über Persien in das Hochland von Pamir und von da durch die Wüste Taklamakan bis nach Kambalu, dem heutigen Peking, wo sie der Khan freundlich aufnahm. Besonders an Marco fand er Gefallen und übertrug dem jungen Mann, der bald verschiedene einheimische Dialekte erlernte, wichtige Verwaltungsmissionen. In Erfüllung dieser Aufgaben konnte Marco Polo weite Teile des riesigen mongolisch-chinesischen Reiches besuchen und dabei über andere unbekannte Gegenden Nachrichten einziehen. Erst 1292, also nach fast zwanzig Jahren, gestattete der Khan den Polos die Rückkehr. Reich beschenkt reisten sie diesmal auf dem Seeweg zurück.

Marco Polo trat in die Dienste seiner Vaterstadt und geriet 1298 während eines Krieges in genuesische Gefangenschaft. Hier diktierte er einem gelehrten Mitgefangenen seine Erlebnisse, die dieser in französischer Sprache niederschrieb. Diese »Beschreibung der Welt« stieß zunächst auf spöttische Ablehnung, und noch kurz vor seinem Tod Anfang 1324 wurde Marco Polo von den Freunden gedrängt, seine Behauptungen zu widerrufen. Aber schon wenige Jahrzehnte später galt das Werk als wichtige Quelle und eine Art Lehrbuch für Kartographen und Reisende.

Darstellung des »Priesterkönigs Johannes«
in einem Bericht des Paters Francisco Alvares über Äthiopien
Titelholzschnitt, 1540.

dem Monat bedienen uns 7 Könige nach der Reihe, 62 Herzöge, 265 Grafen und Marquis, diejenigen nicht eingerechnet, die zu verschiedenen Diensten verwendet werden. Täglich speisen an unsrem Tisch auf der rechten Seite 12 Erzbischöfe, auf der linken 20 Bischöfe, dazu der

Patriarch des heiligen Thomas, der sarmogenische Protopapa und der Archipapa von Susa, wo sich der Thron unsres Ruhmes und der kaiserliche Palast befinden . . . Nach einer Seite erstreckt sich unser Reich vier Monate; wie weit sich aber unsre Herrschaft nach der andren Seite ausdehnt, weiß niemand«.

In diesem fürchterlichen Geschwafel ist der ganze Brief gehalten, dessen geistiges Niveau erschreckend niedrig ist. Die beiden Kaiser haben den Betrug offenbar durchschaut, denn sie haben auf den Brief in keiner Weise reagiert. Wohl aber hat dies Papst Alexander III. getan, der seinerseits eine Art von Antwort verfaßte, einen Brief an »den berühmten und herrlichen König der Inder, den hochheiligen Priester«. Dieser wunderliche Brief ist in Venedig am 27. September 1177 geschrieben worden und sollte durch des Papstes Leibarzt Philippus dem Priesterkönig Johannes persönlich überbracht werden. Der Leibarzt hat sich auch mit dem Brief auf den Weg gemacht, ist aber verschollen geblieben. Niemand weiß, wohin er sich gewandt hat und wo er den Empfänger zu finden gedachte. Des Papstes Versuch, den Priesterkönig zum Anschluß an die römische Kirche zu bewegen, ist jedenfalls ein Fiasko gewesen.

Dschingis-Khan – Hoffnung der Christen

Es verging nun ein rundes Jahrhundert, in dem vom Priester Johannes keine Rede war. Es war von ihm auch nichts zu hören, als in dieser Zeit Sultan Saladin durch einen Sieg bei Tiberias (4. Juli 1187) dem Königreich Jerusalem ein Ende machte, ja als die Heilige Stadt selbst wieder von den Mohammedanern erobert wurde (3. Oktober 1187). Trotzdem flammte noch einmal und stärker denn je zuvor die Hoffnung in Palästina auf, daß der Priester Johannes oder einer seiner Nachfolger nun ganz sicher auf dem Wege sei, den europäischen Kreuzfahrern seine starke Hilfe zu leihen und dem verhaßten Islam einen tödlichen Schlag zu versetzen.

Dies geschah im Jahre 1221. Es mutet fast wie ein tragischer Witz der Geschichte an, daß ausgerechnet der entsetzliche Dschingis-Khan es war, der zu dieser Hoffnung Anlaß gab. Wieder wälzte sich ein ungeheures Heer von Osten gegen Europa heran, das dem Mohammedanismus schwere Schläge versetzte, wieder wurde, diesmal von Mongolen, 1221 Samarkand den Mohammedanern entrissen. Dazu kam, daß Georg IV. Lascha, der christliche König von Georgien, 1219 tatsächlich den Damiette belagernden Kreuzfahrern Waffenhilfe versprochen hatte. Beide Geschehnisse zusammen, die wohl kaum recht auseinandergehalten wurden, ließen die Erwartungen der Christen im Heiligen Lande zu höchster, freudiger Spannung emporwachsen. Kunde davon gibt ein geradezu jubelnder Brief des Jacques de Vitry, Bischofs von Akkon, der am 18. April 1221 an Papst Honorius III. geschrieben wurde.

Darin heißt es u.a.:

»Dieser König David, ein sehr mächtiger und sehr kriegserfahrener Fürst von klugem Verstand und siegerfahren in Schlachten, den der Herr in unsren Tagen erweckt hat, daß er ein Hammer der Heiden und ein Verderber der pestilenzialischen Lehre des ungetreuen Mohammed und seines fluchwürdigen Gesetzes sei, wird vom Volk der Priester Johannes genannt . . . Schon steht er nur noch 15 Tagesmärsche von Antiochien entfernt und eilt, ins Land der Verheißung zu kommen, um das Grab des Herrn zu sehen und den Heiligen Staat wieder aufzubauen«.

Neue Verwechslung: König David

Es muß nochmals darauf hingewiesen werden, daß es der entsetzliche Dschingis-Khan war, der in so leuchtenden Farben geschildert wurde und den man in Akkon als Priester Johannes ansah! Daß er jetzt den Namen David neben dem des Priesters Johannes führt, ist wieder durch ein Mißverständnis georgischer Erzählungen bedingt gewesen. Dawith (David) I. war ein kraftvoller Herrscher Georgiens gewesen, der einem mohammedanischen Heer in der Schlacht bei Didgori am 15. August 1121 eine empfindliche Niederlage beigebracht hatte. Dieser König David war schon 1124 gestorben, aber daß er es ist, der 100 Jahre später in des Jacques de Vitry Bericht hineinspielt, geht aus der weiteren Angabe hervor, daß der neue David oder Priester Johannes erst 16 Jahre alt sei. Mit 16 Jahren hatte nämlich König Dawith in der Tat den georgischen Herrscherthron bestiegen. Alte geschichtliche Erinnerungen des georgischen Volkes, das noch frische Hilfsversprechen des Georgierkönigs Georg, die alten Fabeln vom Priester Johannes und die neuen Gerüchte über ein aus dem Osten anrückendes Kriegsheer, das die Mohammedaner siegreich befehdete – alle diese Motive wurden zusammengeworfen, und das Resultat war die Erwartung, daß im Jahre 1222 gleichzeitig ein europäisches Kriegsheer unter Kaiser Friedrich II. und ein asiatisches unter dem Priester Johannes ins Heilige Land einziehen und die Mohammedaner vertreiben würden. Es kam ganz anders!

Ernüchterung und Hinwendung nach Asien

Statt weiter den Mohammedanern Schläge zuzufügen, brach das Heer des vermeintlichen Priesterkönigs in das christliche Land Georgien ein und verheerte es in fürchterlichster Weise. Die von dort zugesagte Waffenhilfe blieb nun natürlich aus. Ja, die georgische Königin Ruffudan sah sich sogar gezwungen, sich ihrerseits mit einem Hilferuf an den Papst zu wenden. Ein Heeresteil des Dschingis-Khan stürmte noch weiter nach Südrußland vor, errang dort einen großen Sieg in der Schlacht an der Kalka (31. Mai 1223), kehrte dann aber einstweilen zum Hauptheer zurück, das erst fünfzehn Jahre später, seit 1238, Rußland zu überfluten begann, um dann in den nächsten Jahren tief nach Europa vorzustoßen, bis aufs Liegnitzer Schlachtfeld (9. April 1241), vor die Tore von Wiener Neustadt und an die Adria (1242). Der vermeintliche Priester Johannes, Dschingis-Khan, und nach seinem Tode (18. August 1227) seine Nachfolger erwiesen sich gerade für die Christenheit als schlimmste aller Gottesgeißeln.

Als durch den Tod des Großkhans Occoday (11. Dezember 1241) die mongolische Gefahr für Europa 1242 unvermutet abgewendet wurde, suchten die christlichen Machthaber Europas in Friedenszeiten freundschaftliche Fühlung mit den Mongolen zu erhalten, weil sich das Gerücht erhielt, es seien viele Christen unter ihnen, und weil sie in jedem Fall der christlichen Lehre sehr viel toleranter gegenüberstanden als die fanatischen Mohammedaner. Der Papst und König Ludwig IX. von Frankreich sandten mehrfach Gesandte, meist Geistliche, an den Hof des Großkhans zu Karakorum in der Mongolei, immer von der Hoffnung betrogen, sie könnten die religiös meist völlig indifferenten Mongolen zum Christentum bekehren. Unter diesen Reisen in die ferne Mongolei waren einige, die hohe Bedeutung für die Erweiterung des erdkundlichen Bildes erlangten. Die vortrefflichen Reiseberichte eines Pietro Carpini (1245–1247) und eines Wilhelm von Rubruk (1253–1255) gehören zu den besten Werken mittelalterlicher Geographie und sind würdige Vorläufer des bedeutendsten dieser Reisewerke, das ein Marco Polo lieferte.

Bezeichnend ist es, daß alle diese Asienfahrer des dreizehnten Jahrhunderts eine ihrer Hauptaufgaben darin erblickten, nach dem Reich des Priesterkönigs Johannes Ausschau zu halten und Erkundungen darüber einzuziehen. Alle Versuche dieser Art blieben aber ohne greifbares Ergebnis. Mehr als einige dunkle Gerüchte ziemlich unbestimmter Art waren nicht zu erhalten, und da in etwa 100 Jahren eine beträchtliche Zahl von Reisen aller Art durch die verschiedensten Teile von Zentralasien bis an den Ozean ausgeführt worden war, ohne daß irgendwo das angeblich unermeßlich große Reich des Priesters Johannes angetroffen wurde, so mußte man sich schließlich resigniert eingestehen, daß man offenbar einem Phantom nachgejagt hatte und daß es in Asien ein solches Reich weder in Indien noch sonstwo gab.

Der König des »afrikanischen Indien« in Abessinien

Die liebgewordene Illusion mochte man aber auch jetzt noch nicht ganz fallenlassen. Durch Marco Polo und einen Dominikanermönch Jordanus kam nach 1300 die Meinung auf, daß das wahre Reich des Priesterkönigs vielleicht im christlichen Abessinien zu suchen sei, das man damals öfters geradezu als »afrikanisches Indien« bezeichnete, denn in einem »indischen« Reiche sollte der Priesterkönig ja durchaus beheimatet sein. Diese neue Auslegung der Sage setzte sich dann im vierzehnten und fünfzehnten Jahrhundert immer mehr in den Vorstellungen der Christenheit fest. Es wurde oft vom »Priester Johannes von Äthiopien« wie von einer feststehenden Selbstverständlichkeit gesprochen.

Wenn neuerdings zu wiederholten Malen der Meinung Ausdruck gegeben worden ist, daß schon der Brief des Papstes an den Priesterkönig vom Jahre 1177 an den Negus von Abessinien gerichtet gewesen sei, so liegt hier eine völlige Mißdeutung vor. Niemals ist vor dem vierzehnten Jahrhundert der Priesterkönig Johannes anderswo als in Asien, sei es in Indien, sei es in einem indiennahen Lande, vermutet worden. Die Deutung auf Abessinien kam als eine Verlegenheitsdeutung erst nach 1300 auf, als alles Suchen nach dem machtvollen Herrscher in Asien ergebnislos geblieben war. Es ist daher völlig unmöglich, daß Papst Alexander den Presbyter bereits in Abessinien vermutet haben kann.

Wie zuversichtlich man sich freilich schließlich dem Wahn hingab, der Negus von Abessinien sei in der Tat der gepriesene Priesterkönig Johannes, geht am überzeugendsten aus der Tatsache hervor, daß die großartige Entdeckerarbeit des genialen Prinzen Heinrichs des Seefahrers zwar nicht ausschließlich, aber doch zu einem ansehnlichen Teil von der politischen Erwartung befruchtet wurde, es könne möglich sein, mit ihm, dem christlichen Herrscher, ein gemeinsames militärisches Vorgehen gegen die Türkengefahr zu verabreden. Prinz Heinrich nahm an, eine Umfahrung Afrikas, von dessen weiter Südausdehnung man noch nichts ahnte, müsse seine Schiffe an die abessinische Küste führen und dann diplomatische Beziehungen zum Negus ermöglichen. Auch diese Bemühungen blieben natürlich vergeblich, da sie von ganz verkehrten geographischen Vorstellungen ausgingen. □

Sklavenhändler oder Entdecker? Die Portugiesen Heinrichs des Seefahrers an Afrikas Küste

Die Entdeckungsfahrten der Portugiesen entlang der westafrikanischen Küste und die daraus allmählich erwachsende Suche nach einem Seeweg um Afrika bis zur indischen Küste und weiter nach China und Japan begannen 1416. In diesem Jahr schickte der erst zweiundzwanzigjährige portugiesische Prinz Heinrich einige Schiffe zur Erkundung der Kanarischen Inseln aus. Mochte diese unbedeutende Reise auch keinerlei Ergebnisse bringen, so war doch ein Anfang gemacht, und seit 1419 organisierte dann der Prinz Fahrt um Fahrt. Die Geschichte hat ihm mit Recht den Beinamen »der Seefahrer« gegeben, obwohl er persön-

Prinz Heinrich der Seefahrer

Prinz Heinrich der Seefahrer (port. Infante Dom Henrique el Navegador) wurde am 4. März 1394 in Porto geboren. Er war der vierte Sohn des portugiesischen Königs Johann I. und der englischen Prinzessin Philippa, einer Schwester König Heinrichs IV. von England. Als Einundzwanzigjähriger nahm er an der Belagerung und erfolgreichen Eroberung der nordafrikanischen Stadt Ceuta durch die Portugiesen teil. Von 1419 an zog er sich auf das südwestlichste Vorgebirge Europas, das Kap San Vincente (Sagres), zurück und gründete dort als Wohnsitz die sogenannte Villa do Infante. 1425 unternahm er den vergeblichen Versuch, Gran Canaria zu erobern. Von da an begnügte er sich damit, regelmäßig Schiffe auszusenden, die Stück um Stück die afrikanische Westküste erforschen sollten. 1433 wurde das Kap Bojador umsegelt, zehn Jahre später das Kap Branco. 1444 gelangte der Kapitän Dinis Diaz bis zum Kap Verde, danach wurde durch vier Expeditionen die Guinea-Küste erkundet, wo die Portugiesen in der Bucht von Arguim eine erste feste Niederlassung mit einem Fort und einem Handelskontor gründeten. 1455–56 unternahm Cadamosto seine Expeditionen und entdeckte und befuhr den Gambia. 1460 starb Prinz Heinrich, der selbst nie an einer dieser Entdeckungsreisen teilgenommen hatte. König Alfons V. ließ das begonnene Werk fortsetzen. Bis 1484 wurde der Kongo erreicht und zwei Jahre danach umsegelte Bartolomeo Diaz die Südspitze Afrikas.

lich an keiner dieser Reisen teilnahm. Seine Beweggründe wurden von der Wissenschaft unterschiedlich beurteilt. S. Ruge gibt in einem biographischen Abriß Ende des 19. Jahrhunderts noch die landläufige Auffassung wieder:

Politiker, Händler oder Entdecker? – Prinz Heinrich und seine Beweggründe

Es lag ihm daran, die Grenzen der Macht seiner Glaubensfeinde in Nordafrika, der Mauren, kennenzulernen, und er hoffte durch seine Schiffe Länder jenseits des Kaps Bojador zu entdecken, wohin er allein einen gewinnbringenden Handel treiben konnte, um dadurch wieder die Mittel zum Kampfe gegen die Mohammedaner zu beschaffen. Es waren praktische, politische Gründe, die den portugiesischen Prinzen bewogen, mit der ganzen Zähigkeit seines Charakters seine Pläne zu verfolgen. Daß sie sich später erweiterten und daß er seinen Blick bereits auf das große Indien jener Zeit, das sich von Habesch bis China erstreckte, richten konnte, war die natürliche Folge der Entdekkung Guineas, d.h. des tropischen, fruchtbaren Afrikas, jenseits des Wüstengürtels. □

Dagegen fällt Georg Friederici ein sehr kritisches Urteil über die Ziele der portugiesischen Fahrten:

Die geographischen Entdeckungen der Portugiesen an der Westküste Afrikas fingen also erst spät an, in ihren wertvollsten Ergebnissen nicht lange vor dem Tode des Infanten. Aber abgesehen hiervon und von der Täuschung der Portugiesen, welche glaubten, bisher gänzlich unbekannte Meere zu durchsegeln, trugen auch diese Fahrten von Anfang an und für lange kommende Jahre nicht den Charakter von Entdeckungsreisen, sondern von Handelsfahrten oder Raubfahrten, zumal auf Gold, ganz besonders aber Fahrten auf Menschenraub und Sklavenhandel.

Die genaue Zahl und Art der jeweils überfallenen, weggekaperten, geraubten und als Sklaven weggeschleppten Eingeborenen, Berber oder Neger, wird in den Berichten stets erwähnt, von Entdeckungsergebnissen, nautischen Fortschritten oder gar wissenschaftlichen Erfolgen hört man wenig oder gar nichts.

Für das möglichst unbemerkte und gefahrlose Aufheben, Wegkapern und Wegschleppen einzelner Eingeborener oder kleinerer Haufen von ihnen hatten sich diese portugiesischen Menschenjäger einen besonderen terminus technicus gebildet, filhar als Verbum, mit dem Substantivum filhamento, wie sie sich auch in ihren Gesprächen und Handlungen wie gewerbsmäßige Sklavenhändler benahmen. Hier konnten die Spanier, die zum Teil bei dieser afrikanischen Sklavenfahrt in die Schule gegangen sind, wie Christoph Kolumbus und sein Bruder, etwas lernen und haben das auch getan. Es sind dieselben Methoden in ihren kleinen Anfängen, die wir später in ihrer Entwicklung und furchtbaren Auswirkung in der spanischen Konquista und bei der Durchdringung des portugiesischen Brasiliens wiederfinden. Alle Gefangenen jeden Alters und Geschlechts wurden als Sklaven weggeschleppt, Trümmer und Rauchstätten und schließlich eine von den Eingeborenen geräumte und entvölkerte Küste bezeichneten den Weg dieser Küstenräuber, die man Entdecker genannt hat, wennschon sie es nur wurden, weil die geringer werdende Anzahl oder größer werdende Scheuheit ihres Jagdwildes sie immer wieder antrieb, ihr Tätigkeitsfeld weiter nach Süden längs der afrikanischen Küste auszudehnen. Alvise da Cadamosto, welcher als erster eine eigene Reisebeschreibung aus eigener Kenntnis geliefert hat, bestätigt vollständig den Charakter dieser portugiesischen Afrika-Fahrten.

Auf dem Wege zu ihren afrikanischen Jagdgefilden liefen die Karavellen des Infanten noch zwischendurch hin und wieder die Kanarischen Inseln zum Sklavenfang an, die schon vorher von Béthencourt und seiner französischen Gefolgschaft derartig behandelt worden waren, daß die Bevölkerung dreier von ihm eroberter Inseln durch Sklavenraub nahezu ausgerottet war. Alles ging wieder unter dem Vorwande, die Insulaner auf diese Weise in den Schoß Christi bringen zu wollen, zum Lobe Gottes, »por louver de deus«, mit Gottes Hilfe und mit demselben Auftreten der Portugiesen auf den Inseln wie auf dem Festlande Afrikas. Madeira war schon zur Zeit des Infanten, um 1445, Verpflegungsstation für seine Guinea-Fahrer.

Während sonst in Portugal wie in Spanien im allgemeinen das aus der Araberzeit her traditionelle königliche Fünftel als Abgabe üblich war, erhielt der Infant von der ihrer Seelen wegen eingebrachten Sklavenware das Viertel ausbezahlt. Dieser Satz blieb so während der ganzen Zeit dieses afrikanischen Sklavenhandels, wurde – wie alles andere – mit nach Brasilien übernommen, und als die erste uns bekannte Ladung von Tupí-Sklaven, bestehend zu je einem Drittel aus Männern, Frauen und jungen Mädchen, nach Portugal kam, erhielt König Manuel sein Viertel von dieser Ware.

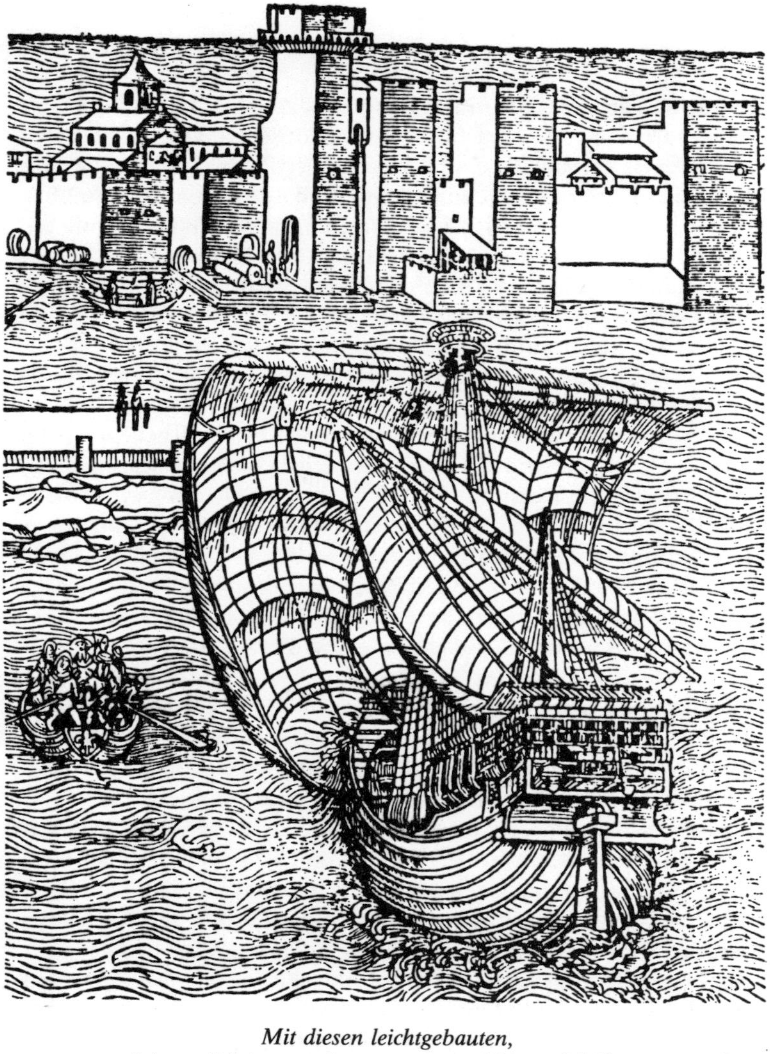

Mit diesen leichtgebauten,
aber seetüchtigen und gut manövrierfähigen Schiffen –
Caraquen oder Karavellen –
wagten die Portugiesen ihre Vorstöße in unbekannte Gewässer.
Aus: Bernhard v. Breydenbach:
»Peregrinatio in terram sanctam«, Mainz 1486.

Von der Menschenjagd zur ernsthaften Forschungsreise ...

Der Herausgeber der »Chronica de Guiné« Zuraras, Visconde de Santarem, auch sonst bekannt für seine patriotischen, aber nicht immer sachlichen Bestrebungen, die Leistungen der Portugiesen in ein möglichst helles Licht zu setzen, fühlte sehr wohl den reinen Strandräuber- und Sklavenjagdcharakter der Afrika-Fahrten des Infanten und versuchte erfolglos und ohne zu überzeugen einige Stellen in der Chronica herauszufinden, die nach seiner Ansicht die Entdeckerabsichten der Kapitäne Heinrichs beweisen sollen.

In der Tat treten Entdeckerabsichten einiger Kapitäne aber erst hervor, als sie endlich 1446 am Senegal und am Grünen Vorgebirge die Negerländer erreichten.

Wenn der Infant auch selbst, wie man annehmen darf, neben dem ihm sehr am Herzen liegenden Gewinn sicherlich höhere Ziele im Auge hatte. Erwerb von Kenntnissen über Afrika, Entdeckungen, Erweiterung des portugiesischen Machtbereichs, Hebung und Vervollkommnung der Schiffahrt als Werkzeug dieses Strebens, so wird doch überall deutlich, daß die Kapitäne und Matrosen wenig an geographische Entdeckungen dachten, sondern vornehmlich an gewinnbringendes Sklavenfangen und bei der Rückkehr an große Belohnungen seitens ihres Herrn. Von Entdeckungen spricht die Chronik für die Zeit eines Menschenalters überhaupt nicht. Sie gingen immer weiter nach Süden, um neue Jagdgründe für ihre Menschenjagden zu suchen, weil die alten Reviere schon zu sehr abgegrast waren und das Wild zu scheu geworden war. Das sagen sie selber, und so faßten sie auch das Suchen nach »novidadas«, Neuigkeiten, für ihren Herrn auf, das nur soweit ging, als ihr »proveito«, Vorteil, reichte. Erst unter König Johann II., der das filhamento von Negern durch seine Schiffe verbot und welcher der Mann war, seine Befehle durchzusetzen, wurden die Fahrten der Portugiesen längs der Küsten Afrikas, die zunächst lediglich Gold- und Sklavenfangzüge, später weit mehr solche als Entdeckungszüge gewesen waren, wirklich zu Entdeckungsfahrten.

Aber das durch Generationen hindurch zur Gewohnheit gewordene Sklaventreiben wirkte noch eine geraume Zeit nach, kam unter Johanns Nachfolger Manuel, der zwar ein glücklicher, aber kein guter und kein großer König war, und seinen schwachen Nachfolgern wieder zur vollen Wirkung und war und blieb das unerreichte Vorbild für die anderen seefahrenden Völker.

»*Kreuzzug*« *und* »*Seelenrettung*«

Das Beste, was man von diesem großen Sklavenfangunternehmen des Infanten Heinrich sagen kann, ist der Umstand, daß bei dem auf ständige Erweiterung seines Arbeitsfeldes angewiesenen Geschäftsbetrieb geographische Entdeckungen gar nicht zu vermeiden waren, und ferner die Tatsache, daß die meisten der Mitwirkenden den Anstrich für Ernst nahmen und sich einbildeten, auf einer Art von Kreuzzügen zu sein, deren Teilnehmern der Papst im voraus Absolution erteilt hatte, und bei denen nach der Denkungsart ihrer Zeit unter der Deckung des Kreuzes Gewinne zu machen waren, deren Lauterkeit oder Unlauterkeit bei der im voraus erteilten Vergebung der Sünden keine Rolle spielte. Sie hatten die bequeme Auffassung, daß sie im Tauschhandel für ihre Waren oder durch Raub in den Berbern oder Negern »almas«, Seelen, in ihren Besitz bekamen, für welche ihre Rettung für die Ewigkeit von weit größerem Werte sei als die Versklavung ihres Körpers für die Zeitlichkeit. Rüstige Neger waren für den Sklavenmarkt weit wertvoller als die für den Arbeitsdienst weniger tauglichen Berber, zumal wenn sie von besserer Herkunft waren. Wenn sie daher für Berber, die sie »zur Rettung ihrer Seele« eingefangen hatten, Guinea-Neger in größerer Zahl durch Loskauf der ersteren eingetauscht hatten, dann trösteten sie sich »zur Entlastung ihres Gewissens« mit der Begründung, daß es besser sei, zehn Seelen zu retten als drei; denn, wennschon sie Neger seien, hätten sie doch auch Seelen wie die Berber.

Später wurde der ganze Betrieb großzügiger und zugleich verheerender; mit der Erzählung von filhamentos einzelner überraschter Weiber und Kinder und von der Aufhebung kleiner Stranddörfer halten sich die Chroniken jetzt nicht mehr auf. Man reizte die Häuptlinge und Negerkönige zu gegenseitigen Kriegen, kaufte die farbigen Kriegsgefangenen beim Sieger auf und zahlte damit Prämien für immer neue Kriege. Die Sklaverei war nicht mehr Nebenerscheinung oder Folge der Kriege, sondern wurde jetzt Ziel der Kriege. Die Portugiesen verbanden sich auch als Bundesgenossen mit Mohammedanern gegen Mohammedaner, mit Heiden gegen Heiden, wobei die Beute an Kriegsgefangenen ihnen vertragsmäßig als Sklaven zufiel.

Bejammernswerte Geschöpfe an langen Halsketten

Alle diese so gewonnene Sklavenware wurde gefesselt an die Verteilungsplätze nach Portugal geschafft, an langen Halsketten, sagt Bernal

Díaz del Castillo, wie man es in ganz ähnlicher Form auf dem großen Sklavenmarkt der Azteken im alten Mexiko sehen konnte. Azurara, der Zuschauer war und dessen sonst mitleidloses, in kirchlichem Fanatismus gegen Andersgläubige versteinertes Herz beim Anblick und bei der Haltung dieser bejammernswerten, namenlos elenden Geschöpfe in seinem Innersten getroffen und erweicht war, hat uns eine eindrucksvolle Schilderung einer Sklavenverteilung in Lagos hinterlassen. Inmitten einer zahlreichen Menge neugieriger Zuschauer, die aus der ganzen Gegend zusammengeströmt war, um sich dieses schmähliche Schauspiel anzusehen, und in Gegenwart des Infanten Heinrich, der beritten auf einem mächtigen Pferde zugegen war, um die ihm als Anteil zugefallenen 46 Sklaven in Empfang zu nehmen, wurde über das Geschick des herbeigeschleppten Haufens versklavter Afrikaner, der alle Hautfarben von nahezu Weiß bis Blauschwarz vertrat, entschieden. Ohne Rücksicht auf Stammes- und Familienzusammengehörigkeit, unerschüttert durch den Jammer der Gefangenen, die sich in ihrem Elend gar nicht zu fassen wußten und in verschiedener, jedem Volke eigentümlicher Form ihre Verzweiflung zum Ausdruck brachten, trennten die Verteiler die Kinder von den Eltern, die Ehefrauen von ihren Männern, Brüder und Schwestern von ihren Geschwistern; jeder kam dahin, wohin ihn der Zufall und die mitleidslose rauhe Hand der Sklavenverteiler führte. Mohammed hatte durch Gesetz angeordnet, daß beim Verkauf Kriegsgefangener die Mütter niemals von ihren Kindern getrennt werden sollten. Hier aber bei den Christen in Lagos, als die Mütter ihre Kinder in die Arme preßten und sich mit ihnen rücksichtslos und ohne Achtung der Wunden mit Bauch und Brust auf die Erde warfen, um sie sich nicht entreißen zu lassen, und als nach vollbrachter Teilung die abgetrennten Kinder sich mit Gewalt losrissen und zu ihren jammernden Eltern durchbrechen wollten, nützte ihnen das alles nichts. Ein Schauspiel, das an ein anderes, nicht weniger tragisches und schmähliches erinnert, als die Moriscos des Albayzin von Granada, gefesselt und behandelt wie Sklaven oder Verbrecher, abgeführt wurden, um über das Land verteilt zu werden, sie wußten nicht wohin und welches Geschick ihrer wartete!

Mit vorschreitender Zeit nahm das Sklavereigeschäft unter dem Infanten und seinen Nachfolgern immer größeren Umfang an. Serra Leoa, São Jorge da Mina, Beni, Congo, Angola wurden die wichtigsten Betriebsfelder, die Insel São Thomé wurde ein Sklavenstapelplatz. Die Sklaven wurden über ganz Portugal, zumal über den Süden, verteilt. Als Haussklaven wurden sie im allgemeinen gut behandelt, heirateten in die Bevölkerung hinein oder vermischten sich sonst mit ihr in solchem Grade, daß man noch heute im Süden und selbst noch in Lissabon ohne weiteres diese Rassenmischung zum Schaden einer reinblütigen weißen Bevölkerung erkennen kann. □

Über Senegal, Gambia und die Nil-Wege nach Abessinien?

Dieser Darstellung widerspricht Richard Hennig:

Kulturhistorisch wie psychologisch recht bemerkenswert scheint mir nun die Tatsache zu sein, daß die letzten Forschungsfahrten Prinz Heinrichs gar nicht mehr die Aufgabe hatten, neue, unbekannte Küstenstrecken in Westafrika zu entschleiern, sondern der Schwerpunkt der weiteren Arbeit galt dem Versuch, über die neuentdeckten Ströme Senegal und Gambia ins Innere des schwarzen Erdteils einzudringen. Im Vordergrund stand dabei der Gambia, da dessen Mündung bereits in einem mit Vegetation stärker versehenen und besiedelten Gebiet lag, während der Senegal in einer reinen Steppe das Meer erreicht, überdies auch vom Meere aus nur sehr schwer von Schiffen aufgesucht werden kann, da eine lästige und brandungsstarke Barre ihn vom Ozean weitgehend abriegelt. Der Gambia ist sehr viel besser zugänglich und gut schiffbar, leidet freilich im Unterlauf an einem höchst ungesunden Klima, das seinen ersten Entdeckern arg zu schaffen machte.

Und wieder der »Priesterkönig Johannes«

Man hielt auch den Gambia für einen westlichen Mündungsarm des Nils und schmeichelte sich nun mit der Hoffnung, es könne möglich sein, durch Schiffahrt auf ihm ins erhoffte Reich des »Priesters Johannes« vorzudringen, d.h. nach Abessinien, das, wie man wußte, von einem christlichen Herrscher regiert wurde. Man wußte äußerst wenig vom abessinischen Negus und war des festen Glaubens, dies sei der mächtige Priester Johannes, den man im 12. und 13. Jahrhundert im inneren Asien vermutet hatte und den man dann in Abessinien ansässig glaubte, da in Asien keine Spur von ihm zu finden gewesen war. Da jener sagenhaft-mächtige Priesterkönig nun aber durchaus ein »indischer« Fürst sein sollte, kam im 14. und 15. Jahrhundert immer mehr die Neigung auf, Abessinien als ein »indisches« Land anzusehen; ja, man sprach geradezu von einem »afrikanischen Indien« neben einem asiatischen.

Sowohl Usodimare als auch Cadamosto und Diogo Gomez wurden in den Jahren 1455–1457 vom Prinzen Heinrich mit der Hauptaufgabe betraut, von Westafrika her über die entdeckte »Nilmündung« ins Reich des Priesters Johannes vorzustoßen. Diese Tatsache beweist eindringlich, daß dem ganzen großartigen Handeln des Prinzen doch in starkem Maße politische Hoffnungen zugrunde lagen. Er wollte zu dem christlichen Herrscher, dem Priester Johannes, von dessen Macht und Reichtum seit 300 Jahren Wunderdinge erzählt wurden, Beziehungen anknüpfen, mit ihm womöglich ein Bündnis schließen und dann gemeinsam mit ihm den mohammedanischen Erbfeind der Christenheit aus dem Felde schlagen. Daß als letztes und höchstes Ziel Prinz Heinrichs solche politischen Ideologien in Betracht kamen, hat bereits Ranke erkannt, der einmal sagt: »Die Portugiesen wollten das Reich des Priesters Johannes aufsuchen, um mit diesem vereint von da aus den Mauren in den Rücken zu fallen.« Hiermit deckt sich die Auffassung eines neueren portugiesischen Forschers Oliveiro Martins, der in einem am 24. Februar 1892 gehaltenen Vortrag äußerte: »Wir Portugiesen sind auf dem Meere vorgedrungen, um den Priester Johannes zu suchen, der ein Phantom war, und so sind wir nach Indien gekommen.« In wie hohem Maße solche Erwartungen ausschlaggebend mitspielten, wird vielleicht am grellsten durch die Tatsache beleuchtet, daß dem Diogo Gomez, als er 1457 vom Prinzen entsandt wurde, um möglichst tief in den Gambia-Strom hineinzufahren, ein – »indischer« Dolmetscher mitgegeben wurde, worunter wir wahrscheinlich einen Mann zu verstehen haben, der die Sprache des »indischen Afrika«, also Abessiniens, beherrschte! Wie grundverkehrt die geographischen und ethnographischen Begriffe waren, geht ferner recht eigentümlich aus der Tatsache hervor, daß die Portugiesen bereits am Kap Verde in der Nähe Abessiniens zu sein glaubten. Azurara, ein Zeitgenosse und Chronist der Entdeckungen Prinz Heinrichs, berichtet einmal auffälligerweise, im Jahre 1448 habe der Prinz einen Dänen Wollert (Vallarte), der sich ihm als Seefahrer für seine Forschungsziele zur Verfügung stellte, zum Kap Verde entsandt, um dem Herrscher des Landes Briefe des Prinzen zu überbringen. Die Begründung Azuraras lautet nun folgendermaßen: »Ihm war nämlich versichert worden, der betreffende Herrscher sei ein Christ. Er regte an, es würde jenem, wenn er wirklich Christi Lehre bekenne, sicherlich ein Vergnügen sein, seinen Beistand zum Kampfe gegen die Mauren in Afrika zu gewähren.« Wollerts Expedition endete tragisch: der Däne wurde schon bei der Landung mit mehreren Begleitern von Negern erschlagen. Die genannte Azurara-Stelle gewährt aber einen tiefen Blick in die geistige Werkstatt des Prinzen Heinrich: sein großartiges Wirken scheint doch wesentlich mehr, als man gemeinhin annimmt, durch phantastische politische Erwartungen beeinflußt worden zu sein! Hierauf läßt auch die Tatsache schließen, daß nach der 1448 geglückten Erreichung des Kaps Verga (10° n. Br.) von ihm keine einzige Expedition mehr ausgesandt wurde, um die Küstenfahrten fortzusetzen, sondern daß er ausschließlich durch Flußfahrten ins innere Afrika zu gelangen bemüht war – eben zum »Priester Johannes«.

Sobald wir uns nicht auf die Ausdrucksweise des 15. Jahrhunderts versteifen, das Abessinien zu Indien zählte, können wir meines Erachtens mit aller Bestimmtheit auch die Behauptung aufstellen: Prinz Heinrich der Seefahrer hat in seinem ganzen Leben niemals daran gearbeitet, den »Seeweg nach Indien« zu finden. Ob er im Innersten seines Herzens gelegentlich mit der Idee geliebäugelt hat, ist nicht zu entscheiden. Er hatte seine Ziele offensichtlich enger gesteckt: nicht Vorderindien, sondern *Abessinien* stellte das Ziel seiner Wünsche und den höchsten Preis aller seiner großartigen Entdeckerarbeit dar. An der Möglichkeit einer Umschiffbarkeit Afrikas im Süden wurde schon seit Sanutos Tagen kaum irgendwo noch gezweifelt; aber das »Indien«, das man etwa bis 1480 durch eine Umfahrung Afrikas erreichen wollte, lag allein in Ostafrika. □

Kompaß, Sterne und Astrolabium – Seefahrt in afrikanischen Gewässern

Primitiv geradezu waren die nautischen Hilfsmittel. Karten der afrikanischen Küste existierten natürlich noch nicht. Die Seefahrer waren bei ihrer Navigation nördlich des Äquators auf die Sonne und den Polarstern angewiesen. Um die jeweilige Position in der geographischen Breite bestimmen zu können, bedienten sie sich dabei des sogenannten Astrolabiums (von griech. Astrolabon = Sternfasser), ein Gerät, das schon in der Antike erfunden und von den Arabern weiterentwickelt worden war. Mit seiner Hilfe ließen sich die Gestirnhöhen und damit die Breiten bestimmen. In der Hand eines erfahrenen Fachmannes und an Land leistete es gute Dienste, auf See dagegen kaum, weil die stete Schiffsbewegung ein genaues Visieren und Arbeiten

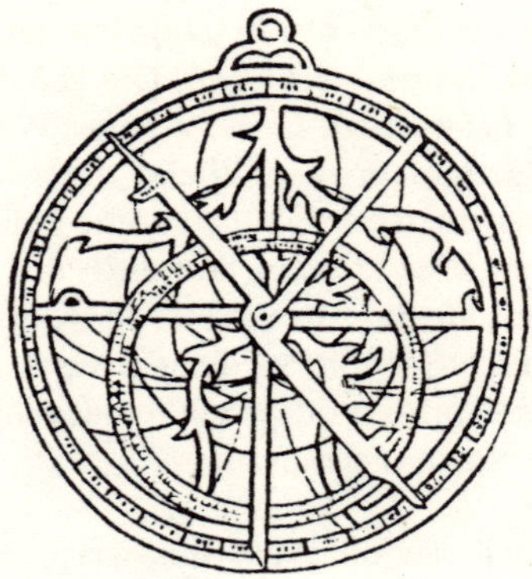

Astrolabium des Regiomontanus von 1468.
Dieses Instrument und der Jakobsstab waren die wesentlichen Navigationshilfen der spätmittelalterlichen und renaissancezeitlichen Schiffsführer.

verhinderte. Das dürfte auch der Grund gewesen sein, warum später Kolumbus auf seinen Fahrten solche Astrolabien nie verwendete.

Verlassen konnten sich die Seefahrer zumindest auf ihren Kompaß. Wir wissen nicht genau, wann dieser erstmals in Europa benutzt wurde, aber Oscar Peschel gibt in seiner »Geschichte der Entdeckungen« einige Hinweise auf die frühesten Verwendungen:

Ihrem Verkehr mit dem Morgenlande verdankte die europäische Schiffahrt wahrscheinlich die Kenntnis von der Polweisung der Magnetnadel. Die Erfindung dieses Instrumentes rühmen sich die Chinesen schon im zwölften Jahrhundert unserer Zeitrechnung. Anfangs bediente man sich der Nadel nur bei Landreisen, aber unter der Tsin-Dynastie (265–416 n. Chr.) war sie auch bei der Schiffahrt eingeführt worden. Die älteste Urkunde, welche eine Kenntnis des Abendlandes mit der Bussole verrät, findet sich in einem satirischen Gedicht des Guyot von Provins vom Jahr 1190, wo dem apostolischen Vater zugerufen wird, er möge dem Polarstern gleichen, nach welchem die Magnetnadel zeige. Der Kardinal Jacques de Vitry, der 1218 schrieb, fand in der Levante die Magnetnadel bei der Schiffahrt schon im Gebrauch. Die älteste Stelle über die Kenntnis der Araber von der Bussole, die man bisher hat auffinden können, gedenkt des Instrumentes erst im Jahre 1242. Man darf daher zweifeln, ob die Araber uns mit der wichtigen Erfindung bekanntgemacht haben. Im neunten Jahrhundert war die Magnetnadel in den indischen Gewässern wahrscheinlich nicht im Gebrauch, und daß sie es vom dreizehnten Jahrhundert bis zum Erscheinen der Portugiesen nicht gewesen, versichert uns eine Mehrzahl der Zeitgenossen. Wenn man es demnach für wahrscheinlich halten darf, daß durch die Araber die Bussole aus China nach dem Abendland gebracht worden sei, so gründet sich diese Vermutung auf den arabischen Ursprung der Benennungen *zohron* und *aphron* für den Süd- und Nordpunkt der Bussole. Das Instrument war übrigens noch großer Vervollkommnung bedürftig, denn im Anfang ließ man die Nadel, die man in Kreuzesform durch ein Stückchen Rohr gesteckt, oder die sich in einem hohlen Metallfischchen befand, in einem Gefäß mit Wasser schwimmen, woher der ältere Name des Instrumentes *calamita* stammt, während erst später, nachdem man die Nadel in einer Kapsel zum Schweben brachte, von diesem Gefäß ihr der Name Bussole geblieben ist. So nützlich nun dieses Instrument für die Schiffahrt und die damalige darstellende Erdkunde wurde, so hat man doch den Einfluß der Magnetnadel auf die Entdeckungen weit überschätzt, indem man behauptete, daß seitdem erst die Schiffe die Küste aus den Augen zu verlieren wagten. Die Normänner segelten drei Jahrhunderte vor Guyot de Provins nach Island ohne Bussole, während die portugiesischen Schiffer bis 1434 sich nicht so weit von der Küste hinwegwagten, um die Untiefen vor Kap Bojador zu umsegeln. □

Vallarte und die Leute des Königs Boor von Kap Verde

Wie viele solcher Fahrten durchgeführt wurden und wie viele davon mißlangen, ist unbekannt; denn Chronisten registrierten meist nur spektakuläre Ergebnisse. Der folgende Text beweist in der Einleitung zugleich das allgemeine Interesse für portugiesische Fahrten im ganzen Abendland:

Als sich das Gerücht von diesen Ereignissen in die verschiedenen Teile der Welt verbreitete, gelangte es auch an den Hof des Königs von Dänemark, Schweden und Norwegen. Wir sehen ja, daß Edle ihr Leben wagen, vom Wunsch getrieben, solche Geschehnisse mitzuerleben und dabei beteiligt zu sein. So kam es auch in diesem Fall, daß ein Edelmann vom Hofe jenes Königs, der begierig war, die Welt zu sehen, von seinem Herrn die Erlaubnis bekam, dies zu tun, und so in unser Königreich gelangte. Als er sich längere Zeit am Hofe des Prinzen (Heinrich) aufgehalten hatte, suchte er ihn eines Tages auf und bat, ihm die Gunst zu erweisen, daß für ihn eine Karavelle ausgerüstet und er somit instand gesetzt werde, eine Reise ins Negerland zu unternehmen. Alsbald befahl der Prinz, der leicht dazu bewogen wurde, etwas zu tun, wodurch ein mutiger Mann Ehre und Achtung gewinnen konnte, eine Karavelle möglichst sorgfältig auszurüsten, und er stellte ihm die Aufgabe, zum Kap Verde zu segeln und zu ermitteln, welche verläßliche Kunde er über den Herrscher dieses Landes zu erlangen vermöge, da ihm berichtet worden sei, es sei ein sehr mächtiger Fürst. Er sollte ihm Briefe des Prinzen überbringen und ihm in seinem Namen allerlei von kirchlichen Dingen und dem heiligen Glauben berichten. Ihm war nämlich versichert worden, der betreffende Herrscher sei ein Christ. Er regte an, es würde jenem, wenn er wirklich Christi Lehre bekenne, sicherlich ein Vergnügen sein, seinen Beistand im Kampfe gegen die Mauren in Afrika zu gewähren . . .

Bald war alles bereit. Der genannte Edelmann, dessen Name Vallarte war, begab sich an Bord des Schiffes und mit ihm ein Ritter des Christusordens, namens Fernandaffonso, der im Dienste des Prinzen stand und mit ihm befreundet war. Dieser Ritter wurde auf die Karavelle mitgegeben, weil Vallarte ein Ausländer war und als solcher mit den Sitten und Gewohnheiten des Schiffsvolks nicht hinreichend vertraut war. Seinem Willen gemäß gehörte er zur Besatzung und war mit einigen Aufgaben bezüglich des Kommandos des Schiffes betraut; gleichzeitig aber sollte er als eine Art von Gesandtem tätig sein für den Fall, daß man das Glück hatte, mit dem Herrscher in Verbindung zu kommen. Für diesen Zweck wurden zwei Eingeborene jenes Landes als Dolmetscher mitgegeben. Das oberste Kommando aber hatte Vallarte.

Die Landung auf Palma

Auf See hatten sie große Mühen und Beschwerden zu erdulden. Sie führten ihre Reise in der Weise aus, daß sie sechs Monate nach ihrer Abreise von Lissabon im Negerlande beim Kap Verde auf der Insel Palma (?) anlangten . . . Nachdem sie zum äußersten Vorsprung des Kaps gekommen waren, einem Platz, den die Bewohner des Landes Abram nannten, setzten sie ein Boot aus und ruderten an die Küste. Vallarte bestieg es mit einigen anderen, und alsbald trafen sie einige Neger des Landes an. Vallarte forderte sie auf, ihm einen aus ihrer Mitte als Geisel zu übergeben, dann wolle er ihnen auch einen von seinen Leuten überliefern, damit Sicherheitszustand zwischen ihnen bestehe und sie ihre Geschäfte miteinander erledigen könnten. Sie antworteten, sie dürften dies nicht tun ohne die Erlaubnis des Mannes, der als Gouverneur des Landes dort wirkte; sein Name war Guitanye. Als dieser hörte, was gefordert wurde, erschien er selbst und ging willig auf den Vorschlag ein.

Als nun einer der Neger zu der Karavelle gebracht wurde, begann ihn Fernandaffonso, da er die portugiesische Sprache besser beherrschte, alsbald (durch Vermittlung der Dolmetscher) folgendermaßen auszufragen: »Der Grund, weshalb wir gefordert haben, ihr solltet auf dies Schiff kommen, liegt darin, daß ihr eurem Herrn melden sollt, wir hätten euch mitgeteilt, wir seien Untertanen des großen und mächtigen Fürsten im westlichen Hispanien, auf dessen Befehl wir gekommen sind, um mit dem großen und guten König dieses Landes in seinem Namen zu verhandeln.« Darauf zeigten sie ihm einen von den mitgebrachten Briefen, der ihnen durch einen der Dolmetscher vorgelesen wurde, so daß er den Inhalt seinem Herrn, der ihn gesandt hatte, wiederholen konnte. Er erwiderte: »Wie sehr ihr auch wünscht, unsren großen König Boor zu sprechen, so könnt ihr doch gegenwärtig von ihm keine Nachricht erhalten, denn er ist sicher weit entfernt und führt Krieg gegen einen anderen großen Häuptling, der seinem Befehl nicht gehorchen will.« Fernandaffonso sagte: »Wie viele Tage wären nötig, ihm eine Botschaft von uns zu senden und seine Antwort darauf zurückzubringen, wenn er jetzt in seiner Residenz wäre?« »Höchstens sechs oder sieben Tage«, meinte der Mann von Guinea. »Sehr gut«, sagte Fernandaffonso, »es wird dann für euch am besten sein, wenn ihr euren Herrn benachrichtigt, er möge einen Mann mit Botschaft an ihn senden und ihm alles berichten, was ich euch erzählt habe. Wenn euer Herr dies tut, wird er dem König einen großen Dienst und seinem Lande eine erhebliche Wohltat erweisen.« »Sehr gut«, sagte der Mann von Guinea, »ich will selber dem Guitanye dies alles berichten.« Sie ließen ihm eine Mahlzeit bringen, er aß und trank, und dann gaben sie ihm einen der mitgebrachten Briefe, damit er ihn seinem Herrn vorweisen könne. Er sollte ihm sagen: dieser Brief enthalte alles, was sie ihm erzählt hätten, und werde ihm als ein Freundschaftszeichen überbracht.

(Es folgen weitere Verhandlungen mit den Negern. Vallarte bittet um Lieferung eines Elefanten. Guitanye sendet nach einem solchen aus.) . . .

Der Überfall

Vallarte, ein Mann von geringer Vorsicht, wollte eines Tages an Land gehen; man schien ihn darum ersucht zu haben, wie es einige Zeit zuvor schon geschehen war. Es ist sicher, daß er davor gewarnt worden war, aber er verlangte an Land zu gehen wie einer, der vom Schicksal bezeichnet war, die Stunde seines Verderbens zu bestimmen. Als er sich dem Ufer näherte, erschien ein Neger, der einen Flaschenkürbis mit Wasser oder Wein trug, und bedeutete ihm, er wolle ihn ihm geben. Vallarte forderte die Mannschaft auf, in seine Nähe zu rudern, obgleich man ihm sagte, es sei nicht klug, so weit sich zu nähern; aber sie mußten zu ihrem großen Leidwesen seinem Befehl gehorchen. Als das Boot ans Ufer gerudert wurde, hielten sie sich, um von besagtem Neger den Kürbis in Empfang zu nehmen, so nahe dem Ufer, daß das Boot schließlich auflief.

Während Vallarte eine Schar von Negern beobachtete, die im Schatten eines Baumes lagerte, stellte sich einer der mitgenommenen Dolmetscher namens Affonso so an, als ob er den Kürbis holen wollte, und sprang gleichzeitig aus dem Boot. Als die anderen dies merkten und nun das Boot abzustoßen trachteten, brauste eine Woge heran und brachte es vollständig zum Kentern. Sofort eilten die Neger herbei, fielen vereint über das Boot her und schleuderten ihre Speere, so daß von der ganzen Mannschaft der Karavelle, die ans Ufer gerudert war, nur ein Mann zurückkehrte, der rechtzeitig ins Wasser sprang und davonschwamm.

Was aus den anderen geworden ist, vermögen wir nicht zu sagen. Der Mann, der sich durch Schwimmen gerettet hatte, sagte aus, er habe nur *einen* tot gesehen und Vallarte, als er sich drei- oder viermal umblickte, am Heck des Bootes sitzend wahrgenommen. Aber in dem Augenblick, da wir diesen Bericht niederschreiben, sind einige Gefangene, Eingeborene jenes Küstenstrichs, dem Prinzen in die Hand gefallen, und diese haben berichtet, in einem befestigten Platz weit im Innern des Landes hätten vier Christen gelebt, von denen inzwischen einer verstorben sei. Die drei anderen seien aber noch am Leben, und einige sind der Meinung, dies müßten nach den Angaben der Neger die verlorenen Männer sein.

Wegen dieses unglückseligen Vorfalls und da kein weiteres Boot vorhanden war, in dem man nochmals zur Küste fahren und Nachforschungen wegen der anderen anstellen konnte, ließ Fernandaffonso die Anker lichten und kehrte in das Königreich zurück. □

Usodimare und Cadamosto –
An Senegal und Gambia

Neben dem Dänen Vallarte – oder Wollert – traten auch mehrere italienische Seeleute in portugiesische Dienste. Drei von ihnen zeichneten sich besonders aus, die beiden Genuesen Usodimare und de Noli und vor allem der Venetianer Aloisi Cadamosto. Er war erst einundzwanzig Jahre alt, als er im Dienst des Prinzen Heinrichs eine große Afrikafahrt unternahm, und er muß ein hervorragender Seemann gewesen sein, sonst hätte ihm dieser nicht trotz seiner Jugend eine so wichtige Aufgabe anvertraut. Mehr noch, er war auch hochintelligent, und als einziger der Seefahrer führte er sorgfältige Tagebuchaufzeichnungen, die es ermöglichen, seine Erlebnisse zu rekonstruieren. Zuerst segelte er zu den Kanarischen Inseln und von da am Kap Blanco vorüber zum Senegal, wo er mit den Eingeborenen regen Handel trieb. Leider fehlt uns immer noch eine farbige Biographie dieses Mannes, dessen Reisen sogar Stoff für einen Abenteuerroman liefern würden. Eine kurze Übersicht über seine Erlebnisse am Senegal gibt der englische Historiker Edgar Prestage in seiner Geschichte der portugiesischen Entdecker:

Nachdem Cadamosto mit gewissenhaftem Eifer überall Erkundigungen eingezogen hatte, segelte er zum Senegal weiter. Außer dem ersten, eine Meile breiten Mündungsarm stellte er noch einen zweiten, schmaleren fest, und zwischen ihnen lag eine Insel. Gewaltige, sich weit ins Meer erstreckende Sandbänke sperrten das Mündungsbecken, so daß er zur Einfahrt die Flut benutzen mußte, die sich noch sechzig Meilen stromauf bemerkbar machte.

Aber welch großer Unterschied zwischen den beiden Ufern! Auf der südlichen Seite waren die Menschen schwarz, kräftig und gut gebaut und das Land grün, fruchtbar und bewaldet; auf dem jenseitigen Ufer lebte ein gelbbrauner, magerer kleiner Menschenschlag auf einem kahlen, dürren Erdreich. »Nach Ansicht gelehrter Männer ist dieser Strom ein Arm des Gihon, der im Irdischen Paradies entspringt«, schreibt der Venezianer. »Die Alten nannten ihn Nigger und sagten, daß er, nachdem er Äthiopien bewässert habe, westwärts flösse und in den Ozean münde, während ein anderer seiner Arme, der Nil, Ägypten durchströme und sich in das Mittelmeer ergösse.«[1]

[1] Cadamosto teilt die damaligen irrigen Ansichten über Nil, Niger und Senegal.

In dem nur etwa zweihundert Quadratmeilen großen Land dieser, Jaloffs genannten Neger wuchs Baumwolle, die man zu Hosen und Hemden verarbeitete. Da die Frauen aber nur handbreite Stücke zu weben verstanden, wurden die einzelnen Streifen aneinander genäht. Die Hosen reichten bis zum Spann. Sie waren außerordentlich weit – manche enthielten dreißig, ja sogar vierzig dieser handbreiten Streifen – und hingen daher vorn und hinten wie ein leerer Sack in vielen Falten herunter. Frauen und Mädchen trugen hingegen nichts als ein kurzes Röckchen. Im übrigen ging alles barfuß und trotz der Sonnenglut ohne irgendeinen Kopfschutz. Dem Haar ließen sie große Sorgfalt angedeihen; obwohl ziemlich kurz, war es stets gut frisiert und geschmackvoll zusammengefaßt. »Hier verrichten die Männer dieselben Arbeiten wie die Frauen: waschen, weben und dergleichen mehr«, hebt Cadamosto ausdrücklich hervor.

Gast des Negerkönigs Budomel

Ungefähr fünfzig Meilen jenseits des Senegal unterbrach der Venezianer wiederum die Fahrt, weil er von Portugiesen gehört hatte, Budomel[1], der Herr dieses Küstengebietes, sei ein ehrlicher Mann, der alles, was er abnähme, redlich bezahle. Sobald die Karavelle an einem geschützten Platz vor Anker lag, sandte Cadamosto daher einen Dolmetscher aus, um den schwarzen Potentaten zu benachrichtigen, daß er Leinwand, maurische Seidenstoffe und spanische Pferde kaufen könne. Der Negerkönig erschien auch ungesäumt mit einem Gefolge von fünfzehn Reitern und hundertfünfzig Mann zu Fuß und suchte sich sieben Pferde nebst anderen Waren im Werte von dreihundert Dukaten aus, deren Zahlung er dem Brauch gemäß in Sklaven entrichten wollte. Zu diesem Zweck lud er den Venezianer, dem er nach Abschluß des Handels ein hübsches junges Mädchen geschenkt hatte, huldvoll in seine Residenz ein.

Vier Wochen genoß Cadamosto die königliche Gastfreundschaft und benutzte die Zeit, um sich mit den Landessitten vertraut zu machen. Gleich seinen Häuptlingen lebte König Budomel in einer schlichten Schilfhütte, wurde jedoch mehr geehrt und gefürchtet als irgendein Fürst in Europa. Seine Residenz bestand aus vierzig bis fünfzig solcher Hütten, eng nebeneinander in einem Kreise erbaut, den dichte Hecken und Bäume umsäumten. Hier wie in jedem seiner anderen

[1] Eigentlich Bor-damel = König Damel. Er beherrschte Cayor.

Dörfer, die für den Unterhalt des Herrschers sorgen mußten, hatte der König neun oder mehr Frauen. Aber auch mit den jungen Dienerinnen dieser Frauen pflegte er Verkehr, denn beide Geschlechter waren sehr sinnlich und die Männer zudem so eifersüchtig, daß sie niemandem den Zutritt zum Frauenhaus gestatteten. Nicht einmal den eigenen Söhnen trauten sie.

Zwischen dem Eingang von Budomels Hütte und seinem Staatsraum lagen sieben Höfe, in deren Mitte je ein riesiger Baum jenen, die auf eine Audienz warteten, Schatten spendete. Streng nach Rang gesondert, war sein aus etwa zweihundert Personen bestehendes Gefolge ebenfalls auf diese sieben Höfe verteilt. Nur zweimal am Tage bekamen die Untertanen ihren Gebieter zu Gesicht: morgens zeigte er sich eine Stunde an der Tür des äußersten Hofes und abends wiederum für kurze Zeit.

Bei den Audienzen ging es sehr feierlich zu. Jeder Bittsteller – gleichgültig, welch hohe Würde er bekleidete oder ob ihn verwandtschaftliche Bande mit dem Herrscher verknüpften – kniete am Eingang des Staatsraumes nieder, beugte die Stirn bis auf den Boden und warf Sand auf Kopf und Schultern. Erst nach geraumer Zeit kroch er vorwärts, um Budomel in geziemender Entfernung sein Anliegen vorzutragen, wobei er jedoch nicht aufhörte, sich zum Zeichen der Unterwürfigkeit mit Sand zu bestreuen. Cadamosto, der einem solchen Empfange beigewohnt haben muß, bemerkt: »Wenn Gott in eigener Person auf die Erde hinabstiege, so könnte man ihm nicht größere Ehrfurcht beweisen ... Vermutlich war es Furcht, die die Schwarzen zu dieser Demut bewog, da der König ihnen bei dem kleinsten Vergehen Frauen und Kinder wegnahm und als Sklaven verkaufte.« Auch die Moschee durfte der fremdländische Gast zur Gebetszeit betreten. Und hierüber berichtet er: »Budomel hob die Augen gen Himmel, trat alsdann, einige Worte murmelnd, zwei Schritte vor und warf sich auf den Boden, den er inbrünstig küßte. Genau so verfuhren alle übrigen. Nach Wiederholung dieser Zeremonie verharrte der König eine halbe Stunde im Gebet. Hinterher sagte er mir, der Glaube der Christen müsse wohl gut sein, weil Gott, der ihnen soviel Reichtum und Wissen verliehen, ihnen zweifellos auch eine gute Religion beschert habe. Indes besitze auch der Islam seine Vorzüge. Denn Gott, der Gerechte, würde, nachdem er den Christen hier auf Erden schon ein Paradies bereitet, die Neger hingegen hienieden so vernachlässigt hätte, im Jenseits die letzteren bevorzugen und dort ihnen paradiesische Wonnen gewähren.«

Bei Tisch herrschte ebenfalls ein strenges Zeremoniell. Während die Häuptlinge wie Tiere auf dem Boden kauernd ihre Mahlzeit verzehrten, hockte das restliche Gefolge gruppenweise um Körbe, aus denen sich jeder die Nahrung mit den Händen herausangelte.

Einige Male besuchte Cadamosto auch den Markt, der Montags und Freitags auf einer Wiese stattfand und von weither beschickt wurde. Die feilgebotenen Waren offenbarten, wie arm das Land war: Baumwolle und aus ihr verfertigte Gewebe, Netze, Holzschalen, Palmenmatten und als Lebensmittel Öl, Gemüse und Hirse. Goldstaub kam dann und wann in ganz geringen Mengen zum Verkauf. Auf dem Markt wurde Cadamosto wie ein Wundertier angestaunt, und etliche fernab wohnende Neger rieben seine Hände und Arme verblüfft mit Speichel, um zu sehen, ob die weiße Hautfarbe echt oder aufgepinselt sei.

Pferde, von Arabern und Azenegues aus der Berberei eingeführt, bildeten ein kostbares Gut. Meist fielen sie bald der übergroßen Hitze zum Opfer und setzten zudem übermäßig Fett an, da es anderes Futter als Hirse und Bohnen nicht gab. Hatte einer der Häuptlinge gegen neun oder zehn Sklaven ein Pferd erworben, so brachte er es zu den Zauberern, die das Tier über ein schwaches Feuer von getrockneten Kräutern stellten und es geraume Zeit von Rauchschwaden umwallen ließen. Hierauf salbten sie es mit Öl, schlossen es zwanzig Tage an einem Ort, wo niemand es sehen durfte, ein und hängten ihm endlich kleine maurische Figuren um den Hals, die es angeblich gegen Gefahren im Kriege schützten.

Über nichts staunten die Schwarzen aber so sehr wie über die Bombarden der Karavelle. Gelegentlich eines Besuches an Bord ließ Cadamosto ein Geschütz abfeuern, und das Dröhnen verurachte eine wahre Panik. Als er dann erklärte, daß eine Kugel Dutzende von Männern zu töten vermöge, steigerte sich das Entsetzen über »dieses Werk des Teufels« noch. Dagegen lauschten sie, die als Musikinstrumente nur Trommeln und eine zweisaitige Zupfgeige kannten, voller Entzücken dem Klang der Sackpfeife und wähnten in ihrer Einfalt, ein lebendiges Tier brächte die verschiedenen Töne hervor. Für echt hielten sie auch die dem Bug aufgemalten Augen, mit denen das Schiff ihres Erachtens seinen Weg durch das weite, weite Meer erspähte. Neues Staunen löste eine brennende Kerze aus. Dann goß Cadamosto vor ihren Augen eine neue und zündete sie an, worauf sie andächtig beteuerten, die Fremden seien allmächtige Zauberer.

Cadamostos Abreise gestaltete sich etwas schwierig. Wegen unaufhörlicher Stürme konnte er nicht an Bord gehen, sondern sah sich gezwungen, über Land zum Senegal zurückzukehren, dessen ruhigere Gewässer das Einschiffen erlaubten. Vorher aber mußte er die Karavelle hiervon verständigen. Auf seine Frage, wer einen Brief an Bord bringen wolle, meldeten sich zwei Neger, die als Belohnung zwei Zinnmaravedis verlangten und ungesäumt ins Wasser sprangen. »Ich kann nicht beschreiben«, sagte der Venezianer, »wie schwierig es war, bei diesem wütenden Meer über die Sandbänke hinwegzukommen. Immer wieder verlor ich die beiden aus den Augen und wähnte, die Wogen hätten sie verschlungen. Schließlich vermochte der eine den wilden Stößen des Meeres nicht länger zu widerstehen und drehte um; der andere jedoch gelangte nach stundenlangem Kampf an Bord und brachte mir die Antwort meiner Leute. Seither weiß ich, daß die Eingeborenen jener Küste die besten Schwimmer der Welt sind.« □

Zum Gambia und den Bissago-Inseln

Die Eingeborenen erzählten ihm auch von dem Fluß Gambia, der noch weiter südlich liegen sollte. Als er auf der Suche nach ihm in der Nähe des Kap Verde kreuzte, sichtete er zwei andere Karavellen, deren eine sein Landsmann Usodimare befehligte. Die drei Schiffe segelten von da an gemeinsam weiter und entdeckten tatsächlich den Gambia, dessen Mündungsgebiet sie erforschten. Dann kehrten sie wieder in die Heimat zurück.

Im folgenden Jahr unternahmen die beiden Italiener noch einmal eine gemeinsame Fahrt nach Westafrika, auf der sie über den Gambia hinaus bis zu den Bissago-Inseln vorstießen. Wenn man hört, wie die wenigen Männer unter der Hitze und unter Fieber litten, muß man die Energie bewundern, mit der sie aushielten. Wenn sie nun auch ganz gegen ihren Willen wieder umkehren mußten, weil sich ihre Dolmetscher nicht mehr mit den Eingeborenen verständigen konnten, war doch erneut ein Schritt vorwärts getan.

Schon stand der nächste Kapitän bereit, diesmal ein Mann aus dem nächsten Gefolge des Prinzen. Zwar verfaßte er keinen Bericht, wie sein Vorgänger, aber zwei Jahrzehnte später sollte er seine Erinnerungen dem deutschen Kaufmann und Seefahrer Martin Behaim aus Nürnberg erzählen, der sie niederschrieb.

Der Zufall wollte es, daß dieser Behaim das Bindeglied zwischen den Fahrten der portugiesischen Kapitäne und Kolumbus bildete. Er war 1482 als Kaufmann nach Portugal gekommen . . .

Ein Deutscher im Dienst portugiesischer Seefahrt: Martin Behaim

Der Zufall wollte es, daß ein Deutscher, der Nürnberger Martin Behaim, sozusagen ein Bindeglied bildete zwischen den Fahrten der portugiesischen Kapitäne und Kolumbus. Behaim war 1482 als Kaufmann nach Portugal gekommen, hatte hier aber unabhängig von seinem Beruf sehr rasch Kontakte zu der »Astronomischen Junta« angeknüpft und wurde Mitglied dieses erlauchten wissenschaftlichen Gremiums, das die nautischen Ergebnisse der Fahrten auswertete. Die Gründe für diesen doch höchst bemerkenswert erscheinenden Vorgang sucht der Historiker G. v. Pöllnitz zu analysieren:

Man hat nachdrücklich darauf verwiesen, daß der bemerkenswert hohe Stand der nautischen Wissenschaften in der zweiten Hälfte des portugiesischen 15. Jahrhunderts durch den jungen Nürnberger keine spürbare Bereicherung erfahren konnte. Das mag durchaus sein,

Martin Behaim

Martin Behaim wurde wohl um 1459 in Nürnberg geboren. Als Sohn einer angesehenen Kaufmannsfamilie war er ebenfalls für den Beruf des Tuchhändlers bestimmt. Doch mehr als von kaufmännischem Rechnen und französischen und italienischen Vokabeln fühlte sich der junge Behaim von den Vorlesungen des Mathematikers und Astronomen Johannes Müller »Regiomontanus« angezogen und studierte eifrig dessen Ephemeriden. 1476 begab sich Behaim als Tuchhändler in die Niederlande, vor allem nach Mechelen und Antwerpen. Von dort gelangte er 1482 nach Lissabon. In Portugal arbeitete er als Mathematiker und Geograph; er wurde Mitglied der »Junta dos Mathematicos«. 1491 kehrte er in seine Heimatstadt Nürnberg zurück und fertigte dort 1492 den ersten Globus an, den berühmten »Erdapfel«. Er zeugt von den portugiesischen Entdeckungsreisen bis zur Zeit da Gamas. Gearbeitet ist der Globus nach zeitgenössischen Karten, wahrscheinlich denen Toscanellis, basierend auf den geographischen Vorstellungen des Ptolemäus. Behaim gibt damit die Auffassungen der Geographen des 15. Jahrhunderts wieder, die die Küste Asiens so weit nach Osten verlegten, daß der Atlantische Ozean etwa 100° schmaler als in Wirklichkeit erscheint. Die noch »unerforschten« Gebiete gestaltet er, den Gewohnheiten der zeitgenössischen Kartographen folgend, mit Fabelwesen und märchenhaften Inschriften aus. 1493 reist Behaim erneut zu den Azoren. Er stirbt 1507 während eines Aufenthalts in Lissabon an der Pest.

auch sind mit seinem Namen in der Tat keine mathematischen Entdeckungen verknüpft. Die Feststellung ändert aber nichts an der Tatsache, daß Portugal ihn auf höchster Ebene, sei es als Wirtschaftler, Organisator, Mathematiker oder Geograph, gebrauchte. Hierbei darf offenbleiben, ob die alte Annahme, der Gebrauch des sogenannten »Jakobsstabes« sei den Portugiesen durch ihren deutschen Helfer nahegebracht worden, einer postumen Einschränkung bedarf oder nicht. Jedenfalls wurde der Nürnberger Patrizier mit königlicher Einwilligung, wenn nicht sogar auf allerhöchsten Befehl, an der nächsten Entdeckungsfahrt der beiden Segelschiffe Diego Cão beteiligt.

Um den Herbst 1485 verließ die bescheidene Armada, auf der Behaim vermutlich nur eine zweite Rolle spielte, die portugiesischen Häfen. Verschiedene Inseln wurden entdeckt, die Kongomündung erstmals erreicht. Im ganzen wird wohl Kap Cross im Raum von Guinea der entfernteste Punkt an der südwestafrikanischen Küste gewesen sein, den die Expedition berührte. Ob der Franke an sämtlichen Vorgängen dieser Fahrt wie der Errichtung von Hoheitssäulen mit dem Wappenbilde der portugiesischen Monarchie teilnahm, läßt sich billig bezweifeln. Manche seiner späteren geographischen Angaben weisen sonderbare Fehler auf, die sich mit einer erfahrungsmäßigen Kenntnis jener Landschaften selbst bei Einräumung gewisser verständlicher Gedächtnislücken kaum noch vereinbaren lassen. Aufgrund dieser Unstimmigkeiten, die unbestreitbar vorliegen, ward schon bezweifelt, daß der Nürnberger die Kongoreise überhaupt mitmachte.

Solche Kritik geht aber zu weit. Eine Epoche, deren literarische Scharfzüngigkeit nirgends hinter dem Berge hielt, hätte Angaben eines Mannes bestimmt als falsch entlarvt, wenn dieser ohne Rücksicht auf die dauernde Eifersucht unter den Seefahrern, Kosmographen und Konquistadoren mit einem Entdeckerruhm sich schmückte, der ihm nicht zukam. Seine zuweilen selbstgefälligen Mitteilungen werden manche Übertreibung aus der üblichen Humanisteneitelkeit, einer Hauptkrankheit der Zeit, oder aus objektivem Irrtum enthalten haben. Johann II., dem nichts Wesentliches verborgen blieb, war trotzdem von den beachtlichen Verdiensten seines deutschen Helfers überzeugt. Zum Lohn erteilte der König 1485 Behaim den Ritterschlag. □

Andere Biographen Behaims betonen, es sei doch der »Jakobsstab« gewesen, der dem Nürnberger in der Fremde solches Ansehen einbrachte. Er habe Kenntnis und Gebrauch von dem fränkischen Mathematiker Regiomontanus erlernt und seine Erfahrungen dann an die

Spätmittelalterliche Darstellung der Benutzung des Jakobsstabes.

Portugiesen weitergegeben. Tatsächlich ist die Verwendung dieses kleinen nautischen Geräts genial einfach, und es konnte den Kapitänen auf hoher See wichtige Dienste leisten. Siegmund Günther, einer der Biographen Behaims, hat die Technik seiner Benutzung allgemein verständlich dargestellt:

Die Funktion des »Jakobsstabes«

Ein längerer, vierkantiger Stab ist durch Querstriche in gleiche Teile von beliebiger Länge eingeteilt. Wahrscheinlich war der Zwischenraum zwischen den aufeinanderfolgenden Teilstrichen mit verschiedenen Farben angelegt, um letztere besser erkennbar zu machen. Längs des Stabes war ein Querholz so verschiebbar, daß es senkrecht auf dem Lineal verblieb und von diesem halbiert wurde. Der Beobachtende hielt mit der einen Hand den Hauptstab so, daß sich sein Auge unmittelbar vor dessen einem Ende befand, und schob das Querholz so lange hin und her, daß die vom Auge nach irgendzwei Punkten A und B – am Himmel oder auf der Erde – gezogenen Gesichtslinien genau an den Endpunkten des Querholzes vorübergingen. War dies erreicht, so konnte man am Hauptstab direkt ablesen, wie groß der von den Punkten A und B am Auge des Beobachters bestimmte Gesichtswinkel, anders gesagt, wie groß der sphärische Bogen A B war. Die Ermittlung solcher sphärischer Distanzen ist nun aber ein Hauptgeschäft der praktischen Astronomie, und insbesondere bei der Aufgabe, deren Lösung die nautische Kommission von Martin Behaim erwartete, kam es auf sie an.

Was wir vorhin A nannten, das war in diesem Spezialfall der Sonnenmittelpunkt, während unser B diesmal mit dem vertikal unterhalb A gelegenen Punkt des Horizonts zusammenfiel. Wenn also der Schiffer am Mittag sein »Besteck aufnehmen« wollte, so verschob er sein Querholz so lange, bis ihm die untere Gesichtslinie nach dem Meereshorizont, die obere nach der Sonne zeigte, und bekam ohne besondere Zwischenrechnung die gewünschte Meridianhöhe, aus der er durch einfache Addition oder Subtraktion die geographische Breite zu berechnen hatte.

Man übersieht leicht, daß diese Beobachtung, wenn man sich erst einigermaßen darauf eingeübt hatte, auch auf dem schwankenden Schiff vorgenommen werden konnte. Aus diesem Grund hat sich auch der Jakobsstab im Seewesen derart eingebürgert, daß noch im 18. Jahrhundert besonders auf dem Mittelmeer mit ihm operiert wurde. □

Dem Südkap entgegen: Diego Cão und Bartolomeo Diaz

Schwierig im Leben Behaims bleibt häufig nur die genaue Datierung der verschiedenen Ereignisse. Die oben von Pöllnitz für das Jahr 1485 angeführte Reise hat möglicherweise schon 1484 begonnen und führte unter der Leitung Diego Cãos nach Südwestafrika. Wahrscheinlich nach der Rückkehr lernte Behaim dann auch Kolumbus kennen, und die beiden Männer freundeten sich an und mögen ihre Erfahrungen ausgetauscht haben.

Diego Cãos Reise bildete zugleich auch die letzte Station vor der ersten Umseglung Afrikas und der Entdeckung des Kaps der Guten Hoffnung durch Bartolomeo Diaz, wie sie uns Prestage nach den wenigen zeitgenössischen Aussagen rekonstruiert:

Die Expedition von Bartolomeo Diaz, die das Südende des afrikanischen Kontinents umfuhr und damit das von den Seefahrern seit mehr als einem Jahrhundert erstrebte Ziel erreichte, bestand aus zwei Karavellen von fünfzig Tonnen[1] und einem Frachtschiff. Einen besonderen Segler für Proviant und Vorräte aller Art mitzunehmen war eine glückliche Idee, da bei einigen früheren Unternehmungen Mangel an dem einen oder anderen eine vorzeitige Rückkehr erzwungen hatte.

Ein amtlicher Bericht über die Fahrt liegt nicht vor, und die beiden zeitgenössischen Chronisten Pina und Resende erwähnen sie überhaupt nicht, so daß wir ganz auf die kurze Darstellung von Barros angewiesen sind, deren Daten allerdings nicht stimmen. Nach ihm brach Diaz im August 1486 auf und kehrte im Dezember des folgenden Jahres zurück. Aber Duarte Pacheco, dem Diaz auf der Heimfahrt begegnete, bekundet, daß das Kap der Guten Hoffnung 1488 entdeckt worden sei[2], und dieses Datum ist um so zuverlässiger, als er sein *Esmeraldo* kurz nach 1505 schrieb, während Barros sein großes Werk *Asia* erst vierzig Jahre später verfaßte. Überdies wird Pachecos Angabe durch zwei Randnoten bestätigt, die nach dem Urteil der Gelehrten jener Epoche in Christoph Kolumbus' Handschrift abgefaßt worden sind: die eine steht in einem Exemplar von Pierre d'Aillys Imago Mundi, heute im Besitz der Kolumbusbibliothek von Sevilla[3]; die andere in der »Historia rerum ubique gestarum« von Papst Pius II., die 1477 in Venedig erschien.

Demnach ist man jetzt allgemein der Ansicht, daß Diaz Lissabon im August 1487 verließ. An Bord waren auch zwei von Cão mitgebrachte Neger sowie vier schon länger in Portugal weilende Negerinnen, die er an verschiedenen Punkten der Küste absetzen wollte. Alle sechs trugen schöne Kleidung und hatten Muster von Gold, Silber und Gewürzen bei sich, mit denen sie ins Innere wandern sollten, um die Größe Portugals zu preisen und gleichzeitig zu verkünden, daß die längs der Küste segelnden Schiffe sich auf der Suche nach Indien und dem Priester Johannes befänden. Irgendwie, so hoffte man, würde diese Neuigkeit an das Ohr des Priesterkönigs dringen und ihn vielleicht veranlassen, sich mit der Expedition in Verbindung zu setzen. Außerdem nahm Diaz drei padrões mit, und zweifellos auch eine Kopie der Landkarte, die König Johanns gelehrte Berater für Covilhan entworfen hatten.

[1] Die Tonne jener Zeit war wenigstens doppelt so groß wie die heutige.

[2] Auch der deutsche Gelehrte Ravenstein spricht sich aufgrund eingehender Studien für das Jahr 1488 aus.

[3] Kolumbus behauptet hierin, daß er der Audienz, die der König von Portugal Diaz bei seiner Rückkehr erteilte, beigewohnt habe.

Im Sturm um das Südkap

Gleich seinen Vorgängern hielt Diaz sich dicht an der Küste, denn wir wissen, daß er eine ganze Reihe neuer Kaps, Buchten und anderer Landmarken benannt hat. In Angra do Salto[1] schiffte er die beiden Neger aus, ließ weiter südlich, vermutlich in der Walfischbucht, sein Vorratsschiff zurück und landete dann in der Nähe von Angra Pequena am Kap da Volta, um einen der drei Hoheitspfeiler aufzupflanzen. Nach tagelangem Kreuzen gegen einen widrigen Wind sprang dieser um und blies so heftig aus Norden, daß die kleinen Schiffe ihre Segel einziehen mußten. Beinahe zwei Wochen wurden sie vom Sturm südwärts getrieben, und da die Temperatur mehr und mehr sank, litt die Mannschaft schwer unter dem ungewohnten eisigen Wetter. Im Glauben, daß die Küste wie vordem in nordsüdlicher Richtung verliefe, steuerte Diaz, sobald die See sich wieder beruhigte, ostwärts. Aber als nach mehreren Tagen noch immer kein Land erschien, änderte er den Kurs, segelte gen Norden und gelangte in eine bewohnte Bucht. Nicht weit vom Strand weideten zahlreiche Kuhherden, was ihn veranlaßte, die Bucht Bahia dos Vaqueiros zu taufen. Es war die heutige, zur Kapkolonie gehörige Mosselbai.

Diaz' Dolmetscher verstanden die Sprache der Eingeborenen nicht. Obendrein gerieten diese beim Anblick der Schiffe in panische Angst und retteten sich mit ihrem Vieh landeinwärts. Infolgedessen vermochten die Portugiesen nur festzustellen, daß es Neger waren wie die von Guinea.

Nun wieder ostwärts segelnd, kamen die Karavellen zur Algoabai, wo Diaz am Kap Padrone einen zweiten Hoheitspfeiler aufrichtete. Aber auf weitere Entdeckungspläne mußte er jetzt verzichten. Die durch wochenlange Stürme zermürbte Mannschaft bat ihn, nicht weiter vorzudringen, weil der Proviant bedenklich zur Neige ginge und kaum für die Rückfahrt zum Vorratsschiff ausreiche. »Genügt es nicht«, drängten sie, »daß wir auf einer einzigen Fahrt endlose Meilen neuer Küste entdeckt haben und bereits fähig sind, mit einer wichtigen Nachricht – nämlich daß die Küste nunmehr ostwärts verläuft – heimzukehren? Bestimmt wird irgendein großes Kap hinter uns liegen, und wir täten besser daran, zu wenden und es zu suchen.«

Um sie zufriedenzustellen, ruderte Diaz mit den Offizieren und den Wortführern der Mannschaft an Land und ließ sie unter Eid erklären,

[1] Ravenstein identifiziert Angra do Salto mit Port Alexander.

Eine zeitgenössische Darstellung der Gefahren, die dem Seefahrer, insbesondere auf dem Seeweg nach Indien, drohten.

was ihres Erachtens das Beste im Interesse des Königs sei. Einmütig stimmten sie für die Heimkehr und unterzeichneten ein in diesem Sinne abgefaßtes Dokument. Diaz schlug nun vor, nur noch ein paar Tage weiterzusegeln; wenn in dieser Zeit nichts Wesentliches auftauchen würde, so wolle er umkehren. Sie willigten ein; doch die Weiterfahrt verlief eintönig, und als die Karavellen den Great Fish River erreichten, sah er sich gezwungen, dem erneuten Drängen der Mannschaft nachzugeben. Seine Enttäuschung muß sehr groß gewesen sein, denn Barros schreibt: »Er passierte den am Kap Padrone aufgestellten Pfeiler mit einem Kummer, als wäre der Stein ein zu ewigem Exil verurteilter Sohn«. Tatsächlich sah er ihn nie wieder.

Aus dem »Stürmischen Kap« wird das »Kap der Guten Hoffnung«

Auf der Rückreise kam das gesuchte große Vorgebirge, an dem die Küste nach Osten umbiegt, in Sicht, und wegen der unaufhörlichen Stürme, die seine Karavellen an ihm vorbeigejagt hatten, taufte es Diaz das Stürmische Kap. König Johann änderte den Namen indes in Kap der Guten Hoffnung um, weil es die Hoffnung auf einen Weg nach Indien zu verwirklichen schien. So lautet die Tradition, während Duarte Pacheco, der zur gleichen Zeit an der Guineaküste weilte, angibt, daß Diaz das Vorgebirge sofort Kap der Guten Hoffnung genannt habe. Hier stellte er den letzten seiner Pfeiler auf und segelte dann die Küste aufwärts, eifrig nach seinem Proviantschiff auslugend, bei dem er genau neun Monate nach der Trennung wieder Anker warf. Von der neun Mann starken Besatzung lebten nur noch drei, und einer war so vom Fieber geschwächt, daß die Wiedersehensfreude ihn jählings tötete. Die übrigen hatten die Eingeborenen, die es nach der Habe der Fremden gelüstete, ermordet.

Nach Übernahme der Vorräte ließ Diaz das Schiff verbrennen und lief im Golf von Guinea die Principe-Insel an. Und dort fand er Duarte Pacheco, todkrank darniederliegend! Er war vom König ausgeschickt worden, um die Flüsse des Festlandes zu erforschen, und hierzu nicht imstande, hatte er die Mannschaft beauftragt, ein wenig Handel zu treiben. Dabei war ihr Schiff gescheitert. Bartolomëu Diaz traf zur rechten Zeit ein, um Pacheco und einige wenige Überlebende aus ihrer trostlosen Lage zu erretten.

In Mina wurde noch das von der Faktorei gesammelte Gold an Bord genommen, und dann ging es ohne weiteren Aufenthalt nach Lissabon, das die Expedition im Dezember 1488 nach einer Abwesenheit von sechzehn Monaten und siebzehn Tagen erreichte. Wie Barros ausrechnet, hatte Diaz dreihundert Leguas der Küste entdeckt, das heißt eine ebenso lange Strecke wie Diego Cão auf zwei Fahrten.

Einzelheiten über diese denkwürdige Reise fehlen. Wir wissen auch nichts über die Persönlichkeit von Diaz, kennen kein authentisches Bild von ihm, erfahren nicht, ob er eine Belohnung für seine große Entdekkung erhielt. Aber als der König die Expedition Vasco da Gamas vorbereitete, benutzte er Diaz' Erfahrungen, indem er ihm den Bau der Schiffe übertrug, die den Weg nach Indien finden sollten. □

Mombasa, Malindi, Calicut: Die Fahrt des Vasco da Gama nach Indien

König Johann hatte recht mit der Namensänderung des Kaps; denn tatsächlich dauerte es nur noch wenige Jahre, bis Vasco da Gama 1497 mit vier Schiffen die erste Fahrt nach Indien unternahm. Die letzte

Phase dieses Unternehmens, den Sprung über den Indischen Ozean von der Küste Ostafrikas nach Calicut, beschreibt eine moderne Biographie:

Bis Dienstag, den 13. März 1498, war die Flotte nur zwanzig Meilen vorangekommen. Dann fiel der Wind ab, und in der Flaute blieben die Schiffe zwei Tage liegen. Bei Sonnenuntergang am 14. März befahl Gama, weiter nach See zu liegen, damit die Schiffe jeden günstigen Luftzug ausnutzen konnten. Bevor sie das tun konnten, wurden sie jedoch von einer ungünstigen Strömung ergriffen und nach Moçambique, über ihren letzten Ankerplatz hinaus, zurückgetrieben. Gama ließ dicht bei der kleinen Insel, auf der die Messe gefeiert worden war, rasch Anker werfen. Dort blieben die Schiffe acht Tage liegen und warteten auf einen günstigen Wind. Bei ihrem Wiedererscheinen sandte der beunruhigte Scheich einen Araber (angeblich einen Scherif, also Abkömmling Mohammeds, aber offenbar keineswegs orthodox, da besonders hervorgehoben wird, er sei »ein großer Säufer« gewesen), um zu verkünden, er wolle Frieden mit den Europäern und ihr Freund sein. Er unternahm jedoch nichts, um ihnen zu helfen.

Infolge der langen Verzögerungen wurde der Wasservorrat auf den Schiffen gering und verdarb. Da es kein Wasser auf der Insel gab, ließ es sich nicht vermeiden, noch einmal in der Nähe der Stadt an Land zu gehen und Wasser zu holen. Der an Bord zurückgehaltene Lotse versprach, die Portugiesen an eine Stelle zu bringen, wo Wasser ohne Gefahr geholt werden konnte. Gama und Coelho befehligten die Boote, die zum Ufer fuhren, aber der Lotse, der wohl nur unter Bruch seines Kontraktes fliehen wollte, führte sie nur im Dunkeln hin und her, ohne daß sie auf Wasser stießen, und bei Sonnenaufgang kehrten die Boote mit leeren Fässern zu den Schiffen zurück.

Kämpfe mit Arabern

Am nächsten Abend begann die gleiche Gruppe mit dem Lotsen wiederum Wasser zu suchen. Als endlich eine Wasserstelle gefunden wurde, kamen zwanzig mit Assagais bewaffnete Männer des Scheichs den Strand herabgelaufen und befahlen den Portugiesen, das Land zu verlassen, wobei sie gleichzeitig ihre Spieße schwangen. Ohne Zögern – denn Wasser mußte unbedingt beschafft werden – ließ Gama drei seiner Männer die Bombarden abfeuern, woraufhin sich die Araber in den Wald zurückzogen und Gama mit seiner Mannschaft landete und die

Zeitgenössischer Holzschnitt, der die Konfrontation zweier Welten spiegelt: Aufeinandertreffen von portugiesischen Seefahrern und Arabern.

Fässer füllte. Bei der Rückkehr zu den Schiffen entdeckte João de Coimbra, Lotse der »São Rafael«, daß ein Negersklave, den er aus Portugal mitgebracht hatte, entflohen war.

So blieben die Dinge bis zum Sonntag, dem 24. März. Am frühen Morgen kam ein Boot von der Küste zu Gamas Schiff heraus. Seine Insassen riefen drohend, daß die Portugiesen bei einem weiteren Versuch, Wasser zu erhalten, einen Empfang finden würden, wie er ihnen kaum zusagen dürfte. Dies war gerade die Art von Drohung, die Vasco da Gamas unbeherrschten Zorn wecken konnte. Er beschloß, es den Arabern gerade zu zeigen, daß er tat, wie ihm beliebte, und daß er sich keine Vorschriften machen ließ. Er befahl, alle Boote herabzulassen und mit Männern zu besetzen, die mit Bombarden bewaffnet waren. Die Männer legten sich in die Ruder, und bald waren die Boote nahe dem Ufer. Dort stellten die Portugiesen fest, daß die Araber einfache Palisaden aus Planken errichtet hatten, vor denen viele mit Assagais, Säbeln, Bogen und Schleudern bewaffnete Männer standen. Als sich die

Boote näherten, begannen Steine aus den Schleudern herabzuregnen; ein paar Schüsse der Bombarden brachten die Angreifer jedoch in Verwirrung, und sie suchten hinter ihrer hölzernen Befestigung Schutz. Diese war jedoch völlig unzureichend für die Steinkugeln der Bombarden, die drei Stunden lang den Beschuß fortsetzten, wobei ein Eingeborener auf dem Strande und ein anderer hinter den Palisaden getötet wurde. »Dann«, schrieb der Verfasser des »Roteiro«, »als wir dessen müde waren, begaben wir uns zum Essen auf unsere Schiffe.« Anschließend wollte Gama für etwas Abwechslung sorgen, indem er ein paar Gefangene machte, die sich als Geiseln für den Austausch der zwei christlichen Gefangenen aus Indien und Coimbras entflohenen Negersklaven benutzen ließen. Als sich die Portugiesen auf den Weg machten, sahen sie, wie die Araber mit Booten und Kanus, in denen sie ihre Besitztümer hatten, zum Festland flohen, da sie eine Strafexpedition der schrecklichen weißen Männer fürchteten. Paulo da Gama bemächtigte sich eines Kanus mit vier Negern und zweier anderer, von denen eines mit Sachen beladen war, die dem Scherifen gehörten. Diese wurden erobert, als sie auf den Strand aufliefen und im Stich gelassen wurden. Die Neger wurden an Bord von Gamas Schiff gebracht. Von der Beute behielt Gama Exemplare des Korans, um sie bei der Rückkehr nach Portugal König Emanuel zu zeigen. Den ganzen Rest – feines Tuch, Körbe, Duftstoffe und so weiter – verteilte er als Kriegsbeute unter seinen Offizieren und Männern[1].

Am folgenden Tage wurden weitere Wasserfässer gefüllt und ohne Störungen an Bord gebracht, denn die Eingeborenen fürchteten sich, ihre Häuser zu verlassen. Nachdem alles für die Flotte benötigte Wasser geladen war, befahl Gama, um eine Lehre zu erteilen, noch einige Bombarden in Richtung auf den Ort abzuschießen, ehe er wieder in See stach.

Gefolterte Lotsen und Eingeborene

Am Dienstag, dem 27. März, legten die Schiffe wieder von der Insel São Jorge ab, blieben dann aber drei Tage liegen »in der Hoffnung, Gott werde einen günstigen Wind schicken«. Der Wind – es war nur eine Brise – kam am 28. März auf, ließ aber am 31. wieder nach, als die Schiffe nur etwa zwanzig Meilen an der Küste weitergesegelt waren. Nachdem sie wieder in die Strömung gerieten und von ihr zurückgetrie-

[1] In dem Durcheinander wurde der Lotse, der desertiert war, offenbar wieder ergriffen, denn es wird erwähnt, daß er bei Mombasa wieder floh.

ben worden waren, konnten sie langsam ihren Weg fortsetzen. Der arabische Lotse war ein sehr schwieriger Mensch, mit dem Gama die Geduld verlor. Als der Lotse einige kleine Inseln vor der flachen Küste fälschlich als Festland bezeichnete, ließ Gama ihn anbinden und »jämmerlich karbatschen«, womit er einer der Inseln den Namen »Ilha do Açoutado« (Insel der Gepeitschten) gab – unter diesem Namen ist sie auf den Karten des frühen sechzehnten Jahrhunderts eingetragen. Während er an der Küste von Moçambique entlangsegelte, nahm Gama eine kleine Eingeborenen-Sambuk[1] auf, die einen alten Araber und zwei Neger trug. Um etwas über die Küstenstädte und Indien zu erfahren, ließ Gama »sofort den Araber foltern, so daß er seine Fragen beantwortete«. Es ist kein Wunder, daß Vasco da Gama durch diese Behandlung Unschuldiger, die seinen Weg kreuzten, den Grundstein zu dem traditionellen Haß der Afrikaner gegenüber den Portugiesen legte. In seiner hartnäckigen, ja selbst verbissenen und wilden Entschlossenheit, sein Ziel zu erreichen, kannte er zu keinem Zeitpunkt Skrupel oder Gerechtigkeit.

Schönes, gefährliches Mombasa

Am Sonnabend, dem 7. April 1498, traf die Flotte vor Mombasa ein, dem schönsten Hafen der ostafrikanischen Küste. Der Anblick der Stadt von den Schiffen aus erweckte in den portugiesischen Seeleuten, die der Reise überdrüssig waren, Gefühle des Heimwehs.

Die weißgekalkten Steinhäuser besaßen Fenster und Terrassen wie die der Halbinsel (Portugal und Spanien) – und sie war so schön, daß unsere Männer das Gefühl hatten, vor einem Teil des Königreichs (Portugal) zu liegen. Und obgleich jeder von diesem Anblick entzückt war, erlaubte Vasco da Gama dem Lotsen nicht, die Schiffe hineinzubringen, wie er es wünschte, denn er hatte schon einen Verdacht gefaßt und ließ außerhalb die Anker werfen.

Der Herrscher von Mombasa hatte zweifellos Nachrichten über die unglücklichen Vorfälle bei der bisherigen Küstenfahrt erhalten, sei es durch Schnelläufer entlang der Küste oder durch ein Boot, denn sobald die portugiesischen Schiffe aufkreuzten, kam ihnen eine Zavra (Dhau) entgegen. Mehrere Araber kletterten über die Leiter an Deck der »São Gabriel« und fragten Gama, woher er käme, wer er sei und was er suche. Gama antwortete ihnen mit Hilfe von Fernão Martins und erklärte,

[1] Ein kleines Küstensegelboot.

er wünsche Lebensmittel zu erhalten. Da er Verrat befürchtete, hatte er befohlen, daß alle kranken Männer unter Deck bleiben und die gesunden vollbewaffnet sich auf Deck aufstellen sollten. Als seine Besucher sich mit allen möglichen übertriebenen Beteuerungen der Freundschaft und Versprechen der Hilfeleistung zurückzogen, fürchtete Gama mehr denn je, hintergangen zu werden, und ließ die ganze Nacht über auf allen Schiffen Wachen aufziehen. Um Mitternacht kam lautlos eine Zavra zur »São Gabriel« mit hundert Bewaffneten an Bord herausgefahren. Als die Bewaffneten das Schiff enterten, ließ Gama sie aufhalten und nur ein paar von ihnen an Bord kommen, die kurze Zeit später das Schiff wieder verließen. Offensichtlich wollte der Machthaber von Mombasa herausfinden, ob die Portugiesen wachsam seien.

Geschenke – und wieder Foltern

Der Scheich der Hafenstadt setzte sein widersprüchliches Verhalten fort und schickte Gama Geschenke: »ein Schaf, große Mengen von Orangen, Zitronen und Zuckerrohr zugleich mit einem Ring als Siegel der Freundschaft, und teilte ihm mit, daß, wenn er in den Hafen kommen wolle, er ihm alles zur Verfügung stellen würde, was er benötige«. Wiederum beging Gama einen groben Fehler im Umgang mit den Arabern der Küste. Sein Gegengeschenk bestand nur aus einer bescheidenen Schnur Korallenperlen. Und statt wenigstens einige seiner Offiziere als Überbringer der bescheidenen Gabe zu senden, schickte er zwei der Sträflinge, die er bei sich hatte. Trotz dieser schweren Verletzung der Etikette wurden diese Männer gut empfangen, gastfreundlich behandelt und überall in der Stadt herumgeführt. Als sie sich auf den Weg machten, auf die Schiffe zurückzukehren, erhielten sie Proben von Nelken, Pfeffer und Korn, um sie Gama zu zeigen – als Beispiele dessen, was ihm der Scheich liefern konnte.

Als die Schiffe am nächsten Morgen langsam in den Hafen segelten, gab die durch einen leichten Zusammenstoß zweier Schiffe verursachte Verwirrung einigen Arabern, die sich an Bord der Schiffe befanden, Gelegenheit, über Bord und in eine sich in der Nähe aufhaltende Zavra zu springen. Die zwei betrügerischen arabischen Lotsen, die in Moçambique angeheuert worden waren, sprangen ebenfalls ins Wasser, schwammen zu der Zavra hinüber und entkamen. Gama erlitt einen Wutanfall und ließ sich zwei der vier Männer, die Paulo da Gama aus einem Einbaum in Moçambique geholt hatte, vorführen.

Er verlangte von ihnen zu wissen, ob sie etwas von einem Anschlag wüßten, den die Mombasaner gegen ihn planten. Die armen Teufel versicherten, daß ihnen nichts bekannt sei. Als sie bei weiterer Befragung darauf beharrten, wandte sich Gama an einen Offizier und sprach die Worte »O pingo« (die Tropfen) aus. Es wurde ein Feuer gebracht, ein Becken darüber gesetzt und in das Becken Öl und Harz gegeben. Bald schlug die Mischung Blasen und geriet ins Sieden, wobei sich ein Geruch nach Pech verbreitete. Die beiden Unglücklichen wurden ausgezogen, an den Händen gefesselt und so festgehalten, daß sie sich nicht bewegen konnten. Einer aus der Mannschaft nahm eine Kelle mit der siedenden Mischung und stellte sich neben Gama. Als die Gefangenen zum drittenmal leugneten, etwas zu wissen, nickte Gama. Der Seemann trat vor und goß langsam und sorgfältig das siedende Ölharz Tropfen um Tropfen auf die glatte bloße Haut erst des einen, dann des anderen Mannes. Sie wanden sich, kreischten und stöhnten. Die Kelle war leer, die Haut der beiden Männer mit schrecklichen Blasen und Verbrennungen bedeckt. Gama wartete schweigend. Dann gestand erst der eine und dann der andere. Sie hatten von den Männern des Scheichs von Mombasa, die auf das Schiff geklettert waren, gehört, daß er plane, die Schiffe in den Hafen zu locken und »dann, wenn die Portugiesen nicht auf der Hut waren, sie anzugreifen und die bösen Taten zu rächen, die Gama und seine Männer in Moçambique begangen hätten«. Diese vom Stöhnen der Gefolterten unterbrochenen Mitteilungen genügten Gama noch nicht. Wieder nickte er und wieder wurde die Kelle in das Becken getaucht. Von neuem fiel Tropfen um Tropfen der siedenden Ölharzmischung auf die Gequälten. Einer konnte es nicht länger ertragen und riß sich mit der Kraft der Verzweiflung aus dem Griff seiner Peiniger, rannte zur Reling und stürzte sich, obwohl seine Hände gefesselt waren, in das Wasser des Hafens. Gama, der erkannte, daß von dem zweiten Mann nichts weiter zu erfahren sein würde, befahl, ihn wegzubringen. Auch ihm gelang es, zu entkommen und in der Dunkelheit an die Küste zu schwimmen.

Ein »Schurkenstreich« . . .

Die Nacht war angebrochen und Vasco da Gama ließ wiederum Wachen gegen einen Überraschungsangriff aufziehen. Etwa um Mitternacht nahten sich geräuschlos zwei Einbäume mit Eingeborenen der Flotte. Aus den Booten glitten Männer in das dunkle Wasser und schwammen zur »São Rafael« hinüber und in die Richtung der »Berrio«.

Die Wachen auf den Schiffen hörten zwar Geräusche im Wasser, dachten aber, es wären Thunfische, die das Schiff umkreisten. Die Schwimmer, welche die »Berrio« erreichten, begannen, an ihren Ankertauen zu schneiden. Andere erklommen das Schiff und begannen, die Takelage des Besanmastes zu beseitigen. Die Seeleute der »Berrio«, die ihre gefährliche Lage endlich erkannten, griffen sie an und riefen gleichzeitig Warnungen zu den anderen Schiffen hinüber. Als die Mombasaner sich entdeckt fanden, zogen sie sich ins Wasser zurück und schwammen zu ihren Booten, die dann hastig an die Küste zurückgerudert wurden. Der Verfasser des »Roteiro«, der Zeuge der Behandlung geworden war, die Gama den Eingeborenen entlang der ganzen Küste zuteil werden ließ, schrieb an dieser Stelle die folgenden frommen Worte in seinen Bericht:

Diese Hunde versuchten abermals einen Schurkenstreich gegen uns, aber Unser Herr schenkte ihnen keinen Erfolg, da sie nicht an Ihn glauben. [...] Es gefiel Gott in Seiner Gnade, plötzlich alle von uns, die krank waren, genesen zu lassen, während wir vor dieser Stadt lagen, denn die Luft an diesem Ort war sehr gut[1].

Trotz des »Schurkenstreichs dieser Hunde« blieben die Schiffe noch zwei Tage länger vor Mombasa und setzten dann am Morgen des 13. April die Segel. Beim Überqueren der Barre erlitt Gama ein anderes Mißgeschick. Einer der Anker konnte nicht gelichtet werden, und bei den Bemühungen, ihn gewaltsam von dem Hindernis zu befreien, riß das Ankerkabel und der Anker ging verloren[2].

Vasco da Gama, der die Hoffnung nicht aufgab, einen Lotsen zu finden, der seine Schiffe durch den unbekannten Indischen Ozean führen konnte, ankerte etwa acht Meilen von Mombasa entfernt vor der Küste und nahm am nächsten Morgen als Prise ein kleines Schiff, das siebzehn Mann Besatzung, Gold, Silber, Proviant und zwei Passagiere, einen alten Araber und seine junge Frau, mit sich führte. Dann setzten sie Segel und trafen am Sonnabend, dem 14. April, vor Malindi, dreißig Meilen nördlich von Mombasa, ein.

[1] Er brachte die großzügige Lieferung von Zitrusfrüchten, die auf Geheiß des Scheichs an Bord gebracht worden war, nicht damit in Zusammenhang, kannte aber wahrscheinlich auch nicht ihre Bedeutung als Heilmittel für Skorbut.

[2] Möglicherweise war es eines der teilweise während des Nachtangriffs durchgetrennten Ankertaue. Die Araber bargen den Anker und stellten ihn als Trophäe vor dem Tor des Scheichs auf, wo er später von Francisco d'Almeida gefunden wurde, als er Mombasa im August 1505 einnahm.

Malindi: Unter dem Sonnenschirm des Regenten

Bei seiner Ankunft fand Vasco da Gama endlich einen Verbündeten. Zweifellos waren Nachrichten vom Vordringen der Europäer entlang der Küste dem Herrscher der Stadt zu Ohren gekommen. Zum Glück für die Portugiesen war er ein Konkurrent von Mombasa und ihm waren Verbündete, die so mächtig waren, wie er es von den Portugiesen glaubte, willkommen. Die arabischen Gefangenen sagten Gama, daß gewöhnlich indische Schiffe in Malindi lägen und daß er sicherlich tüchtige Lotsen finden werde, die ihn über den Indischen Ozean bringen könnten. Da bisher Feindseligkeit und Hinterlistigkeit die Haltung der arabischen Häuptlinge gewesen war, beschloß Gama, eine mildere Taktik anzuwenden und, wenn möglich, sich eine friedfertige Haltung der Einwohner von Malindi zu sichern. Mit der Zeit hatte er sicherlich gelernt, daß Grausamkeit und hochfahrendes Wesen ihn nicht weiterbrachten. Hätte es keine so offene und starke Zwietracht zwischen Mombasa und Malindi gegeben, dann wäre es Gama sicherlich in Malindi nicht besser als zuvor in Moçambique oder Mombasa ergangen.

Am 15. April, Ostersonntag, warf die kleine Flotte auf der Reede von Malindi Anker. An der Küste waren keine Erkennungszeichen sichtbar, und es kamen keine Boote herausgefahren, um die Fremden zu begrüßen. Furcht und Argwohn waren den vier Schiffen vorausgeeilt. Am Montagmorgen sprach Gama mit dem alten Araber, den er mit seiner Frau ein paar Tage zuvor gefangengenommen hatte, und später, am Nachmittag, ließ er ihn zu einer Sandbank in der Nähe der Stadt bringen und verlangte von ihm, daß er als sein Gesandter zum Scheich gehe, ihm den Grund seines Kommens erkläre und ihm begreiflich mache, daß er einen Lotsen benötige. Als Gama von Deck aus zu dem Araber hinübersah, bemerkte er, daß sich ein Einbaum von der Stadt aus der Sandbank näherte. Das Fahrzeug nahm den alten Araber mit und kehrte mit ihm ans Ufer zurück. Am Abend erschien der Araber mit einer Zavra in Begleitung eines der Unterführer des örtlichen Scheichs und einem Geschenk von drei Schafen. Der Unterführer richtete aus, daß sein Herr Freundschaft, Proviant und einen Lotsen biete. In seiner Freude wurde Gama verschwenderisch. Er sandte dem Scheich als Gegengeschenk eine Mönchskutte, zwei Schnüre Korallenperlen, drei Handwaschbecken, einen Hut, kleine Glocken und zwei Stücke billigen gestreiften Stoff. Wahrlich ein königliches Geschenk für den Herrscher einer reichen, unabhängigen Stadt. Aber der Scheich replizierte wiederum mit einem Geschenk von »sechs Schafen und viel Nelken, römischem Kümmel, Ingwer, Muskat und Pfeffer« und sandte die Botschaft, daß, wenn ihn Gama zu sehen wünsche, er mit seiner Zavra hinauskommen werde und Gama in seinem Boot bleiben könne.

Der Scheich war ein alter Mann, und sein Sohn, der ihn als Regent vertrat, traf mit Gama zusammen. Nach dem Essen am Mittwoch, dem 18. des Monats, erwartete Gama, dem ein Befehl des Königs das Anlandgehen verbot (eine schwer zu verstehende Bemerkung der Chronisten, da Gama schon mehrfach Küsten betreten hatte), den Besuch des Regenten auf dem Deck der »São Gabriel«.

Bald nach dem Essen kam die Zavra zum Schiff heraus und Gama kletterte in eines seiner Boote, das der Gelegenheit entsprechend geschmückt worden war. Die Boote legten sich Seite an Seite, und Gama begrüßte den Regenten. Dieser trug eine mit grüner Seide gefütterte Damastrobe und einen sehr eindrucksvollen Kopfschmuck, unter dem sein gebauschtes Haar bronzefarben schimmerte. Über seinen Kopf wurde an einem langen Griff ein runder scharlachroter Sonnenschirm aus Seide gehalten. An seiner Seite befand sich sein Page – ein alter Mann –, der das kurze Schwert seines Herrn in einer silbernen Scheide trug. Den jungen Scheich begleiteten auch Musikanten, die auf Anafils und Siwas bliesen – großen Trompeten aus Elfenbein und Holz (oder Kupfer), herrlich geschnitzt, die »mit den Anafils einen schönen Wohlklang ergaben«. Das Treffen verlief freundschaftlich und erfolgreich, und die folgende Woche verging mit Festlichkeiten und dem Austausch von Besuchen. Gama war jedoch vorsichtig wie immer und ließ seine Männer nur mit schwerbewaffneten Booten ans Ufer.

Im Hafen von Malindi lagen vier Kauffahrer aus Indien, deren Eigentümer die Kapitäne der portugiesischen Schiffe besuchten. Es ist etwas schwierig für uns, zu verstehen, daß die Portugiesen, während sie sich an der ostafrikanischen Küste (und auch später noch eine Zeitlang in Indien) befanden, wirklich glaubten, viele der Inder, denen sie begegneten, seien Christen. Als die Hindus die religiösen Bilder und Symbole an und auf den portugiesischen Schiffen sahen, glaubten sie, es handle sich um eine westliche Art, ihre eigenen Gottheiten abzubilden, und brachten ihnen Zeichen der Verehrung dar. In umgekehrter Weise dachten die offenbar mit der Hindu-Religion nicht vertrauten Portugiesen, die Götter und Göttinnen, die sie in den Tempeln sahen, seien Teil der von ihnen verehrten Gottheit und Heiligenschar. Die Inder von Malindi waren ständig der Neugier der portugiesischen Seeleute ausgesetzt, die anscheinend noch nie vor ihrer Ankunft in Ostafrika Inder gesehen hatten. »Diese Inder sind schwärzliche Männer, die nur sehr wenige Kleider tragen; sie besitzen große Bärte, und ihr Haupthaar ist sehr lang und wird geflochten getragen. Wie sie sagen, essen sie kein Kuhfleisch.« Die Europäer wurden zu einem Fest der Eingeborenen eingeladen, wobei auch ein Feuerwerk abgebrannt wurde.

Der beste Lotse nach Indien

Als eine Woche vergangen war, zeigte sich Gamas ohnehin nicht große Geduld durch die ziellose Kurzweil der dauernden Festlichkeiten erschöpft. Wiederum wandte er seine Zwangsmittel an. Als ein Diener des Scheichs mit einem ganz friedlichen Auftrag auf sein Schiff kam, ließ er ihn ergreifen, als Geisel festhalten und forderte nachdrücklich, den für die Fahrt nach Indien versprochenen Lotsen sofort an Bord zu senden. Der Scheich, der seine neu gefundenen Verbündeten nicht gleich wieder verlieren wollte, entsprach dem Wunsch umgehend, und der Lotse, der die Portugiesen durch den Indischen Ozean nach Calicut bringen sollte, kam an Bord der »São Gabriel«, woraufhin die Geisel von Gama freigelassen wurde.

Vasco da Gama hatte großes Glück mit der Wahl des Lotsen, die der Scheich von Malindi für ihn getroffen hatte. Der Lotse wird als »der höchste Gipfel der muselmanischen nautischen Wissenschaft« beschrieben. Der Verfasser des »Roteiro« bezeichnet ihn als »einen Christen von Gujerat«, und zeitgenössische Chronisten nennen ihn »Malémo Caná«. Keine dieser Bezeichnungen ist zutreffend. Es ist eindeutig erwiesen, daß der Lotse ein Araber aus Julfar namens Ahmad ibn Majid war. »Malémo Caná« war die portugiesische Transliteration seines arabischen Titels. »Mu'allim« bedeutet »der Lehrer, Lotse oder Navigationsoffizier«. »Caná« ist eine Korrumpierung des tamulischen »Kanagan«, »ein Arithmetiker oder ein Meister der astronomischen Navigation«. Sein Großvater und sein Vater waren Lotsen gewesen, und er selbst war ein Hadji, das heißt, ein Mann, der nach Mekka gepilgert war und das Recht hatte, einen grünen Turban zu tragen. »Al Muhit« (»Allumfassend«), ein Buch der Zeit, das die Navigation und das nautische Wissen über den Indischen Ozean, dargestellt von Sidi Ali ibn Husayn, einem türkischen Admiral, enthält, nennt Ahmad den »vertrauenswürdigsten der vielen Lotsen und Seeleute der Westküste Indiens im fünfzehnten und sechzehnten Jahrhundert – Allah sei ihm gnädig!«

Ahmad war nicht nur ein sehr erfolgreicher praktischer Lotse, sondern auch Verfasser vieler »Rutters« oder Logbücher. Davon sind neunzehn Manuskripte noch erhalten[1]. Sie wurden zwischen 1460 und 1495 geschrieben und sind bemerkenswert vollständig und genau in ihren Beschreibungen, besonders der Monsune und anderen Winde in den durchfahrenen Gebieten. Ahmad war kein junger Mann mehr, als er in Gamas Dienste trat. Etwa zwischen 1430 und 1435 geboren, war er weit in den Sechzigern, als Vasco da Gama in Malindi eintraf.

Sobald Ahmad ibn Majid an Bord der »São Gabriel« kam, lud ihn Gama zusammen mit dem Dolmetscher in seine Kabine ein, um den Lotsen näher kennenzulernen und einen Begriff von seinen Fähigkeiten zu bekommen. Ahmad entrollte seine Karten der Westküste Indiens, die sorgfältig mit den nach arabischer Art eingetragenen Kompaßablesungen, Breitenkreisen und Meridianen gezeichnet waren, und erläuterte sie dem Befehlshaber. Während der anschließenden Besprechung holte der letztere das große hölzerne Astrolabium heraus, welches die »São Gabriel« mitführte, und ebenso die kleineren aus Messing, die er benutzte, um die Sonnenhöhe zu bestimmen. Der Araber war mit diesen Instrumenten völlig vertraut und ließ durchblicken, daß solche und ähnliche von den Lotsen des Roten Meeres zur Bestimmung der Sonnen- und Sternhöhe benutzt wurden. Dann erklärte er die Art, in der er und andere Lotsen des Indischen Ozeans ihre Ablesungen mit »Taboas« oder Tafeln mit Löchern zum Visieren durchführten und enthüllte auch die Geheimnisse des Kreuzstabes. Als Ergebnis dieser Unterhaltung war Gama überzeugt, daß er einen ausgezeichneten Lotsen erhalten hatte.

Der Ausgang der Reise bewies ihm dann, daß sein Vertrauen gerechtfertigt war.

Nun hielt Gama und seine Flotte nichts mehr in Malindi. Dank der Freundschaft des Scheichs waren die Wasserfässer gefüllt, die Proviantträume wohlversehen und ein reichlicher Holzvorrat an Bord. Die reichen Gaben frischen Obstes und Gemüses hatten die Gesundheit der überlebenden Mitglieder der Mannschaft wiederhergestellt. Der langerhoffte Lotse war an Bord. Der Monsun hatte eingesetzt. Gama gab Befehl, die Anker zu lichten und die Segel zu setzen. Am 24. April brachten die Steuerleute die Schiffe auf Nordostkurs, und der Monsun blähte die Segel mit den großen roten Kreuzen. Die Flotte des portugiesischen Königs begann die letzte Etappe ihrer großen Reise an die Küste Indiens.

[1] In der Nationalbibliothek in Paris

Am Ziel der Hoffnungen: Indiens Küste ist erreicht

Die Reise von Malindi durch den Indischen Ozean verlief ereignislos. Fünf Tage nach Verlassen der Küstenstadt »erfreuten sich die Portugiesen wieder des Anblicks des Großen und Kleinen Bärs, des Orion und der anderen Sterne des Nordhimmels«. Dreiundzwanzig Tage lang blieben die Schiffe stetig auf ihrem Wege, und der ihrer Fahrt günstige Monsun brachte sie ihrem Ziel immer näher. Am dreiundzwanzigsten Tage war durch den Dunst undeutlich Land zu erkennen. Heftiger Regen und ein Gewitter hinderten Ahmad daran, vor dem 20. Mai, an dem eine Landerhöhung – Kotta Point – in Sicht kam, die Position zu identifizieren. Der Lotse schritt auf Gama zu, der am Bug inmitten seiner Männer gespannt Ausschau hielt. »Wir sind angekommen, wir sind etwas nördlich von Calicut! Hier ist das Land, wohin Ihr wolltet!«

Die lange Reise war zu Ende.

Die Tausende nicht enden wollender Meilen auf See, die elf Monate Sturm und Meeresstille, das Überdruß erregenden Essen, das faulige Wasser, die abweisenden Wilden und die noch feindseligeren Araber – all das lag hinter ihnen.

Viele ihrer Gefährten, Opfer des Skorbuts und der Stürme, ansteckender Krankheiten und des Fiebers, lagen in den Tiefen des Atlantischen Ozeans oder in einsamen Gräbern längs der afrikanischen Küste. Aber sie, die Überlebenden, hatten den Weg zu den goldenen Ländern des Ostens gefunden, von denen Prinz Heinrich und König Johannes geträumt hatten und die Bartolomeo Diaz fast erreichte. Der Seeweg nach Indien war keine Zukunftsvision mehr – er war eine Wirklichkeit, zurückgelegt und ordnungsgemäß in den Karten verzeichnet von dem unerschrockenen Befehlshaber Vasco da Gama.

Er hatte sich einen bleibenden Platz in der Geschichte erworben. Das Abenteuer des Vasco da Gama hatte aber kaum begonnen. Ihm sollte noch vieles an Land und zur See, in der Heimat und in Indien bevorstehen.

Bedauerlicherweise sollte da Gamas Ruhm unter seinem ständigen Mangel an Diplomatie, seinem unbezähmbaren Temperament, seiner rücksichtslosen Entschlossenheit und seiner hartherzigen Grausamkeit sehr leiden. Zu viele häßliche Seiten enthält seine Geschichte – Seiten, die den Glanz seiner großen Leistung verdunkeln, die an einem sonnenheißen Tage im Mai 1498 ihren Höhepunkt erreichte, als Gama vor der Küste von Malabar, wenige Meilen von der berühmten Stadt Calicut entfernt, ankerte. □

Landung in Calicut – ein Tagebuchbericht

Wahrscheinlich hatte ein einfacher portugiesischer Matrose Tagebuchaufzeichnungen geführt. Aus diesem schon oben erwähnten »Roteiro« stammen die folgenden Notizen über die ersten Erlebnisse nach der Landung in Calicut:

Nachdem wir vor Anker lagen, kamen vom Lande vier Barken auf uns zu, . . . um zu erfahren, wer wir wären, und nannten und zeigten uns Calicut. . . . Der Kommandant schickte einen der Verbannten[1] nach Calicut, und die, mit denen er fuhr, führten ihn hin, wo zwei Mauren von Tunis wohnten, die kastilianisch und genuesisch sprechen konnten, und der erste Gruß, den sie ihm zuriefen, war der: »Hol dich

[1] Dem Geschwader waren 10 oder 12 zum Tode verurteilte Verbrecher mitgegeben; Vasco sollte sich ihrer für gefahrvolle Missionen bedienen.

Schon bald nach der Entdeckung des Seeweges nach Indien gründeten die Portugiesen ihre ersten indischen Handelsstützpunkte und Kolonien, z.B. Goa (1510–1951). Zeitgenössische Illustration des Lebens auf dem Markt von Goa.

der Teufel! Wer hat dich hierher gebracht?« Und sie fragten, was wir so weit in der Ferne suchten, und er antwortete ihnen: »Wir kommen Christen[1] und Gewürze suchen.« Sie sagten zu ihm: »Warum schickt der König von Kastilien nicht her und der König von Frankreich und die Signoria von Venedig?« Und er gab ihnen zur Antwort, daß der König von Portugal es nicht leiden wolle . . . Dann bewirteten sie ihn . . ., und nachdem er gegessen hatte, kam er zurück zu den Schiffen, und mit ihm kam einer der besagten Mauren, und als selbiger an Bord trat, waren seine ersten Worte: »Willkommen! Willkommen! Viel Rubinen, viel Smaragden! Danket Gott, daß er euch in ein Land gebracht hat, wo des Reichtums so viel ist!« Wir waren überrascht, daß

[1] In einzelnen Städten der Malabarküste gab es uralte Gemeinden von Thomaschristen; daraus entstand der seltsame Irrtum der ersten Entdecker, daß die überwiegende Mehrheit der Inder Christen seien.

wir ihn sprechen hörten, und wollten doch nicht glauben, daß es so weit von Portugal einen Menschen geben könnte, der unsere Sprache verstände . . .

Zu der Zeit, wo wir in selbiger Stadt Calicut ankamen, hielt sich der König[3] fünfzehn Leguas entfernt von dort auf, und der Kommandant[4] schickte ihm dahin zwei Leute, durch die er ihm sagen ließ, daß ein Gesandter des Königs von Portugal da sei . . . Selbiger König ließ ihm sagen, daß er sehr willkommen sei . . . Als der König dahin kam, wo der Kommandant war, warf er sich auf ein . . . Ruhebett, auf dem viele golddurchwirkte Stoffe lagen, und fragte den Kommandanten, was er wolle. Und der Kommandant sagte ihm, daß er Gesandter eines Königs von Portugal wäre . . . und daß seit sechzig Jahren die Könige, seine Vorgänger, jedes Jahr Schiffe auf Entdeckungen ausschickten nach diesen Gegenden, dieweil sie wüßten, daß es in selbigen Gegenden christliche Könige gebe wie sie, und daß sie deswegen befohlen hätten, selbiges Land zu entdecken . . . Besagte Kapitäne wären gefahren und gefahren, ein Jahr und zwei, bis ihnen der Mundvorrat ausgegangen sei, und wären, ohne etwas zu finden, nach Portugal zurückgekehrt . . . Der König antwortete darauf, daß er willkommen sei . . . und ihm Gesandte nach Portugal mitschicken wolle . . . Und am Dienstag hatte der Kommandant folgende Dinge bereit, um sie dem Könige zu schicken: zwölf Stück gestreiften Baumwollenstoffes und vier Kapuzen von Scharlach und sechs Hüte und vier Korallenzweige und einen Ballen Metallbecken . . . und eine Kiste Zucker und vier gefüllte Flaschen voll Olivenöl und Honig . . . Sie kamen und fingen an, über besagtes Geschenk zu lachen und sagten, daß das nichts wäre, um es dem Könige zu schicken, . . . daß der ärmste Kaufmann . . . aus Mekka . . . oder ein Inder mehr gäbe, und daß, wenn er ein Geschenk machen wolle, er irgendwelches Gold schicken solle . . . Maurische Kaufleute kamen, und alle sprachen mit Verachtung von besagtem Geschenk . . . □

Mit dieser Reise war für die Portugiesen nach rund siebzig Jahren das große Ziel erreicht, und sie hatten den östlichen Seeweg nach Indien gefunden. Sechs Jahre zuvor war Kolumbus auf einer unbekannten Insel gelandet und glaubte, auf dem Westweg nach Indien gekommen zu sein . . .

[3] Samudria Raja, »Herr der See«, der Herr von Calicut, zu dem die Fürsten der malabarischen Meeresküste im Abhängigkeitsverhältnis standen.

[4] Vasco d. G.

Die blühenden Gärten Córdobas und die christliche Reconquista – Der Aufstieg Spaniens zur Weltmacht

Während seit der Mitte des 15. Jahrhunderts die portugiesischen Karavellen das Reich des »Priesters Johannes« und den Seeweg nach Indien suchten, dabei die afrikanische Westküste erforschten und fleißig Sklaven aus den neu entdeckten Gebieten nach Europa verschleppten, hatten die Spanier andere Sorgen; denn in diese für die ganze Iberische Halbinsel so wichtigen Jahrzehnte fielen die Einigung Spaniens unter den »katholischen Königen« Ferdinand von Aragon und Isabella von Kastilien und die endgültige Vertreibung der Mauren.

Bei unserer Suche nach Zusammenhängen, nach Ursachen und Wirkung, dürfen wir nicht nur auf die Entdeckungsgeschichte blicken, sondern müssen auch die politische Geschichte der Iberischen Halbinsel, insbesondere Spaniens, näher betrachten, wäre doch ohne die Ereignisse in den letzten zwei Jahrzehnten des 15. Jahrhunderts die Fahrt des Kolumbus nicht möglich gewesen. Und wenn wir bei den entdeckungsgeschichtlichen Zusammenhängen bis Marco Polo zurückgingen, so müssen wir hier sogar bis 711 zurückgreifen, jenem Jahr, in dem der arabische Feldherr Tariq ibn Ziyad mit einem Heer von Nordafrika aus nach Spanien übersetzte. Und hier, in dem Land, das sie Al-Andalus nannten, gründeten die Araber – oder Mauren – einen Staat, der sich bald im Süden über das Mittelmeer bis hinüber nach Nordafrika ausdehnte und im Norden bis hinauf nach Toledo reichte. Den Mittelpunkt bildete bald Córdoba im Herzen von Andalusien, dessen Herrscher seit dem 10. Jahrhundert stolz den Chalifen-Titel führten und sich damit auf eine Stufe stellten mit den Chalifen von Bagdad. Das aber durften sie wohl zu Recht; denn in wenig mehr als zweihundert Jahren schufen sie ein blühendes Reich mit stolzen Städten.

Die Stadt der maurischen Fürsten

Wirtschaftliches und vor allem kulturelles Zentrum bildete Córdoba, dessen herrliche Moschee noch heute von der Baufreudigkeit seiner Herrscher zeugt. Titus Burckhardt gibt eine Beschreibung dieser Stadt zur Zeit ihrer größten Blüte. Sie spiegelt zugleich das Wesen der maurischen Städte in Spanien:

Die Anlage der maurischen Städte Spaniens war nicht anders als diejenige aller islamischen Städte des Mittelalters. Ihren Kern bildete gewöhnlich der Markt, der aus einem dichten Netz enger Gäßchen bestand, in denen sich Laden an Laden und Werkstatt an Werkstatt reihte; denn außer den verschiedenen Zweigen des Handels waren auch all die kleineren Handwerke hier untergebracht, ein jedes Gewerbe in seiner Gasse oder seinem Viertel. Der Markt lag meistens um die Hauptmoschee herum oder in ihrer Nähe. Von den Stadttoren her führten ein paar größere Straßen zum Markt, sie waren jedoch selten breiter, als es unbedingt nötig war, um zwei beladene Saumtiere aneinander vorbeizuführen. Die Wohnviertel erstreckten sich vom Markt weg nach den Stadtmauern hin. Sie waren ohne strengen Plan gebaut, so wie eben die Häuserblöcke nach dem Willen der Familien und der Sippen zusammenwuchsen, und die Wege, die zu den einzelnen Haustoren führten, waren oft nicht mehr als schmale und winklige Gänge. Licht und Luft erhielten die Häuser durch ihre Innenhöfe, die manchmal zu ummauerten Gärten erweitert waren. Im ganzen betrachtet und mit gewissen, durch die besondere Geschichte eines Ortes bedingten Ausnahmen fehlten der islamischen Stadt jene Züge, die der römische Städtebau dem christlich-mittelalterlichen übermacht hat, nämlich die im Achsenkreuz nach den Himmelsrichtungen geordnete Anlage mit einem öffentlichen, dem Markt und den staatlichen Kundgebungen dienenden Platz in der Mitte. Typisch arabisch ist, daß zuerst ein Markt vorhanden ist, der im Schutz eines Heiligtums liegt, und daß sich darum herum die Wohnstätten mit der Freiheit eines Beduinenlagers, das heißt, nach dem Willen der Sippen und der Einzelnen scharen. Diese Anordnung hat ihre Logik. Die Moschee in der Mitte ist das Herz des ganzen Stadtkörpers, der Markt mit seinen Zugangsstraßen entspricht den Organen der Angleichung, während die Innenhöfe und Gärten der Wohnviertel die Rolle der Lungen spielen. Zugleich drückt sich in der Unterscheidung von Markt- und Wohnvierteln und in der nach außen abgeschlossenen Bauart der Wohnhäuser jene islamische Lebenshaltung aus, von der schon die Rede war.

Einem morgenländischen Brauch gemäß ließ sich der Herrscher selten innerhalb einer Wohn- und Marktstadt nieder; es gab wohl eine königliche Burg in ihr – *al-kasr* ist der arabische Ausdruck dafür, und davon kommt das spanische *Alcázar* –, aber der eigentliche Wohnpalast des Herrschers mit allem, was an Kasernen, Stallungen und Gärten dazu gehörte, befand sich in der Regel außerhalb der Stadtmauern. Wie wir sahen, ließ al-Mansur auch die staatliche Verwaltung in einer eigenen Stadt außerhalb der Mauern Córdobas unterbringen. Das Gefolge des Herrschers und die ihm ständig dienenden Truppen blieben getrennt von der städtischen Gemeinschaft; sie konnten bei Volksaufständen um so leichter eingesetzt werden.

Lebhafter Handel, kunstvolle Gewebe und – Straßenbeleuchtung

Durch die Hauptgassen, die von den Stadttoren zum Markt führten und die in Córdoba ausnehmend breit und nachts mit Leuchtflammen erhellt waren, bewegte sich ein ununterbrochener Strom von beladenen Maultieren, Eseln, Reitern und Trägern. An diesen Straßen lagen die Karawansereien, die man in Spanien wie im Maghreb *fondak* nannte; sie hatten zur ebenen Erde Stallungen für Saumtiere, in den Stockwerken Gastzimmer und dienten auch als Lagerhäuser für gewisse Waren, die in größeren Mengen ein- oder ausgeführt wurden. Andalusien erzeugte im Überschuß Häute, Öl, Getreide und getrocknete Früchte wie Feigen und Trauben, Rohseide und gewisse Metalle wie Silber, Blei und Eisen, die in Bergwerken abgebaut wurden. Zu den vom Ausland eingeführten Waren gehörten Gewürze, färbende Erden und Rinden, Edelhölzer, Elfenbein und feine Baumwollgewebe.

Der Handel mit fertig hergestellten Waren fand in den Gassen des Marktes statt. Die Schneider, Gürtelmacher, Schuster, Sattler, Flechter, Kupfertreiber, Silberschmiede, Waffenmacher und andere arbeiteten und verkauften an Ort und Stelle; nur jene Gewerbe, die größere Einrichtungen oder besondere Standorte erforderten, wie etwa die Töpfer mit ihren Brennöfen oder die Gerber mit ihren Gruben, arbeiteten außerhalb des Marktes in Randgebieten der Stadt. Der innerste Bereich des Marktes, den man nachts abschließen konnte, war dem Handel mit besonders kostbaren Waren wie feinen Stoffen, Kleidern, Pelzwerk, Schmuck und wohlriechenden Ölen vorbehalten; das war die *kaisariya.*

Es gab einen Marktaufseher, *al-muhtasib* genannt (wovon das spanische *almotácen* kommt), der die Preise und die Güte der verwendeten Rohstoffe überwachte; außerdem hatte jedes Gewerbe seinen Treuhänder *(amin),* der berufliche Streitigkeiten schlichten mußte. Dadurch, daß die einzelnen Gewerbe in Gassen oder Vierteln versammelt waren, konnte unlauterer Wettbewerb vermieden werden.

Gewisse Handwerke waren eigentliche Künste. Dazu gehörte die Seidenweberei, die in Städten wie Córdoba und Sevilla ebensohoch entwickelt war wie im islamischen Osten oder in Byzanz. Für feine Lederarbeiten war Córdoba berühmt; nicht umsonst kommt das französische *cordonnier* für Schuhmacher vom Namen dieser Stadt. Die tauschierten und ziselierten Waffen von Toledo werden noch heute nachgeahmt. Die spanischen Mauren waren auch Meister in der Herstellung von Töpfereien mit farbigen Glasuren, die oft einen Glanz wie Gold oder Kupfer hatten.

Vergeistigtes Handwerk

Im Gegensatz zur modernen Technik, die vor allem die Werkzeuge entwickelt hat, um schließlich dahin zu gelangen, daß eine Maschine in öder Gleichförmigkeit immer wieder denselben seelenlosen Gegenstand erzeugt, war das maurische Handwerk darauf bedacht, die Arbeitsweise zu verfeinern und mit einfachsten Mitteln die edelsten Wirkungen zu erzielen. Das bedingt eine vollkommene Beherrschung sowohl des Werkzeugs als auch des Stoffes, den es zu bearbeiten galt, und daraus erwuchs eine Selbstbeherrschung eigener Art, als gestaltete der Handwerker oder Künstler – die beiden Eigenschaften ließen sich nicht voneinander trennen – zugleich mit dem äußeren Werk sich selber; die berufliche Meisterschaft war mehr als ein äußerliches Können. Ihre geistige Tragweite aber erhielt sie dadurch, daß mit gewissen beruflichen Verfahren auch die Anhaltspunkte zu einer beschaulichen Weisheit übermittelt wurden. In der Tat hat das Verhältnis von Form und Stoff, das jeder Kunst zugrunde liegt – denn es handelt sich ja immer darum, eine innerlich geschaute Form einem mehr oder weniger bildsamen, geduldigen oder widerspenstigen Stoff aufzuprägen –, einen allumfassenden Sinn: Überall im Kosmos gibt es Formen, die etwas Wesentliches und Unvergängliches ausdrücken in eben dem Maße, als der Stoff, in den sie sich kleiden, es erlaubt; die Güte der Form liegt in ihrem wesentlichen Gehalt und der Wert des Stoffes in seiner Bildsamkeit. Form und Stoff – diese Unterscheidung ist grundlegend für das ganze mittelalterliche Denken, und das nicht nur auf der philosophischen Ebene. Dabei verstand man unter Form nicht einfach einen Umriß, eine Abgrenzung räumlicher oder anderer Art, sondern stets das Siegel einer wesentlichen Einheit, mit anderen Worten: Form war immer qualitativ und nie bloß quantitativ gemeint. Die Kunst aber bestand nicht darin, die Natur nachzuahmen oder der Phantasie freien

Lauf zu lassen, sondern jedem Ding, sei es ein Gebäude oder bloß ein Trinkgefäß, eine Form zu verleihen, die eine wesentliche Einheit ausdrückt.

Die Sinnbildlichkeit einer Kunst oder eines Handwerks lag nicht nur in den Formen, die es erzeugte, sondern schon in dem Verfahren, das es befolgte. Für den Weber, zum Beispiel, stellten die Kettenfäden, die am Kettenbaum befestigt sind und sich durch das ganze Gewebe hindurchziehen, das unveränderliche göttliche Gesetz dar, während der Einschlag, der hin und her fließt und die Kettenfäden zum dichten Gewebe verbindet, dem überlieferten Brauch entsprach, durch welchen das göttliche Gesetz dem Leben »eingewoben« wird. Oder die Kettenfäden sind die ewigen Wahrheiten und der Einschlag ist das zeitliche Geschehen. Oder auch: die Kettenfäden sind die unwandelbaren Wesenheiten, die sich in den »Formen« kundgeben, der Einschlag aber ist der Stoff, aus dem die Welt gemacht ist.

Geborgenheit des Lebens hinter weißen Mauern

Wenn man den Markt und die Gassen der Handwerker verließ und sich den Wohnvierteln zuwandte, fand man hie und da, im Gewinkel der Gassen, kleine Plätzchen mit Brunnen und Schattendächern aus Rebgittern. Da öffneten sich die Tore der kleineren Moscheen, die jederzeit einen Zufluchtsort boten, wo auch der Arme sich aus dem Getriebe des Alltags in eine Welt der Besinnung und des Friedens zurückziehen konnte. Hier waren manchmal auch die Schulen für die Kinder eingerichtet. Sie waren zahlreich im alten Córdoba; al-Hakam II. ließ auf seine Kosten eine Anzahl Schulen unterhalten, in welchen die Kinder der Mittellosen unentgeltlich unterrichtet und mit Nahrung und Kleidung versehen wurden.

In einer Durchgangsstraße jedes Wohnviertels wurden die alltäglichen Nahrungsmittel wie Fleisch, Gemüse, Früchte, Öl, Zucker, Honig und Gewürze feilgeboten. Da gab es auch Garköche, die fertig zubereitete Speisen verkauften, sowie Brater und Zuckerbäcker. An einer Straßenecke war der öffentliche Backofen, wo jedermann den zu Hause gekneteten Brotteig backen ließ. Träger harrten darauf, daß man sie anwerbe, und eine Gruppe von Musikanten wartete vor einem Hauseingang, daß man sie zu einem Fest hole.

Es war nicht leicht, zu erraten, ob die grauen Mauern, die nur wenige und stets hochgelegene Fenster aufwiesen, arme oder reiche Wohnungen bargen; durch die Pforten konnte man das Innere der Häuser nicht erspähen; sie öffneten sich stets auf einen im Winkel ausweichenden Gang. Höchstens ließen die Gegenwart eines stattlichen Negersklaven, der auf der Schwelle saß, oder prachtvoll gesattelte Maultiere, die am Eingang warteten, auf den Reichtum der Bewohner schließen.

Darin unterschieden sich die Häuser des maurischen Spaniens von jenen, die man heute noch in den alten Vierteln von Córdoba, Sevilla, Granada und vielen kleinen andalusischen Städten sehen kann. Die Gesamtanlage des Hauses mit den im Rechteck auf den Innenhof schauenden Kammern und den auf Pfeilern gestützten Laubengängen ist dieselbe geblieben, aber der Durchgang nach der Straße hin ist geöffnet worden, damit man den mit Blumen geschmückten *patio* hinter dem schmiedeeisernen Torgitter sehen kann, und Balkone überblicken die Gasse, wo abends die Familien lustwandeln. Das maurische Haus war heimlicher, »eifersüchtiger«. Die Eifersucht ist übrigens in den Augen des Arabers eine Tugend, wenn sie sich auf die Familie bezieht; denn die Familie, zu der vor allem die Frauen gehören, ist ein Heiligtum; das Wort Harem *(haram)* hat keinen anderen Sinn.

Ein maurisches Erbe des heutigen Andalusiens sind auch die weiß gekalkten Wände, die am Fuß mit farbigem Steingut, den sogenannten *azulejos* (vom arabischen *az-zallidj)* verkleidet sind, und vor allem der Brunnen in der Mitte des Hofes. Wenn immer möglich, war in jedem Haus reichlich Wasser vorhanden, sei es, daß es durch Röhren und oft auch durch Hebewerke hergeholt wurde, sei es, daß es einen Ziehbrunnen oder eine Zisterne für Regenwasser gab. Die körperliche Reinlichkeit spielte im Islam eine wichtige Rolle, und man weiß, daß die spanischen Moslemen besonders reinlich waren.

Dampfbäder und Spitäler – Kostbare Kleidung und persönliche Würde

Aus diesem Grunde besaß auch jedes Wohnviertel mindestens ein öffentliches Dampfbad von der Art der römischen Thermen, das abwechselnd für die Männer oder die Frauen geöffnet war. Diese Bäder bedeuteten viel für die Gesundheit der städtischen Bevölkerung, und man kann sich nur wundern darüber, daß die christlichen Könige der *reconquista* sie samt und sonders zerstören ließen. Überreste solcher Bäder sind in Granada erhalten geblieben, und seltsamerweise im katalonischen Gerona.

Wir wissen nichts von Spitälern aus der Zeit des Kalifates; da es aber in derselben Epoche vorbildlich eingerichtete Spitäler in Bagdad gegeben hat, und anderseits in Granada bis zum letzten Jahrhundert das Gebäude eines maurischen Irrenhauses stand, das mit seinem weiten Innenhof und seinen Brunnenbecken sehr großzügig angelegt war, darf man schließen, daß es im maurischen Spanien an ähnlichen Einrichtungen nicht fehlte.

Um sich das Straßenbild im maurischen Spanien vorstellen zu können, muß man wissen, daß die Tracht der Männer und der Frauen nicht der nordafrikanischen, sondern vielmehr der syrischen und persischen glich. Die Männer trugen als Übergewand eine Art von Tunika in rechteckigem Schnitt mit weiten Ärmeln; im Winter war sie manchmal mit Pelz gefüttert. Darunter trugen sie ein langes Hemd und Hosen, und an den Füßen je nach der Jahreszeit Sandalen oder Schuhe. Die männliche Kopfbedeckung war der Turban, öfters jedoch nur eine konische Mütze oder ein gesticktes Käppchen; auf der Straße pflegte man zudem Kopf und Schultern mit einem feinen Tuch zu umhüllen. Man liebte farbige Gewänder und mit Streifen verzierte; Weiß galt als Farbe der Trauer.

Die Frauen, die auch ein weites Ärmelgewand trugen, verschleierten sich, wenn sie das Haus verließen. Doch scheint es, daß diese Sitte nicht immer streng eingehalten wurde, entweder weil das Beispiel der unverschleierten christlichen und jüdischen Frauen abfärbte, oder weil sich in Spanien die freiere altislamische Sitte länger erhielt als im Osten. Jedenfalls wissen zeitgenössische Beobachter viel von der Schönheit und der Anmut der andalusischen Frauen zu berichten.

Sicher konnte ein Maure auf den ersten Blick den Stand und die Herkunft eines Straßengängers erraten; man unterschied an Gewand und Haltung den Gelehrten vom Kaufmann und den Städter vom Berber oder vom Romanen des offenen Landes. Könnte aber ein heutiger Europäer auf einen Sprung in jene Zeit und jene Welt zurückkehren, so fiele ihm weit mehr als der Unterschied der Stände und der Rassen der ihnen allen gemeinsame Stil in Wandel und Handel auf. Er wäre überrascht von dem eigentümlichen Schwingmaß aller Lebensäußerungen, deren Gelassenheit, ja Langsamkeit die rasche, messerscharfe Antwort in Wort und Tat nicht ausschloß. Die Menschen besaßen eine seelische Ungebrochenheit, wie sie nur eine dem Geist und der Form nach einheitliche Lebensart verleihen kann, und aus diesem Grunde waren sie ebenso gelöst wie bestimmt in ihren Äußerungen; jede Gebärde, jedes Wort hatte eine feste, abgerundete Form.

Im Verkehr miteinander waren die Leute höflich; die Familienhäupter, die Gelehrten und die Greise wurden sehr geehrt, aber der Ton war nie unterwürfig, und jeder, selbst der Ärmste, hatte seine Würde – auch das ist im spanischen Volk erhalten geblieben –, verachtet wurden nur die Steuereintreiber und die Zöllner.

Zur Zeit, da Córdoba in Blüte stand, mußte man den Eindruck haben, daß das Leben kaum anders sein könne, als es war. Nicht, daß es keine Armut und kein Verbrechen gegeben hätte; man brauchte nur aus dem Stadttor hinauszugehen, um den aufgespießten Kopf oder die am Kreuz hängende Leiche eines Räubers oder Rebellen zu sehen. Aber an lebenswichtigen Gütern war im allgemeinen kein Mangel, und niemand hätte je gedacht, die Menschheit schreite fort in der Richtung auf einen irdischen Idealzustand, der in ferner Zukunft liege. Das Leben hatte seinen Sinn darin, daß es auf das Ewige bezogen war, und ebendas verlieh dem Jetzt und Hier seine ganze unvertauschbare Fülle.

Im Dienste Gottes, der Weisheit und des Rechts: die Moschee

Man kann sich vorstellen, wie belebt die Moschee zur Zeit der größten Blüte Córdobas im 10. Jahrhundert war, denn damals zählte die Stadt mehr als eine Million Einwohner und war von einem Schwarm von Städtchen und Dörfern umgeben, die die fruchtbare Ebene des Guadalquivir besiedelten. Dazu lagen etwa zwei Wegstunden im Westen die von 'Abd ar-Rahman III. erbaute Residenzstadt *Medinat az-Zahra* und im Norden der Sommerpalast *ar-Rusafa;* im Osten wurde noch kurz vor Ende des Kalifates die Verwaltungsstadt *Medinat az-Zahira* errichtet. Wenn es in Córdoba auch Hunderte von Moscheen gab, so war doch die große Freitagsmoschee für die islamische Stadt das, was für eine christliche die Kathedrale darstellt. Hier wurde auch in den Wissenschaften der Religion unterrichtet, und es wurde Gericht gehalten.

Die Lehrer, unter welchen stets berühmte Männer waren und viele, die die heiligen Stätten des Islams besucht und in Arabien, Syrien und Ägypten Wissen gesammelt hatten, pflegten sich in einem der helleren Teile der großen Säulenhalle hinzusetzen, ein jeder am Fuß einer bestimmten und immer der gleichen Säule, um nicht nur der Studenten, die auf den Matten im Halbkreis vor ihnen kauerten, sondern auch den gelegentlichen Zuhörern, den Neugierigen und den gelehrten Besuchern der Moschee ihre Kenntnisse freigebig auszuteilen, sei es, daß sie aus ihrem unglaublich sicheren Gedächtnis schöpften, sei es, daß sie irgendein grundlegendes Lehrwerk Satz für Satz kommentierten. Gelehrt wurden alle Wissenszweige, die mit der Religion zusammenhängen, und dazu gehören sowohl die Kenntnis der arabischen Sprache, in welcher der Koran offenbart wurde, als auch die Rechtskunde in all ihren Anblicken, denn es gibt im Islam kein weltliches Recht; die ganze Ordnung der menschlichen Gesellschaft ist in die Religion einbezogen.

In einem anderen Teil der großen Halle hielt der oberste Richter von Córdoba zu gewissen Stunden Gerichtssitzung ab. Obwohl er nach dem Kanzler oder Ersten Minister der wichtigste Mann im Lande war, empfing er die streitenden Parteien in ebenso schlichter Weise, als säße er in einem Beduinenzelt, möglichst einfach gekleidet, ohne jegliches Gepränge und nur von ein paar Beratern und Gerichtsdienern umgeben.

Wenn der strittige Fall klar zutage lag, pflegte er auf der Stelle sein unwiderrufliches Urteil zu fällen; waren die Umstände ungewiß, so zog er es oft vor, die Sache Gott zu überlassen, es sei denn, er lief dadurch Gefahr, ein bestehendes Unrecht zu verlängern. Viele der obersten Richter von Córdoba waren durch ihre unabhängigen und gerechten Urteile berühmt.

Sowohl der Unterricht als auch die Gerichtssitzungen wurden unterbrochen, wenn vom Minarett der Moschee, das sich jenseits des Hofes befindet und heute in einen Kirchturm eingemauert ist, der Ruf zum Gebet erschallte: »Gott ist größer, Gott ist größer! Auf zum Gebet! Auf zum Heil! Ich bezeuge, daß es keine Gottheit gibt außer Gott, und ich bezeuge, daß Mohammed der Gesandte Gottes ist. Gott ist größer, Gott ist größer! Keine Gottheit außer Gott!« Die Menschen, die schon in der Moschee waren und auf den Ruf gewartet hatten, und jene, die nun in Scharen von den Straßen und dem nahen Markte hereinströmten, bewegten sich alle in Richtung auf die Wand der Gebetsnische hin, um sich Schulter an Schulter und Reihe nach Reihe hinter dem Vorbeter aufzustellen, die von ihm aufgesagten Worte leise oder laut, je nach der Regel, mitzusprechen und seine Gebärden, Verneigungen und Niederwerfungen zu wiederholen.

Das gemeinsame Gebet fand, wie heute noch in islamischen Landen, fünfmal am Tage statt, vor Sonnenaufgang, am Mittag, zur Hälfte des Nachmittags, nach Sonnenuntergang und zu Beginn der Nacht, und jeder, der konnte, nahm daran teil.

Diese rhythmische Wiederholung einer gleichen, auf einen ewigen Sinn gerichteten Form prägte dem ganzen Leben sein unauslöschliches Siegel auf, und was auch immer an Streitigkeiten und Wirren das islamische Spanien entzweien möchte, die Einheit des Siegels blieb doch bestehen. □

Der Großangriff der Christen

Aber schon elf Jahre nach der Landung der Mauren setzten spanische Christen zum ersten Gegenangriff an. Zwar errangen sie nur einen unbedeutenden Sieg, aber ein Anfang war gemacht, und die Reconquista – die Rückeroberung – zog sich von nun an über die Jahrhunderte hinweg, verknüpft mit Erfolgen und Niederlagen.

Als das Chalifenreich von Córdoba in verschiedene Kleinstaaten zerfiel, machten die Almohaden das maurische Spanien zu einer Provinz ihres nordafrikanischen Reiches. Aber die inneren Schwächen der

Ferdinand von Aragon

Er wurde am 10. März 1452 als zweiter Sohn König Johanns II. von Aragon geboren. Ursprünglich sollte der Thron an seinen wesentlich älteren Halbbruder Karl aus der ersten Ehe des Vaters mit einer Prinzessin von Navarra fallen, doch als dieser 1461 überraschend starb – man spricht von einem Giftmord –, wurde Ferdinand Thronfolger. Als Siebzehnjähriger bewarb er sich um die Hand Isabellas von Kastilien und heiratete sie 1469. Nach dem Tod Heinrichs IV. von Kastilien übernahm er zusammen mit seiner jungen Frau die Herrschaft über dieses Königreich, und als sein eigener Vater 1479 starb, folgte er ihm in Aragon auf den Thron. Damit wurden die beiden größten Königreiche auf spanischem Boden zu einer Einheit gefügt, doch in beiden Ländern wachten die Stände eifersüchtig über ihre Sonderrechte und behinderten so die Einheit.

Gemeinsam kämpfte das Königspaar mit den Streitkräften beider Reiche gegen die letzte maurische Bastion in Spanien und eroberte 1492 Granada. Gemeinsam betrieben Ferdinand und Isabella auch die Ausweisung der Juden aus ihren Ländern. Als sich 1494 die Franzosen unter Karl VIII. anschickten, das Königreich Neapel zu besetzen, wo bisher eine aragonische Nebenlinie geherrscht hatte, schloß Ferdinand ein Bündnis mit dem Papst, Kaiser Maximilian, Venedig und Mailand. Die Kämpfe gegen Frankreich dauerten bis 1503, dann konnte Ferdinand nach dem Sieg über die Franzosen von 1504 an auch die Herrschaft über das Königreich Neapel-Sizilien antreten. Nach dem Tod Isabellas (1504) heiratete er die achtzehnjährige Nichte des französischen Königs. Das hinderte ihn aber nicht, 1512 in einem Kampf gegen Frankreich das kleine Pyrenäenkönigtum Navarra zu besetzen. Damit war mit Ausnahme Portugals ganz Spanien unter einem Herrscher geeint. Als der dreiundsechzigjährige Ferdinand am 23. Januar 1516 starb, fiel das gesamte Erbe an seinen Enkel Karl, den Sohn seiner Tochter Johanna und Philipps des Schönen von Burgund-Habsburg.

Araber hinderten sie nicht, den Christen 1195 bei Alarcos eine blutige Niederlage zu bereiten. Schon drohte eine neue große maurische Offensive, da endlich rafften sich die christlichen Könige der nord- und mittelspanischen Reiche Kastilien, Aragon und Navarra zu energischem Vorgehen auf. Mit dem Sieg der Christen bei Navas de Tolosa setzte eine neue Phase der Reconquista ein, in deren Verlauf die Mauren immer weiter zurückgedrängt wurden, bis ihnen als letztes Bollwerk auf spanischem Boden nur das kleine Königreich von Granada verblieb. Zwei Jahrhunderte lang vermochten sie sich dort noch zu halten und im Zeichen des Niedergangs jene letzte kulturelle Blüte zu entfalten, deren Zeugnisse wir noch heute in der Alhambra oder im Generalife von Granada bewundern.

Die Überlebensfrist dieses kleinen Staates war abgelaufen, als sich 1469 die Erben der zwei größten Königreiche auf spanischem Boden, Isabella von Kastilien und Ferdinand von Aragon, vermählten; denn nach ihrer Thronbesteigung nahmen sie die Reconquista wieder auf.

Die letzten Kämpfe gegen die Mauren sind außerhalb Spaniens in den Einzelheiten wenig bekanntgeworden, doch der englische Historiker Prescott bietet eine packende Schilderung, der wir den Bericht über die Kämpfe des Jahres 1489 entnehmen.

Der Kampf um Granada

Im Königreich Granada war es zu inneren Streitigkeiten zwischen dem jungen Fürsten Abu Abdallah, den die Spanier Boabdil nannten, und seinem alten Onkel El Zagal gekommen. Letzterer galt als die Seele des Widerstandes gegen die Christen, und dementsprechend richtete sich der Feldzug des Jahres 1489 auch in erster Linie gegen ihn:

Aller Gedanken waren nun mit der Fortsetzung des Krieges mit Granada beschäftigt, den man beschlossen hatte in weiterer Ausdehnung als bisher zu führen, ungeachtet der schrecklichen Pest, die das Land im vergangenen Jahr verwüstet hatte, und des großen Getreidemangels, der durch die ungeheuren Regengüsse entstanden war, welche die fruchtbaren südlichen Landschaften überschwemmt hatten. Der große Zweck, den man in diesem Feldzug erreichen wollte, war die Unterwerfung von Baza, der Hauptstadt von dem Teil des Reiches, der El Zagal gehörte. Außer dieser wichtigen Stadt gehörten noch die reichen Seehäfen von Almeria und Guadix und viele andere, minder bedeutende Städte und Dörfer zu den Besitzungen jenes Herrschers sowie die bergigen metallreichen Gegenden der Alpuxarras, deren Bewohner berühmt waren, nicht nur wegen der Vollkommenheit, zu der sie es in der Anfertigung von Seidenzeugen gebracht hatten, sondern auch wegen ihres Mutes und ihres Unternehmungsgeistes im Krieg, so daß der El Zagal zugehörige Teil der mächtigste und vermögendste des Reiches war.

Im Frühjahr 1489 ging der Hof nach Jaen, wohin die Königin ihren Wohnsitz verlegen sollte, weil von dort aus ihre Verbindung mit dem angreifenden Heer am besten stattfinden konnte. Ferdinand rückte bis Sotogordo vor, wo er sich am 27. Mai an die Spitze einer zahlreichen Macht stellte, die sich ungefähr auf 15000 Reiter und 80000 Mann Fußvolk belief, Leute aller Art eingerechnet, worunter, wie gewöhnlich, der Schwarm der Ritterschaft und des Adels sich befand, die mit ihrem glänzenden und wohlausgerüsteten Gefolge sich den königlichen Fahnen in diesen Kreuzzügen anschlossen.

Ferdinand vor den Mauern von Baza

Der erste Punkt, gegen welchen der Angriff gerichtet wurde, war die starke Stellung von Cuxar, nur zwei Leguas von Baza entfernt, die sich nach einem kurzen, aber verzweifelten Widerstand ergab. Nach der Besetzung dieser Stellung und einiger nahe dabei gelegenen Festungen konnte man zu den Laufgräben der Hauptstadt El Zagals gelangen. Als das spanische Heer die Höhen der Bergfeste erklomm, die Baza von der Westseite schützte, wurde das weitere Vorrücken von einer Schar maurischer leichter Truppen bedroht, die einen Hagel von Flintenkugeln und Pfeilen auf ihre Köpfe herabschoß. Diese wurden jedoch von dem vorschreitenden Vordertreffen schnell zerstreut, und als die Spanier bis auf die Gipfel der Hügel gelangten, sahen sie die stolze Stadt Baza im Schatten der steilen Sierra, die bis zur Küste hinstreicht, mitten in einem fruchtbaren Tal liegend, in einer Ausdehnung von acht Leguas Länge und drei Leguas Breite. Dies Tal durchströmten die Gewässer des Guadalentin und des Guadalquiton, die sich in tausend Armen über die ganze Oberfläche der Vega verbreiteten. In der Mitte dieser Ebene kann man den Obstgarten, wie er genannt wurde, von Baza erkennen, eine Legua lang, dicht mit Holz bewachsen und mit vielen Land- und Lusthäusern der reichen Bürger bedeckt, jetzt in wohlbesetzte Festungswerke verwandelt. Die Vorstädte waren von einer niedrigen Lehmmauer umgeben, aber die Festungswerke der Stadt außerordentlich stark. Außer 10000 Mann eigener Truppen lag noch eine gleiche Anzahl von Almeria darin, auserlesene Leute unter dem Befehl des maurischen Prinzen Cidi Yahye, eines Verwandten El Zagals, der zu der Zeit in Guadix lag, bereit, sein eigenes Gebiet gegen einen feindlichen Einfall seines Nebenbuhlers in Granada zu schützen. Diese alten Krieger hatten Befehl, die Stellung bis aufs äußerste zu verteidigen, und da man Zeit gehabt hatte, sich vorzubereiten, war die Stadt auf fünfzehn Monate mit Lebensmitteln versehen, und selbst die noch unreife Ernte in der Vega eingebracht worden, um sie vor dem Feind sicherzustellen.

Nachdem das spanische Heer vor Baza ein Lager aufgeschlagen hatte, war sein erstes Geschäft, sich in Besitz des Gartens zu setzen, ohne welchen es unmöglich gewesen sein würde, eine gänzliche Einschließung zu bewirken, da die Irr- und Zugänge desselben den Einwohnern vielfache Gelegenheit darboten, sich mit der umliegenden Gegend in Verbindung zu setzen. Der Sturm wurde dem Großmeister von St. Jakob, unter Beistand der vornehmsten Ritter und des Königs selbst, übertragen. Die Art, wie sie der Feind empfing, gab ihnen einen Vorgeschmack von den Gefahren und der verzweifelten Gegenwehr, die ihnen bei der jetzigen Belagerung bevorstanden. Der unebene Boden, von verworrenen, unzugänglichen Pässen durchschnitten und dicht mit Bäumen und Baulichkeiten besetzt, war der listigen und täuschenden Kriegskunst der Mauren ganz besonders günstig. Die spanische Reiterei sah sich plötzlich in Stillstand versetzt; da der Boden zur Verwendung derselben gar nicht passend war, mußte sie absitzen und wurde von ihren Offizieren zum Angriff zu Fuß angeführt. Die Leute wurden indes bald weit von ihren Fahnen und Anführern weg zerstreut. Ferdinand, der von einer Stellung im Mittelpunkt aus das Schlachtfeld überschauen wollte, um den Angriff auf dem Punkt zu verstärken, wo dies am nötigsten war, verlor bald seine Heersäulen aus dem Gesicht, da jähe Bergschluchten und dichtes Laubwerk ihm überall die Aussicht verstellten. Der Kampf wurde Mann gegen Mann in der größten Verwirrung geführt. Noch drängten die Spanier vorwärts, und nach einem verzweifelten Gefecht, das zwölf Stunden währte, wobei von beiden Seiten viele der Tapfersten fielen und dem muselmanischen Anführer Reduan Zafarga vier Pferde hintereinander unter dem Leibe getötet wurden, wurde der Feind hinter die Laufgräben zurückgetrieben, welche die Vorstädte deckten, und indem die Spanier eiligst ein Befestigungswerk von Schanzpfählen aufrichteten, schlugen sie ihre Zelte auf dem Schlachtfeld auf.

Am folgenden Morgen mußte sich Ferdinand zu seinem großen Mißvergnügen überzeugen, daß der Boden zu uneben und zu sehr mit Waldung versperrt war, um sich zu einem allgemeinen Lagerplatz zu eignen. Aber seine Stellung im Angesicht des Feindes aufzugeben war bedenklich. Diesem beugte er großenteils durch eine glückliche Kriegslist vor. Er befahl, die Zelte zunächst der Stadt stehen zu lassen, und so gelang es ihm, den größten Teil seiner Streitkräfte fortzuziehen, ehe der Feind seine Absicht merkte.

Der Rat der Königin Isabella

Nachdem er seine frühere Stellung wieder eingenommen hatte, wurde ein Kriegsrat berufen, um über die zunächst zu ergreifenden Maßregeln zu beratschlagen. Die Anführer verzagten, als sie die Schwierigkeiten ihrer Lage erwogen. Sie verzweifelten fast daran, die Einschließung eines Platzes durchzusetzen, dessen eigentümliche Lage ihm so viele Vorteile gewährte. Selbst wenn sie zustande käme, so fürchteten sie, daß das Lager den Angriffen einer verzweifelten Besatzung einerseits und der volkreichen Stadt Guadix, kaum zwanzig englische Meilen davon, andererseits ausgesetzt sein würde; man auch Granada nicht trauen könnte, wenn nur ein einziges Mißgeschick einträte, so daß man statt als belagernd, eigentlich als selbst belagert zu betrachten sein dürfte. Zu diesen Übelständen kam noch, daß sich der Winter in dieser Gegend oft mit großer Strenge einstellte, und die von den Bergen herabstürzenden Gießbäche, die sich mit den Gewässern im Tal vermischten, konnten das Lager mit einer Überschwemmung heimsuchen, die, wenn sie es nicht ganz fortführte, es doch der Gefahr einer Hungersnot aussetzen konnte, indem sie es von aller äußeren Verbindung abschnitt. Unter diesen trüben Eindrücken gaben Ferdinand viele den dringenden Rat, seine Stellung schleunigst zu verlassen und jede Unternehmung gegen Baza so lange zu verschieben, bis die Besitznahme der umliegenden Gegend sie erleichtert haben würde. Selbst der Marquis von Cadix ging auf diese Meinung ein, und Gutierre de Cardenas, Befehlshaber von Leon, der das wohlverdiente Vertrauen des Königs besaß, war fast der einzige Mann von Gewicht, der sich entschieden dagegen widersetzte. In dieser bangen Verlegenheit beschloß Ferdinand, wie gewöhnlich bei ähnlichen Nöten, die Königin um Rat zu fragen.

Isabella erhielt die Nachrichten von ihrem Gemahl nur wenige Stunden nachdem sie geschrieben waren, durch eine regelmäßige Postenlinie, welche man zwischen dem Lager und ihrem Aufenthaltsort in Jaen unterhielt. Der Inhalt derselben verursachte ihr Verdruß, da sie deutlich daraus ersah, daß alle ihre mächtigen Vorbereitungen nahe daran waren, in den Wind zu verfliegen. Ohne die Verantwortlichkeit auf sich nehmen zu wollen, die aufgeworfene Frage zu entscheiden, ersuchte sie doch ihren Gemahl, nicht an der Vorsicht Gottes zu verzagen, die sie durch so manche Gefahren der Erfüllung ihrer Wünsche entgegengeführt habe. Sie gab ihm zu bedenken, daß die Mauren sich noch nie in einem so traurigen Zustand befunden hätten als jetzt und daß dagegen ihre eigenen Unternehmungen wahrscheinlich niemals in einem so furchtbaren Maßstab oder unter so günstigen Aussichten wieder begonnenen werden könnten als eben in diesem Augenblick, wo ihre Waffen noch nicht ein einziges wichtiges Mißgeschick erfahren hätten. Sie schloß mit der Versicherung, daß, wenn seine Soldaten treu ihre Pflicht erfüllten, sie sich auf sie wegen Erfüllung der ihrigen verlassen, und darauf rechnen könnten, daß sie für alle nötigen Bedürfnisse sorgen werde.

Der aufmunternde Ton dieses Briefes blieb nicht ohne augenblickliche Wirkung, indem er die Bedenken der Zaghaftesten zum Schweigen brachte und das Vertrauen der anderen bestärkte. Besonders die Soldaten, die mit Mißvergnügen Kunde von dem erhalten hatten, was im Rat vorging, begrüßten ihn mit allgemeiner Begeisterung, und ein jeder schien nun geneigt, die Wünsche der heldenmütigen Königin durch Fortsetzung der Belagerung mit der äußersten Anstrengung zu erfüllen.

Monatelange Schanzarbeit

Das Heer wurde demgemäß in zwei Lager abgeteilt, eines unter dem Marquis, Herzog von Cadix, von dem Geschütz unterstützt, das andere unter König Ferdinand auf der entgegengesetzten Seite der Stadt. Zwischen beiden lag der oben erwähnte Garten der sich eine Legua lang erstreckte, so daß, um die Befestigungswerke beider Lager miteinander zu verbinden, es nötig wurde, sich in Besitz des streitigen Bodens zu setzen und ihn von dem schweren Gehölz zu säubern, womit er bedeckt war.

Diese beschwerliche Arbeit wurde dem Befehlshaber von Leon übertragen und durch eine Abteilung von 7000 Mann gedeckt, die so aufgestellt wurde, daß sie den Ausfällen der Besatzung Einhalt tat. Obgleich 4000 Taladores oder Schanzgräber bei der Arbeit angestellt wurden, war der Wald doch so dicht und die Ausfälle aus der Stadt so störend, daß das Werk der Verwüstung täglich um nicht weiter als zehn

Schritte vorrückte und nicht vor Ablauf von sieben Wochen vollendet war. Als die alten Haine, die so lange der Stadt zum Schutz und zur Zier gedient hatten, dem Erdboden gleichgemacht wurden, traf man Anstalten, die beiden Lager durch einen tiefen Graben in Verbindung zu setzen, durch den man die Bergwässer leitete. Die Ufer wurden mit Schanzpfählen befestigt, zu denen man sich des eben gehauenen Holzes bediente. Auf diese Weise war die Berennung der Stadt, von der Seite der Vega aus, völlig zustande gebracht.

Da indes noch immer Verbindungswege durch die entgegengesetzte Sierra offenblieben, wurden Festungswerke von ähnlicher Stärke, bestehend aus zwei durch einen tiefen Graben getrennten Steinmauern, errichtet, die den felsigen Höhen und Bergschluchten entlangliefen, bis sie wieder mit den äußersten Befestigungen in der Ebene zusammenstießen, und so war Baza von einer ununterbrochenen Schanzlinie eingeschlossen.

Während des Vorschreitens einer so mühseligen Arbeit, woran 10000 Mann unter dem unermüdlichen Befehlshaber von Leon zwei Monate lang beschäftigt waren, würde es der Bevölkerung von Guadix oder Granada ein leichtes gewesen sein, mit Hilfe der Ausfälle der Belagerten das spanische Heer in große Gefahr zu bringen. Einige schwache Versuche davon wurden zu Guadix gemacht, doch leicht vereitelt. El Zagal wurde in Schach gehalten durch die Furcht, sein eigenes Gebiet seinem Nebenbuhler offenzulassen, wenn er gegen die Christen ausrückte. Währenddessen lag Abdallah, verachtet und gehaßt von seinem Volk, das ihn beschuldigte, im Herzen ein Christ zu sein und im Sold der spanischen Herrscher zu stehen, untätig in Granada. Ihr Mißvergnügen ging allmählich in Aufruhr über, der von ihm mit einer Strenge unterdrückt wurde, welche zuletzt eine dumpfe Beruhigung bei einer Anordnung herbeiführte, die, wie unrühmlich sie auch sein mochte, doch wenigstens eine Zeitlang Sicherheit zur Folge hatte.

Der Sultan von Ägypten greift ein

Während das Lager vor Baza stand, kam eine sonderbare Botschaft vom Sultan von Ägypten an, der von den Mauren in Granada ersucht worden war, sich ihretwegen bei den spanischen Herrschern zu verwenden. Zwei Franziskanermönche, Mitglieder eines religiösen Vereines in Palästina, waren Überbringer der Schreiben, worin den Herrschern Vorwürfe über die Verfolgung der Mauren gemacht und diesen der Schutz gegenüber gehalten war, den der Sultan in seinen Staaten allen

Christen angedeihen lasse. Die Mitteilung schloß mit der Drohung ähnlicher Strenge gegen die letzteren, falls die Herrscher nicht von ihren Feindseligkeiten gegen Granada abständen.

Aus dem Lager begaben sich die beiden Abgesandten nach Jaen, wo sie von der Königin mit all der Ehrerbietung empfangen wurden, die ihrem heiligen Stand gebührte und die durch den Ort, wo sie erwiesen wurde, noch größere Weihe erhielt. Der drohende Inhalt der Mitteilung des Sultans war indes nicht vermögend, die Absichten Ferdinands und Isabellas zu erschüttern; sie antworteten, daß sie ihre mohammedanischen und christlichen Untertanen stets gleich behandelt hätten, daß sie aber ihr altes rechtmäßiges Erbteil nicht länger im Besitz von Fremden sehen könnten und daß, wenn die letzteren einwilligten, als treue und ergebene Untertanen unter ihrer Herrschaft zu leben, sie dieselbe väterliche Nachsicht erfahren sollten, die ihren Brüdern zuteil geworden sei. Mit dieser Antwort kehrten die ehrwürdigen Abgesandten in das Heilige Land zurück, mit gründlichen Beweisen der königlichen Gunst, bestehend in einem Jahresgeschenk von tausend Dukaten, das die Königin ihrem Kloster auf ewige Zeiten aussetzte, und einem von ihren eigenen schönen Händen gestickten Schleier, über das Heilige Grab auszubreiten. Hierauf schickten die Herrscher den gelehrten Peter Martyr als ihren Gesandten an den muselmanischen Hof, um alle unglücklichen Folgen von den christlichen Einwohnern abzuwenden.

Eine Lagerstadt aus festen Häusern

Unterdessen wurde die Belagerung mutig fortgesetzt. Scharmützel und einzelne Gefechte fanden täglich zwischen den hitzigen Rittern auf beiden Seiten statt. Diesen Ritterkämpfen machte Ferdinand jedoch ein Ende, der seine Unternehmungen nur auf eine strenge Einschließung beschränken und unnötiges Blutvergießen vermeiden wollte, besonders da der Vorteil gewöhnlich auf seiten des Feindes war, der zu solch flüchtiger Art von Kriegführung ganz besonders geeignet schien. Obgleich schon mehrere Monate verflossen waren, wiesen die Belagerten doch jede Aufforderung zur Übergabe mit Hohn zurück. Sie verließen sich auf ihre Hilfsquellen und noch mehr auf die stürmische Herbstwitterung, die jetzt schnell herannahte, und wenn sie auch nicht das Lager plötzlich abbrechen, doch wenigstens durch Zerstörung der Landstraßen jede äußere Verbindung abschneiden würde.

Um sich gegen diese drohenden Übel zu schützen, ließ Ferdinand mehr als tausend Häuser, oder vielmehr Hütten, mit Mauern aus Lehm oder Ton und mit Holz- und Ziegeldächern, erbauen; während die gemeinen Soldaten sich Hütten aus Schanzpfählen machten, die sie mit Baumzweigen locker deckten. Das Ganze war in vier Tagen zustande gebracht und die Einwohner von Baza sahen mit Staunen eine Stadt mit festen Gebäuden, mit regelmäßigen Straßen und Plätzen, wie durch Zauberei auf derselben Stelle errichtet, die vorher mit leichten, luftigen Lagerzelten bedeckt war. Vermöge der Sorgfalt der Königin war die neue Stadt nicht nur mit allen nötigen Lebensbedürfnissen, sondern auch mit allen Lebensbequemlichkeiten versehen. Handelsleute aus Aragonien, Valencia, Katalonien und selbst aus Sizilien strömten dort hin, mit kostbaren Waren, Kleinodien und anderen Prunkgegenständen, dergleichen (nach den betrübten Klagen eines alten Zeitgeschichtsschreibers) »nur zu oft das Soldatenherz verderben und Verschwendung und Ausschweifung ins Lager bringen«.

Daß dies jedoch in dem gegenwärtigen Fall nicht geschah, wird von mehr als einem Geschichtsschreiber bezeugt. Unter anderen verweilt Peter Martyr, der obenerwähnte italienische Gelehrte, der bei dieser Belagerung zugegen war, mit Erstaunen bei dem hohen Anstand und der strengen Manneszucht, die überall in diesem bunten Soldatenhaufen herrschten. »Wer hätte glauben sollen«, sagt er, »daß der Gallicier, der wilde Asturier und der rohe Bewohner der Pyrenäen, Menschen, die an gräßliche Gewalttaten gewöhnt waren, die in ihrer Heimat bei der geringsten Gelegenheit untereinander in Hader und Streit gerieten, freundschaftlich nicht nur miteinander, sondern auch mit den Bewohnern von Toledo, La Mancha und den listigen und eifersüchtigen Andalusiern umgehen würden. Alle lebten zusammen in friedlichem Gehorsam gegen die Vorgesetzten, wie Glieder einer Familie, eine Sprache redend und nach einer gemeinsamen Regel erzogen, so daß das Lager ein nach den Grundsätzen von Platos Freistaat gebildeter Verein zu sein schien!« In einer anderen Stelle dieses Briefes, der an einen Mailänder Prälaten gerichtet war, hält er dem Lagerkrankenhaus der Königin, das damals im Krieg etwas Neues war, eine Lobrede; »es ist«, sagt er, »so reichlich mit Ärzten, Heilvorrichtungen und allem versehen, was zur Herstellung und Erquickung des Kranken dient, daß es in dieser Rücksicht kaum von den prachtvollen Einrichtungen Mailands übertroffen wird«. Es ist nicht erwiesen, daß die Pest, welche in diesem Jahr einige Teile von Andalusien schwer heimsuchte, das Lager ergriffen habe, was Bleda dem heilenden Einfluß der Herrscher zuschreibt, »deren Redlichkeit, Frömmigkeit und Tugend die Ansteckung von ihrem Heer fern hielt, worin sie sonst würde verbreitet gewesen sein«. Persönliche Gemächlichkeit und Reinlichkeit der Soldaten mag wohl als eine wenn auch nicht so wunderbare, doch vielleicht ebenso wirksame Ursache betrachtet werden.

Im Kampf gegen die Naturgewalten

In den fünf Monaten, welche die Belagerung jetzt gewährt hatte, war den Spaniern das Wetter ganz besonders günstig gewesen, denn es war meist milde und gleichmäßig, während die schwüle Hitze des Sommers durch kühle und mäßige Regen gemildert wurde. Als jedoch die Herbstzeit heranrückte, fingen die Wolken an, sich rings um die Berge festzusetzen, und endlich brach ein vom Volk in Baza vorher verkündigtes Ungewitter mit unglaublicher Wut los und strömte von den felsigen Seiten der Sierra eine ungeheure Menge Wasser herab, das, mit dem der Vega zusammentreffend, das Lager der Belagerer überschwemmte und den größten Teil der zerbrechlichen Gebäude für die gemeinen Soldaten fortschwemmte. Ein noch größeres Unheil betraf sie durch die Zerstörung der Landstraßen, die durch die Gewalt des Wassers in tiefe Gräben geborsten, gänzlich unfahrbar geworden waren. Natürlich war nun jede Verbindung mit Jaen aufgehoben, und die einstweilige Unterbrechung der Zufuhren setzte das Lager in die größte Bestürzung. Dies Unglück wurde indes von der Königin eiligst wiedergutgemacht, die, mit einer der Veranlassung stets angemessenen gleichen Tätigkeit, 6000 Schanzgräber an der Wiederherstellung der Landstraßen arbeiten ließ, die Flüsse wurden überbrückt, Dammwege gelegt und zwei verschiedene Pässe durch die Berge geöffnet, durch welche Zufuhren ins Lager gelangten und zurückkehren konnten, ohne sich zu begegnen. Zugleich machte die Königin in allen Teilen Andalusiens große Ankäufe von Getreide, das sie auf ihren eigenen Mühlen mahlen ließ, und als die Straßen, die sich über sieben Leguas weit erstreckten, wiederhergestellt waren, sah man täglich 14000 Maulesel über die Sierra gehen, mit Lebensmitteln beladen, die von der Zeit an in Überfluß und größter Regelmäßigkeit dem Lager zugeführt wurden.

Die treibende Kraft: Isabella

Isabellas nächste Sorge war nun darauf gerichtet, neue Truppen auszuheben, um jetzt die im Lager befindlichen teils abzulösen, teils zu verstärken, und die Bereitwilligkeit ist höchst merkwürdig, womit alle Klassen von Leuten in jedem Teil des Königreiches ihren Aufforderungen Folge leisteten. Ihre Hauptsorge war aber, Mittel zu erdenken, um den ungeheuren Ausgaben zu genügen, die durch die sich so in die Länge ziehenden Unternehmungen dieses Jahres herbeigeführt wurden. Zu diesem Ende nahm sie ihre Zuflucht zu Anleihen bei einzelnen Personen und frommen Stiftungen, die sie, bei dem allgemeinen Zutrauen zu ihrer Redlichkeit, ohne große Schwierigkeit erlangte. Als jedoch die auf diese Weise aufgebrachte Summe, obgleich man sie für jene Zeit ungeheuer groß nennen konnte, sich als unzureichend für die Ausgaben erwies, wurden noch fernere Hilfsgelder von reichen Leuten

Isabella von Kastilien

Isabella wurde am 22. April 1451 als Tochter des Königs Johann II. von Kastilien und der Isabella von Portugal geboren. Als sie drei Jahre alt war, starb ihr Vater, und ihr Halbbruder aus der ersten väterlichen Ehe bestieg den Thron. Dieser Heinrich IV. hatte nur eine Tochter, als deren Vater aber einer der königlichen Günstlinge galt. Der berechtigte Zweifel an der Abstammung des Mädchens führte in Kastilien zu bürgerkriegsähnlichen Unruhen. Da Isabellas um zwei Jahre jüngerer Bruder Alfons, der einzig mögliche männliche Thronerbe, 1468 überraschend starb, wurde sie selbst nun allgemein als rechtmäßige Thronfolgerin angesehen. Es gelang ihr, sich mit ihrem Halbbruder Heinrich zu arrangieren, und dieser erkannte tatsächlich ihre Ansprüche auf die Nachfolge an.

1469 heiratete Isabella gegen den Willen eines Großteils des kastilischen Adels den um ein Jahr jüngeren Ferdinand von Aragon. Die Ehe war von Anfang an in der privaten Sphäre sehr glücklich, im politischen Bereich brachte sie der Prinzessin allerdings erhebliche Schwierigkeiten, da Heinrich IV. sie ebenfalls nicht billigte und deswegen das zwischen ihnen getroffene Abkommen für nichtig ansah. Erneut kam es zu Unruhen in Kastilien, und als Heinrich 1474 starb, mußte sich Isabella ihre Rechte in einem Krieg erkämpfen, in den sich auch der portugiesische König als Thronanwärter einschaltete. Mit Hilfe ihres Gatten Ferdinand konnte sie sich aber innerhalb der folgenden fünf Jahre endgültig durchsetzen. Nun wandte sie sich den inneren Verhältnissen Kastiliens zu, sorgte für Ruhe und Ordnung, beschnitt die Rechte des Adels und stärkte das Ansehen der Krone. Gleichzeitig nahm sie den Kampf gegen die Mauren auf und unterstützte nach deren Vertreibung in ihrem Königreich noch weit kompromißloser als Ferdinand die Inquisition. Aus ihrer Ehe gingen ein Sohn und vier Töchter hervor. Isabella starb, dreiundfünfzigjährig, am 26. November 1504 und wurde in Granada, der Stätte ihres größten Triumphs, beigesetzt. Ferdinand überlebte sie um zwölf Jahre.

angeschafft, deren Anleihen durch Verpfändung der königlichen Ländereien sichergestellt wurden; und da in dem Schatz noch immer Mangel herrschte, schritt die Königin, als zum letzten Hilfsmittel, zur Verpfändung der Kronjuwelen und ihrer eigenen Kleinodien bei den Kaufleuten von Barcelona und Valencia für so viel, als sie darauf vorschießen wollten. Die Stadt Valencia lieh 35 000 Gulden auf die Krone, und 20 000 auf ein Halsgeschmeide von Rubinen.

So groß waren die Anstrengungen, welche diese hochsinnige Frau zur Förderung ihres Unternehmens zum Besten des Landes machte. Die außerordentlichen Erfolge, zu denen sie gelangte, sind weniger dem Einfluß ihrer hohen Stellung als dem großen Vertrauen auf ihre Weisheit und Tugend zuzuschreiben, das sie dem ganzen Volk eingeflößt hatte und das ihr dessen nachdrücklichsten Beistand bei allen ihren Unternehmungen sicherte. Die Herrschaft, welche sie auf solche Weise ausübte, übertraf in der Tat die, welche die erhabenste Stellung oder die eigenmächtigste Gewalt verleihen kann, denn sie gebot über die Herzen ihres Volkes.

Trotz dem Nachdruck, womit die Belagerung betrieben wurde, gab Baza doch kein Zeichen der Unterwerfung von sich. Die Besatzung war sehr zusammengeschmolzen, der Schießbedarf fast verbraucht, noch waren jedoch Lebensmittel in der Stadt überflüssig vorrätig, und im Volk keine Mutlosigkeit sichtbar. Selbst die Frauen des Ortes gaben mit einem Edelmut, der sich mit dem der Frauen des alten Karthago messen kann, ihre Juwelen, Armbänder, Halsketten und anderes ihnen gehörendes Geschmeide, das die maurischen Damen sehr liebten, freiwillig hin, um die Kosten der Söldlinge zu bestreiten.

Unterdessen hatte auch das Lager der Belagerer, sowohl durch Krankheit als auch durch das Schwert, sehr gelitten. Viele durch Gefahren und Beschwerden, die kein Ende zu nehmen schienen, entmutigt, wünschten die Belagerung aufgehoben zu sehen und baten dringend, daß die Königin im Lager erscheine, in der Hoffnung, sie werde selbst diese Maßregel unterstützen, wenn sie Zeuge von ihren Leiden wäre. Andere, und der bei weitem größere Teil, wünschten auch den Besuch der Königin ängstlich herbei, als fördersam zur Beschleunigung der Belagerungsarbeiten und zu deren glücklichen Beendigung. Es schien eine Kraft in ihrer Gegenwart zu liegen, welche diese, in einer oder der anderen Rücksicht, für alle dringend wünschenswert machte.

Isabella gab dem allgemeinen Wunsch nach und kam am 7. November beim Lager an, begleitet von der Infantin Isabella, dem Kardinal von Spanien, ihrer Freundin, der Marquise von Moya, und anderen

Damen ihres königlichen Hofstaates. Die Einwohner von Baza, sagt Bernaldez, bestiegen die Zinnen und Dächer, um den glänzenden Reiterzug anzustaunen, wie er aus den Tieftälern der Berge, bei fliegenden Fahnen und schallender Kriegsmusik, emporkam, während die spanischen Ritter sich aus dem Lager vereint herzudrängten, um ihre geliebte Herrscherin zu empfangen, und sie auf das herzlichste bewillkommten. »Sie kam«, sagt Martyr, »von einem Nymphenchor umgeben, gleich als wollte sie die Vermählung ihres Kindes feiern, und ihre Anwesenheit schien unsere Sinne, die unter langen Wachen, Gefahren und Beschwerden schmachteten, ebenso zu erheitern wie zu ermutigen.« Ein anderer Schriftsteller, der auch zugegen war, bemerkt, daß von dem Augenblick ihres Erscheinens an das ganze Schauspiel sich zu verändern schien. Man hörte nichts mehr von täglich vorfallenden Scharmützeln, kein Knallen des Geschützes, kein Waffengeklirr oder irgendein anderes rohes Kriegsgeräusch, alles schien zu Versöhnung und Frieden geneigt.

Den Mauren schien der Besuch Isabellas bestimmt darauf zu deuten, daß das spanische Heer den Platz nicht vor dessen Übergabe verlassen werde. Jede Hoffnung, die sie einst gehabt hatten, die Belagerer zu ermüden, war daher nun verschwunden. Daher finden wir sie auch wenige Tage nach der Ankunft der Königin, wie sie eine mündliche Unterredung vorschlugen, um die Bedingungen der Übergabe festzusetzen.

Am dritten Tag nach ihrer Ankunft besichtigte Isabella ihr Heer, das in Schlachtordnung, längs des Abhanges der westlichen Hügel, aufgestellt war; hierauf schritt sie zur Erspähung der belagerten Stadt, begleitet vom König und dem Kardinal von Spanien sowie von einem glänzenden Gefolge spanischer Ritter. Am gleichen Tag wurde durch den Comendador von Leon eine Unterredung mit dem Feind eröffnet und ein Waffenstillstand auf so lange verabredet, bis der alte König El Zagal, der damals in Guadix lag, von der wahren Lage der Belagerten unterrichtet sein und seine Befehle zur Bestimmung des einzuschlagenden Verfahrens erteilt haben könnte.

Der Sieg der Waffen und der Vernunft

Der Alcayde von Baza stellte seinem Herrn vor, wie sehr die Besatzung durch Tod und Mangel an Schießbedarf zusammengeschmolzen sei. Dennoch äußerte er, er setze so viel Vertrauen in den Geist des Volkes, daß er für die Verteidigung noch eine Zeitlang einstehe, wenn er mit Bestimmtheit auf Hilfe rechnen könne; sonst wäre sie nur ein mit Men-

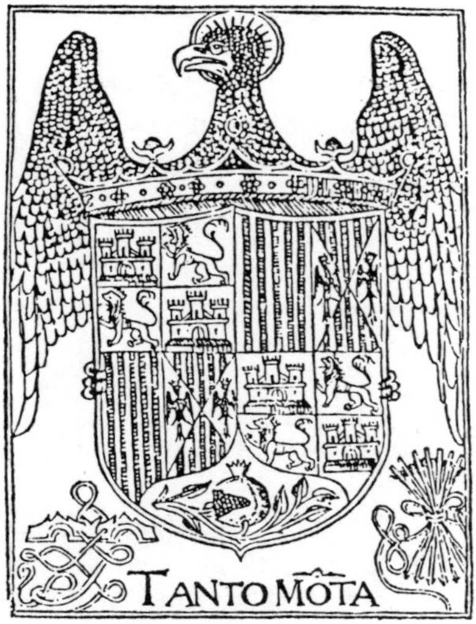

Das Wappen Ferdinands und Isabellas:
Links oben und rechts unten die Wappenbilder Kastiliens,
diagonal dazu die Streifen und Adler Aragons,
unten der Granatapfel als Symbol des zurückeroberten Granada.
Holzschnitt von 1498.

schenleben getriebenes Spiel und müsse ihm die Überlegenheit benehmen, die er jetzt besitze, um ehrenvolle Vergleichsbedingungen zu erzwingen. Der muselmanische Fürst billigte diese vernünftigen Vorstellungen. Er ließ seinem tapferen Verwandten, Cidi Yahye, wegen seiner Ergebenheit und mutvollen Verteidigung Gerechtigkeit widerfahren; da er aber zugleich gestehen mußte, daß er nicht imstande sei, ihm zu Hilfe zu kommen, ermächtigte er ihn, die bestmöglichen Übergabebedingungen sowohl für sich selbst als auch für die Besatzung zu erwirken.

Der wechselseitige Wunsch, den so lange fortgesetzten Feindseligkeiten ein Ende zu machen, beseelte beide Parteien mit einem gleichen Sinn der Mäßigung, wodurch die Festsetzung der Punkte gar sehr erleichtert wurde. Ferdinand zeigte nichts von dem anmaßenden Benehmen, das er gegen die unglückliche Bevölkerung von Malaga geäußert; sei es, weil er die Unklugheit desselben eingesehen oder, was wahrscheinlicher ist, weil die Stadt Baza imstande war, eine mehr achtunggebietende Stellung anzunehmen. Die Hauptbedingungen der Übereinkunft waren, daß die fremden Söldlinge, deren man sich bei der Verteidigung bedient hatte, mit allen Kriegsehren ausziehen dürften, daß die Stadt den Spaniern übergeben würde, daß den Eingeborenen aber die Wahl bleiben sollte, sich mit ihrem persönlichen Besitztum zu begeben, wohin sie wollten, oder sich in den Vorstädten, als Untertanen der kastilianischen Krone, niederzulassen, nur der Abgabe unterworfen zu sein, die sie an ihre muselmanischen Herrscher entrichtet, und im Genuß ihres Eigentums, ihrer Religion, Gesetze und Gebräuche gesichert zu werden.

Am 4. Dezember 1489 nahmen Ferdinand und Isabella Besitz von Baza, an der Spitze ihrer Heerscharen, unter dem Geläute der Glocken, dem Abfeuern des Geschützes und allen übrigen Gebräuchen solcher Siegesfeierlichkeit.

Dem tapferen Alcayde Cidi Yahye wurde von seiten der Herrscher ein ganz anderer Empfang zuteil als dem kühnen Verteidiger von Malaga. Er wurde mit Höflichkeit und Geschenken überschüttet, und dieses freundliche Benehmen gewann so sein Herz, daß er seine Bereitwilligkeit, in ihren Dienst zu treten, äußerte. »Die leeren Höflichkeitsbezeigungen Isabellas«, sagt der arabische Geschichtsschreiber trocken, »wurden in wertvollerer Münze vergolten.«

Cidi Yahye wurde bald dazu bewogen, seinem königlichen Verwandten El Zagal zu Guadix einen Besuch zu machen, um ihn von seiner Unterwerfung unter die christlichen Herrscher zu unterrichten. Bei seiner Zusammenkunft mit diesem Fürsten stellte er demselben die Nutzlosigkeit jedes ferneren Versuches vor, den gehäuften Streitkräften der spanischen Königreiche Widerstand zu leisten, und daß er nur eine Stadt nach der anderen von seinem Gebiet abgeschnitten sehen würde, bis ihm kein Fleck, sich darauf zu halten und um dem Sieger Bedingungen zu stellen, übriggeblieben sein würde. Er erinnerte ihn daran, daß die unheilverkündende Zeichendeutung Abdallahs den Sturz von Granada vorausgesagt und daß die Erfahrung hinreichend bewiesen habe, wie töricht es sei, gegen den Schicksalslauf zu kämpfen. Der unglückliche König, sagt der arabische Jahrbuchschreiber, hörte dies an, ohne auch nur eine Miene zu verziehen, und nach langem reiflichen Nachdenken erwiderte er mit der den Muselman so bezeichnenden Ergebung:

»Was Allah will, bringt er auf seine eigene Weise in Ausführung. Hätte er nicht den Fall von Granada beschlossen, würde dies gute Schwert es gerettet haben; doch sein Wille geschehe!«

Von Baza nach Almeria und Guadix

Es wurde hierauf angeordnet, daß die angesehensten Städte, Almeria, Guadix und was dazu gehörte, woraus das Gebiet El Zagals bestand, von ihm an Ferdinand und Isabella förmlich übergeben werden und daß diese an der Spitze ihres Heeres davon Besitz nehmen sollten.

Demzufolge zogen die spanischen Herrscher, ohne weder sich noch ihren erschöpften Truppen Zeit zur Erholung zu lassen, aus den Toren von Baza, wobei König Ferdinand sich in der Mitte und die Königin in der Nachhut des Heeres befand. Ihr Weg führte sie durch die wildesten Teile der langen Sierra, die sich bis gegen Almeria erstreckte; durch viele Engpässe, die, wie ein Augenzeuge sagt, eine Handvoll entschlossener Mauren gegen das ganze christliche Heer hätte verteidigen können; über Berge, deren Gipfel bis in die Wolken reichten, und durch Täler, in deren Tiefen nie ein Sonnenstrahl drang. Die Winde waren außerordentlich rauh und das Wetter unfreundlich, so daß Menschen und Pferde, erschöpft durch die vorher überstandenen Mühseligkeiten, vor Kälte erstarrten und viele sogar erfroren. Andere, die sich in den Irrwegen der Sierra verlaufen hatten, würde ein gleiches Mißgeschick betroffen haben, hätte nicht der Marquis von Cadix, dessen Zelt auf einem der höchsten Hügel aufgeschlagen war, rund um dasselbe Lärmfeuer anzünden lassen, um den Nachzüglern den Rückweg zu ihren Lagerstätten zu zeigen.

Nicht weit von Almeria kam dem König Ferdinand, der Verabredung gemäß, El Zagal, in Begleitung von zahlreichen muselmanischen Ritterscharen, entgegen. Ferdinand befahl seinen Edelleuten, dem maurischen Fürsten entgegenzureiten. »Sein Erscheinen«, sagt Martyr, der sich im königlichen Gefolge befand, »erregte in mir die Stimme des Mitleids, denn war er auch ein gesetzloser, grausamer Mann, so war er doch ein König und hatte glänzende Beweise von Heldenmut abgelegt.« Ohne die Höflichkeitsbezeigungen der spanischen Edelleute abzuwarten, stieg El Zagal rasch vom Pferd und ging Ferdinand entgegen, um ihm die Hand zu küssen, doch dieser schalt sein Gefolge wegen der »Grobheit«, dem unglücklichen König eine solche demütigende Handlung zu gestatten, ersuchte ihn, sich wieder zu Pferde zu setzen, und ritt an seiner Seite nach Almeria.

Diese Stadt war eines der kostbarsten Juwelen in der Krone von Granada. Sie hatte durch ihren ausgebreiteten Handel mit Syrien, Ägypten und Afrika großen Reichtum erworben, und ihre Seeräuber waren seit Jahrhunderten der Schrecken der katalonischen und Pisaner

Seefahrer gewesen. Sie hätte eine ebenso lange Belagerung wie Baza aushalten können, dennoch wurde sie ohne Schwertstreich, unter den der ersteren Stadt bewilligten Bedingungen, übergeben. Nachdem sie ihren ermüdeten Truppen einige Tage Ruhe in dieser angenehmen Gegend gegönnt hatten, die gegen die rauhen Nordwinde durch die Sierra geschützt war, über welche sie kürzlich gekommen, und wo sie nun die lieblichen Lüfte des Mittelländischen Meeres anfächelten, in dieser Gegend, die Martyr mit den Gärten der Hesperiden vergleicht, legten die Herrscher eine starke Besatzung unter dem Befehlshaber von Leon in die Stadt. Hierauf durchstrichen sie wieder die einsamen Berge, marschierten auf Guadix los, das nach geringem Widerstand von seiten des Pöbels ihnen seine Tore öffnete. Der Übergabe dieser ansehnlichsten Städte folgte die aller minder wichtigen, zu El Zagals Gebiet gehörenden Besitzungen, in welchen eine Menge von Weilern begriffen war, die auf den grünen Seiten der sich von Granada bis zur Küste hin erstreckenden Bergkette zerstreut lagen. Allen diesen Ortschaften wurden, in Rücksicht auf persönliches Recht und Eigentum, dieselben großmütigen Bedingungen wie Baza zugesichert.

Das Ende des maurischen Königs

Als Entschädigung für diese ausgedehnten Ländereien wurde der maurische Fürst in Besitz des toha oder Bezirkes von Andaraz, des Tales von Alhaurin, und der Hälfte der Salzgruben von Maleha gesetzt und erhielt noch außerdem eine bedeutende jährliche Einnahme an Geld. Er sollte überdies den Titel eines Königs von Andaraz erhalten, aber mit seinen Besitzungen der Krone von Kastilien lehenspflichtig sein.

Dieser Schatten eines Königtums konnte dem Sinn des unglücklichen Fürsten nicht lange genügen. Mitten auf dem Schauplatz seiner alten Herrschaft verging er vor Gram, und da er überdies noch Ungehorsam von seinen neuen Lehensmannen erfahren mußte, entschloß er sich, seine unbedeutende Herrschaft aufzugeben, und zog sich auf immer in sein Heimatland zurück. Da er eine große Summe Geldes als Entschädigung für die gänzliche Abtretung seiner Gebietsansprüche und Besitzungen an die Krone von Kastilien erhalten hatte, schiffte er sich nach Afrika ein, wo er, wie man sagt, von rohen Völkern seines Eigentums beraubt und verurteilt worden ist, den Rest seiner Tage in elender Dürftigkeit zu verschmachten.

Die verdächtigen Umstände, welche bei der Thronbesteigung dieses Fürsten stattfanden, verbreiten eine dunkle Wolke über seinen Ruf, der sonst, wenigstens was sein öffentliches Leben betrifft, von keiner schimpflichen Handlung befleckt zu sein scheint. Er war ein so tatkräftiger Mann, besaß so viele Fähigkeiten und Kriegskenntnisse, daß, wenn es ihm geglückt wäre, das maurische Volk, infolge eines unbestrittenen Anspruches, unter seiner Herrschaft zu vereinigen, er den Fall von Granada sicher noch auf viele Jahre hätte hinausschieben können.

Aber so wie die Angelegenheiten standen, dienten gerade diese Fähigkeiten, die eine Teilung des Staates zu seinen Gunsten bewirkten, zur Beschleunigung seines Sturzes.

Da die spanischen Herrscher den Zweck des Feldzuges erreicht hatten, ließen sie einen Teil ihrer Streitkräfte an solchen Punkten stehen, die zur dauerhaften Sicherung ihrer Eroberungen nötig waren, und kehrten mit dem übrigen Teil nach Jaen zurück, wo sie das Heer am 4. Jänner 1490 auflösten.

Die Verluste, welche die Truppen während der ganzen Zeit ihres lange anhaltenden Dienstes erlitten, übersteigen bedeutend die irgendeines früheren Jahres. Sie beliefen sich auf nicht weniger als 20000 Mann, von denen der bei weitem größere Teil, wie man sagt, Opfer von Krankheiten wurden, die sie bei den harten und lange dauernden Mühseligkeiten und gefahrvollen Lagen befallen hatten. □

Die spanischen Juden – umworben und vom Neid verfolgt

Fast zur gleichen Zeit, da die letzte Phase der Reconquista einsetzte, begann in den Königreichen Kastilien und Aragon ein anderer »Glaubenskrieg«, der sich – nicht weniger grausam und unerbittlich – gegen die dort friedlich lebenden Juden richtete.

Während des Mittelalters hatten sich die Spanier in Glaubensfragen erstaunlich tolerant erwiesen, hatten Christen, Mohammedaner und Juden nebeneinander leben können. Die Juden gewannen sogar beachtliche Positionen im sozialen Gefüge der Königreiche, die ihnen, wie die folgenden Ausführungen des spanischen Historikers Americo Castro in seinem großen, 1954 erschienenen Werk »La realitat historica de Espna« (dt. 1957) über die Steuereinnehmer beweisen, schon bald immer mehr geneidet wurden. Von der spanischen Gesellschaft in die Rolle der Händler und Finanziers gedrängt, wurden sie nun dafür angegriffen. Bis in den Bericht des Historikers klingen die Vorwürfe nach.

Die Rolle der Juden aus christlich-spanischer Sicht

König, Adel und Kirche vertrauten den Juden nicht nur die Behandlung von Schmerzen und Leiden an, sondern überließen ihnen auch das Einziehen der Grundrenten sowie Pacht und Ausbeutung anderer wichtiger Einnahmequellen. Wir können uns heute kaum mehr richtig vorstellen, was es damals bedeutete, daß die wesentlichsten Zweige der öffentlichen Verwaltung in den Händen der Hispano-Hebräer lagen. Hätten diese einen normalen Bestandteil des spanischen Lebens gebildet, hätten sie sich diesem nahtlos einverleibt, so wäre ihrer Tätigkeit als Verwaltungs- und Bankkaste ein anderer Sinn beschieden gewesen. Eine solche Einfügung des Juden in das spanische Leben war jedoch historisch unmöglich, weil dem Hebräer in der christlichen Vorstellung vom Staate kein ehrenhafter Platz zukam. Im 13. und 14. Jahrhundert wurden die nicht sehr zahlreichen Juden aus England und Frankreich ausgewiesen, und zwar auf Betreiben der herrschenden Klasse. In Spanien lag der Fall völlig anders. Hier verblieben sie in großer Zahl bis zum Jahre 1492 als Diener der Könige, Feinde der Christenheit und als ungebetene Gäste, denen man aus Gründen der Notwendigkeit und des Interesses erlaubte, mit der herrschenden Kaste zusammenzuleben. Doch die Hebräer, die politisch unterlegene Kaste, besaßen nicht nur als Ärzte und Verwalter Zutritt zum Privatleben der Spanien regierenden Schicht, sondern übten auch im kollektiven Leben wesentliche Funktionen aus. So wurde die Geschichte des kleinen Alltags – nicht die große Geschichte der kriegerischen Ereignisse – sozusagen zum Produkt der jüdischen »Inferiorität« und der christlichen Unfähigkeit für technische Belange – eine Situation, die das Wertempfinden störte und die Wertordnung ins Wanken brachte.

Es ist gefährlich, wenn die Dienste, die wir leisten oder die uns geleistet werden, nicht mit einem System gegenseitiger Loyalitäten und gemeinsamer Werte übereinstimmen, wie es dort der Fall war, wo die feudale Ordnung eine echte Wirklichkeit darstellte. In wichtigen Bereichen des spanischen Lebens wurden Loyalität und Achtung durch die Tyrannei des Herrn und die schmeichlerische Unterwürfigkeit des jüdischen Dieners ersetzt, der gezwungen war, diesen Preis für sein Leben zu zahlen. Ebenso unheilvoll war anderseits, daß das gemeine Volk eine Gruppe von Menschen als überlegen anerkennen mußte, die es haßte und verachtete und die es auf legalem Wege um sein mageres Hab und Gut brachten; je deutlicher die jüdische Überlegenheit zutage trat, desto mehr wuchsen Haß und Verachtung.

Aus solchen Voraussetzungen konnte natürlich kein moderner Staat erwachsen, der ja schließlich in andern Ländern aus der harmonischen Ordnung des Mittelalters hervorgegangen war. Der Glaube, daß *non est potestas nisi a Deo,* schloß die Vorstellung ein, daß jede Macht (König oder Staat) in einem Recht zum Regieren gründe, das neben dem Recht des Individuums bestand, über sich selbst zu bestimmen. Wesentlich für die Entstehung der staatlichen Organisation, die im Europa des 19. Jahrhunderts ihren Höhepunkt erreichte, war das Netz geistiger Beziehungen, das von Stufe zu Stufe den König mit seinem letzten Untertan verband. Das feudale System stellte im menschlichen Bereich ein Abbild der göttlichen Ordnung der Kirche dar. In den christlichen spanischen Königreichen hingegen verhinderten die Juden und Mauren die Einpflanzung des christlich-europäischen sozialen Systems, das von den Koordinaten der Kirche und des Karolingischen Reiches bestimmt wurde. Die wichtigsten Wege, die dem christlich-feudalen Staate offenstanden, waren in Spanien durch die Juden verbaut, die dem Lande ebenso nötig wie fremd waren. Aus demselben Grunde, aus dem bereits im 13. Jahrhundert die gelehrte kastilische Prosa eine Blütezeit erlebte, während die lateinische Sprache, die Sprache Europas, kaum gepflegt wurde, verblieb Spanien auch außerhalb der feudalen Ordnung. Es ist beinahe von symbolischer Bedeutung, daß der Papst die unzweifelhaften Rechte Alphons' X. auf die Kaiserkrone nicht anerkannte.

Wir wollen nun die allmächtige Gegenwart der Juden in den wichtigsten Zentren des staatlichen Organismus betrachten. Man weiß weder wann noch wie die Hebräer begannen, den christlichen Königen als Beamte des Fiskus zu dienen. Die jahrhundertelange christliche Verfolgung und Unterdrückung machte den Juden entgegen dem Buchstaben und dem Geiste seines eigenen Gesetzes zum Wucherer und Zöllner, weil er nur auf diese Weise sein Leben in Gesellschaften fristen konnte, die ihn von den normalen Berufen ausschlossen. Jener Handel, der im mittelalterlichen Spanien nicht in jüdischen Händen lag, wurde von Italienern (Genuesen, Lombarden usw.), also auch von Fremden betrieben, doch artete der Haß gegen diese Leute niemals in ständige Verfolgungen aus, weil man sie nicht als Gottesmörder betrachtete und weil sie keine Kaste bildeten, die mit der öffentlichen Verwaltung Spaniens engstens verknüpft war. Die jüdischen Händler, die keinen Militärdienst zu leisten brauchten, müssen schon in den ersten Jahrhunderten der Reconquista eine Rolle bei der Versorgung des Heeres gespielt und sich bereits in diesem armseligen, zurückgebliebenen und heroischen Klima als äußerst nützliche Funktionäre erwiesen haben. Ihre Geschicklichkeit im Handeln und Vermitteln machte aus ihnen die geborenen Diplomaten und Fiskusbeamten, denn schließlich ist es letzten Endes dasselbe, ob man eigene oder fremde Gelder – in diesem Falle die dem König und dem Adel geschuldeten Ausstände – einzutreiben hat.

Nicht so leicht verständlich bleibt hingegen, daß es mit dem Fortschreiten der Reconquista nicht allmählich christliche Funktionäre gab, welche die Aufgaben eines Fiskusbeamten übernehmen konnten und die genügend große Vermögen besaßen, um die notwendigen Garantien in bar zu leisten; schwer begreiflich bleibt ebenfalls, daß sich die Herrscher nicht mehr bemühten, eine begüterte christliche Mittelklasse zu schaffen, sondern daß sie im Gegenteil die jüdische Hilfe für traditionell und unentbehrlich hielten, wenn es galt, auf schnellstem Wege Geld aufzutreiben. Der Christ, der über Energie und Intelligenz verfügte, interessierte sich einzig für die Herrschaft über seine Ländereien, wie sich umgekehrt die fähigen Nordamerikaner von heute lieber den Geschäften als uneigennützigen Studien widmen. Die kleinliche Plakkerei des Hispano-Hebräers erschien dem Christen als eine zutiefst unwürdige Beschäftigung, und diese Ansicht spielte eine entscheidende Rolle für den Verlauf des hispanischen Lebens. Zwischen den spanischen Christen und den Mauren und Juden, die sich für die Handhabung materieller Dinge interessierten, bestand zunächst ein ungeheures Mißverhältnis, das die herrschaftliche Vornehmheit und Überlegenheit des Christen allmählich ausglich, doch gab es in Spanien bis zur Mitte des 19. Jahrhunderts nichts, das man als nationalen Handel oder nationale Industrie bezeichnen könnte. Handwerk, Handel und das, was man heute Bankinstitute nennen würde, lagen im Mittelalter fast ausschließlich in den Händen der Hispano-Hebräer. Eine ähnliche Situation entstand zwar, wo immer es Juden gab, doch war die Lage in Spanien besonders zugespitzt. Als sich im Laufe des 14. Jahrhunderts das Volk immer stärker gegen die Juden auflehnte, antwortete Heinrich II. von Trastámara auf das Verlangen der Abgeordneten in den Cortes von Burgos wie folgt (1367):

»Zu dem, was uns gesagt wurde . . . daß wir nämlich den Juden das Einziehen von Schulden und Ausständen verpachteten, welche die Städte und Dörfer unseres Königreiches schulden, ohne die Höhen der Summen zu nennen; daß, wenn dies weiter geschehen sollte, es uns zu großem Nachteil gereichen und die Leute veranlassen würde, unser Land zu verlassen; und daß wir gebeten wurden . . . die Schulden von unserem Schatzkanzler eintreiben zu lassen und das Einziehen der Steuern an Christen zu verpachten . . .

Darauf antworten wir, daß es der Wahrheit entspricht, daß wir das Einziehen der gesamten Grundrenten den Juden verpachteten, *weil wir keine anderen fanden,* die dies tun wollten; wir befahlen, es ihnen unter der Bedingung zu verpachten, daß jeder Untertan gerecht behandelt werde . . . Sollte ein Christ wünschen, die genannten Grundrenten einzutreiben, werden wir ihm die Aufgabe übertragen, und zwar zu einem viel niedrigeren Preis als den Juden.«

Proteste gegen jüdische »Privilegien«

Im Jahre 1367 befand sich Heinrich II. noch mitten im Krieg gegen seinen Bruder Peter I. und gab sich daher große Mühe, seine Parteigänger zufriedenzustellen; trotzdem war es ihm nicht möglich, ohne die Juden auszukommen. In denselben Cortes protestierten die Abgeordneten nach den Worten des Königs, weil »in einigen Städten und Dörfern unseres Königreichs die Schlösser von Juden und Mauren gehalten werden; daher bittet man uns um die Gunst, die Schlösser zurückzunehmen und sie Christen zu überlassen, denen wir vertrauen«.

Heinrich antwortete, daß er diesem Wunsche insoweit entsprechen wolle, als ihm daraus kein Schaden erwachse, andernfalls »ist es wider die Vernunft, dies zu tun«.

Noch im Jahre 1367 gab es maurische und jüdische Burgherren, denn die spanische Geschichte bestand noch immer aus einem christlich-islamisch-jüdischen Gewebe. Hundertzwei Jahre später, im Jahre 1469, bietet sich ein ähnliches Bild. Die Cortes von Ocaña erinnern Heinrich IV. daran, daß es Juden und Mauren verboten ist, Steuerpächter und Steuereinnehmer zu sein, daß sie »weder Steuereinzieher noch Majordomus der Christen sein, noch irgendwelche anderen Stellungen in den Häusern des Adels einnehmen dürfen . . . *doch sehen wir, daß die genannten Gesetze nicht eingehalten werden;* vielmehr zeigt es sich, daß es Juden sind, welche die wichtigsten Ämter in der Verwaltung bekleiden und Eure Grundrenten und Steuern einziehen, und wir glauben, daß, wenn Eure Grundrenten zu vernünftigen Preisen verpachtet würden, sich Christen fänden, die zu bieten bereit wären; den letzteren sollte das Einziehen von Steuern zu einem niedrigeren Preise überlassen werden, so wie es die Gesetze Eures Reiches bestimmen. Und etwas anderes, noch Schlimmeres geht in Eurem Königreich vor sich: *viele Prälaten und Priester verpachten ihre Renten und Zehnten . . . an Juden und Mauren,* welche die Kirchen betreten, um die Zehnten und Gaben zu verteilen, was eine große Beleidigung der Kirche darstellt.«

Im Dienst und Schutz des Königshauses

Jedes Amt, das finanzielles oder administratives Können verlangte, lag in jüdischen Händen. Vier Jahre vor der Vertreibung der Juden ernannten die katholischen Könige Don Abraham Seneor für »seine guten und treuen Dienste, die er uns geleistet hat«, zu nichts weniger als zum Schatzkanzler der *Santa Hermandad* (Königlichen Polizei) und übertrugen ihm die Aufgabe, die Unterhaltsbeiträge für diese die Regierungszeit der katholischen Könige kennzeichnende Institution einzutreiben und den Leuten ihren Sold auszubezahlen. Auch gewährte König Ferdinand im Jahre 1488 Don Simuel Abolafia sicheres Geleit und Zollfreiheit, damit die Behörden ihn achten und beschützen sollten, weil »er uns viele und gute Dienste im Krieg« von Granada geleistet hat und weil er sich nun auf Befehl des Königs »mit einigen Leuten an bestimmte Orte unseres Königreichs und auch ins Ausland begibt, sowohl auf dem See- als auch auf dem Landweg, um sich in unserem Dienste um gewisse Angelegenheiten zu kümmern«. Die Juden standen also auch noch zur Zeit der katholischen Könige im diplomatischen Dienst; während man sie einerseits als wertvolle und unentbehrliche Funktionäre betrachtete, bereitete man anderseits ihre vollständige Vernichtung vor. Im wesentlichen waren die Beziehungen zwischen den Juden und der Krone dieselben wie vierhundert Jahre früher zur Zeit Alphons' VI., was deutlich beweist, daß es nicht die Majestäten Ferdinand und Isabella waren, welche die Initiative zur Vertreibung der Juden ergriffen.

Wir würden zuviel Raum und Zeit benötigen, wenn wir die finanzielle Tätigkeit der Juden im einzelnen beschreiben wollten. Für meinen Zweck genügen einige bezeichnende Beispiele. Die *aljamas* stellten eine der wichtigsten Einnahmequellen dar, da jedes einzelne Mitglied zum königlichen Schatz beisteuerte, so daß der König alles tat, um eine Verarmung der Juden zu verhindern; die Gelder, die der christliche Gemeine zu bezahlen hatte, der im Gegensatz zum Adel nicht von Steuern befreit war, flossen der Krone durch Vermittlung der Juden zu. Das Einkommen des Schatzes ging also auf alle Fälle durch die Hände der Juden. Dasselbe gilt für das Finanzwesen der Städte; wie wir bereits sahen, deckten die Beiträge der jüdischen Gemeinde beinahe die Hälfte der Ausgaben von Talavera. Unter Alphons X. und Sancho IV. bezahlten die kastilischen *aljamas* täglich 6000 *maravedís* (2190000 im Jahr) in Form einer Kopfsteuer.

Kirchliche Verfolgungen – Königliche Wirtschaftsinteressen

In solchen Umständen lag der Schutz begründet, den das Königtum den Juden bis fast zum Vorabend der Vertreibung angedeihen ließ. Im Jahre 1215 befahl das Vierte Laterankonzil den Juden, eine Erkennungsmarke zu tragen, die sie von den Christen unterscheiden sollte. Als man diese päpstliche Anordnung durchführen wollte, brachen in den spanischen Gettos Aufstände aus, und wichtige jüdische Persönlichkeiten drohten damit, nach den maurischen Gebieten auszuwandern, die damals noch ausgedehnt und reich waren. König Ferdinand III. und der Erzbischof von Toledo beschworen den Papst, den Beschluß des Konzils für Kastilien aufzuheben, weil das königliche Einkommen zum größeren Teil aus jüdischen Quellen stammte. Papst Honorius III. entsprach diesem Wunsche im Jahre 1219, um dem König schwerwiegende Konflikte zu ersparen, »*cuius proventus in iudeis ipsis pro magna parte consistunt*«. So wurde also die spanische Geschichte auf der Grundlage einer jüdischen Wirtschaft aufgebaut, ein Umstand, der mit all seinen Folgen erkannt werden muß. Um diese Geschichte zu verstehen, ist eine weitere Erforschung der Archive viel weniger wichtig als eine intensive Beschäftigung mit den bereits bekannten Tatsachen, damit uns diese nicht länger als zusammenhanglose und unverständliche Fragmente erscheinen. Die Geschichte ist nicht einfach das Ergebnis wirtschaftlicher Umstände, wie es ein naiver und denkfauler Positivismus immer wieder verkündet; das Wirtschaftssystem selber hängt vielmehr von den menschlichen Umständen ab, und in unserem Falle besitzt die produktive Fähigkeit der Juden dieselbe Bedeutung für die Geschichte wie die christliche Unfähigkeit, die Möglichkeiten des Landes und seiner Bewohner zu nutzen, Möglichkeiten, die sowohl damals als auch heute bestanden, ohne daß sie jemals vollständig ausgewertet worden wären. Der hispanische Christ zog sich gleichsam auf seine Unfähigkeit zurück, materielle Reichtümer zu erzeugen – zum Guten, aber auch zum Unheil seines Daseins –, und ließ die produktive Leistung des Juden (und des Mauren) unbewegt über sich ergehen, so wie er etwa später sein ganzes Vertrauen in das goldene Manna setzte, das von den *Indios* auf ihn herabregnete. Es ist die menschliche Motivation dieses wirtschaftlichen Systems und nicht nur das Milieu oder der Reichtum, die den entscheidenden Faktor darstellt.

Die Erklärung, die Ferdinand III. der Heilige dem Papst gegenüber abgab, ist dieselbe Erklärung, die alle spanischen Könige bis zum Augenblick der Vertreibung der Juden anführten. Alphons III. von Aragonien befahl seinen Statthaltern, maßvoll gegen die Juden vorzugehen, weil, »wie ihr genau wißt, unsere Vorgänger und diejenigen des besagten Königs von Mallorca die Juden in ihren Reichen und Ländereien immer geduldet und unterstützt haben und die Kirche von Rom *sie noch heute duldet,* weil die *Juden den Geldschrank und den Schatz des Königs bilden.* Wenn sie das Land verließen und ihres Eigentums im Land des genannten Königs von Mallorca verlustig gingen, so würde ihm dies großen Schaden zufügen.«

Der Terror steigert sich

Im Jahre 1391 verurteilte Johann I. von Aragonien die Massaker von Huesca aufs schärfste, weil die Juden »Teil unseres Schatzes sind und unter unserer königlichen Autorität stehen«. Im Jahre 1417 hielt es Alphons V. für dringend notwendig, die *aljama* von Zaragoza wiederherzustellen, nachdem sie beinahe vollständig der Wut des Volkes zum Opfer gefallen war, »ein großer Schaden und Verlust für unsere Person und unsere Privilegien«. Ferdinand II., der katholische König, tadelte im Jahr 1481 den Prior der Kathedrale von Zaragoza auf das strengste für sein gewalttätiges Vorgehen gegen die Juden, »welche unsere und unseres Erbes Schatzkammern sind«; er wiederholt, daß sie »unsere Schatzkammern sind und daß ihre Verteidigung uns und unseren Beamten zusteht«. Der König drohte den Bischöfen von Zaragoza mit dem Entzug der Einnahmen aus ihren Pfründen und befahl ihnen energisch, öffentlich einen Aufruf *(crida)* zu verlesen, der einen solchen der Bischöfe widerrufen sollte, worin diese nicht nur verlangt hatten, innerhalb von dreißig Tagen jene Türen und Fenster des Gettos zu verschließen und zu vernageln, die auf den christlichen Teil der Stadt blickten, sondern den Juden auch die Ausübung bestimmter Gewerbe und das Tragen gewisser Kleider verboten hatten, all dies »gestützt auf die genannte Bulle«. An den königlichen Rat, der einem der Bischöfe den Brief übermitteln sollte, schrieb König Ferdinand:

»Wir sind empört, daß Ihr so unangebracht und plötzlich vorgegangen seid, ohne nach Unserer Majestät Ansicht zu fragen, obwohl Unsere allerdurchlauchtigste Königin, Unsere sehr geliebte und verehrte Gemahlin, Euch befohlen hat, nicht auf Grund der genannten Bulle zu handeln oder in irgendeiner Weise vorzugehen.«

Weiter schrieb der König, sein Wunsch sei es, »daß Unsere genannte *aljama* und ihre Mitglieder ohne Gefahren, Unruhen und Empörung leben können«; sollte der Prior der Kathedrale und der Bischof Pilares dem königlichen Befehl nicht gehorchen, so würden sie beide der Einnahmen aus ihren Pfründen verlustig gehen, als Warnung an alle, die es wagen sollten, »ähnliche Handlungen zu unserem Schaden« zu unternehmen.

Der König beugt sich dem Druck von Kirche und Volk

Im Jahre 1481 dachte der König nicht im entferntesten daran, die Juden aus Spanien auszuweisen. Doch was geschah? Die Ratgeber des Königs vertraten die Ansicht, daß weder der Brief den Prälaten von Zaragoza überreicht noch daß deren Aufruf widerrufen werden sollte, weil das Volk jeden Augenblick in »Empörung, Unruhe und Gewalttätigkeit« auszubrechen drohte. Der König wich dem Druck von unten und beschloß, nach Zaragoza zu reisen, um das dornenvolle Problem persönlich in die Hand zu nehmen.

Seit ungefähr zweihundert Jahren versuchten Könige und Adel, der heftigen antisemitischen Angriffe der christlichen Bevölkerung, der Bettelorden und vieler Kirchenmänner Herr zu werden. Wie alle übrigen Probleme der spanischen Geschichte erwies sich auch dieses als unlösbar; das Land lebte mit und ohne Juden schlecht, und dies in Anbetracht der Tatsache, daß man das nationale Wohlergehen nicht ausschließlich auf Überzeugungen, Leidenschaften und Wünsche gründen kann. Der König mußte sich ergeben und den Kurs seiner Politik ändern, den Kastilien und Aragonien während Jahrhunderten verfolgt hatten. Ferdinand der Katholische war nicht der Mann, um Schlachten zu schlagen, die er von vornherein verloren wußte; so wie er im Jahre 1481 die Briefe an die Bischöfe von Zaragoza zurückbehielt, so entschloß er sich nun, das Ausweisungsdekret zu unterschreiben, denn es war nicht möglich, das Land gegen den Widerstand des Volkes und des niedrigen Klerus zu regieren, vor allem, wenn man dieses Volk zum Kampf in fernen Ländern brauchte. Als der Entschluß einmal gefaßt war, mußte er notwendigerweise in Übereinstimmung mit der mächtigsten Partei durchgeführt werden. Konventionelle Historiker haben in Ferdinand dem Katholischen entweder ein Ungeheuer an Intoleranz und Fanatismus oder den bewaffneten Arm des göttlichen Willens sehen wollen. Die jüdischen Historiker haben sich ihrerseits an den dramatischen Bericht von Isaac Abravanel gehalten, der den König so lange bat und beschwor, bis ihm die Stimme den Dienst versagte; »doch der König, einer tauben Schlange gleich, versiegelte sein Ohr . . . Auch die Königin, die sich zu seiner Rechten befand, um ihn zu verderben, brachte ihn mit listiger Überredung dazu, das begonnene Werk zu vollenden«. Nach Abravanel war es die Eroberung von Granada, die den Entschluß des Königs herbeiführte: »In seinem Starrsinn und seinem Stolz fühlte er sich ermutigt und schrieb seine Macht Gott zu.«

Das Ausweisungsdekret, entstanden im Widerstreit der Interessen

Unsere Aufgabe besteht nun darin, die menschlichen Kräfte, die in diesem langsam reifenden Geschehen eine Rolle spielten, in eine angemessene Perspektive zu rücken. Der Schatz des Königreiches wurde in den ersten Jahrhunderten der Reconquista hauptsächlich von der reichen, den Mauren abgenommenen Beute und von den Wallfahrten nach Santiago gespeist. Seit der zweiten Hälfte des 12. Jahrhunderts bedeutete die Massenauswanderung der Juden aus den maurischen Gebieten eine beträchtliche Hilfe für die Krone. Schon im Jahre 1158 schenkte Sancho III. von Kastilien seinem Finanzminister Boniuda Land als Belohnung, was beweist, daß bereits Alphons VII., der Kaiser, die Dienste der Juden in Anspruch genommen hatte. Das »Poema del Cid« stellt die Juden in der bekannten Episode von Rachel und Vidas als die einzigen dar, die in der Lage waren, Geld zu leihen. Auch Alphons VIII. verschenkte Ländereien an Avomar Avenxuxén, *»dilecto et fideli almoxerifo meo«*, und erkannte in seinem Testament (1204) eine Schuld von 12 000 *maravedís* gegenüber dem genannten Juden an. Die Texte, die der Zufall bewahrt hat, verraten nur einen Teil des Geschehenen; das Einziehen der Steuern und das Leihen von Geld an die Könige muß ein einträgliches Geschäft gewesen sein; jedenfalls fühlten sich die *aljamas* zu Beginn des 13. Jahrhunderts so stark, daß sie Ferdinand III. drohten, das Land zu verlassen, sollte er sie dazu zwingen, die verhaßte Erkennungsmarke zu tragen. Wie wir gesehen haben, bat der König den Papst, sein Gebot aufzuheben, und im Sinne gegenseitiger Toleranz wurden die Interessen der Kirche, des Königs und des Volkes in Einklang gebracht.

Hundert Jahre später hatten sich die Beziehungen zwischen König, Kirche und Juden gewandelt. Überraschend wirkt vor allem, daß das Domkapitel der Kathedrale von Toledo, dessen Reichtum ungeheuer gewesen zu sein scheint, seine Zuflucht zum jüdischen Wucher nehmen mußte. Die Schulden der Domherren waren allem Anschein nach beträchtlich, denn sie baten den Papst, ihnen mit einer Bulle zu Hilfe zu kommen, die ihnen die Rückerstattung von Kapital und Zinsen an die Gläubiger erlassen sollte. Die Bulle bestimmte außerdem, daß die Juden den Domherren die bereits entrichteten Zinsen zurückzuzahlen hätten. Die jüdische Gemeinde gelangte nun an den König, ihren natürlichen Herrn, und Ferdinand IV. wandte sich im Jahre 1307 zweimal an das Domkapitel mit dem Befehl, keine päpstliche Bulle mehr als rechtliche Handhabe zu verwenden. Die königlichen Schreiben müssen ziemlich heftig gewesen sein, denn Ferrant Iváñez Pantoja, ein Ritter des Königs, wagte nicht, sie in ihrer Gesamtheit zu verlesen, weil »sie noch viel schlimmere Dinge enthielten«. So schreibt der König:

»Ich bin empört, daß Ihr es gewagt habt, solche Briefe (des Papstes) ohne meinen Befehl zu verwenden und meine Juden zu verurteilen.«

Der König verbot den Schuldenerlaß, »denn Ihr wißt genau, daß alle Juden und ihr Besitz mir gehören«. Für den den Juden zugefügten Schaden verlangte der König von den Domherren eine doppelte Wiedergutmachung.

Der eben erwähnte Vorfall bildet eine der ersten Episoden im Kampf zwischen dem jüdischen und dem kirchlichen Lager, ein Kampf, der sich zweihundert Jahre später zugunsten der Kirche entscheiden sollte. Kennzeichnend für das damalige Spanien war, daß sich die christlichen Könige sehr energisch den kirchlichen Ansprüchen widersetzten; der Monarch versuchte, die Henne mit den goldenen Eiern zu hüten, während die Kirche, bestärkt durch den Unmut des Volkes, ihre Vernichtung suchte, um sich alle Vorteile auf einmal zu sichern. Der Staat betrachtete die Juden als eine dauerhafte Quelle des Reichtums, Kirche und Volk hingegen sahen in ihnen eine kostbare Beute. Hier läßt sich die Eigentümlichkeit der spanischen Geschichte im Mittelalter – ohne innere Ordnung, die mit der allgemeinen Ordnung der Christenheit in Beziehung stand – gleichsam mit Händen greifen. Die innerspanische Problematik hatte nichts mit den Kämpfen zwischen Papsttum und Reich oder zwischen schismatischen und rechtmäßigen Päpsten zu tun. Die Gründe der hispanischen Besonderheit lagen gerade in dem orientalischen Keil oder Splitter, der die spanische Substanz bildete und sie doch nicht bildete. Die übrigen europäischen Länder lebten ein reiches oder armes, ein hartes oder leichtes Leben, doch jedenfalls ein Leben, das sie selbst geschaffen hatten; Spanien aber, wenn es nicht gerade neue Länder eroberte, lebte habgierig und plündernd vom Reichtum, den die Juden erarbeitet hatten. Weil in keinem westlichen Lande eine ähnliche Situation bestand, läßt sich die spanische Geschichte mit keiner andern vergleichen. Man bedenke, daß die Juden schon im 13. Jahrhundert aus England und zu Beginn des 14. Jahrhunderts aus Frankreich verschwanden und daß sie in diesen Ländern niemals eine Stellung einnahmen, die man auch nur von ferne mit der Position der Juden auf der Iberischen Halbinsel vergleichen kann.

Pogrome und Morde – in der Folge kirchlicher Politik

Ein Provinzkonzil, das im Jahre 1313 in Zamora abgehalten wurde und sich auf das Konzil von Vienne und die Erlasse Papst Clemens' V. stützte, warnte die Juden, »weder zu widersprechen noch sich mit den *Privilegien zu verteidigen, die ihnen die Könige* zugestanden . . . Wir befehlen, daß in allen Prozessen das Zeugnis der Christen gegen die Juden gelten soll und nicht das Zeugnis der Juden gegen die Christen; auch sollen die Juden nicht als Zeugen gehört werden«, wollen sie nicht »von Gott verflucht sein, der mächtig ist«, das heißt mächtiger als die Gesetze des Königs. Das Konzil verfügte, daß die Juden weder Ämter bekleiden noch Würden annehmen dürften, die der König oder weltliche Fürsten ihnen verliehen; auch durften sie keine christlichen Ammen für ihre Kinder halten; »sie sollen den Christen nicht als Ärzte dienen, so *gelehrt und erprobt* sie auch sein mögen (ein Minderwertigkeitskomplex kommt hier zum Vorschein); sie dürfen den Christen weder Geld leihen noch von diesen die Bezahlung von Schulden verlangen, denn dies verbieten die Erlasse des Papstes Clemens' V.«

All dies blieb toter Buchstabe, da Kirche und Volk zusammen noch nicht stark genug waren, um sich in der jüdischen Frage gegen die Interessen des Königs durchzusetzen. Hinter dem drohenden Ton verbarg sich ein heuchlerischer Groll, denn der Klerus selbst brauchte die Juden, um die der Kirche Christi geschuldeten Zehnten einzusammeln. Diese kirchlichen Erlasse besitzen ihre Parallele in den sich ständig wiederholenden Forderungen der Abgeordneten in den Cortes, wovon wir bereits einige wichtige Beispiele erwähnt haben. Schließlich griff das niedrige Volk von Sevilla die Juden im Jahre 1391 tätlich an, nachdem es Ferrant Martínez, der Archidiakon von Ecija, aufgewiegelt hatte. In dessen Person verband sich die tiefverwurzelte Wut des Volkes gegen die Juden mit dem Groll des niederen, aus dem Volke stammenden Klerus gegen den Staat. Der zügellose Archidiakon hetzte die Massen, das »kleine Volk«, gegen die Juden auf, und zwar trotz dem Widerstand des Erzbischofs Barroso, der den Archidiakon exkommunizierte und ihn einen »starrköpfigen und der Ketzerei verdächtigen Rebellen« nannte. Von Theologen und Domherren gedrängt, die Gründe für sein unchristliches Verhalten darzulegen, erwiderte er immer wieder, daß er nur vor den »Vertretern und Leuten des Volkes« sprechen wolle. Im Jahre 1390 starb der Erzbischof Barroso, und die Masse plünderte in blinder Wut das Getto von Sevilla, ermordete die Bewohner, schleifte die Synagogen und versetzte damit der hispanohebräischen Kultur einen tödlichen Schlag. Andere Städte ahmten schleunigst das Beispiel Sevillas nach, und die Könige standen den Übergriffen des Pöbels mit jedemmal machtloser gegenüber. □

Die Inquisition – Im Zeichen religiösen Fanatismus'

Es war die wirtschaftliche Überlegenheit der jüdischen Minderheit, die ihr den Haß der andersgläubigen Umwelt zuzog. Obgleich die Juden die Reconquista mit oft erheblichen finanziellen Opfern unterstützten, wuchsen antisemitische Strömungen. Ein Teil der Juden suchte den drohenden Verfolgungen zu entgehen und ließ sich taufen, aber solche »Conversos« wurden – über Generationen sogar – nur um so mißtrauischer beobachtet, da meist angenommen wurde, daß sie ihrer Lebensform und ihrem alten Kult insgeheim treu blieben.

Der schwelende Haß gegen Juden und Conversos kam endgültig offen zum Ausbruch, als 1481 in Kastilien und Aragon die Inquisition eingeführt wurde. In nur wenigen Jahren verwandelte sich das tolerante Nebeneinander in ein von grauenvollem Fanatismus gezeichnetes Gegeneinander. Tausende Juden, Conversos und auch verdächtige Christen wurden von geistlichen Gerichten verurteilt und in sogenannten Autodafés (von actus fidei = Glaubensakt!) verbrannt.

Der Großinquisitor Torquemada

Das Wüten der Inquisition erreichte seinen Höhepunkt, als der Dominikaner Torquemada zum Großinquisitor ernannt wurde. Eine Analyse dieses Mannes und seines furchtbaren Werkes versucht W. Nigg:

Man muß sich hüten, die Gestalt des Inquisitors in ein allzu vereinfachtes Schema zu bringen. Es ist irrig, in ihm lediglich einen blutrünstigen Menschen zu sehen, der als Scheusal zu beurteilen ist. Die Psychologie des Inquisitors ist komplizierter. War er doch ein Mensch, der von einem nicht leicht zu lüftenden Geheimnis umgeben war und der in einer kaum zu durchbrechenden Einsamkeit lebte. Jahrhundertelang durfte über die Inquisition und ihre Prozesse nichts geschrieben werden. Mit diesem Verbot hat sie selbst den dichtesten Schleier um sich verbreitet und damit Vermutungen, Gerüchte und Furchtvorstellungen förmlich erzeugt. Nicht zufällig kann über einen der größten Inquisitoren aller Zeiten, Torquemada, keine Biographie geschrieben werden. Weiß man doch nicht einmal genau, wann er geboren ist und wo er seine Bildung geholt hat. Und doch war Torquemada der beinahe mächtigste Mann seiner Zeit in Spanien, der die Königin Isabella wie eine Marionettenfigur in der Hand hielt und dem ganzen Land seinen Willen aufzwang. Dieser Inquisitor war ein Asket, der nie Fleisch aß und sich selbst unablässig kasteite. Nur in der armseligen Kutte des Dominikaners war die hagere Gestalt des Mannes zu sehen, der in seiner Demut den erzbischöflichen Stuhl von Sevilla ablehnte. Eine unbeugsame Willenskraft lebte in dieser unnahbaren Persönlichkeit, die ihr Ziel nie aus den Augen verlor und vor keinem noch so hochgestellten Adeligen haltmachte. Mitleid hielt Torquemada für eine Versuchung, welche der Christ zu überwinden habe. Dieser Mensch war offenbar aus einem andern Stoff gemacht als die gewöhnlichen Sterblichen. Bei seinem Anblick scheint Grecos Großinquisitor gleichsam aus dem Rahmen herauszutreten und auf einen zuzuschreiten. Man fühlt sich beinahe von ihm am Arme gepackt, und es wird eine Situation der Unheimlichkeit geschaffen, die nur noch den Gedanken an Flucht offenläßt. Dieser Großinquisitor war von der einzigen Idee erfüllt, daß ihm allein die Verantwortung für die Reinheit der Kirche auf die Schultern gelegt worden sei. Nicht der Inquisitor hatte die Idee der Glaubensreinheit in seinem Kopfe, sondern dieser Gedanke hatte ihn, trieb ihn von einer Unmenschlichkeit zur andern und ließ ihn alles andere vergessen. Die Reinerhaltung der Kirche war ein ebenso erhabenes wie gefährliches Ziel, das den Menschen leicht zum Besessenen machen konnte. Allzu gerne wurde dieser einen Idee alles geopfert: die Liebe, die Wahrheit, die Religion. Mochte es auch über noch so viele Leichen hinweggehen, wenn bloß die Idee von der Glaubensreinheit siegte. Sie wurde mit jener Rücksichtslosigkeit durchgesetzt, die allen kalten Ideenmenschen eigen ist. Durch dieses Vorgehen wurde der Inquisitor zum Schulbeispiel für den fanatisierten Menschen. Die düstere Glut des Fanatikers glitzerte in seinen Augen, und sie hat sich zum blindwütigen Feuer entwickelt. Der Fanatismus – eine Seelenerkrankung schlimmster Art – bildet den Kern der inquisitorischen Persönlichkeit, deren hemmungsloses Wüten gegen die Ketzer vielleicht den Unglauben in der eigenen Seele verdekken mußte. Es zeigt, wohin ungezügelter Glaubenseifer und doktrinäre Ideenbesessenheit führen können, wenn ihnen jede Selbstkontrolle fehlt. In der Konsequenz der Verfolgung seiner Idee ist der Inquisitor ebenso groß wie schrecklich. Von einer schrecklichen Größe dieser fanatischen Mönchsgestalten, deren Tätigkeit zu einer der schwersten Belastungen für das Christentum wurde, muß geredet werden.

Ankläger – Richter – Beichtvater in einer Person

Die Inquisition pflegte ihren Besuch in jeder Stadt vor dem Erscheinen anzumelden, damit das Volk sich zur gegebenen Zeit auch einfinde. Wer nicht erschien, machte sich zum voraus verdächtig. Das Verlassen der Ortschaft war von diesem Moment an verboten; es wurde eine Art Ausnahmezustand über eine Gegend verhängt. Die Inquisitoren verkündeten eine Gnadenfrist von 15 bis 30 Tagen. Wer sie nicht benützte und im Verdacht der Häresie stand, bekam es mit dem kirchlichen Gericht zu tun. Der Inquisition war eine große Verantwortung auferlegt. Inquisition heißt Erforschung, und ihre Aufgabe war es, die Seelen der Menschen zu erforschen und deren Gesinnung an den Tag zu bringen. Ihr Zweck war die Vernichtung der Ketzerei. Die Häresie wurde als Verbrechen dem Hochverrat und der Majestätsbeleidigung gleichgestellt, und alle diesbezüglichen Bestimmungen wurden kurzerhand auf sie übertragen. Das ganze Vorgehen der Inquisition war nur möglich, weil Ketzerei zu einem kriminellen Verbrechen degradiert worden war, welches die schärfste Bestrafung verlangte.

Das Prozeßverfahren der Inquisition ist ein einzigartiger Gerichtsmodus, wie es in der Welt nicht seinesgleichen gibt. Es darf nicht als eine Willkür bezeichnet werden, da die Erfordernisse, Pflichten und Befugnisse des Inquisitors bis ins kleinste geregelt waren. Stand doch das ganze Verfahren unter einem bewußt religiösen Vorzeichen, was sich jedoch für diese Institution gravierend auswirkt. »Bei der Beratung des Gerichts wurde ein Gebet in kniender Stellung gesprochen und der Heilige Geist angefleht, und alle sagten amen.« Die Eigentümlichkeit der Inquisition bestand vor allem in der unvergleichlichen Machtstellung, welche dem Vorsitzenden eingeräumt war. Er war Ankläger und Richter in einer Person. Ein Appellationsrecht gab es nicht. Gleichzeitig war der Inquisitor auch der Beichtvater des Vorgeführten. Der Angeklagte mußte sich ihm durch einen Eid gleich zu Anfang ausliefern, indem er sich bereit erklärte, allen Geboten der Kirche zu gehorchen, alle

Fragen wahrheitsgemäß zu beantworten, alle Ketzer zu verraten und sich jeder Buße willig zu unterziehen. Andererseits wurde auch dem Inquisitor eine beinahe unmögliche Arbeit zugemutet. Er sollte den Glauben beschützen und Gott für das ihm durch die Häresie zugefügte Unrecht rächen. Er sollte sogar die geheimen Gedanken des Angeklagten erraten. Da man glaubte, daß die Ketzer vom Teufel unterstützt werden, der die Augen der Richter verblende und das Gedächtnis der Zeugen verwirre, hatte der Richter während der ganzen Untersuchung eine übermenschliche Aufgabe zu vollbringen, die fortwährend ins metaphysische Gebiet hinüberspielte. Der Inquisitor hatte einen beständigen Kampf mit der bösen Macht zu führen und zugleich die Pflicht der Seelenrettung auf sich genommen. Man stelle sich die Situation konkret vor: ein Richter im Kampfe mit dem Teufel! Eine groteskere Lage läßt sich nicht denken. Aus diesem Grunde war das ganze Verfahren auch in ein seltsames Dunkel gehüllt und der Inquisitor niemandem Rechenschaft schuldig. Die Institution selbst galt theologisch gerechtfertigt durch das Vorbild Gottes, der nach dem Sündenfall-Mythos der erste Inquisitor war, indem der Allmächtige die beiden Stammeseltern in einem heimlichen Prozeß ohne Einvernahme von Zeugen verurteilt habe. Ein verhängnisvoller Vergleich, wenn daran gedacht wird, wer die Versucher-Worte »Ihr werdet sein wie Gott« gesprochen hat!

Vorverurteilung und tödliche Denunziation

Der Prozeß begann mit der Verhaftung des Ketzers, welche zugleich die Vermögenssperre und die völlige Abschließung von der Außenwelt in sich schloß. Der Angeklagte galt zum voraus als schuldig; er wurde in den Kerker geworfen, wo er während der ganzen Zeit in Ketten gelegt und ihm die Sakramente vorenthalten wurden. Um den Ketzer verurteilen zu können, bedurfte der Inquisitor der Beweise. Wenn möglich, sollte der Angeklagte ein Geständnis ablegen. Bequemte er sich nicht zu einem freiwilligen Schuldbekenntnis, entspann sich ein förmlicher Zweikampf zwischen Richter und Angeklagten. Der Vorsitzende lud zunächst Zeugen ein, deren Aussagen Beweiskraft zugebilligt wurde, auch wenn es sich um die harmlosesten Klatschereien handelte. Ebenso wurden anonyme Zuschriften ausgebeutet und die Bevölkerung direkt zu Denunziationen aufgefordert. Der Angeklagte hatte einzig die Möglichkeit, die Zeugenaussagen zu entkräften, wenn er nachweisen konnte, daß zwischen ihm und dem Zeugen Todfeindschaft bestehe. Alle anderen Begründungen wurden abgewiesen. Von der Zeugenaussage war niemand entbunden, auch nicht die nächsten Angehörigen. Die Mutter hatte ihre Tochter, der Sohn den Vater, die Ehegatten sich gegenseitig anzugeben. Wer es nicht tat, machte sich der Ketzerei mitschuldig. Auch Minderjährigen und Dienstboten wurden Zeugenaussagen zugebilligt, falls sie ungünstig lauteten, während günstige wertlos waren. Eine Verteidigung war nicht gestattet. Darum fehlt im Inquisitionsprozeß die Gestalt des Advokaten. Sie hätte die Tätigkeit des Inquisitors unnötig erschwert und zugleich den Anwalt selbst in den Verdacht der Begünstigung der Ketzerei gebracht. Einem solchen Argwohn aber wollte sich niemand aussetzen. Der Angeklagte war sich allein überlassen, auch wenn er ungebildet war und vom Rechtsverfahren keine Ahnung besaß. Ohne jeglichen Beistand war er hilflos der ganzen Prozedur ausgeliefert.

Die Folter

Führten die Zeugenaussagen nicht zu den gewünschten Geständnissen, wurde die Folter angewandt. Die Kirche hat sich der Einführung der Folter lange widersetzt und noch im zwölften Jahrhundert als eine Regel des kanonischen Rechtes den Satz aufgestellt, durch Folterqualen dürften keine Geständnisse erpreßt werden. Erst im dreizehnten Jahrhundert fand die Folter in Italien Eingang, und sie muß insofern als ein »Fortschritt« im Gerichtsverfahren bezeichnet werden, weil sie an Stelle des Gottesurteils wenigstens ein Geständnis des Angeklagten erstrebte. Als Inquisitionsmittel trat die Folter erstmals unter Papst Innozenz IV. in Anwendung, der den Gebrauch auch gleich kanonisch regelte. Die Folter ersparte die Mühe und die Unkosten einer langen Gefangenschaft; sie war ein wirksames Mittel, um alle erwünschten Geständnisse auf dem schnellsten Wege zu erlangen. Man schleppte den Ketzer in die Folterkammer, wo ihm alle furchtbaren Marterwerkzeuge anschaulich vor Augen geführt wurden. Legte er angesichts dieser schauderhaften Geräte auch dann immer noch nicht das erforderliche Geständnis ab, wurde mit der Prozedur begonnen, langsam und stufenweise. Zwar war eine mehrfache Folterung untersagt. Aber man nannte eine öftere Anwendung der Folter nur eine Fortsetzung der Tortur. Drei- und vierstündige Folterungen waren nichts Ungewöhnliches. Während der Tortur wurde die Folter mehrmals mit Weihwasser besprengt. Zahllos waren die entsetzlichen Mittel, welche bei der Prozedur in Anwendung kamen und die alle nur den Zweck verfolgten, das Opfer zermürbt zur Strecke zu bringen. Aus der Fülle der Folterwerkzeuge kam gewöhnlich zuerst der Daumenstock in Anwendung, wobei die Finger in Schrauben gebracht wurden, bis das Blut herausspritzte und die Glieder zerquetscht waren. Der Angeklagte konnte auch auf den eisernen Marterstuhl gesetzt werden, der mit spitzen Nägeln übersät war und von unten glühend geheizt wurde. Oft traten auch die Beinstöcke in Funktion, welche die Schienbeine zerdrückten. Beliebt war ferner das Ausrenken der Glieder, das auf der Leiter mit dem gespickten Hasen oder durch den spanischen Stiefel bewerkstelligt wurde, der aus einer Wippe bestand, an der man den Ketzer mit zusammengebundenen Händen und Füßen auf und nieder zog, während man den Körper mit Steinen beschwerte, die oft über einen Zentner schwer waren. Damit die Folterknechte nicht durch das wahnsinnige Schreien der Gemarterten irritiert wurden, stopfte man dem Opfer ein Tuch in den Mund. Mit solchen Mitteln folterte man die Ketzer stundenlang, bis der Körper eine einzige geschundene, zerquetschte, zerbrochene und blutende Masse war. Von Zeit zu Zeit fragte man den Gemarterten wieder, ob er endlich bekennen wolle. Die meisten Ketzer gestanden nun, übermannt von unsäglichen Schmerzen, halb irrsinnig vor Qualen, alle beliebigen Auskünfte, welche die Inquisitoren nur zu hören begehrten, einzig und allein, um endlich von der Folter frei zu werden. Die Lektüre eines einzigen Folterprotokolles, wie es H. Ch. Lea mitteilt, genügt, um zu sehen, welcher Wert einer solchen aus Schmerzensangst erpreßten Aussage beizumessen ist.

Demütigung – Vermögenseinziehung – Verbrennung

Nach erfolgtem Geständnis wurde das Urteil gesprochen. Dasselbe fiel je nach der Schwere der Ketzerei verschieden aus. Maßgebend war auch, ob Rückfälligkeit vorlag oder nicht. Theoretisch hatte der Inquisitor zwar keine Gewalt, Strafen aufzuerlegen. Seine Aufgabe bestand vielmehr darin, die Seelen der Ketzer aus den Klauen des Teufels zu retten. In Wirklichkeit wurde dieser Bestimmung natürlich nicht nachgelebt. Die Sünde der Ketzerei galt als das schwerste Verbrechen, das durch keine Reue gesühnt werden konnte. Einzig aufrichtige Buße konnte die Seele des Ketzers vor der Hölle bewahren, verschonte ihn aber nicht vor den zeitlichen Strafen, deren es viele gab. Eine der häufigsten war die Geißelung. Entblößt, soweit das Schamgefühl nicht verletzt wurde, mußte sich der Büßer jeden Sonntag während des Gottesdienstes mit einem Stock in der Hand vor dem Priester zeigen, der ihm dann in Gegenwart der Gemeinde die Schläge verabfolgte. Auch verordnete man Pilgerfahrten, die der reuige Ketzer zu Fuß ausführen mußte und die sich oft bis ins Heilige Land ausdehnten. Sehr unangenehm wirkte sich auch die Strafe des Kreuzetragens aus. Der Pönitent mußte sich auf seinem Kleid zwei Kreuze einnähen, was eine gesellschaftliche Verdemütigung war, die einem Menschen den Lebenserwerb beinahe unmöglich machte. Trug er doch das Zeichen des gewesenen Häretikers beständig mit sich herum, und dem Namen Ketzer haftete nun einmal im Mittelalter ein solch schandbares Odium an, von dem sich jedermann voll Grauen abwandte. Ferner wurden die Wohnhäuser der Ketzer durch ein Zeichen kenntlich gemacht. Man zerstörte diejenigen Häuser, in denen die Ketzerei eine furchterregende Form angenommen hatte. Auch Geldstrafen wurden ausgesprochen. In den meisten Fällen konfiszierte man das ganze Vermögen des Ketzers, ungeachtet, ob unschuldige Kinder als Erben vorhanden waren. Die Kinder wurden enterbt und überdies für drei Generationen als ehrlos erklärt, womit die Unfähigkeit verbunden war, ein bürgerliches Amt zu übernehmen. Das beschlagnahmte Vermögen teilten Inquisitionsgericht und weltliche Behörde zu gleichen Teilen. Oft floß auch alles in die Tasche der Inquisition, die daraus ihren Lebensunterhalt bestreiten mußte und daher an der beständigen Konfiszierung interessiert war. Bei der Strafe der Einkerkerung unterschied man eine mildere und härtere Form. Die mildere Art bestand in einer Gefangenschaft, bei der gelegentliche Besuche der nächsten Verwandten gestattet waren. Die härtere Form nannte man das lebendige Grab. Alle diese Strafen wurden nur gegenüber reuigen Ketzern ausgesprochen, die sich der Gnade würdig gezeigt hatten.

Bei verstockten und rückfälligen Ketzern gab es nur eine Strafe, und die lautete auf Tod durch Verbrennung bei lebendigem Leibe. Der Ursprung der Verbrennungsstrafe läßt sich nicht mehr genau nachweisen, wahrscheinlich geht er auf vorchristliche Zeiten zurück. Peter II. aus Aragonien hat auf Anraten der Theologen die Strafe der Verbrennung zum erstenmal zum Gesetz erhoben. Der hohenstaufische Kaiser Friedrich II. folgte ihm mit seiner Gesetzgebung, und von der Mitte des dreizehnten Jahrhunderts an mußten die Dogen in Venedig bei ihrem Amtseid feierlich geloben, die Ketzer verbrennen zu lassen. Diese Bestrafung der Ketzer setzte sich allmählich in der gesamten Christenheit durch, da die päpstlichen Statuten von 1231 überall den Feuertod verlangten. Nicht einmal vor den Toten machte die Verbrennung halt, indem man noch die Gebeine von Häretikern ausgrub und sie dem Feuer übergab. Mit diesem Vorgehen war bezweckt, die Auferstehung des Ketzers am Jüngsten Tag zu verhindern. Über den Tod hinaus sollte der Häretiker bestraft und dem Urteil Gottes zuvorgekommen werden.

Die Ketzerverbrennung wurde mit dem Wort aus dem Johannesevangelium begründet: »Wer nicht in mir bleibt, der wird weggeworfen wie eine Rebe und verdorrt, und man sammelt sie und wirft sie in das Feuer, und sie muß brennen.« Diese Ketzerrebe hat denn auch so oft gebrannt, daß ihre Zahl heute nicht mehr namhaft gemacht werden kann. Zwar verbrannte die Kirche selbst keine Ketzer. Sie schnitt den Häretiker nur als toten Zweig vom Baum der Kirche ab und lieferte ihn der weltlichen Behörde zur Vollstreckung des Urteils aus. Mit der Auslieferung war die Bitte verbunden, mit dem Opfer mild umzugehen. Doch darf man diese Bitte nicht wörtlich verstehen, weil der weltlichen Behörde genau vorgeschrieben war, was sie mit dem »toten Zweig« zu tun hatte und was unter »Milde« zu verstehen war. Die Kirche wollte nur nicht selbst mit dem Henkersamt befleckt werden und verbot deshalb ihren Dienern, bei Todesurteilen mitzuwirken. Die Priester durften keine Briefe schreiben, die mit Bluturteilen in Zusammenhang standen, und sie durften bei keiner Folterung anwesend sein. Durch diese Bestimmung sollte die Verantwortung für die Hinrichtung auf die weltlichen Behörden abgewälzt werden. Die Kirche gebot seit Innozenz III. dem weltlichen Arm die Verbrennung, und wenn die der Inquisition unterstellte Behörde dem Gebot nicht nachkam, wurde dieselbe mit der Exkommunikation bestraft. Als Urheberin des Gebotes kann die Kirche jedoch von der Verantwortlichkeit aller Ketzerverbrennungen nicht freigesprochen werden. Dieses Blut bleibt für alle Zeiten an ihr kleben. Ihren Gläubigen legte sie bei allen Strafandrohungen, die ihr zur Verfügung standen, die Pflicht der Ketzervertilgung auf. Die Kirche betrachtete die Verbrennung der Ketzer als eine verdienstliche Tat und gewährte sogar allen, die Holz für den Scheiterhaufen herbeitrugen, einen vollkommenen Ablaß.

Das Autodafé

Den Verbrennungsakt organisierte die Kirche stets in Form einer großen Veranstaltung. Das Autodafé bestand aus zwei Teilen, aus der unmittelbar bei der Kirche gehaltenen Predigt und aus der Exekution, während der die Priester sich zurückzogen. Oft zwackte man den Ketzer auf dem Wege zur Richtstätte noch mit glühenden Zangen, oder es wurde ihm vor der Hinrichtung die rechte Hand abgehauen. Angetan war er mit einem Büßerhemd und manchmal mit einer papierenen Mütze, die mit Teufelsfratzen bemalt war. Nur ausnahmsweise erwürgte man den Schuldigen vorher. Meistens wurde der Ketzer lebendig an einen Pfahl gebunden, der hoch genug über den Haufen von Brennmaterialien hinausragte, um auf diese Weise den zahlreich versammelten Gläubigen zu ermöglichen, jeden Akt der grausamen Tragödie bis zum Ende genau zu verfolgen. Mit Stroh vermischte Reisigbündel wurden bis zu einem Meter hoch um das Opfer aufgeschichtet. Den Verurteilten selbst zwang man zum Schweigen, um nicht bei dem Volke Gefühle des teilnehmenden Mitleides zu erwecken und dadurch schlimme Auftritte hervorzurufen. Für die Exekution wurde gewöhnlich ein Festtag ausgewählt, damit die Menge größer und die dadurch gegebene Warnung wirksamer sei. Die Bevölkerung wurde durch besondere Reiter zur Teilnahme eingeladen. Nachdem der Ketzer zum letztenmal zum Widerruf aufgefordert worden war, gab ein Mitglied der Behörde das Zeichen, den Holzstoß anzuzünden. Alsobald prasselten die Flammen empor, und nun hing es von der jeweiligen Windrichtung ab, ob der Luftstrom den Rauchqualm dem Opfer ins Gesicht blies, so daß es erstickte, oder von ihm hinwegtrieb, welch letzteres zur Folge hatte, daß er alle Stadien des langsamen Verbrennens bis zur Neige durchmachen mußte. Manche Ketzer besaßen seelische und körperliche Kraft genug, in heldenmütiger Standhaftigkeit lautlos den letzten Schlag des Herzens zu erwarten; andere wiederum, deren Nervensystem durch die Tortur bereits zerrüttet war, brachen vor Schmerz überwältigt in ein tierisches Gebrüll aus. Meistens stimmten die umstehenden Gläubigen das Lied an: Großer Gott, wir loben dich! Nach vollbrachter Verbrennung wurde die Asche gesammelt und in alle Winde zerstreut, damit vom Ketzer nicht die geringste Reliquie übrigbleibe.

Es bedarf keiner ausführlichen Schilderungen der Schmerzensschreie der Gefolterten, des Todesröchelns der Gemordeten und des Wehklagens der Hinterbliebenen, die ohnehin alle Einbildungskraft übersteigt. Die nackten Tatsachen sprechen eine Sprache, die deutlich genug ist. Vielmehr hat, nachdem von den Scheiterhaufen nur noch einige verkohlte Überreste vorhanden sind, die keine Funken mehr geben, das unbegreiflich lang unterdrückte Nachdenken über diese Erscheinung endlich zu beginnen, ohne daß damit nur im entferntesten der Anspruch erhoben werden kann, das Problem zu lösen.

Wie für jedes Ding in der Welt, können auch für die Inquisition Gründe vorgebracht werden. Ihre Verteidiger haben darauf hingewiesen, daß die Männer der Inquisition in der Ketzerei eine grauenhafte Pest sahen, vor der es gegolten habe, die übrigen Christen zu schützen. Vielleicht haben die Inquisitoren selbst an dieses Argument geglaubt.

Wie sollten sie es auch nicht bei den vielen Möglichkeiten zur Selbsttäuschung, die dem Menschen allezeit offenstehen? Gleichwohl dürfte niemand sich heute dazu verleiten lassen, für die Inquisition einzutreten. Die von der norwegischen Schriftstellerin Sigrid Undset vorgebrachte Verteidigung der Inquisition, daß die Kirche mit dieser Grausamkeit nichts anderes getan habe, als was sie jederzeit bereit war, von ihren Gegnern auch zu erdulden, ist eine Apologie des Teufels, die sich ein Christ nicht leisten darf. Man tut dem Christentum keine Ehre an, wenn mit raffinierter Schlangenklugheit versucht wird, diese Einrichtung zu rechtfertigen, und man sich sogar vermißt, ohne jedes Gefühl für die schwere Schuld der Christenheit von den »gesegneten Flammen der Scheiterhaufen« zu sprechen, wie es verantwortungslose Lobpreiser der Inquisition noch in der Neuzeit getan haben! Gerade die theologischen Argumente für die Inquisition rufen einem das Wort Franz Overbecks ins Gedächtnis, der die Theologie einmal den »Satan der Religion« genannt hat. Es gibt keine ernsthafte christliche Begründung der Ketzervernichtung, denn jedes Bestreben, religiös Andersdenkende kurzerhand zu beseitigen, ist immer eine Schändung des Menschen, die sich gegen Gott vergeht. Das Christentum kennt kein sittliches Recht, eine Opposition durch Tötung zu liquidieren, weil jede Vernichtung von Menschen Frevel ist. Auch Katholiken haben gegenüber den Bemühungen, die Inquisition verständlich zu machen, geurteilt: »Solches historisches und psychologisches Verstehen wird sie vor einem wirklich christlichen Empfinden in ihren Methoden und in ihrem Fanatismus nicht rechtfertigen können.« Die richtige Einstellung hat der edle Kardinal Newman in die Worte zusammengefaßt: »Der Anblick eines spanischen Autodafés wäre mein Tod gewesen.« □

Der Fall Granadas und die »Endlösung« der Judenfrage

Während die Scheiterhaufen der Inquisition in ihren Ländern aufflammten, rüsteten sich die beiden Majestäten voll Energie zum letzten Kampf gegen Granada. Wir haben schon von den Ereignissen des Feldzuges gegen El Zagal gehört. Im Frühjahr 1491 setzten dann Ferdinand und Isabella zum letzten Stoß gegen Boabdil und Granada an. Um Stadt und Befestigung auszuhungern, ließen sie für ihre 250000 Mann ein befestigtes Lager anlegen, dem sie den Namen Santa Fé – Heiliger Glaube – gaben. Als Boabdil erkannte, daß für ihn keine Hoffnung mehr bestand, nahm er im Herbst 1491 insgeheim Verhandlungen auf.

Er erhielt die Zusage, daß Leben und Eigentum seiner Untertanen geschont werden sollten. Ihm selbst wurde eine winzige Herrschaft in den wilden Bergen von Alpuxerra unter kastilischer Oberhoheit zugebilligt.

Das silberne Kreuz über Granada

Am 2. Januar 1492 erfolgte schließlich die Übergabe, die Prescott nach zeitgenössischen Quellen beschreibt:

Die Spanier trafen alle Anstalten, daß dieser letzte Auftritt des Trauerspieles auch seine äußerliche Wirkung nicht verfehle. Die Trauerkleider, welche der Hof wegen des Todes des Prinzen Alonso von Portugal angelegt hatte, der durch einen Sturz vom Pferd wenige Monate nach seiner Vermählung mit der Infantin Isabella erfolgt war, wurden mit festlichen und prachtvollen Anzügen vertauscht. Am Morgen des zweiten gewährte das ganze spanische Lager das lärmendste Schauspiel. Der Großkardinal Mendoza wurde an der Spitze einer starken Heeresabteilung, die aus seinen eigenen Haustruppen und den in den Maurenkriegen ergrauten alten Soldaten bestand, vorausgeschickt, um die Alhambra zu besetzen und Vorbereitungen zu dem Einzug der Herrscher zu treffen.

Ferdinand stellte sich in einiger Entfernung bei der Nachhut auf, nahe bei einer arabischen Moschee, die seitdem zur Einsiedelei von St. Sebastian geweiht worden ist. Er war umgeben von seinen Hofleuten mit ihrem glänzenden Gefolge, in prachtvoller Rüstung prangend und die Wappen ihrer alten Häuser stolz zur Schau tragend. Die Königin hatte ihren Standpunkt noch weiter zurück in der Nachhut, im Dorfe Armilla, genommen.

Als die Heersäule sich unter dem Großkardinal den Hügel der Märtyrer hinaufbewegte, über welchen ein Weg zur Fortschaffung des Geschützes angelegt worden war, kam ihm der Maurenfürst Abdallah entgegen, von fünfzig Rittern begleitet, die den Hügel hinabritten und sich zu der Stellung begaben, die Ferdinand an den Ufern des Xenil innehatte. Als der Maure dem spanischen König nahe kam, wollte er schnell von seinem Pferd steigen und ihm als Huldigungszeichen die Hand küssen; doch Ferdinand ließ dies nicht zu und umarmte ihn mit allen Zeichen von Teilnahme und Achtung. Hierauf übergab Abdallah die Schlüssel der Alhambra seinem Sieger mit den Worten: »Sie gehören dir! o König, da Allah es so beschlossen hat; mache von deinem Glück einen milden und mäßigen Gebrauch.« Ferdinand wollte dem unglücklichen Fürsten einige Worte des Trostes sagen, doch er wendete sich betrübten Blickes nach der Stelle hin, wo sich Isabella befand, und nach ähnlichen Höflichkeitsbezeigungen schickte er sich an, seiner Familie zu folgen, die ihm mit seinen wertvollsten Sachen auf dem Weg nach den Alpuxerras vorangegangen war.

Während dieser Zeit warteten die Herrscher mit Ungeduld auf das Zeichen von der Besetzung der Stadt durch die Truppen des Kardinals, die, nach Verabredung, ohne Geräusch ihren Weg längs der äußeren Wälle genommen hatten, um den Bürgern, soviel wie möglich, ein unangenehmes Gefühl zu ersparen, und nun an der Stelle einzogen, die man jetzt das Tor von Los Molinos nennt. In kurzer Zeit sah man das große silberne Kreuz, das Ferdinand während des ganzen Kreuzzuges getragen hatte, in den Strahlen der Sonne glänzen, während die Fahnen von Kastilien und St. Jago siegreich von den roten Türmen der Alhambra wehten. Bei diesem erhebenden Schauspiel stimmte der Chor der königlichen Kapelle ein feierliches Tedeum an.

Die Granden, welche Ferdinand umgaben, näherten sich hierauf der Königin und küßten ihr kniend die Hand, zum Zeichen ihrer Huldigung als Königin von Granada. Der Zug nahm seine Richtung nach der Stadt, »der König und die Königin«, sagt ein Geschichtsschreiber, »gingen mitten in demselben mit königlicher Pracht geschmückt, und da sich beide noch in der Blüte des Lebens befanden und sie eben diese ruhmvolle Eroberung vollbracht hatten, schien eine noch höhere Majestät, als gewöhnlich, sie zu umstrahlen. Einander selbst gleich, standen sie weit höher als die ganze übrige Welt. Sie erschienen wirklich höher als Sterbliche und als wären sie zum Heil Spaniens vom Himmel gesandt worden.«

»Der letzte Seufzer des Mauren«

Währenddessen gelangte der Maurenkönig auf dem Wege nach den Alpuxerras zu einer Felsenhöhe, die einen letzten Blick auf Granada gestattete. Er hielt sein Pferd an, und als sein Auge zum letztenmal über den Schauplatz seiner entschwundenen Größe dahineilte, da wurde ihm das Herz so voll, und er brach in Tränen aus. »Es steht dir wohl an«, sagte seine männlichere Mutter, »wie ein Weib über das zu weinen, was du nicht wie ein Mann verteidigen konntest.« »Ach!« rief der unglückliche Verbannte, »wann gab es wohl ein Leiden, das dem meinigen gleicht!« Noch jetzt zeigt das Volk in jener Gegend dem Reisenden den Schauplatz dieses Vorfalles, und die Felsenhöhe, von wo der Maurenfürst von seinen Jugendplätzen den traurigen Abschied nahm, hat zum Andenken daran die poetische Benennung El ultimo Sospiro del Moro, »der letzte Seufzer des Mauren«, erhalten. □

Die Ausweisung der Juden

Der Fall Granadas entschied auch über das Schicksal der Juden; denn nun konnten sich die siegreichen Majestäten ja auf eine rasche »Endlösung« der Judenfrage konzentrieren. Am 31. 3. 1492 erließen sie ein Edikt, das die Ausweisung aller Juden verfügte:

In unseren Königreichen gibt es nicht wenig judaisierende, von unserem heiligen katholischen Glauben abweichende böse Christen, eine Tatsache, die vor allem in dem Verkehr der Juden mit den Christen ihren Grund hat. In dem Bestreben, diesem Übel zu steuern, verfügten wir zusammen mit den im Jahre 1480 in Toledo zusammengetretenen Cortes, die Juden allenthalben abzusondern und ihnen abgegrenzte Wohnstätten zuzuweisen. Auch haben wir dafür gesorgt, daß in unseren Königreichen die Inquisition eingeführt werde, die nun schon zwölf Jahre in Tätigkeit ist und viele Schuldige der gerechten Strafe zugeführt hat. Nach dem uns von den Inquisitoren erstatteten Bericht unterliegt es keinem Zweifel, daß der Verkehr der Christen mit den sie zu ihrem verdammten Glauben verleitenden Juden den allergrößten Schaden stiftet. Die Juden geben sich alle Mühe, sie und ihre Kinder (die Marranenfamilien) dadurch zu verführen, daß sie ihnen jüdische Gebetbücher in die Hand drücken, sie über die Fasttage belehren, ihnen zu Ostern ungesäuertes Brot (Mazzoth) beschaffen, sie anweisen, welche Speisen genossen werden dürfen und welche nicht, und sie überhaupt dazu überreden, das Gesetz Moses' zu befolgen. All dies hat die Unterwühlung und Erniedrigung unseres heiligen katholischen Glaubens zur unausbleiblichen Folge. So sind wir denn zu der Überzeugung gelangt, daß das wirksamste Mittel zur Abstellung all dieser Mißstände die völlige Unterbindung jedes Verkehrs zwischen Juden und Christen ist, die allein durch ihre (der Juden) Vertreibung aus unseren Königreichen erreicht werden könnte; indessen beschränkten wir uns zunächst nur darauf, sie aus den Städten Andalusiens auszuweisen, wo der von ihnen angerichtete Schaden besonders groß war. Allein weder diese Maßnahmen noch die gerechte Justiz, die an den sich gegen unseren heiligen Glauben schwer versündigenden Juden geübt wurde, waren imstande, dem gefährlichen Übel abzuhelfen . . . Wir haben daher den Beschluß gefaßt, alle Juden beiderlei Geschlechts für immer aus den Grenzen unseres Reiches zu weisen. So verfügen wir hiermit, daß alle in unserem Herrschaftsbereiche lebenden Juden ohne Unterschied des Geschlechts und des Alters nicht später als Ende Juli dieses Jahres unsere königlichen Besitztümer und Seigneurien mitsamt ihren Söhnen und Töchtern und ihrem jüdischen Hausgesinde verlassen und daß sie es nicht wagen sollen, das Land zwecks Ansiedlung, auf der Durchreise oder sonst zu irgendeinem Zwecke je wieder zu betreten. Sollten sie aber ungeachtet dieses Befehls in unserem Machtbereiche erwischt werden, so werden sie unter Ausschaltung des Gerichtsweges mit dem Tode und der Vermögenseinziehung bestraft werden. Wir befehlen demgemäß, daß sich von Ende Juli ab niemand in unserem Reiche bei Strafe der Vermögenseinziehung zugunsten des königlichen Schatzes erdreisten solle, offen oder insgeheim einem Juden oder einer Jüdin Zuflucht zu gewähren. Damit es aber den Juden möglich sei, während der ihnen eingeräumten Frist ihre Geschäfte abzuwickeln und über ihr Vermögen zu verfügen, gewährleisten wir ihnen unseren königlichen Schutz sowie die Sicherheit von Leben und Besitz, so daß sie bis Ende Juli hier ruhig leben und ihr bewegliches wie unbewegliches Gut nach Belieben veräußern, tau-

Die Opfer

Die Zahl der aus Kastilien und Aragon vertriebenen Juden wird zwischen 160000 und 800000 geschätzt. Etwa 85% der Juden lebten in Kastilien, der Rest in Aragon. Prescott weist darauf hin, daß die Gesamtbevölkerung Kastiliens 1492 bei 1,5 Millionen erfaßter Hausväter etwa 6,5 Millionen betragen haben dürfte. Entsprechend dem Bevölkerungsanteil werden wir die Zahl der Ausgewiesenen näher der oben angeführten unteren Grenze anzusetzen haben.

Ebenso schwer fixieren läßt sich die Zahl der Inquisitions-Opfer. Für die grausamste Epoche unter Torquemada wird die Zahl der in den ersten acht Jahren vom Gerichtshof in Sevilla zum Scheiterhaufen Verurteilten auf 700 geschätzt, die Zahl der sonstigen Verurteilten (die immerhin auch nach Aussöhnung mit der Kirche ihren gesamten Besitz verloren) auf 5000. Insgesamt schickte die Inquisition in den dreieinhalb Jahrhunderten ihres Bestehens wahrscheinlich annähernd 30000 Menschen auf den Scheiterhaufen.

Zum traurigen Vergleich: Während der Hexenverfolgung starben in Deutschland in einem Jahrhundert nach den vorliegenden Schätzungen etwa 100000 Menschen auf dem Scheiterhaufen.

Der Holzschnitt aus H. Schedels »Weltchronik« zeigt die Greuel der Judenverfolgungen, die nicht bei Vertreibungen haltmachten, sondern im Rahmen der Inquisition und örtlicher Pogrome Folter und Verbrennung einschlossen. Nürnberg 1493.

schen oder verschenken dürfen. Wir gestatten ihnen überdies, ihren Besitz mit Ausnahme von Gold, Silber, gemünztem Geld und anderen unter das allgemeine Ausfuhrverbot fallenden Gegenständen auf dem Wasser- oder Landwege aus unseren Königreichen auszuführen.« □

Not und Elend der Vertriebenen

Simon Wiesenthal schildert die Lage der Juden nach dem Edikt:

Da die Juden nur Handgepäck mitnehmen durften, mußten sie ihr Hab und Gut zu Schleuderpreisen verkaufen. Der Wert des jüdischen Eigentums sank von Tag zu Tag. Für Häuser, Wein- und Obstgärten bekamen sie nur wenige Goldstücke, womit sie sich das für die

Reise Notwendige einkaufen konnten, da im Austreibungsdekret die Ausfuhr von Gold und gemünztem Gold verboten war. Ihre christlichen Nachbarn übernahmen jüdische Liegenschaften, und was sie den Juden hierfür gaben, betrachteten sie eher als freiwillige Spende. Die Juden mußten ihr Hab und Gut innerhalb einer Frist von 90 Tagen verkaufen, um die ihnen oft völlig unberechtigt aufgebürdeten Steuern bezahlen zu können. Ähnlich wie Jahrhunderte später in Deutschland und in Österreich mußten Spaniens Juden eine Art »Reichsfluchtsteuer« zahlen. Nur der konnte das Land verlassen, der seine Steuern bezahlt hatte. Aber bleiben nach dem Termin konnte er auch nicht. Wer konnte schon binnen so kurzer Zeit seinen Besitz zu einem angemessenen Preis veräußern? Gierig warteten die Nachbarn auf das von den Juden seit Generationen erarbeitete und ersparte Vermögen. Sie kamen sich großmütig vor, wenn sie für deren Eigentum überhaupt etwas zahlten. Es kursierten sogar Gerüchte, daß Ferdinand und Isabella ein Dekret erlassen würden, daß den Christen das gesamte jüdische Vermögen zufallen würde. Dabei wurde übersehen, daß die Herrscher nur an sich selbst und an ihren eigenen Vorteil dachten.

Der Weg der verstoßenen Juden führte meist zu einem rettenden Hafen, von dem aus sie ein Schiff in ein anderes Land bringen sollte. Sie charterten halb verfaulte, längst ausgediente Schiffe, die notdürftig geflickt wurden, um noch eine Reise bewältigen zu können.

Der katholische Geistliche Palaccio berichtet über den Auszug der Juden aus Spanien: »Auf offenem Felde halten sie Rast. Die einen fallen vor Müdigkeit um die anderen, weil sie krank sind. Manche sterben, andere werden am Straßenrand geboren. Jeder Christ, der diese Elenden sieht, wird von Erbarmen ergriffen. Menschen aus dem Volke mengen sich unter sie und bitten sie, sich der Taufe zu unterwerfen. Aber der Rabbi ist gleich zur Stelle und muntert die Müden und Verzweifelten auf. Bewegen sich die Züge, dann singen die Frauen, und die Kinder schlagen auf die Handtrommel und blasen auf der Trompete. Wie nun einer dieser Züge das Meer erblickt, fangen Männer und Frauen an zu weinen, sie raufen sich die Haare und rufen den Allmächtigen um Gnade und Wunder an. Stundenlang starren sie das Wasser an.«

Die Chancen, mit dem Leben davonzukommen, sanken von Tag zu Tag. Die Unschlüssigen meinten, man sollte abwarten, und hofften zugleich, mächtige Conversos würden bei den Königen ein gutes Wort für sie einlegen. Die meisten Juden aber wußten, daß die Conversos selbst bedrängt waren, gerade zu dieser Zeit jede Verbindung mit dem Judentum leugnen mußten und sich keine Intervention leisten konnten. Diese Situation wurde von der Kirche gehörig ausgenützt. Missionäre suchten unter den verzweifelten Juden nach Unentschlossenen und boten jenen, die sich vom spanischen Boden nicht trennen konnten, als Rettung die Taufe an. Doch die meisten Juden wußten, daß dies nur eine kurzfristige Rettung sein würde. Das traurige Los der Marranen, das sie mitansehen mußten, machte es ihnen leichter, den Priestern nein zu sagen. Nur wenige haben vom Angebot der Kirche in letzter Stunde Gebrauch gemacht. Die Juden warteten gleichsam auf ein Wunder. Die Ereignisse überstürzten sich. Panikartige Nachrichten erhöhten die quälende Ungewißheit. Wieder war eine Stadt »judenrein« gemacht worden, wieder waren ausziehende Juden von Banditen überfallen, ihrer Habe beraubt und erschlagen worden. Dann wurde berichtet, Portugal habe seine Grenzen geschlossen und sei nur mehr gewillt, reiche Juden aufzunehmen. Wie ein Lauffeuer verbreitete sich die Kunde, daß die Preise für die Überfahrt auf den Schiffen verdoppelt worden seien.

Die letzten Tage in Spanien verbrachten die Juden auf den Friedhöfen. Sie wußten, daß diese Friedhöfe nicht verschont bleiben würden. Reiche Juden erkauften sich durch hohe Geldbeträge das Recht, ihre Toten zu exhumieren und mitnehmen zu dürfen. Vor dem Feind waren auch die Toten nicht sicher. Jüdische Friedhöfe zu zerstören wurde zur beliebten Praxis. Daran nahm auch schon Papst Urban VIII. teil. Er verbot den Juden, Grabsteine aufzustellen, ließ die vorhandenen abreißen, um sie zum Bau der Stadtmauern von Rom zu verwenden.

Es gab auch Christen in Spanien, die Mitleid mit den Juden hatten. Aber die Furcht vor der Inquisition war groß. In vereinzelten Fällen allerdings nahmen Christen die damit verbundenen Gefahren auf sich und halfen den Juden. □

Als ein weiteres Beispiel für die Schicksale der Vertriebenen soll der Bericht eines zeitgenössischen italienischen Chronisten dienen:

Niemand«, sagt er, »konnte die Leiden der verbannten Juden ohne Rührung sehen. Sehr viele starben Hungers, besonders die von zarterem Alter. Mütter, die kaum Kraft genug hatten, sich selbst aufrechtzuerhalten, trugen ihre verhungerten Kinder auf den Armen und starben mit ihnen. Viele erlagen der Kälte, andere quälendem Durst, während die eine Seereise begleitenden ungewohnten Leiden ihre Krankheiten verschlimmerten. Über die Grausamkeit und Habgier, denen sie von den Eigentümern der Schiffe ausgesetzt waren, worauf sie aus Spanien fortgeschafft wurden, will ich mich gar nicht weitläufig auslassen. Einige wurden zur Befriedigung ihrer Habgier ermordet, andere gezwungen, ihre Kinder zu verkaufen, um die Kosten der Überfahrt zu bezahlen. Sie kamen haufenweise in Genua an, durften daselbst aber nicht lange verweilen, da ein altes Gesetz dem jüdischen Reisenden keinen längeren Aufenthalt als drei Tage gestattet. Jedoch wurde ihnen erlaubt, ihre Schiffe auszubessern und sich einige Tage von den Beschwernissen der Reise zu erholen. Man hätte sie für Gespenster halten können, so abgemagert waren sie, so leichenhaft sahen sie aus, und mit ihren eingefallenen Augen waren sie von Toten nur dadurch zu unterscheiden, daß sie sich bewegten, und selbst das konnten sie kaum mehr. Viele sanken in Ohnmacht und starben auf dem Hafendamm, der, von der See rings umgeben, der einzige den Auswanderern gestattete Aufenthaltsort war. Die durch einen solchen Schwarm von Toten und Sterbenden verbreitete Verpestung wurde nicht sogleich bemerkt; doch als der Winter zu Ende ging, zeigten sich Geschwüre, und die Krankheit, die schon lange in der Stadt lauerte, brach das nächste Jahr aus.« □

Der Fall von Granada und die Ausweisung der Juden sollte sich schicksalhaft mit Kolumbus und seiner ersten Entdeckungsreise verbinden.

Das ist der edel Ritter · Marcho polo von
Venedig der grost landtfarer · der vns beschreibt die grossen wunder der welt
die er selber gesehen hat · Von dem auffgang
pis zu dem nydergāg der sunnē · der gleychē vor nicht meer gehort seyn

Vorangehende Seite:
Darstellung des »Edlen Ritters Marcho von Venedig« auf der Titelseite der ersten deutschen Marco Polo-Ausgabe, Nürnberg 1477.

Links:
Heinrich der Seefahrer, Sohn König Johanns I. von Portugal, Infant von Portugal, Herzog von Viseo, Begründer der portugiesischen Seemacht durch die Forschungsfahrten an der afrikanischen Westküste.
Miniatur von 1452.

Unten: Eine Rekonstruktion der Weltkarte des Toscanelli von 1474 mit den Umrissen Westeuropas, Westafrikas und der im »Westen« vermuteten Territorien von Cippangu (Zipangu = Japan) und des Großkhans (China).

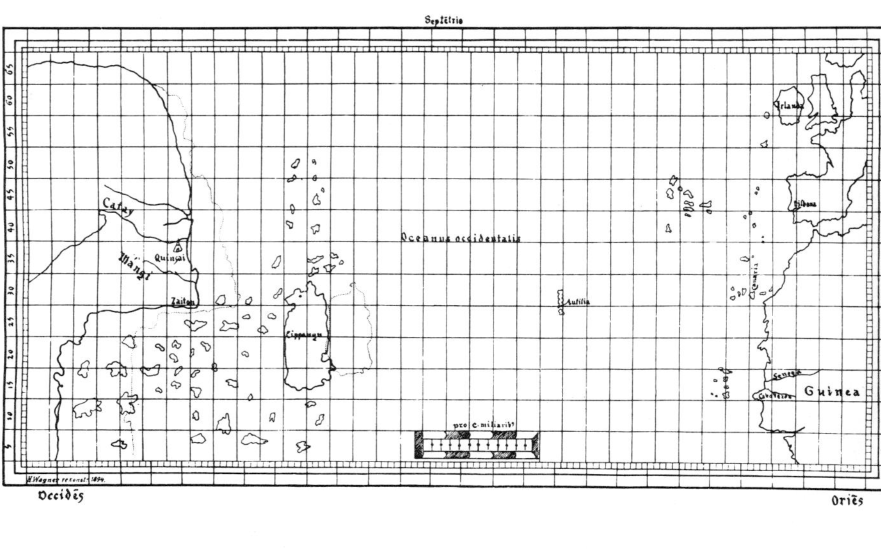

Die Person des Kolumbus regte Künstler aller Zeiten zu immer neuen Darstellungen an. Hier zwei frühe Bildnisse.

*Links: Gemälde von Sebastiano del Piombo (*1485, †1547). Rechts: Darstellung durch Altissimo (um 1555).*

Unten: Globus des Martin Behaim, der die Bedeutung der Kugelgestalt unserer Erde auch für die Seefahrt schlagartig erhellte. Nürnberg, Germanisches Nationalmuseum.

Unten:
Die Schiffe des Kolumbus waren nach unserem heutigen Verständnis rechte »Nußschalen«. Diese Nachbildung der »Santa Maria« liegt im Hafen von Barcelona.

*Oben: Der Hafen von Sevilla im 16. Jahrhundert in einer Darstellung des Sánchez Coello (*1531/32, †1588). Madrid, Museo de América.*

Die Unterschrift des Kolumbus

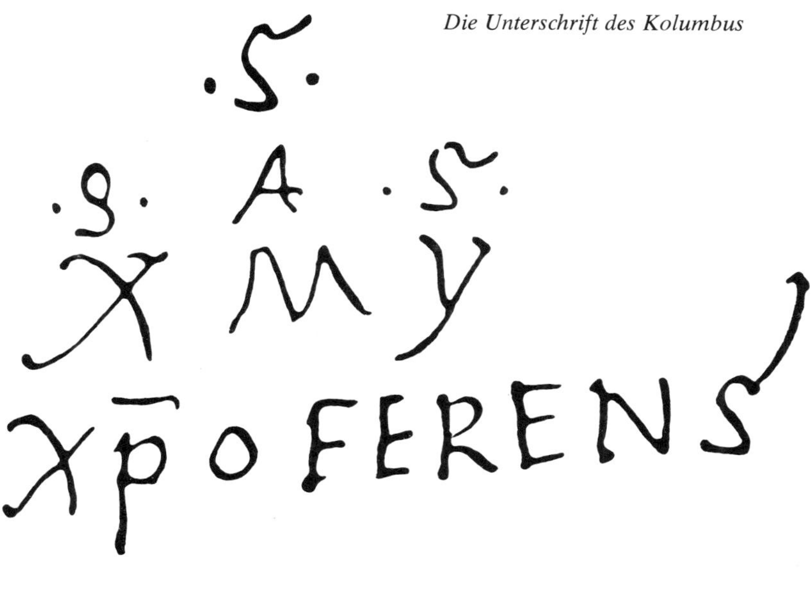

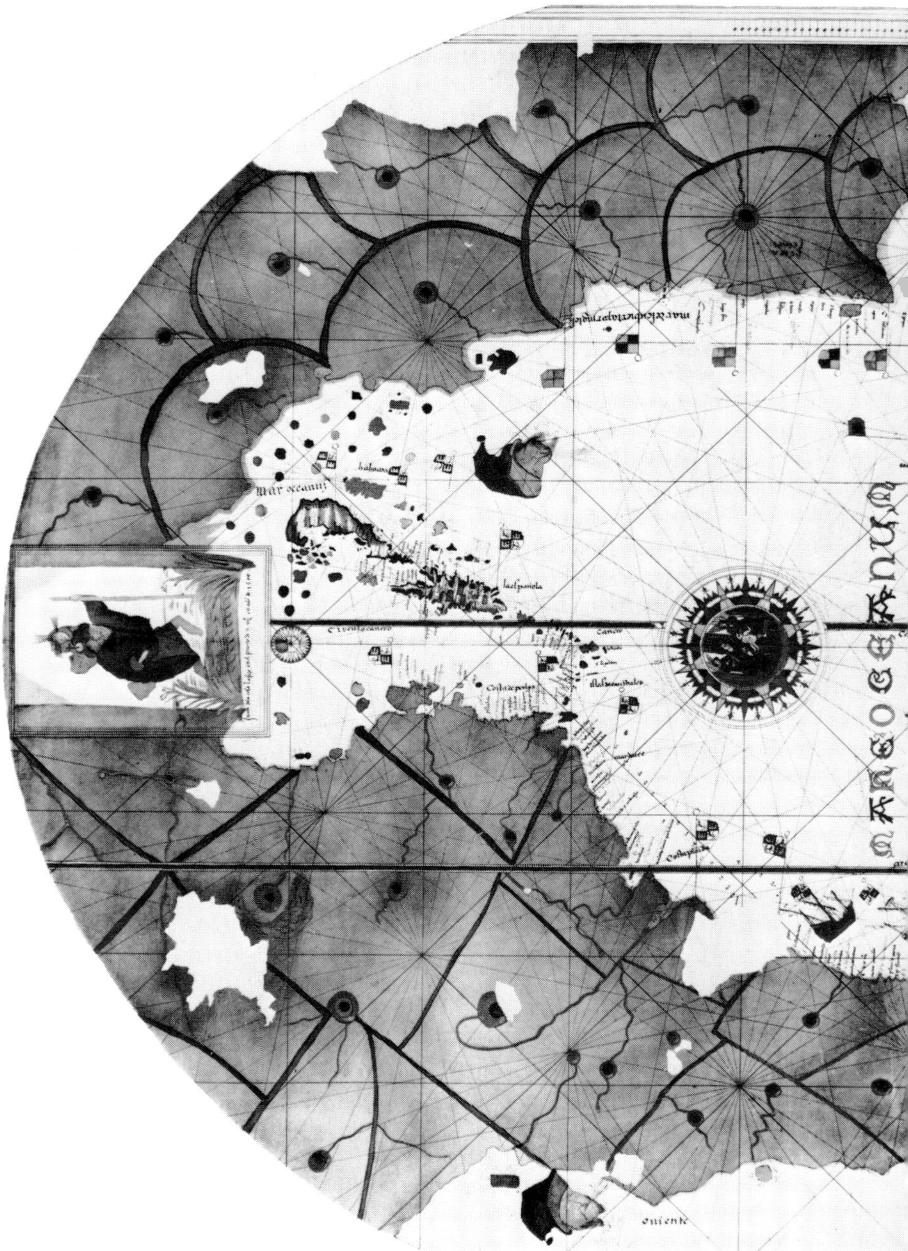
oriente

Links: Ausschnitt aus einer zeitgenössischen Land- und Seekarte des Juan de la Cosa mit den Inseln der Neuen Welt (um 1500). Wiedergabe einer Handzeichnung. Madrid, Marine Museum.

Unten: Darstellung der Landung des Kolumbus in »Amerika«. Titelholzschnitt einer italienischen Flugschrift des Jahres 1493. London, British Museum.

Rechts: Die tiefe Frömmigkeit des Spätmittelalters bestimmte, trotz des Aufbruchs in eine neue Zeit, das Leben auch des Kolumbus und begleitete seine Unternehmen – trotz aller ebenso vorhandenen materiellen Zielsetzungen: »Heilige Jungfrau des Kolumbus« (Virgen de Cristóbal Colón), anonym. Madrid, Museo Làzaro Galdiano.

Links: Grabmal des Kolumbus in der Kathedrale von Sevilla, wo der Entdecker 1899, rund vierhundert Jahre nach seinem Tod 1506 in Valladolid und der Überführung seiner Gebeine nach Santo Domingo endlich seine letzte Ruhestätte fand.

Auch Italien gedachte, nachdem es seine nationale Selbständigkeit erreicht hatte, des »Genuesen« Kolumbus. Das Standbild in Genua ist nicht nur Erinnerung, sondern auch nationaler Gestus in dem alten unterschwelligen Streit um die wahre Herkunft des vielleicht jüdischen, spanischen oder italienischen Seefahrers aus Genua in Diensten Spaniens.

*Oben: Besonders für die Historienmalerei wurden die Gestalt und das Leben des großen Entdeckers zum beliebten Vorwurf. Das Gemälde von Ricardo Balaca y Canseco (*1844, †1880) schildert den Empfang des Kolumbus nach seiner ersten Reise durch die katholischen Majestäten Ferdinand und Isabella.*

Rechts: »Kolumbus an Bord seines Flaggschiffs während der Meuterei an Bord« (Holzstich des 19. Jahrhunderts). In Wahrheit berichtet das Bordbuch nur von der Klage seiner Leute am 10. Oktober über die unerträglich lange Reisedauer. Das ist alles gewesen. Erst auf einer späteren Karibikfahrt kam es zu ernsthaften Schwierigkeiten.

Ferdinand II.,
*der Katholische, von Aragonien (*1452, †1516),*
seit 1479 König (Ferdinand III. von Neapel,
F. V. der vereinigten spanischen Königreiche),
Eroberer Granadas, Einiger Spaniens, Begründer der
Weltmacht Spaniens, Förderer des Kolumbus.
Holzplastik in der Capilla Real, Madrid.

Isabella I.,
*die Katholische, von Kastilien (*1451, †1504),*
Gemahlin Ferdinands von Aragonien,
trug durch ihre Vermählung zur Vereinigung von
Kastilien und Aragonien bei, schürte den Kampf gegen die
islamischen Territorien, gegen Morisken und Juden
und förderte den Kolumbus.

Unten: Alexander VI.
*(Rodrigo de Borgia, *1430, †1503),*
1456 Kardinal, 1492 Papst,
weltlich orientierter Renaissancefürst.
Er »teilte« die Welt zwischen
Spanien und Portugal.
Aus: Pinturicchio:
»Auferstehung Christi« (Ausschnitt),
Rom, Vatikan.

Rechts: Zu Lebzeiten des
Kolumbus wütete in Spanien
die Inquisition, vor allem
gegen Juden und Morisken,
Heiden und Mißliebige.
»Autodafé unter dem
hl. Dominik v. Guzman«.
Gem. von Berruguete. Madrid,
Museo del Prado.

Bildnis des Savonarola von Fra`Angelico. Florenz, Museo di San Marco. Der fanatische Bußprediger fühlte sich durch die Weltzugewandtheit seiner Zeit aufgerufen, für eine Erneuerung der Kirche und ein asketisches Leben zu predigen. Er setzte eine strenge Klosterreform in Gang und errichtete in Florenz eine »Diktatur Gottes«. Papst Alexander VI. verhängte zunächst ein Predigtverbot. 1497 exkommuniziert, wurde Savonarola 1498 nach Folter und Prozeß verbrannt.

Kolumbus – Der Mann und die Idee

Bilden die Entdeckungsfahrten der Portugiesen auf der einen, die Kämpfe der Reconquista, die Scheiterhaufen der Inquisition und die Judenvertreibungen auf der anderen Seite sozusagen die Kulissen für das große Schauspiel, in dem drei kleine Schiffe zu einer Fahrt ins Unbekannte auslaufen, so scheint es nun an der Zeit, einen Blick auf die wichtigste Person zu werfen, auf jenen Christoph Kolumbus oder Columbus, den die Spanier auch Cristóbal Colón nennen.

Seit seiner Rückkehr von der ersten Reise über den Atlantik ist mehr über ihn geschrieben worden als über die meisten Persönlichkeiten der Weltgeschichte: Biographien, wissenschaftliche Abhandlungen, kritische Untersuchungen, Lobeshymnen und Verdammungsurteile, Romane, Gedichte oder Schauspiele. Jedes Wort, jeder Schritt dieses Mannes müßte genau bekannt sein, so möchte man vermuten. Und das trifft auch zu von dem Zeitpunkt an, da dieser Mann in das Rampenlicht der Geschichte trat. Damals war er etwa vierzig Jahre alt. Nur vierzehn sollten ihm noch bleiben bis zu seinem Tod; sie reichten aus, ihn unsterblich zu machen. Doch was vor diesem denkwürdigen Jahr 1492 war, wie Kindheit und Jugend verliefen, wo er seine seemännischen Erfahrungen sammelte, seine fachlichen Kenntnisse erwarb, darüber wissen wir viel zu wenig. Und vielleicht ist gerade deshalb so viel darüber geschrieben worden.

Schon das Geburtsjahr läßt sich nicht genau bestimmen. Doch haben sich die Wissenschaftler nach langem Gerangel heute überwiegend auf das Jahr 1451 geeinigt. Weit problematischer ist es aber mit der Herkunft bestellt. Christoph Kolumbus aus Genua – so steht es in den meisten Geschichtsbüchern. Wahrscheinlich stimmt es auch, wenn wir es auch nicht sicher sagen können. Ein moderner Historiker stellte mit Recht fest, daß Kolumbus in diesem Punkt sogar Homer übertreffe; denn wenn sich bei diesem nur sieben Städte um den Ruhm streiten, sein Geburtsort zu sein, so streiten sich um Kolumbus gleich acht verschiedene Völker – Italiener, Franzosen, Korsen, Kastilier, Katalanen, Andalusier, Portugiesen und sogar Schweizer –, und in Italien möchten siebzehn verschiedene Städte als Geburtsort gelten.

Ein Jude aus Genua?

Immer noch wollen die Zweifel an Herkunft und Abstammung nicht verstummen. Verschiedentlich wird von Biographen auch behauptet, Kolumbus sei Jude oder zumindest jüdischer Abstammung gewesen. So merkwürdig und sensationell dies für den Augenblick auch klingen mag, so hat doch gerade der spanische Historiker Salvador de Madariaga in seiner berühmten Kolumbus-Biographie, einer der besten, die über den Entdecker geschrieben wurde, diese Hypothese sorgfältig zu belegen gesucht. Seiner Auffassung nach stammt Kolumbus schon aus Genua, sei aber der Abkömmling aus Spanien ausgewanderter Juden.

Die Kindheit und der Krieg um Neapels Krone

Wir dürfen uns den jungen Christóforo Colombo als Genuesen aus einer unbegüterten Familie von Webern und Schneidern vorstellen, in dessen Seele jener Hunger nach Raum und Weite lebte, der von Ehrgeiz und angeborener innerer Größe zeugt. Er wird diesen Drang nicht mit Bewußtsein wahrgenommen haben – die verborgensten Regungen unseres Lebens liegen unserem geistigen Blickfeld zu nahe, als daß wir uns volle Rechenschaft über sie geben könnten –, aber dennoch war es jener Drang in die Weite, der ihn hinaustrieb auf die Unendlichkeit des blauen Meeres, dessen gleichmäßigen Schlag er wieder und wieder am Strand und an den Klippen seiner Heimat Genua hörte. Schon mit zehn Jahren stahl er sich von den Webstühlen des Vaters hinweg und trieb sich auf den Fischerbooten im Hafen herum. Seine Kindheit hallte wider vom Lärm, den Gerüchten und dem Kriegsgeschrei, die Genua und sein Gebiet während des langen Streites erzittern ließen, den Renatus von Anjou und Alfonso von Aragón und Sizilien um die Krone von Neapel führten. Die kleine genuesische Republik kam zweifellos höchst unfreiwillig zu ihrer eigenen Rolle in diesem Drama, aber aus geographischen Gründen konnte sie nicht das Rezept von Sancho Panza befolgen, »niemals die Daumen zwischen zwei Weisheitszähne zu legen«. Je nach Kriegsglück oder dem jeweiligen Einfluß einer der beiden Parteien auf seine Innenpolitik neigte Genua bald zur einen, bald zur anderen Seite. Als Christóforo geboren wurde, kehrte es gerade zu einer neuen Bündnispolitik mit Alfonso zurück, nachdem es vorher Renatus unterstützt hatte; als der künftige Admiral der Indischen Lande gerade sieben Jahre alt war, wandte sich seine engere Heimat aber bereits wieder der französischen Partei zu und

Seite 3 aus der Vorrede zu De Brys »Americae«, im Titelkupfer mit einer Darstellung des Kolumbus.

akzeptierte als Gouverneur Karls VII. keinen Geringeren als Johann von Anjou, den Sohn und Erben von Renatus. Man kann sich gut vorstellen, wie der phantasievolle Junge mit offenen Augen all die Ereignisse in sich aufnahm, die diese dramatischen Wechselfälle mit sich brachten: wie ein Meer von Musik und Farben strömten in prächtigem Aufmarsch bald aragonesische, bald französische Truppen durch das von seinem Vater bewachte Sankt-Andreas-Tor oder den engen Vico del' Olivella hinunter, während die Schiffe der einen oder der anderen Partei die Hafenbucht mit Lärm und buntem Treiben erfüllten.

Als Alfonso starb, wagten Karl VII. und sein Statthalter Johann von Anjou einen neuen Versuch, um Ferdinand, dem Bastardsohn und Erben des Königs von Aragón, die Krone von Neapel zu entreißen. In der Stadt Genua war man sich nicht einig darüber, welcher Partei man sich anschließen sollte, und es muß damals im Heim des jungen Christóforo – der inzwischen neun Jahre alt war – viel Aufregung gegeben haben, als man von dem großen Sieg hörte, den die Franzosen bei Savona über die Aragonesen errangen. Aber trotz allem dauerte die Vorherrschaft der Anjous über Genua nur kurze Zeit, und die Parteigänger Aragóns machten so rasche Fortschritte, daß schon ein Jahr später, als Christóforo kaum zehn Jahre alt war, Johann und Renatus in aller Eile mit Heeresmacht heranrücken mußten, um ihren Landsleuten in Genua zu helfen; sie kamen jedoch nicht zeitig genug, um einen Massenmord an den Franzosen verhindern zu können. Mit mehr oder weniger Kriegsglück hielt Johann von Anjou den Kampf noch vier weitere Jahre hindurch aufrecht, so daß wohl anzunehmen ist, daß Christóforo als beginnender Seefahrer an dem einen oder anderen Treffen zur See teilgenommen hat, und zwar wahrscheinlich auf seiten der Anjous.

Die wirkliche Schule für Christóforo Colombo war also die See, ein fast endemischer Kriegszustand und ständige Beispiele von Mut, Wagnis und Abenteuer – ein ganz anderes Bild, als es bisher seine Biographen gezeichnet haben, die es mit der Lektüre der Genueser Urkunden etwas zu buchstäblich nahmen und nach deren Schilderung Christóforo zwischen Webstühlen und in Weinschenken groß wurde.

Nach vier oder fünf Jahren Lehrzeit als Schiffsjunge muß er sich etwa mit vierzehn Jahren entschlossen haben, endgültig den Seemannsberuf zu ergreifen, und zwar nahm er Dienste auf einem der Kaperschiffe, die von den Anjous gegen die Aragonesen ausgeschickt wurden. Wie es damals üblich war, wird er Krieg und Geldverdienen miteinander verbunden haben; von Zeit zu Zeit mag auch etwas Seeräuberei dabeigewesen sein, wenn die Beute es wert und das Opfer ein Ungläubiger oder ein Feind war. So erklärt sich ohne weiteres, daß er zum Beispiel Chios kannte, was aus seinen eigenen Äußerungen und seinen Tagebüchern und Seekarten hervorgeht, und daß er es durch diesen seinen bewegten Werdegang schon bald zu solcher Erfahrung im Seemannswesen brachte, daß er mit 21 Jahren ein Schiff als Kapitän führen konnte.

»Unser Herr gab mir einen wachen Verstand ...«

Hier taucht nun ein neuer Einwand auf: Man mag zugeben, daß all dies richtig ist, aber wann und wo soll er dann Mathematik, Astronomie und Latein gelernt haben? Naive Frage! Man kann ruhig die Behauptung seines Sohnes Fernando, Cristóbal Colón habe auf der Universität von Pavia studiert, als kindliche Fabelei verwerfen. Soll es etwa unmöglich sein, daß jemand etwas Gescheites wissen kann, der niemals eine Universität besuchte? Die Einfalt eines solchen Standpunkts ist klar genug. Dennoch hat man sie in mehr als einer Lebensbeschreibung von Colón stillschweigend oder ausdrücklich aufgestellt. Es ist ungefähr so, als wollte man behaupten, daß man außerhalb der Hörsäle nichts lernen könne oder als ob es an Beweisen dafür mangele, daß Colón ein echter Autodidakt gewesen ist.

So steht man vor der Tatsache, daß Colón gleichzeitig sehr schlau und sehr einfältigen Gemütes war. Darin liegt kein Widerspruch. Er war von Veranlagung einfach und gutgläubig, und erst der Zwang der Notwendigkeit machte ihn dann verschlagen. Mit einer erstaunlichen Einfalt beschreibt er seine eigenen Gaben und Kenntnisse. Es ist eine Einfalt, die mehr wert ist als ganze Tonnen von notariellen Urkunden, weil man im Schwingen seiner Gedanken zugleich die menschliche Wahrheit hören kann. »Unser Herr hat mir in seiner Güte das gewährt, was immer schon mein Herzenswunsch war. Er gab mir einen wachen Verstand, um die Dinge zu begreifen. Für die Schiffahrt schenkte er mir Gaben im Überfluß, für die Astrologie gab er mir das, was ich brauchte, auch an Geometrie und Arithmetik fehlte es nicht; meinem Geist schenkte er Einbildungskraft. Er gab mir eine geschickte Hand; mit ihr lernte ich das Bild des Erdballs zu zeichnen und darein Städte, Flüsse und Berge, Inseln und Häfen an den richtigen Stellen einzutragen. Seit ich Seemann wurde, habe ich mit Fleiß in allen Schriften, Erdbeschreibungen, Geschichtsbüchern, Chroniken, Philosophiewerken und anderen Büchern gelesen.« Fray Bartolomé de las Casas[1] entnimmt diese Worte einem Brief Colóns an die Katholischen Könige. Aber Fray Bartolomé fügt noch eine bezeichnende Bemerkung hinzu, die diese Urkunde noch zuverlässiger erscheinen läßt: »Er sagt, was ich brauchte, denn er hat nicht richtig Astrologie studiert, wohl aber Umgang mit gelehrten Männern dieser Wissenschaft gehabt; dadurch lernte er zu dem, was er aus der Seefahrt schon wußte, noch das dazu, was er brauchte.«

1 siehe Biografie auf Seite 223

»Columbus der erste Erfinder der neuen Welt.«
Bildtitel und Darstellung der Entdeckungsreise des Kolumbus
in De Brys »Americae«, 4. Buch.

Colón und Las Casas verstehen unter »Astrologie« in Wirklichkeit die Astronomie (die allerdings etwas mit Astrologie verbrämt war). Die beiden Stellen sind somit ein zuverlässiger Beweis für den Bildungsgrad des Admirals, der genau mit allem übereinstimmt, was man sowohl von der Seite Columbus-Genua wie auch Colón-Spanien darüber erfuhr: Ein geweckter Junge fängt mit zehn Jahren an, auf Schiffen mitzufahren; von vierzehn Jahren ab führt er ein richtiges Seemannsleben. Hier und dort erwarb er seine ersten astronomischen Kenntnisse. Er hat sie nicht bei Ptolemäus nachgelesen. Er sagt uns, daß Gott ihm genau soviel Astronomie mit ins Leben gab, wie er brauchte, und sein Chronist erläutert, daß er dies nicht in Hörsälen lernte, sondern im Umgang mit gelehrten Männern. Außergewöhnliche Menschen gehen im allgemeinen nicht den gewöhnlichen Weg. Gerade auf den Gebieten, zu denen ihre Neigung sie hinführt, pflegen sie sich besonders schnell die erforderlichen Kenntnisse anzueignen. Das alles bedeutet keinerlei Problem.

Seefahrt ist nicht immer Sturmfahrt, und auf dem sonnenbeschienenen Meer des Südens genießt der Seemann oft genug seine Mußestunden. Das Mittelmeer selbst, mit seinem blauen Himmel und blauen Wasser war daher die Universität für den jungen Christóforo. An Bord wird es auch Seemanns-Almanache und das eine oder andere Astronomiebuch gegeben haben. Wenn sie wirklich fehlten, so hat der junge Wissensdurstige sie sicher bei Mauren und Juden zusammengesucht. Er sagt selbst, daß er dort gern verkehrte. Das ist ein Punkt, über den noch mehr gesagt werden muß, ebenso wie über sein auffallend eigenartiges Latein.

Aber hier genüge die Feststellung, daß es in seinen Kenntnissen und seinem Bildungsgrad nichts gibt, was der Annahme widerspricht, der Admiral des Ozeanischen Meeres und der Sohn des Webers aus Genua seien ein und dieselbe Person. Im Gegenteil, hier wie schon vorher wird alles klarer, wenn wir den Worten von Colón selbst den Glauben schenken, den sie verdienen.

»Ein Mensch von höchster Einbildungskraft ...«

Denn sie sind glaubwürdig, auch wenn der portugiesische Chronist Ruy de Pina nicht fehlging, als er von ihm sagte: »... der erwähnte Admiral ... ging immer etwas über die Grenzen der Wahrheit hinaus, wenn er von seinen Erlebnissen erzählte ...« Das ist ein entschuldbarer Mangel, denn er ist unvermeidlich bei einem Menschen »von höchster Einbildungskraft«, der Colón nach Angabe von Bernaldez ist. Alle die ersten Chronisten des Entdeckers stimmen in diesem Punkt aufs eindrucksvollste überein. Er war ein Mann, der vor allem viel Phantasie hatte.

Mit einem Fuß blieb Colón immer fest auf der Wahrheit stehen, aber dann verleitete ihn die Einbildungskraft zu solchen »Übertreibungen, wenn er von seinen Erlebnissen erzählte«. Dieser Wesenszug gehört ganz unzertrennlich zu Colón. Er war wie ein Ball, der die Wahrheit zum Sprungbrett nahm, um mit seinen Behauptungen dann noch höher zu springen. Shelley war genau so. Fast alle Entdecker neuen Festlandes, ob sie sich nun auf der Erde oder am Himmel bewegen, müssen so sein. Aber zu welch bedauerlichen Bemerkungen und Deutungen hat das geführt, als seine einst beflügelten Worte mit der Zeit versteinerten und endlich den Ratten der Bibliotheken zum Opfer fielen!

Der Admiral – 2× Colón – und die Historiker

Die Episode seiner Ankunft in Portugal ist ein Beispiel dafür. Wir besitzen die Schilderungen seiner ersten beiden Chronisten, seiner Vertrauten: seines Sohnes Fernando und des Las Casas. Nicht ohne Grund gibt man ihrer Darstellung besonderes Gewicht, denn sie hatten Einblick in die persönlichen Papiere, und Colón selbst oder seine Hausgenossen erzählten ihnen mehr als anderen. Las Casas sagt, die Zeit sei reif gewesen für die Entdeckung Amerikas, und deshalb war es notwendig, daß Gott der Herr Colón nach Spanien führte. Dann beschreibt der fromme Chronist, wie Gott der Herr zu Werke gegangen sei, um diese Absicht durchzuführen: »Christóbal Colón war damals schon ein Mann mit reicher See-Erfahrung. Zu dieser Zeit gab es einen berühmten Seemann, der bekannteste Korsar jener Jahre, mit Namen Colombo Junior; er war zwar aus dem gleichen Geschlecht, aber sein Name war etwas verschieden von dem vorerwähnten. Dieser Junior hatte eine stattliche Kriegsflotte zusammengebracht und wollte mit ihr gegen die Ungläubigen und Venetianer und andere Feinde seiner Nation kämpfen. Christóbal Colón schloß sich ihm an und sie blieben längere Zeit zusammen. Als nun dieser Colombo Junior erfuhr, daß vier venetianische Galeassen nach Flandern unterwegs seien, lauerte er ihnen zwischen Lissabon und dem Kap San Vicente auf, um mit ihnen handgemein zu werden.« Las Casas beschreibt diese Schlacht ausführlich; er schildert, wie das Schiff, auf dem sich Colón befand, und eine feindliche Galeasse sich so heftig umarmten, wie es eigentlich nur in der Liebe vorkommt; wie sie dann im Kriegsfeuer in Flammen aufgingen, so wie es auch mit dem Feuer der Liebe zuweilen geschieht, und dann berichtet er, wie der größte Teil der Schiffsmannschaft und des Kriegsvolks »lieber den Tod im Wasser litten, als daß sie verbrannten«. Aber dann fügt der Chronist hinzu: »Christóbal Colón war ein sehr guter Schwimmer und außerdem hatte er einen Ruderbalken ergriffen, an dem er sich festhielt, wenn er ausruhen mußte. So arbeitete er sich an Land, das etwa zwei Meilen entfernt lag. Die anderen Schiffe, die an dieser blinden und kopflosen Schlacht teilgenommen hatten, waren dort auch vor Anker gegangen.«

Las Casas gibt sich dann die Mühe, diesen Bericht noch genauer zu bestätigen, indem er den Namen des italienischen Chronisten Sabellico anführt. Das gleiche tut Don Fernando Colón.[1] Aber nun stellte sich

1 Der Sohn des Admirals

heraus, daß der Bericht von Sabellico in vielen wichtigen Einzelheiten mit keinem der beiden Chronisten in Einklang zu bringen ist. Bei Sabellico gibt es keinen Brand und kein Entern, keinen Untergang. Im Gegenteil, Colombo Junior trifft siegreich in Lissabon ein und bringt die venetianischen Galeassen als Kaperbeute mit. Wichtiger noch, die Schlacht findet bei ihm im Jahre 1485 statt, als Colón schon in Spanien war. Welch glänzende Gelegenheit, nun Colón als Schwindler anzuschwärzen und zu erklären, daß diese Erwähnung des Colombo »aus dem gleichen Geschlecht« wieder einmal eine prahlerische Erfindung des Admirals gewesen ist!

Bald entdeckten die Gelehrten obendrein, daß dieser Colombo Junior gar nicht Colombo hieß, sondern Georg Byssipat oder Georg der Grieche, ein Korsar in französischen Diensten. Nun fehlte nur noch ein Schritt, um die Erzählung Colóns in Bausch und Bogen zu verwerfen, die Schlacht, den Brand, die Rettung durch Schwimmen und den Ruderbalken. Die Gelehrten taten diesen Schritt mit Freuden.

Aber auf einen Gelehrten anderthalben! Eine zweite Seeschlacht vom Kap Sankt Vicente wurde entdeckt und diesmal stimmten die Einzelheiten genau mit den Angaben von Las Casas und Don Fernando überein. Man mußte nur auf Sabellico verzichten, auf den die beiden Chronisten offenbar irrtümlich in ihrer Erzählung Bezug genommen hatten. Zwei Schriftsteller, die zu Zeiten von Columbus lebten, der Portugiese Ruy de Pina und der Kastilier Alonso de Palencia, berichten von einer Seeschlacht beim Kap St. Vicente, die am 13. August 1476 stattfand. Damals fuhr Colón noch zur See. Diese Schlacht entwickelte sich aus dem Angriff eines französischen Korsaren, des Admirals Guilleaume de Casenove-Coullon – in Italien bekannt als Colombo und in Spanien als Colón – gegen einige genuesische Kriegsschiffe, und zwar mit allen Begleitumständen, die Las Casas und Don Fernando berichten.

Armer Christóbal Colón! Wie ungern glaubt man ihm, selbst vier Jahrhunderte nach seinem Tode. Zuerst schwenkte man die Urkunden in Händen, um ihn damit anzugreifen. Dann werden die Urkunden für ihn günstig, aber jetzt weigern sich die Gelehrten einfach, ihm zu glauben, weil sie schon ihre feste Meinung haben. Die Dinge müssen sich so zugetragen haben, wie sie glauben, und nicht so, wie Colón geschildert hat und wie jetzt die Urkunden bestätigen. Das Datum stimmt; der Admiral stimmt; die Einzelheiten der Seeschlacht stimmen. Aber nun sagt man, daß Colón nicht auf seiten des französischen Admirals Coullon gekämpft haben kann, denn Coullon führte Krieg gegen die

Genuesen, und Christóforo Colombo war ein so vaterlandsliebender Genuese, daß es ihm unmöglich gewesen wäre, die Waffen gegen seine Heimatstadt zu erheben.

Das alles ist wunderbar scharfsinnig, aber es entspricht nicht den Tatsachen. Niemand scheint bisher bemerkt zu haben, daß es gerade über diese Seeschlacht bei Kap St. Vicente einen Bericht von Diego de Valera gibt. Das XXI. Kapitel der Valeraschen Chronik hat folgende Überschrift: »*Vom Mißgeschick, das den Kapitän der französischen Flotte Colón am Kap Santa Maria betraf, sechsunddreißig Meilen von der Stadt Cadiz entfernt.*«

Zum erstenmal wird hier in einer spanischen Chronik von einem Admiral Colón gesprochen. Auch als Ferdinand der Katholische diesen Namen zum erstenmal niederschreibt, der heute in der spanischen Geschichte einen so hervorragenden Platz einnimmt, da bezieht er sich auf den französischen Admiral. Das geschieht in einem Brief, den er seinem getreuen Kämmerer schreibt, um ihm den Empfang eines schriftlichen Berichts zu bestätigen. In dieser Niederschrift schildert Diego de Valera ihm den Ablauf der Seeschlacht mit Worten, die fast auf den Buchstaben genau mit dem Wortlauf der Chronik und mit der Erzählung von Las Casas übereinstimmen. Ferdinand V. schreibt also »Colón« im Jahre 1476, als Christóbal Colón sich noch Cristóforo Colombo nannte und noch nicht die berühmten Worte niedergeschrieben hatte: »Ich bin nicht der erste Admiral in meiner Familie.« Die Historiker, die heute Colón als prahlerischen Schwindler behandeln, sollten sich daran erinnern, daß ernsthafte Staatsmänner und geistliche Herren sich vierzehn Jahre lang standhaft geweigert haben, ihm Glauben zu schenken, als er »beim Heiligen Ferdinand« beschwor, er hätte in seinem Zimmer den Schlüssel zu einem ganzen Erdteil. Und trotzdem bewies er dann die Richtigkeit seiner phantastischen Behauptungen.

Ein »Genuese« kämpft gegen Genuesen

Über die Frage seines wirklichen Namens und seiner möglichen Verwandtschaft mit Casenove-Coullon wird im folgenden noch mehr zu sagen sein. Diego de Valera ist, trotz der törichten Unbelehrbarkeit eines seiner modernen Kritiker, eine unbestreitbare Autorität über alle seegeschichtlich interessanten Ereignisse in der Umgebung der Straße von Gibraltar, und seine Angaben kommen aus erster Hand. Wenn man seine Darstellung gelesen hat, so steht es zweifelsfrei fest, daß Colón damals beim Kap St. Vicente nicht *mit* den Genuesen, sondern *gegen* sie gekämpft hat. Denn Valera erzählt, daß die Schiffe aus Genua nach Cádiz zurückkehrten. Wenn aber Colón an die portugiesische Küste schwamm, dann ist es klar, daß er in Diensten Portugals stand. Er gehorchte also dem Befehl des anderen Colón und gehörte somit zu den *Gegnern* von Genua. Abermals ist damit die Wahrheitsliebe von Colón bewiesen. Er kämpfte in der Tat, so wie er selbst sagte, auf seiten des Franzosen Coullon. Sein Schiff geriet in Brand, als es bei einem Enterangriff mit einem genuesischen Schiff zusammengestoßen war; und beim Schwimmen rettete ihn ein Ruderbalken. Er hatte sehr wohl das Recht, die lenkende Hand der Vorsehung in alledem zu sehen.

Aber links und rechts vom Wege, den dieser geheimnisvolle Mann geht, blühen die Rätsel auf wie Blumen. Wie ist es zu erklären, daß dieser Genuese gegen die Genuesen kämpfte? Es ist verständlich genug, daß die Meinung, Colombo und Colón seien zwei verschiedene Menschen, nicht aussterben will. Und dennoch wird sie sich nicht dauernd halten können. Wenn Colón nicht der Colombo aus Genua war, dann gab es keine bessere Gelegenheit, dies zu beweisen, als gerade in dem Augenblick der Ankunft in Portugal nach einer Seeschlacht gegen die genuesische Flagge. Aber es steht fest, daß der erste Name, unter dem er in Lissabon auftrat, *Colombo* ist – also sein genuesischer Name. Der zeitgenössische Geschichtsschreiber Ruy de Pina widmete der Entdekkung Amerikas ein Kapitel seines Werkes und gab ihm die Überschrift: »*Entdeckung der Kastilischen Inseln durch Colombo*«, und im Text dieses Kapitels schreibt Pina: »Christóbal Colombo, ein Italiener«. Man muß sich damit abfinden und die Geschichte als das annehmen, was sie ist: ein Spiegelbild des Lebens in ständigem Widerspruch zur nüchternen Logik. Man darf nicht versuchen, von vornherein die Richtlinien aufzustellen, denen sich das Leben von Menschen wie Colón zu fügen hat. Besser ist es, der umgekehrten Methode zu folgen: Erst die Tatsache und dann, wenn möglich ihre Erklärung. Alles was sich bis jetzt sagen läßt, ist, daß Christóforo Colombo, ein Korsar aus Genua, an der Seeschlacht beim Kap St. Vicente im Jahr 1476 maßgeblich teilnahm und daß er dabei gegen die Genuesen kämpfte. Ob er für Genua eine besondere Vorliebe oder Abneigung empfand, das möge er mit sich selbst abmachen.

Diese Feststellung ist von größter Wichtigkeit. Sie baut sich auf unangreifbaren Urkunden auf, die voneinander unabhängig sind, aber vollkommen mit den Behauptungen von Colón selbst übereinstimmen. Aus ihnen ist zu entnehmen, daß der künftige Admiral der Indischen Lande ein Genuese war, aber keinerlei Vaterlandsliebe für Genua empfand. Es ist unumgänglich notwendig, diese Tatsache hier schon ganz klar herauszuarbeiten. Tote Papiere aufzuerwecken um dies zu bestreiten, nützen nichts. Nirgends findet sich ein direkter oder indirekter Urkundenbeweis dafür, daß Colón Genua als sein Vaterland geliebt habe. Es gibt den Brief an die St.-Georgs-Bank, der vielleicht unecht ist. Aber selbst wenn man die Echtheit annimmt, dann enthält dieser Brief selbst nichts weiter als eine verschwommene und allgemeine Beteuerung der Zuneigung, ohne Genua ausdrücklich zu nennen: »Der Körper mag anderswo wandeln, aber das Herz ist ständig dort.« Mehr nicht – und auch dies in Kastilisch geschrieben.

Der merkwürdige Genuese, der kastilisch sprach und schrieb

Dem stehen einige gewichtige Tatsachen gegenüber: ein Mann, dessen Einbildungskraft ihn einen Erdteil entdecken läßt und der so sicher ist, ihn zu finden, als hätte er ihn schon unter Verschluß; er ist in einem der wichtigsten Schiffahrtszentren seiner Zeit geboren – und nicht einen Augenblick lang kommt er auf den Einfall, diesen Entdeckungsplan seiner Vaterstadt und der St.-Georgs-Bank anzubieten. Gerade diese hätte ohne die geringste Schwierigkeit die zwei Millionen Maravedis, die er für sein Unternehmen brauchte, zur Verfügung stellen können. Später dann, als er sich schon voll durchgesetzt hatte, als Admiral der Indischen Lande und »Hochmögender Herr«, denkt er auch nicht einen Augenblick daran, nach Genua zurückzugehen, um seine Familie und seine Landsleute zu besuchen. Wie schön wäre es gewesen, wenn man dann von ihm gesagt hätte: »Da geht Christóforo, der Sohn des Webers und Schankwirts, der einmal Torhüter an der Porta dell' Ollivelli war!« Ihm fiel das nicht ein und seinen Brüdern ebensowenig. Der mächtige Adelantado Don Bartolomé dachte gar nicht daran. Aber auch der blasse und unstete Don Diego kam nicht auf diesen Gedanken, er, der sich immer im Schatten seiner mächtigen Brüder bewegte, ohne in der amerikanischen Lotterie, so reichhaltig sie auch ausgestattet war, nur den bescheidensten Bischofssitz zu ergattern. Was für Genuesen sind das eigentlich? Kaum kommen sie nach Spanien, lassen sie den Namen Colombo fallen, verwandeln ihn in Colón, kehren Genua für immer den Rücken und vergessen es ganz. Erst als ihre Körper längst im Sarg liegen, stehen aus den Grabstätten der Archive die verstaubten Urkunden wieder auf, die sie zu den Webstühlen der Väter zurückkehren lassen. Was ist das für ein Genuese, der schon in früher Jugend das Seefahren lernt, der nie in genuesische Dienste trat, der statt dessen bei Kap

St. Vicente gegen Genua kämpft und der den höchsten Ruhm des Meeres der Krone von Kastilien anbietet?

Dazu kommt noch, daß dieser Genuese Kastilisch sprach und schrieb. Seine Kritiker, anscheinend angesteckt von seinem leidenschaftlichen und ungestümen Temperament, beeilten sich zu sagen, er habe gar kein Italienisch gesprochen. Sicher ist, daß nicht ein italienisches Wort bekannt ist, das seine Feder geschrieben hätte – denn die einzige Notiz, auf die man bei dieser Gelegenheit verweisen kann, ist ein reiner Ulk. Sie ist eine unbeschreiblich komische Mischung und in ihr bilden die italienischen und pseudo-italienischen Wörter nicht einmal die Mehrheit, denn das Ganze ist zusammengewürfelt aus Italienisch-Kastilisch-Portugiesisch. Es ist ein sehr eigenartiger Text, der aus siebenundfünfzig Worten besteht. Dabei ist er so völlig sinnlos, daß man ihn entweder für eine Fälschung halten oder als Ergebnis einer vorübergehenden geistigen Verwirrung erklären muß. Die betreffende Stelle ist die Randnotiz 23 in seinem Exemplar der Naturgeschichte des Plinius. Schon wieder ein Rätsel: Dies Buch ist eine Übersetzung ins Italienische (alle, die behaupten, daß Colón gar kein Italienisch konnte, mögen sich das merken), und trotzdem sind alle Randbemerkungen, zwei ausgenommen, in diesem italienischen Buch von einem italienischen Leser in kastilischer Sprache geschrieben; die zwei Ausnahmen sind einmal die komische Mischung, von der oben die Rede war, und eine fromme Bemerkung in Latein.

Wenn die Briefe an die St.-Georgs-Bank und an Nicolo Oderigo, den genuesischen Botschafter in Kastilien, echt sind, dann bringen sie in neuer Form dieselben Rätsel wieder: Ein Genuese, der an Genuesen schreibt, und zwar nicht an Privatleute, sondern an den Botschafter und die offizielle Bank der Republik, schreibt ihnen in kastilischer Sprache. Man mag sagen, daß er damals schon in Kastilien ein großer Herr war und sich selbst als Kastilier betrachtete. Aber wenn er der St.-Georgs-Bank einen Brief schreibt, in dem er erklärt, sein Herz sei ständig in Genua, dann wäre es viel natürlicher, dieses Gefühl in der Sprache des Ortes auszudrücken, an dem sich sein Herz befand und in dem er geboren war.

Damit nicht genug: Der Briefwechsel zwischen Colón und seinem engsten Vertrauten, dem Pater Gorricio, ist Kastilisch abgefaßt; nicht nur die Briefe von Colón an Pater Gorricio, sondern auch die von Pater Gorricio an Colón. Dieser Mönch war aber selbst Italiener. Wenn er also an Colón Briefe auf Kastilisch schreibt, dann beweist das indirekt, daß der Admiral die italienische Sprache nur benützte, um solche

Bücher zu lesen, die er sich in keiner anderen verständlichen Sprache beschaffen konnte. Und schließlich bediente sich Colón des Kastilischen nicht nur im Umgang mit seinem Sohn Diego, sondern auch mit seinem Bruder Bartholomäus, der ebensogut Genuese war wie er selbst.

Dies ist der ernsthafteste Einwand gegen die genuesische These, und er allein macht es verständlich, daß so viele andere Erklärungen des Rätsels Colón entstanden sind. Die Anhänger der Genua-These haben keine zufriedenstellende Erklärung geben können. Die Mehrzahl ihrer Vertreter begnügt sich damit, auf diese Schwierigkeit flüchtig hinzuweisen und einzugestehen, daß sie keine Lösung finden. Andere wagen es gar, anzudeuten, daß Columbus vielleicht seine Heimatsprache in fernen Ländern vergessen haben könne. Diese Erklärung kommt mit Vorliebe von derselben Seite, auf der man sich so hartnäckig bemüht, Christóforo Colombo an den Webstuhl und den Schanktisch seines Vaters anzubinden, bis er zweiundzwanzig Jahre alt ist. Aber eine Sprache, die man in der Wiege und mit der Muttermilch aufnahm, die man bis zum zweiundzwanzigsten Lebensjahr gesprochen hat, tilgt sich nicht bis zum dreiunddreißigsten spurlos aus dem Gedächtnis und den Lebensgewohnheiten.

Hebräische Geschichtsdaten und lateinische Randbemerkungen

Die Frage ist also bis hierher schon rätselhaft genug. Aber es bleiben noch zwei Gesichtspunkte zu beachten, die alles noch dunkler machen. Der erste ist, daß Colón Kastilisch sprach und schrieb, bevor er nach Kastilien kam. Ja, das Kastilische war sogar vor seiner Ankunft in Kastilien die Sprache, in der er seine persönlichsten und intimsten Gedanken ausdrückte und die er benützte, wenn er etwas nur für sich allein aufschrieb. Den Beweis dafür bringt eine eigenhändige Randbemerkung in einem Buch, das ihm gehörte: Die *Allgemeine Geschichte* des gelehrten Papstes Pius II. In dieser Notiz rechnet Colón nach, wie alt nach der jüdischen Berechnung die Welt sein könne. Er zählt die Altersangaben der Erzväter zusammen und addiert dazu andere Daten aus der hebräischen Geschichte. Und dann kommt die Stelle, an der er schreibt: »So berechnen die Juden die Erschaffung der Welt: Adam lebte 130 Jahre und dann vergingen 1088 Jahre von der Geburt Abrahams bis zur zweiten Zerstörung des Tempels. Von der zweiten Zerstörung des Tempels bis heute sind 1413 Jahre vergangen, denn wir schreiben jetzt das Jahr 1481 nach der Geburt Unseres Herrn. Von der Erschaffung der Welt bis zu diesem Jahr 1481 sind demnach 5241

Jahre vergangen ...« Man denke über die astrologisch-geologischen Berechnungen wie man will; jedenfalls beweist diese Notiz mit aller Bestimmtheit, daß Colón schon drei Jahre vor seiner Ankunft in Kastilien Randbemerkungen auf Kastilisch abfaßte.

In die gleiche Richtung weist eine andere rätselhafte Tatsache: Colón konnte Latein. Wann lernte er es? Man erwähnt, daß es nicht besonders gut war. Aber es war gut genug, um die einzige Sprache zu sein, deren er sich nach dem Spanischen persönlich oft bediente. Seine lateinisch geschriebenen Randbemerkungen sind häufig, und einzelne davon sind so lang wie richtige Aufsätze. Außerdem war er ein eifriger Leser von naturwissenschaftlichen Werken, die zu seiner Zeit alle lateinisch verfaßt waren.

Um die Sache aber noch schwieriger zu machen, sind die sprachlichen Entgleisungen in seinem Latein immer Hispanismen. Das heißt, wenn er schlecht Latein schrieb, dann machte er Fehler, wie ein Spanier sie zu machen pflegt. Einer der besten italienischen Colón-Forscher, die größte Autorität für die Lehrmeinung, die Colón als Genuesen betrachtet, hat auf diese Tatsache hingewiesen. Er war der erste, der seinem Erstaunen darüber mit ehrlicher Verwunderung Ausdruck gab. Zugleich brachte er einige Beispiele für solche sprachlichen Schnitzer, die nur von jemandem begangen werden können, der gewöhnlich spanisch spricht.

Die erste Lösung für dies Rätsel wäre die Annahme, daß Colón erst in Spanien lateinisch lernte. Ihr neigen natürlich alle zu, die bestreiten, daß Colón ein Genuese war. Was sie vorbringen, klingt vernünftig genug, denn es fehlt ja immer noch an einer einleuchtenden Erklärung dafür, wie es möglich ist, daß ein Christóforo Colombo, der in Genua zur Welt kam und dort als Weber und Schankwirt erzogen wurde, niemals italienisch schrieb, nicht einmal an Italiener, daß er sich selbst mit Italienern und sogar mit seinen Brüdern kastilisch unterhielt und mit ihnen in dieser Sprache korrespondierte – ja daß er für seine privaten Notizen das Kastilische verwendet, und daß ihm beim Lateinschreiben typisch solche Fehler unterlaufen, wie sie nur ein Spanier machen kann.

Dennoch muß man die folgende, einzige Erklärung, die bisher dafür gegeben wurde, verwerfen: »Colón lernte in Portugal Spanisch und Lateinisch, denn dort war damals das Kastilische eine sehr angesehene Sprache, und sie wurde allgemein gesprochen.« Gewiß, das Kastilische hatte damals in Lissabon eine Vorzugsstellung. Aber soll man deshalb annehmen, daß ein italienischer Einwanderer, der sich in Portugal nie-

Wie sah Kolumbus aus?

Sein Sohn Fernando berichtet:

Der Admiral war ein wohlgebauter Mann, übermittelgroß, von länglichem Gesicht mit etwas hochliegenden Wangen, die weder dick noch dünn waren. Er besaß eine Adlernase, und seine Augen waren von heller Farbe, seine Gesichtsfarbe war gleichfalls hell, doch leicht in ein lebhaftes Rot übergehend. In der Jugend war sein Haar blond, mit dreißig Jahren jedoch wurde es ganz weiß. Im Essen und Trinken sowie in seiner Kleidung war er mäßig und bescheiden. Mit Fremden unterhielt er sich freundlich, und mit den Leuten seines Haushalts war er sehr leutselig, doch beobachtete er eine bescheidene und angenehme Würde. In religiösen Dingen war er so streng, daß er beim Fasten und dem Hersagen der Gebete und Litaneien eher einem Ordensbruder glich. Auch war er ein so großer Feind des Fluchens, daß ich schwöre, ihn niemals einen anderen Eid aussprechen gehört zu haben, als »bei San Fernando!«, und wenn er jemandem zürnte, kleidete er seinen Verweis für irgendeine Tat oder ein Wort in den Ausruf: »Gott soll euch holen!«, und wenn er etwas zu schreiben hatte, probierte er seine Feder mit den einleitenden Worten *Jesus cum Maria sit nobis in via*, und er verfaßte so schöne Briefe, daß er allein damit sein Brot hätte verdienen können. □

Las Casas, der ihm 1500 begegnete, ergänzt diese Beschreibung:

Was sein Äußeres und seine körperliche Verfassung anlangt, so war er mehr als mittelgroß, er hatte ein längliches Gesicht, dem er den Ausdruck der Autorität zu geben verstand, eine Adlernase, blaue Augen, helle Gesichtsfarbe, die ins Hellrote überging; sein Bart und Haupthaar waren rot, solange er jung war, ergrauten jedoch bald unter der Bürde seiner Aufgaben; in seiner Rede war er freundlich und heiter und, wie es in der besagten portugiesischen Geschichte heißt, überzeugend und kühn in seinen Verhandlungen; seine Mäßigkeit war ehrlich, mit Freunden verkehrte er freundlich und mit den Hausgenossen leutselig und milde, er zeigte bescheidenen Ernst und zurückhaltende Redeweise, so daß es ihm leichtfiel, die Liebe derer zu gewinnen, die mit ihm zu tun hatten. Schließlich war er in höchstem Maße imponierend in seinem Auftreten und seiner Haltung und eine Persönlichkeit von hohem Ansehen und großer Würde, die alle Achtung verdiente. Er war genügsam und mäßig im Essen und Trinken, in Kleidung und Schuhwerk; allgemein war bekannt, daß er im Familienkreis eine heitere Unterhaltung pflegte und, wenn ihn jemand ärgerte, mit Entrüstung die Worte ausstieß: »Gott soll euch holen, könnt ihr denn dies und jenes gar nicht begreifen?« oder »Warum habt ihr dies oder jenes getan?« In Dingen der christlichen Religion war er zweifellos ein Katholik von großer Frömmigkeit, der bei allem, was er sagte, tat oder tun wollte, die Worte gebrauchte: »Im Namen der Heiligen Dreifaltigkeit« will ich dies tun oder das beginnen oder wird sich jenes ereignen. Jeden Brief oder jedes andere Schriftstück begann er mit den Worten: »Daß Jesus und Maria mit uns sein mögen auf unserem Wege«, und viele solcher Schriften von seiner eignen Hand habe ich selbst in meinem Besitz. Sein Schwur lautete manchmal: »Ich schwöre bei San Fernando«, und wenn er in seinen Briefen, besonders an das Herrscherpaar, etwas von großer Bedeutung auf seinen Eid nehmen wollte, gebrauchte er die Redewendung »Ich schwöre, daß dies wahr ist.«

Er hielt die kirchlichen Fasten genauestens ein, beichtete und kommunizierte oft, las die Gebete vor wie ein Geistlicher oder ein Ordensbruder, verabscheute Gotteslästerungen und gemeines Fluchen und war der Mutter Gottes und dem Engelsvater St. Franziskus von Herzen zugetan; er schien Gott sehr dankbar zu sein für die aus göttlicher Hand empfangenen Wohltaten, wofür er, wie es im Sprichwort heißt, stündlich bekannte, daß Gott ihm gleich David große Gunst erwiesen habe. Wenn ihm Gold und Edelsteine gebracht wurden, ging er in seine Kammer, kniete mit den Umstehenden nieder und rief aus: »Lasset uns Dank sagen unserem Herrn, der uns für wert erachtet hat, so viele gute Dinge zu entdecken.« Im Gottesdienst war er von außerordentlichem Eifer beseelt; er wünschte eifrigst die Bekehrung dieser Menschen [der Indianer] und suchte in allen Ländern und Gegenden die christliche Lehre einzupflanzen und zu verbreiten. Auch war er der besonderen Meinung, daß Gott ihn auserlesen habe, etwas zur Rückgewinnung des Heiligen Grabes beizutragen.

Er war ein Herr von großer Geisteskraft und hohem Gedankenflug, von Natur aus dazu veranlagt (was sein Tun und Lassen, seine Worte und Schriften beweisen), würdige Dinge zu vollbringen und bedeutende Unternehmungen durchzuführen, er war geduldig und vermochte Leiden zu ertragen (wie wir später sehen werden), er verzieh großmütig denen, die ihm unrecht taten, und erstrebte nur, daß alle, die ihn beleidigt hatten, ihren Fehler einsehen möchten und daß diese Übeltäter sich mit ihm aussöhnen sollten; er war beständig und äußerst standhaft im Ertragen von Ungemach und Widrigkeiten, die immer wieder aufkamen, unglaublich waren und kein Ende nahmen; dabei bewahrte er stets den Glauben an die göttliche Vorsehung. Und es ist wahr, wie ich von ihm selbst weiß und von meinem Vater, der ihn auf seiner Fahrt nach Hispaniola im Jahre 1493 begleitete, und von vielen anderen, die bei ihm waren und ihm dienten: er hat dem Herrscherpaar immerdar die Treue gehalten und war ihm ganz und gar ergeben. □

derläßt, lieber Kastilisch als Portugiesisch lernt? Ist es denkbar, daß er es bald danach ausschließlich spricht und schreibt und sowohl seine Heimatsprache wie auch die Sprache seiner Wahlheimat (denn mit seiner Heirat ließ er sich in Portugal fest nieder) niemals anwendet? Um das zu glauben, müßte man über einen Abgrund springen.

Sein Latein mochte hier und da Fehler aufweisen. Dennoch ist es zu flüssig und glatt, als daß man annehmen könnte, er hätte es erst so spät erlernt. Man kann die Daten noch so geschickt verdrehen, so bleiben immer noch umfangreiche lateinische Textstellen von ihm übrig, die nicht später als bis zum Jahr 1480 geschrieben sein können. Wenn aber der letzte aufgefundene genuesische Urkundentext echt ist, dann fuhr Colón bis 1479 ununterbrochen zur See. Er muß also wohl auf Seefahrt Latein gelernt haben. Das ist ein Gedanke, der jedem unannehmbar erscheint, der selbst zu seinem Leidwesen die römischen Deklinationen und Konjugationen auf harten Schulbänken gelernt hat. Aber man muß nochmals versuchen, sich in diese vor Ehrgeiz brennende Seele hineinzuversetzen; wie er in hellen Mittelmeernächten die rätselhafte Sprache der Sterne ergründete; wie seinen einfachen, fast analphabetischen Verstand astronomische Fragen beschäftigten; sein Grübeln darüber, wie man wohl ein Schiff an wolkenbedeckten Tagen richtig steuere und wie man Entfernungen berechne; und wie man in die Geheimnisse der Natur eindringen könne, für die er sich, wie er selbst sagt, schon seit frühester Kindheit interessierte. Dann erst frage man sich, was dieser geniale und ehrgeizige Jüngling wohl tun würde, wenn er einmal klar erkannte, daß der Schlüssel zu alledem in Büchern zu finden sei, die lateinisch geschrieben waren. Hatte er einen Lehrer? Lernte er es für sich allein? Zu Wasser und zu Lande, tagelang, wochenlang, monatelang, im Vaterhaus, auf der Reise zur Insel Chios oder auf Kriegsfahrt nach Tunis, um für den König René die feindlichen Galeassen aufzubringen – eines war jedenfalls gewiß, daß Christóforo Colombo mit wilder Ungeduld Latein lernte.

Aber warum waren dann die Sprachschnitzer, die ihm unterliefen, typisch für jemanden, der geläufig spanisch spricht und dann erst Latein lernt? Alles zusammengefaßt: Christóforo Colombo war ein junger Wollweber aus Genua, der Seemann wurde; er lernte ohne Lehrer; er las Italienisch, schrieb es aber nicht; bevor er sich in Kastilien niederließ, las und schrieb er Kastilisch als Sprache seines ganz persönlichen Gebrauchs; sein Lateinisch war das eines Menschen, der stets Kastilisch zu sprechen pflegt; im übrigen hatte er es gelernt, noch bevor er sich in Kastilien niederließ.

Alle diese Voraussetzungen lassen nur eine Schlußfolgerung zu: Christóforo Colombo war ein Genuese, dessen Italienisch man nicht vorzeigen konnte, dessen Sprache und Kultur Kastilisch waren. Dann gibt es aber nur eine vernünftige Erklärung für alle diese Tatsachen: Die Colombos waren spanische Juden, die in Genua ansässig geworden waren. Ihrer Gewohnheit getreu, hatten sie an der Sprache ihres Ursprungslandes festgehalten. □

So faszinierend auch die Beweisführung sein mag, so dürfen wir doch nicht vergessen, daß die Ausführungen Madariagas Hypothese bleiben und es daneben sogar noch die weitergehende Theorie gibt, Kolumbus sei ein in Spanien geborener Jude oder ein Converso gewesen und habe sich nur klug vor der Inquisition getarnt. Wir werden die allerneueste Theorie im Zusammenhang mit der Abstammungsfrage noch am Beginn des nächsten Kapitels kennenlernen.

Auf der anderen Seite haben sich Historiker und Romanisten gründlichst mit allen Dokumenten aus dem Leben des Christoph Kolumbus beschäftigt und sind nach eingehender wissenschaftlicher Analyse ihrerseits zu dem Ergebnis gekommen, daß sich die Theorie von der jüdischen Abstammung nicht halten lasse. Eine letzte klare Entscheidung in dem Für und Wider der Meinungen werden wir wohl nie treffen können, und ebenso schwierig ist es, den frühen Lebensspuren des Seefahrers zu folgen.

Die Idee des Toscanelli: Über West nach Ost

Der Sohn des genuesischen Wollwebers ging wahrscheinlich schon mit vierzehn Jahren zur See. »Dreiundzwanzig Jahre hindurch habe ich das Meer befahren, ohne mich jemals für längere Zeit davon zu entfernen, und habe so den ganzen Osten und Westen kennengelernt. Ich kam auch in die nördlichen Gewässer bis nach England, dann nach Guinea«, schrieb er einmal selbst und widerlegt damit eigentlich von vornherein jene Hypothese, daß er bis nach Irland gekommen sei und dort von den sogenannten Vinland-Fahrten der Wikinger gehört habe, die um das Jahr 1000 schon bis an die Küsten Amerikas gingen.

1476 begegnen wir dem nun Fünfundzwanzigjährigen in Lissabon, wo er sich bald danach endgültig niederließ und 1479 die Tochter eines angesehenen Adeligen heiratete. Hier mag er dann auch von dem allgemeinen Entdeckerfieber dieser Zeit angesteckt worden sein. Prinz

Heinrich war noch keine zwanzig Jahre tot, die portugiesischen Karavellen hatten noch nicht den Kongo erreicht, Marco Polos Schätze lockten und der »Priesterkönig Johannes« erregte die Gemüter. Konnte da ein so phantasiebegabter, ehrgeiziger und tüchtiger junger Mann wie Kolumbus abseits stehen? Vielleicht wäre er als Ausländer einen ähnlichen Weg gegangen wie der Deutsche Martin Behaim, dessen Lebensdaten übrigens in ähnliches Dunkel gehüllt bleiben wie die des Genuesen, ein Beweis vielleicht auch dafür, daß es um Kolumbus gar nicht so geheimnisvoll zuging, wie manche Biographen wahrhaben möchten, sondern daß das Durcheinander von Fakten und Daten einfach aus einer Zeit heraus zu erklären ist, in der man die Lebensdaten eines relativ unbedeutenden einzelnen gar nicht so wichtig nahm.

Eine neue Idee lenkte aber das Leben des jungen Seefahrers aus den herkömmlichen Bahnen.

Die entscheidende Idee stammte ebenfalls von einem Italiener, dem Florentiner Arzt und Astronomen Paolo Toscanelli (1397–1482). Er war kein Praktiker wie Kolumbus, aber ein scharfsinniger Kopf und schon 1474 hatte er dem Beichtvater des portugiesischen Königs die Idee entwickelt, doch auf dem Westweg die ersehnten Küsten Asiens anzusegeln.

Mit Vergnügen habe ich gehört, daß du mit eurem edlen, hochherzigen König so vertraut bist. Über den kürzesten Weg von hier nach Indien, wo die Gewürze wachsen (denn der Seeweg ist kürzer, als der, den ihr nach Guinea nehmt), habe ich schon oft gesprochen. Du sagst mir, daß Se. Majestät von mir noch einmal eine Erklärung und einleuchtende Darlegung wünscht, daß und wie man diesen Weg einschlagen kann.

Wenngleich ich überzeugt bin, daß man dies auf einem Globus zeigen sollte, so will ich dennoch der geringeren Mühe und des besseren Verständnisses wegen den Weg auf einer Karte erläutern, die den Seekarten ähnelt. Ich sende deshalb Sr. Majestät eine eigenhändig gezeichnete Karte. Auf ihr ist der ganze Westen der bewohnten Welt von Irland bis nach Guinea eingetragen nebst allen Inseln, auf die man unterwegs trifft. Ihnen gegenüber im Westen ist der Anfang von Indien mit den Inseln und Orten gezeichnet, wohin ihr euch nach dem Äquator wenden könnt, und in welcher Entfernung, d.h. in wieviel Meilen ihr zu diesen Gegenden kommen könnt, die alle möglichen Gewürze, Edelgestein und Geschmeide in Fülle bergen. Und wundert euch nicht, daß ich die Teile, wo die Gewürze wachsen, Westen nenne, da man doch gewöhn-

Die frühen Seefahrer und Entdecker wurden mit allerlei ungewohnten Erscheinungen und Lebewesen konfrontiert, die in den Berichten entsprechend ausgeschmückt und vergrößert wurden: Fliegende Fische, Albacoren und Bonitten genannt, in einer Darstellung aus De Brys »Americae«.

lich sagt, sie befänden sich im Osten. Gerade (senkrechte) Linien, in der Längenausdehnung der Karte gezeichnet, zeigen die Abstände von Osten nach Westen an; die andren, die quer hindurchgehen, stellen die Entfernungen von Süden nach Norden dar. Auch habe ich in die Karte viele Orte der indischen Länder eingetragen, in die man sich begeben könnte, falls irgendein unvorhergesehener Zufall, wie Sturm oder widrige Winde, eintritt, und auch um über alle diese Gegenden gut zu unterrichten, was um so erfreulicher sein muß. Vernehmt auch, daß auf allen diesen Inseln Kaufleute leben und verkehren. Es soll dort eine ebenso große Menge von Schiffen, Matrosen und Kaufleuten nebst Waren geben, wie nur irgendwo sonst in der Welt, zumal in einem sehr bedeutenden Hafen Zaiton, wo sich jährlich 100 große Schiffe mit Pfeffer befrachten, ungerechnet die vielen andren Schiffe, die sonstige Gewürze laden.

Dieses Land ist sehr dicht bewohnt, und es gibt dort viele Provinzen und viele Königreiche und zahllose Städte unter der Herrschaft eines Fürsten, der sich Großkhan nennt, was in unsrer Sprache soviel heißt wie: König der Könige. Seinen Sitz hat er meistens in der Provinz Cathay. Seine Vorfahren wünschten lebhaft mit Christen in Verbindung zu treten. Vor etwa 200 Jahren schickten sie zum Heiligen Vater und baten um Zusendung gelehrter, weißer Männer, die sie in ihrem Glauben unterrichten sollten. Aber gewisser Hindernisse wegen mußten diese Sendboten wieder umkehren. Auch zum Papst Eugen kam ein Gesandter und berichtete von der großen Freundschaft, die sie den Christen entgegenbrachten. Mit ihm habe ich mich oft unterhalten über vielerlei Dinge, über die Größe der königlichen Gebäude, über die Größe der Flüsse nach ihrer ungeheuren Länge und Breite, über die große Zahl von Städten, die dort an ihren Ufern liegen, daß sich an *einem* Flusse 200 Städte befinden, daß es dort sehr große und breite Marmorbrücken gibt, die mit vielen Marmorsäulen geschmückt sind. Dieses Land verdient mehr als jedes andre, daß man es aufsucht; man kann dort nicht nur sehr großen Gewinn machen und viele Dinge bekommen, sondern es gibt auch Gold, Silber, Edelsteine und alle nur denkbaren Gewürze in reicher Menge, wie nirgendwo bei uns. Es ist richtig, daß weise und gelehrte Männer, Philosophen und Astrologen und andre große Gelehrte, die in allen Künsten bewandert sind, das herrliche Land regieren und die Schlachten schlagen.

Von der Stadt Lissabon sind es auf der Karte gerade nach Westen 26 Abschnitte, jeder 250 Meilen breit, also nahezu ein Drittel des Erdumfangs, bis zu der ansehnlichen, großen Stadt Quinsay (Hangtschou), die einen Umfang von 100 Meilen oder 25 Leguas hat und in der sich 10 Marmorbrücken befinden. Der Name dieser Stadt bedeutet in unsrer Sprache soviel wie »Stadt des Himmels«. Von ihr erzählt man Wunderdinge, so von der großen Geschicklichkeit ihrer Gewerbetreibenden und von ihren hohen Einkünften. Die Stadt liegt in der Provinz Mangi nahe der Landschaft Kathay, wo sich der König meistens aufhält.

Und von der Insel Antilia, die Ihr Insel der 7 Städte nennt, von der wir Kunde haben, sind es bis zu der berühmten Insel Cipango (Japan) 10 Abschnitte, d.h. 2500 Meilen oder 625 Leguas. Diese Insel ist sehr ergiebig an Gold, Perlen und Edelsteinen. Man bedeckt dort die Tempel und königlichen Gebäude mit reinem Gold.

Da nun der Weg dorthin noch nicht bekannt ist, sind auch alle die andren Wege noch unentschleiert. Man kann jedoch sicher dorthin gelangen. Noch vieles andre ließe sich hierüber sagen, aber da ich es bereits mündlich mit dir erörtert habe und du alles wohl verstehst, so will ich mich darüber nicht weiter auslassen. Auf Deine Anfrage wird dies genügen, soweit es die Kürze der Zeit und meine Arbeiten mir gestatten. Ich stelle mich aber Sr. Majestät jederzeit zur Verfügung. □

Ein schwerwiegender Rechenfehler und Briefe an Kolumbus

Der Plan schien, wie viele geniale Ideen, ganz einfach, aber er hatte seine Tücke, einen ebenso einfachen wie möglicherweise verhängnisvollen Fehler; denn während Toscanelli die Entfernung zwischen Europa und Asien mit einem Drittel des Erdumfangs ansetzte, war sie in Wirklichkeit genau doppelt so groß.

Es konnte nicht ausbleiben, daß in der Kolumbus-Forschung über diesen Brief und die Idee fast ebensoviel theoretisiert wurde wie über Kolumbus selbst. Hat Toscanelli den Seefahrer überhaupt erst auf die Idee gebracht oder ihn in seinen eigenen Plänen nur bestärkt? Sind dieser und die unten folgenden Briefe vielleicht gar nur Fälschungen? Nun, diese Hypothese ist inzwischen wohl mit Sicherheit widerlegt, und wahrscheinlich hat der alte Florentiner seinen Landsmann tatsächlich auf die Idee gebracht. Kolumbus jedenfalls setzte sich mit Toscanelli in Verbindung, und der Gelehrte antwortete ihm mit zwei Briefen.

Dem Christoph Columbus entbietet der Naturforscher (fisico) Paolo seinen Gruß! Ich nahm Kenntnis von Deinem wundervollen und großartigen Begehr, eine Fahrt dorthin, wo die Gewürze wachsen, zu unternehmen. Als Antwort auf Deinen Brief sende ich Dir die Abschrift eines anderen Briefes, den ich einst – vor dem kastilischen Krieg an einen Freund und Vertrauten des Königs von Portugal geschrieben habe in Beantwortung eines Schreibens, das er auf Veranlassung Sr. Majestät an mich gerichtet hatte. Auch schicke ich Dir eine gleiche Seekarte, wie ich sie ihm zugeleitet habe. Hiermit dürfte Deine Bitte erfüllt sein. □

Deinen Brief und die mir zugesandten Gegenstände habe ich empfangen und große Genugtuung darüber empfunden. Ich habe Kenntnis genommen von Deinem hochherzigen und großartigen Plan, auf dem Wege nach Westen, den die Dir gesandte Karte anzeigt, zu den

Ländern des Ostens zu segeln. Besser hätte er sich mit Hilfe einer runden Kugel klarmachen lassen. Es freut mich, daß Du mich richtig verstanden hast. Der genannte Weg ist nicht nur möglich, sondern wahr und sicher (verdadero y cierto).

Ohne Zweifel ist die Fahrt ehrenvoll, und sie vermag unberechenbaren Gewinn und höchsten Ruhm in der ganzen Christenheit zu bringen. Du kannst dies nicht so deutlich wissen wie ich, da Du nicht so häufig Gelegenheit gehabt hast, zuverlässige Nachrichten von bedeutenden, gelehrten Männern zu sammeln, die aus jenen Ländern hierher an den römischen Hof gekommen sind, wie auch von hochangesehenen Kaufleuten, die lange in jenen Ländern Handel getrieben haben.

Eine solche Reise führt zu mächtigen Königreichen, berühmten Städten und Provinzen, die alles im Überfluß besitzen, was wir benötigen und alle Arten von Gewürzen in reicher Menge wie auch Edelsteine in großer Fülle aufweisen. Die Fürsten und Könige, zu denen man kommt, dürften noch mehr als wir erfreut sein, daß sie mit Christen unserer Länder in Verbindung kommen, da viele von ihnen Christen sind (!), aber auch weil sie mit gelehrten und geistreichen Männern von hier sowohl über Religion wie Wissenschaft Unterhaltungen pflegen können auf Grund des hohen Ruhms, den unsere Staaten und Regierungen dort genießen.

Aus diesem Grunde und wegen mancher andren, die man noch nennen könnte, wundere ich mich durchaus nicht, daß Du, von hohem Sinn beseelt wie das gesamte portugiesische Volk, in dem es stets Männer von bedeutenden Leistungen bei großen Gelegenheiten gegeben hat, vor Verlangen brennst, die Reise zur Tat werden zu lassen. □

Seemann, Beobachter, Entdecker, Träumer

Wir werden die Bedeutung Toscanellis nicht unterschätzen, doch waren es seine Ideen bestimmt nicht allein, die Kolumbus beeinflußten. Mag die Frage nach der Herkunft des Entdeckers sensationeller sein und daher stärker interessieren, so ist die Frage nach den bestimmenden Anstößen und damit die Analyse des geistesgeschichtlichen Hintergrunds weit bedeutsamer. Aus der deutschen Kolumbusliteratur der letzten Jahrzehnte bieten zwei Historiker in ihren etwas gegensätzlichen Standpunkten zusammen jenes Bild, das die wesentlichen Aspekte mit religiöser Einstellung, Wissensdrang und Abenteuerlust umfaßt. So schreibt R. Konetzke:

An den Quellen des Wissens

Er war, wie ihn ein zeitgenössischer Chronist kennzeichnet, »ein Mann von hohem Geist, ohne viele Wissenschaften zu beherrschen, sehr geschickt in der Kunst der Kosmographie und der Einteilung der Welt, der nach dem, was er in Ptolemäus las und nach andern Büchern und nach seinem Scharfsinn erkannte, wie und in welcher Art die Welt beschaffen ist«. Kolumbus' eigene Worte bestätigen diesen Eindruck. Gott habe ihm die Kraft des Verstandes gegeben. »In der Seefahrerkunst versah er mich reichlich, von der Astrologie gab er mir hinreichend und ebenso von der Geometrie und Arithmetik, und innere Erfindungsgabe und Hände, diese Erdkugel zu zeichnen und auf ihr die Städte und Berge, Inseln und Häfen an ihrer richtigen Stelle. In dieser Zeit sah ich und bemühte mich zu sehen alle Schriften, Kosmographie, Historien, Chroniken und Philosophie und über andere Künste«. Kolumbus war ein Autodidakt, der keine zusammenhängende wissenschaftliche Ausbildung gehabt und systematisch Studien getrieben hatte, sondern in späteren Jahren aus Büchern Belege und Argumente sammelte, die seine Vorstellungen bestätigten. Wir kennen aus seiner Bibliothek eine Anzahl kosmographischer Werke, die er teilweise mit Randnoten bei der Lektüre versah. Zu ihnen gehören Petrus Alliacus: *Tractatus de imagine mundi*, Marco Polo: *Milione*, Aeneas Silvius: *Historia rerum ubique gestarum*, Plinius: *Naturalis historia*. Es sind meist Werke, die das wissenschaftliche Weltbild des Spätmittelalters gestalteten und darstellten. Am stärksten scheint Kolumbus durch das um 1410 verfaßte Buch des französischen Kardinals Alliacus beeinflußt worden zu sein, das eine Sammlung von erdkundlichen Notizen besonders aus antiken Autoren darbot. Kürzlich ist ein ähnliches, aber von Alliacus unabhängiges und vollständiges Werk in Spanien aus dem Jahre 1456, Ludovicus de Angulo: *Librum de figura seu imagine mundi*, aufgefunden worden, aber die Frage, wie weit dieses Manuskript in Spanien verbreitet und ob es Kolumbus bekannt war, bedarf noch der weiteren Untersuchung. Nach der Fülle der Randnoten, die Kolumbus in sein Exemplar von Marco Polos Buch eintrug, haben dessen Reiseberichte, die dem Abendlande die Welt des Fernen Ostens mit ihren Reichtümern erschlossen, ihn sehr beschäftigt.

Bei der spärlichen Überlieferung über Kolumbus' wissenschaftliche Bildung ist es schwierig und im einzelnen kaum möglich, seine Stellung in der Entwicklung der geographischen Studien und der Kartographie und Nautik zu bestimmen. Man hat mit Recht darauf hingewiesen, daß

Italien im ausgehenden Mittelalter eine führende Stellung in der Kosmographie und Kartographie einnahm und Kolumbus von diesen wissenschaftlichen Fortschritten in seiner Seefahrerlaufbahn auf italienischen Schiffen nicht unberührt geblieben sein kann, und man hat behauptet, »daß die technische Bildung des Kolumbus nicht der irgendeines anderen Seemannes unterlegen war, während seine wissenschaftlich-literarische Bildung vollkommen der der erfahrensten Kartographen seiner Zeit entsprach«. Die kosmographischen und nautischen Wissenschaften hatten unter dem Einfluß der Araber seit dem 14. Jahrhundert auch auf der Iberischen Halbinsel, zuerst in Katalonien, dann aber auch in Portugal und Kastilien, eine fortschreitende Entwicklung genommen, die ebenfalls auf Kolumbus eingewirkt haben wird. Eine moderne Nachprüfung der geographischen Vorstellungen des Kolumbus hat ergeben, daß er »sorgfältig in seinen Forschungen gewesen ist und die besten Kenntnisse nutzte, über die seine Zeit verfügte«.

»Die Welt ist nicht so groß . . .«

Manche Irrtümer teilte er mit zeitgenössischen Gelehrten. Er rechnete z.B. einen Längengrad auf dem Äquator $56^2/_3$ Meilen, 83,86 km, gegenüber der wirklichen Entfernung von 111 km und sah darin seine Vorstellung von dem geringen Umfang der Erde bewiesen. »Ich sage, daß die Welt nicht so groß ist, wie man gewöhnlich sagt.« Es ist sehr wahrscheinlich, daß er auf seinen Fahrten zur Ermittlung der Planetenstellungen und zur Vorhersage der Mondfinsternisse die astronomischen Jahrbücher (Ephemeriden) des Regiomontanus (Johannes Müller aus Königsberg in Franken) benutzte, die sich in seiner Bibliothek befanden und die Martin Behaim in Portugal bekannt gemacht hatte, mit dem Kolumbus auch persönlich befreundet gewesen zu sein scheint. Er war auch gut über die vorherrschenden Windströmungen im Atlantik unterrichtet, so daß er den für die Segelschiffahrt von Europa nach Amerika günstigsten Kurs auf dem Breitengrad der Kanarischen Inseln wählte und für die Rückfahrt den nördlicheren Kurs nach den Azoren entdeckte, was doch nicht bloße glückliche Zufälle gewesen sein werden.

Kolumbus entnahm die theoretischen Begründungen für seinen Plan nicht nur wissenschaftlichen Werken, sondern auch der Bibel und den Schriften der Kirchenväter. Er steht noch insofern ganz in der Welt der mittelalterlichen Scholastik, als die kirchlichen Dogmen ihm der Inbegriff aller Wahrheit sind. Eine Sammlung von Bibelsprüchen, die er später mit Hilfe des Paters Gaspar Gorricio in dem Prophetenbuche *(Libro de las profecías)* anlegte, benutzte er, um die Richtigkeit seiner geographischen Vorstellungen zu beweisen. Nachdem er z. B. die Meinung des Aristoteles angeführt, daß die Welt klein und die Ausdehnung des Wassers gering sei, und sie durch Berufung auf Seneca, Plinius, den spanisch-arabischen Philosophen Averroes und den Kardinal Alliacus bekräftigt hat, verweist er auf das Zeugnis der apokryphen Esra-Apokalypse, daß nur ein Siebentel der Erdkugel von Wasser bedeckt sei, und fährt fort: »Diese Autorität ist von Kirchenheiligen anerkannt ... wie z. B. von dem heiligen Augustin und dem heiligen Ambrosius in seinem Exameron ... und sie sagen, daß Esra ein Prophet war«. In dem Buche Jesaiah fand er Prophezeiungen, daß einst von Spanien neue Teile der Welt entdeckt werden. »Gott sprach so deutlich von diesen Ländern durch den Mund des Jesaiah an vielen Stellen seines Buches, wo er versichert, daß von Spanien aus ihnen sein heiliger Name gebracht werden soll.« Spanien war ihm »das Ende der Erde«, wo nach Jesaiah Lobgesänge ertönen werden. Auf seine Sendung in Spanien deutete er die Stelle in Jesaiah Buch 55, Vers 5: »Siehe, du wirst Heiden rufen, die du nicht kennst, und Heiden, die dich nicht kennen, werden zu dir laufen«, oder die Prophezeiung im Buch 60, Vers 9: »Die Inseln harren auf mich im Meer von längsther, daß sie deine Kinder von ferne herzubringen, samt ihrem Silber und Gold, dem Namen des Herrn, deines Gottes«. Kolumbus glaubte sich unmittelbar von Gott berufen, die Weissagungen der heiligen Schrift zu erfüllen, und fühlte sich unter dem Schutz Gottes, der sich ihm in Visionen und Wundern offenbarte.

Die Wiederholung eines antiken Irrtums

Lebt nun Kolumbus mit seinen Gedanken und mit seinem Glauben also noch ganz in der Welt des Mittelalters? Es scheint doch, daß in diesem Übergangszeitalter auch die neu aufkommenden Bestrebungen nicht völlig ohne Einfluß auf ihn geblieben sind. Welche Zusammenhänge bestehen zwischen der Entdeckung der Neuen Welt durch Kolumbus und der geistigen Bewegung des Humanismus und der Renaissance? Der Humanismus erweckte oder belebte die Bekanntschaft mit der geographischen Wissenschaft des Altertums, befestigte die im Spätmittelalter sich wieder durchsetzende Lehre von der Kugelgestalt der Erde und ermöglichte durch Vermittlung der Forschungen des alexandrinischen Gelehrten Eratosthenes genauere Berechnungen über den Erdumfang. Kolumbus besaß, wie es scheint, eine weitreichende Kenntnis

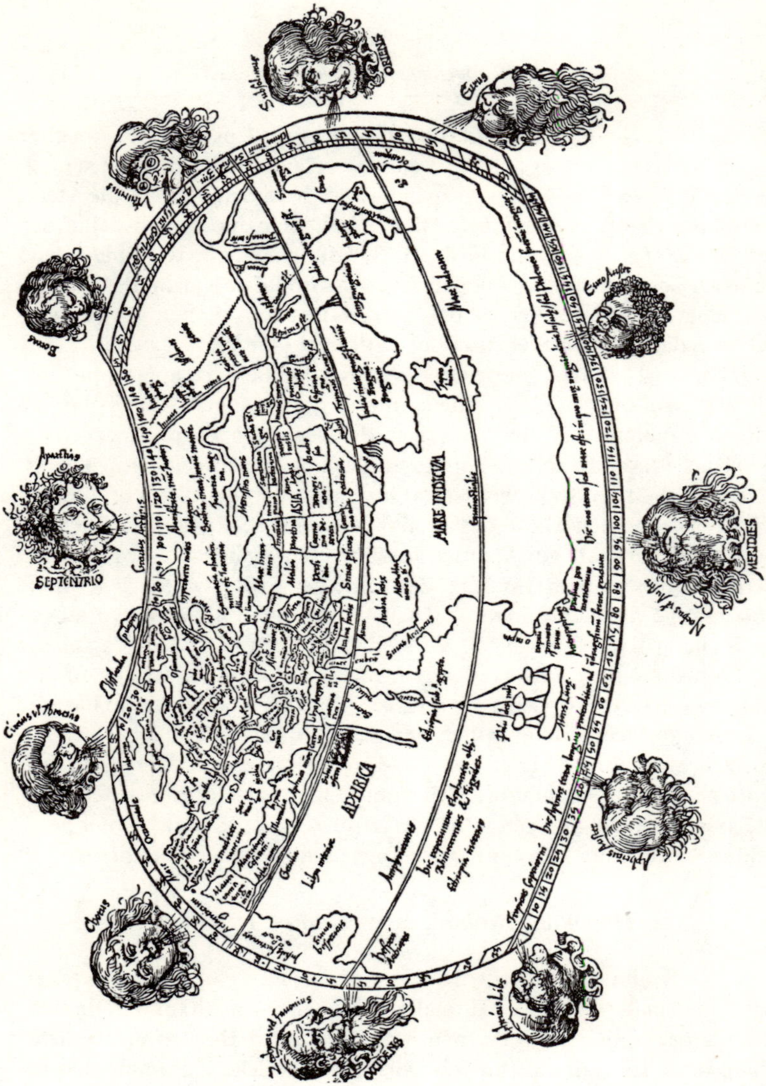

Antikes Kulturgut und Wissen bestimmten bis in die Renaissance hinein und dann erneuert auch die Vorstellungswelt der Geographen, Seefahrer, Mathematiker. Die Karte aus der »Margarita Philosophica«, einer 1503 veröffentlichten Enzyklopädie, geht auf das Vorbild »ptolemäischer Karten« zurück und ist im Jahr ihres Erscheinens in vielen Punkten durch die Neuentdeckungen überholt.

antiker Autoren und zitiert sie in seinen Reiseberichten zur Begründung und Bestätigung seiner Ideen. Diese Bekanntschaft braucht nicht allein auf seine mittelalterlichen Gewährsmänner zurückzugehen, sondern kann auch durch die Verbreitung der humanistischen Studien vermittelt worden sein. Kolumbus beruft sich auf Marinus von Tyrus, Ptolemäus, Aristoteles, Plinius und Seneca. »Aristoteles sagt, daß diese Welt klein ist und daß das Wasser sehr gering in seiner Ausdehnung ist und daß es leicht möglich ist, von Spanien nach Indien zu fahren.« Die Irrtümer der antiken Geographen veranlaßten den Irrtum eines Toscanelli und Kolumbus, und dieser Irrtum führte Kolumbus auf seine Entdeckungsfahrt. »Niemals«, sagte Ranke, »hat ein großartiger Irrtum eine großartigere Entdeckung hervorgebracht.« □

In der Abhängigkeit mittelalterlichen Denkens?

G. Friederici bemerkt kritisch zum Charakterbild des Kolumbus:

Colón steckte mit seinen Anschauungen noch tief im Mittelalter, seiner Zeit war er in keiner Weise voraus; von der Geistlichkeit war er ungemein abhängig. Er war ein vortrefflicher Beobachter, aber ein unklarer Kopf, wenn er zu wissenschaftlichen Verallgemeinerungen und Aufstellung von Theorien überging. Seine kosmographischen Vorstellungen waren etwas unklar und keineswegs gesichertes Gut. An sich richtig beobachtete Tatsachen zwängt er in ein vorgefaßtes Urteil hinein, das ihn überall das sehen ließ, was er finden wollte. Sein nach scholastischer Art aus allen Ecken zusammengerafftes Beweismaterial für seine Aufstellungen kann darüber nicht hinwegtäuschen, daß er eine wirklich wissenschaftliche Durchbildung von der Art, wie sie seine Zeit zu bieten vermochte, nicht besaß. Er war in jungen Jahren zur See gegangen, war an der Guineaküste bis mindestens zum Äquator südwärts gefahren und besaß große praktische Fähigkeiten und Erfahrungen als Seemann. Mit seiner wissenschaftlichen Nautik aber sah es viel schwächer aus, seine Breitenbestimmungen enthalten sehr grobe Irrtümer. Er besaß eine ganz vortreffliche Gabe, die Natur zu beobachten und das in sich Aufgenommene anziehend zu beschreiben; in vielen solchen Bemerkungen über die Erscheinungen der Natur steht er tatsächlich über seiner Zeit. Seine fast kindliche und manchmal rührende Freude an den Schöpfungen seines Gottes und die Art, wie er sie zu erkennen gibt, bringen dem Herzen des Lesers diesen Mann näher, der sonst so manchen unsympathischen Charakterzug zeigt. Aber auch bei diesen

Naturbeobachtungen führt ihn seine hoffnungsvolle Selbsttäuschung nur zu oft auf Irrwege: er sieht in den neuentdeckten Ländern die wertvollen Erzeugnisse, auf deren Suche er ausgezogen ist, erblickt Gewürze und Seidenstoffe, wo keine waren. Nachdem er auf heimischem Boden bei Gestellung und hartnäckiger Aufrechterhaltung seiner außerordentlich hohen Bedingungen und verlangten Belohnungen eine bemerkenswerte Gewinnsucht an den Tag gelegt hatte, hat Colón auf dem Boden der Neuen Welt die für Amerika charakteristisch gewordene Jagd nach Gold und dem Dollar eröffnet. Nicht sowohl allein in seinem eigenen unmittelbaren Interesse, sondern vornehmlich zum Nutzen der Krone und seines Unternehmens, um Muster des Reichtums der von ihm nach seiner Ansicht entdeckten Goldländer Asiens in Spanien vorzeigen zu können, um die Unkosten der Reise zu decken und um den Katholischen Herrschern ein überseeisches Unternehmen als einträglich und zukunftsreich erscheinen zu lassen, an dem er selbst laut Vertrages wirtschaftlich so stark beteiligt war. Gleich nach dem Betreten des amerikanischen Bodens setzte sein immer wiederkehrendes Fragen und Hasten nach Gold ein, das schließlich zu einem mitleidslosen und unmenschlichen Erpressen geworden ist, mit dem er das allerschlechteste Beispiel gegeben hat, mit dem er als erster die verheerende Saat – *la hambrienta codicia y avaricia* – des amerikanischen Goldfiebers ausgesät hat, und das sittlich dadurch nicht gemildert wird, daß er geglaubt hat, die Goldminen Salomons gefunden zu haben, und behauptet hat, mit ihren Erträgen das Heilige Grab in Jerusalem von den Mohammedanern zurückerobern zu wollen. Seine Hymnen auf das Gold erinnern auf das lebhafteste an die bekannten gleichartigen Ergüsse der Dichter und Historiker des klassischen Altertums, die zu dem Schluß kommen, daß für Gold alles feil sei; bei Colón selbst das Paradies. In dieser unersättlichen Gier nach Gold ist es ebenfalls Colón gewesen, der die schmähliche spanische Indianerbehandlung in Amerika eingeleitet hat, mit Gewalt, Erpressung und Hinterlist, mit Steuerbelastung und Bedrückung zum Arbeitsdienst, die schließlich zum Encomienda-System geführt haben, dessen Anfänge auf Cristóbal Colón zurückgehen. Seine grausamen und perfiden Anweisungen zur Indianerbehandlung sind ein Muster für seine Nachfolger geworden.

So fähig sich Colón als praktischer Seemann gezeigt hatte, auch auf seinen ferneren Reisen, wennschon mit geringerem Glück, so unfähig erwies er sich als Verwaltungsbeamter auf dem Lande, besonders weil er ein ganz schlechter Menschenkenner war und sich nicht die nötige, mit Furcht gepaarte heilsame Achtung bei seinen Untergebenen zu verschaffen verstand, wie in ähnlicher Lage ein Seemann ganz anderen Charakters und menschlicher Größe, Fernão Magalhães[1]. Denn Colón zeigt das Bild eines Mannes ohne festen Charakter und ohne Rückgrat sowohl seinen Untergebenen wie seinen Herrschern gegenüber; das Bild eines Mannes, der in steter Furcht lebt, die Gunst und Gnade seiner Fürsten zu verlieren, und der bei seinem Streben, ihren Wünschen oder von ihm vermuteten Begehren entgegenzukommen, sich zu Handlungen verleiten läßt, die er sonst nicht begangen haben würde. Denn im Herzen war er gutmütig und wohlwollend. □

Der Kampf für eine Idee: Audienzen, Disputationen, Prüfungen

Wie viele Menschen hegen nicht die schönsten Träume und fassen die kühnsten Pläne, wie wenige aber besitzen die Energie, solche Pläne auch zu verwirklichen. Tatmenschen sind häufig nüchtern, gut befähigt, übertragene Aufgaben prompt zu erfüllen. Aber erst die Träumer, die Phantasten, die doch den Willen zur Tat besitzen, bilden das befruchtende Element in der Geschichte; sie geben die großen Anstöße, sie glauben an sich und ihre Pläne, für die sie dann auch andere gewinnen.

Kolumbus gehörte zu dieser kleinen Gruppe von Menschen, und hier liegt eine Wurzel für seine historische Größe: der geradezu fanatische Glaube an die Richtigkeit seiner Idee. Von 1484 an setzte er alle Kraft an die Durchführung des Planes einer Westfahrt nach Asien. Er trug ihn dem portugiesischen König vor – und stieß auf Ablehnung. Gewiß gab es genug Gründe für eine Skepsis, aber dennoch können wir heute Johann II. nicht verstehen, und die Frage wird offenbleiben müssen, ob es sachliche bzw. finanzielle Erwägungen waren oder die Gründe für die Ablehnung in der Person des Genuesen lagen; denn ein kleines Geheimnis bleibt nach wie vor, warum Kolumbus um die Mitte des Jahres 1485 bei Nacht und Nebel Portugal verließ oder, wohl genauer gesagt, von dort flüchtete.

Seine Frau war inzwischen verstorben, und so nahm er seinen fünfjährigen Sohn Diego mit sich und ging in das wenig jenseits der Grenze gelegene spanische Franziskanerkloster La Rabida, unmittelbar bei dem Städtchen Palos am Atlantischen Ozean, wo er unter den dortigen Patres Freunde und – wichtiger – Förderer seiner Pläne fand.

1 Der erste Weltumsegler

Von nun an läßt sich jeder Schritt belegen, den Kolumbus in Spanien ging, und er mußte viele Gänge unternehmen, antichambrieren und Enttäuschungen einstecken. Las Casas schreibt über diese Zeit:

Er begann einen schrecklichen, fortwährenden, schmerzensreichen und endlosen Kampf zu führen: ein mit scharfer Klinge geführter Kampf hätte nicht so unerbittlich und grausam sein können wie jenes unablässige Ringen mit den vielen Menschen, die er überzeugen sollte, ohne daß sie ihn verstanden, die sich aber anmaßten, alles besser zu wissen: jener stille Kampf mit den zahlreichen Gegnern, denen er geduldig antworten mußte, ohne daß sie begriffen, wer er war, die ihm ohne Achtung und mit beleidigender Rede begegneten, so daß er in der Seele betrübt war.« □

Der Ausschuß von Salamanca

1486 erhielt er die erste Audienz bei Ferdinand und Isabella, aber das Königspaar war zu dieser Zeit, wie wir ja wissen, viel zu sehr mit den Kämpfen gegen die Mauren beschäftigt, als daß sie intensiver auf die Pläne hätten eingehen können. Also griffen sie nach einem damals schon bewährten Mittel und schoben die ganze Angelegenheit auf die lange Bank, d. h., sie verwiesen sie an einen Ausschuß, eine Kommission, die in der berühmten Universitätsstadt Salamanca tagte. Der amerikanische Schriftsteller Washington Irving (1783–1859), der nach sorgfältigen Quellenstudien 1828 eine Kolumbus-Biographie schrieb, die sich in durchaus traditionellen Bahnen hält, berichtet über die Diskussionen in Salamanca.

Die interessante Beratung über den Antrag des Kolumbus wurde in Salamanca, dem großen Sitze der Gelehrsamkeit in Spanien, gehalten. Der Versammlungsort war das Dominikanerkloster zu St. Stephan, wo Kolumbus Wohnung erhielt und mit großer Gastfreundschaft im Laufe der Untersuchung bewirtet wurde.

Religion und Wissenschaft waren zu jener Zeit und insbesondere in Spanien eng verbunden. Die Schätze der Gelehrsamkeit waren in Klöstern eingemauert und die Lehrstühle wurden ausschließlich mit Klostergeistlichen besetzt. Die Herrschaft des Klerus erstreckte sich über den Staat so gut wie über die Kirche, und Stellen von Ehren und Einfluß an den Höfen wurden mit Ausnahme des Erbadels fast allein der Geistlichkeit anvertraut. Es war etwas Gewöhnliches, Kardinäle und

Bischöfe in Helmen und Harnischen an der Spitze der Heere zu sehen, und der Bischofstab wurde während des heiligen Krieges gegen die Mauren oft mit der Lanze vertauscht. Das Zeitalter war ausgezeichnet durch das Wiederaufleben der Gelehrsamkeit, aber noch viel mehr durch seinen vorherrschenden Religionseifer, und Spanien übertraf alle andre Länder der Christenheit in der Glut seiner andächtigen Opferungen. Die Inquisition war grade in diesem Königreiche eingeführt worden, und jede Meinung, welche nach Ketzerei schmeckte, übergab ihren Bekenner dem Haß und der Verfolgung.

Das war die Gestalt der Zeit, als ein Rat von Weisen aus der Geistlichkeit in dem Collegialstifte St. Stephan zusammentrat, um die neue Theorie des Kolumbus zu untersuchen. Das Collegium bestand aus Professoren der Astronomie, Geographie, Mathematik und andrer Zweige der Wissenschaften, zugleich aus verschiedenen Würdenträgern der Kirche und gelehrten Mönchen. Vor dieser erleuchteten Versammlung erschien Kolumbus, um seine These vorzutragen und zu verteidigen. Wohl war er von den Unwissenden und vom Pöbel als ein Träumer verspottet worden, aber er war auch überzeugt, daß er nur ein Collegium von wissenschaftlich gebildeten Männern vor sich haben dürfe, die seinem Raisonnement ohne Leidenschaft zuhörten, um mit seiner Ansicht den Triumph davonzutragen.

Der größere Teil dieser gelehrten Junta kam, so ist es sehr wahrscheinlich, gegen seine Idee eingenommen dorthin, wie solches mit Männern in Ämtern und Würden gegen bloße Dilettanten zu geschehen pflegt. Man ist dann geneigt, den zu examinierenden Mann als einen Delinquenten oder Betrüger zu betrachten, dessen Sünden und Irrtümer an das Tageslicht kommen und an den Pranger gestellt werden sollen. Auch Kolumbus mußte vor einem gelehrten Collegium in einem sehr unvorteilhaften Licht erscheinen; ein unbekannter Seefahrer, kein Mitglied irgend einer gelehrten Gesellschaft, von allen Zierraten und Umständen entblößt, welche der Unwissenheit jezuweilen orakelmäßiges Ansehen geben; nur auf die Stärke seines urkräftigen Geistes gestützt. Einige von der Junta unterhielten den Volksglauben, daß er ein Glücksritter, oder am mildesten zu sagen, ein Träumer sei, und andere besaßen die kränkliche Gereiztheit auf jede Neuerung in ihren anerkannten Lehren, die den dummen und pedantischen Leuten in ihren Klöstern über die Köpfe wachsen könnte. Welch seltsames Schauspiel muß der Saal des alten Collegialstiftes bei dieser merkwürdigen Konferenz dargeboten haben! Ein einfacher Seemann mitten vor einer gebieterischen Schlachtordnung von Professoren, Mönchen und Würdenträgern der Kirche stehend, wie er seinen Satz mit natürlicher Beredsamkeit aufrecht erhält und sozusagen die Sache der neuen Welt führt. Es wird berichtet, als er die Gründe seiner Meinung auseinanderzusetzen anfing, hätten ihm nur die Klosterbrüder von St. Stephan Aufmerksamkeit geschenkt, indem dieses Kloster in den Wissenschaften mehr bewandert war, als der übrige Teil der Corporation.

Salamancas Spruch
»Es ist eine Anmaßung für einen gemeinen Mann ...«

Die anderen schienen sich in eine feindselige Position gegen ihn verschanzt zu haben, die nämlich: nachdem so viele tiefe Philosophen und Erdkundige die Gestalt der Welt zum Gegenstand ihrer Untersuchung gemacht hätten und so mancher tüchtige Seemann vor abertausend Jahren auf ihr herumgeschifft wäre, sei es eine starke Anmaßung für einen gemeinen Mann, zu glauben, es bleibe für ihn noch eine so große Entdeckung zu machen übrig. Mehrere Einwürfe dieses gelehrten Körpers sind uns von der Geschichte überliefert worden und haben der Universität Salamanca vielen Spott eingetragen. Aber sie liefern einen Beweis, nicht sowohl von der besonderen Schwäche dieser Gesellschaft, als vielmehr von dem unvollkommenen Zustande der Wissenschaften in jener Zeit überhaupt, und von der Art, wie die Kenntnisse, ungeachtet ihrer schnellen Verbreitung, doch stets durch mönchische Verfinsterung in ihrem Fortschreiten gehemmt waren. Alles wurde durch das trübe Medium jener Zeitalter angesehen, wo die Lichter des Altertums ausgetreten waren und der Glaube die Stelle der Untersuchungen ersetzen mußte. In eine Masse von religiösen Streitfragen verwickelt, war die Menschheit auf Rückschritten begriffen und von den Grenzpunkten der Kenntnisse der Alten längst abgewichen. So wurde denn Kolumbus gleich an der Schwelle der Untersuchung mit Stellen aus der Bibel, alten und neuen Testaments, aus der Genesis, den Psalmen Davids, den Propheten, den Aposteln und Evangelien angegriffen. Diesen fügte man die Aussprüche verschiedener heiligen und ehrwürdigen Kommentatoren der Kirche bei, als des heiligen Chrysostomus, des h. Augustinus, des h. Hieronymus und Gregorius, des h. Basilius und Ambrosius, und des Lactantius Firmianus, eines berühmten Verfechters des Glaubens. Sätze der Kirchenlehre wurden vermischt mit philosophischen Diskussionen, und ein mathematischer Beweis wurde nicht angenommen, wenn er mit einer Stelle der Schrift, oder mit deren Erklärungen durch einen der Kirchenväter, zu streiten schien.

»Wie sollen Menschen mit in die Höhe gekehrten Beinen gehen?«

Auf solche Art wurde die Möglichkeit von Antipoden in der südlichen Halbkugel, eine Meinung, welche von den Weisesten des Altertums so allgemein verfochten wurde, daß sie bei Plinius nur der große Streit der Gelehrten und der Dummköpfe heißt, ein Stein des Anstoßes bei einigen der Weisen von Salamanca. Einige unter ihnen widersprachen heftig einer solchen Begründung der Theorie des Kolumbus, indem sie sich mit Zitaten aus Lactantius und dem heiligen Augustinus waffneten, welche in jenen Tagen für die erste evangelische Autorität galten. Aber obgleich diese Schriftsteller als Männer von großer Gelehrsamkeit und als zwei der größten Lichter des sogenannten goldenen Alters der kirchlichen Weisheit bekannt sind, so waren doch ihre Schriften ganz dazu geeignet, eine beständige Finsterniß im Reiche der Wissenschaften zu unterhalten.

Die Stelle aus Lactantius, welche den Kolumbus widerlegen sollte, lautet erstaunlich lächerlich und ist eines so tiefen Theologen völlig unwürdig: »Ist wohl irgend jemand so verrückt,« fragt er, »daß er glaubte, es gäbe Antipoden, die mit den Füßen gegen die unseren stehen, Menschen, die mit in die Höhe gekehrten Beinen und mit herunterhängenden Köpfen gehen? Daß eine Gegend der Erde existiere, wo alle Dinge unterst zu oberst stehen, wo die Bäume mit ihren Zweigen abwärts wachsen und wo es in die Höhe regnet, hagelt und schneit? Die Idee, daß die Erde rund sei«, fügt er hinzu, »war der Grund der Erfindung dieser Fabel von den Antipoden mit den Füßen in der Luft: denn jene Philosophen gehen in ihren Ungereimtheiten von dem ursprünglichen Irrtum weiter, und leiten einen aus dem anderen ab.« Gewichtigere Einwürfe wurden von der Autorität des heiligen Augustinus hergenommen. Er erklärt die Lehre von den Antipoden unverträglich mit der historischen Wurzel unseres Glaubens; denn wer versichere, daß es bewohnte Länder auf der anderen Seite unserer Erdkugel gäbe, nähme an, daß dort Völker wären, die nicht von Adam abstammten, da es unmöglich für dessen Abkömmlinge gewesen sei, über das dazwischen liegende Weltmeer zu kommen. Dieses würde also der Bibel den Glauben entziehen, welche ausdrücklich erklärt, daß alle Menschen von einem Elternpaare abstammen.

Solcher Art waren die unerwarteten Vorurteile, welche Kolumbus gleich im Anfange seiner Verhandlung zu bestehen hatte, und welche sicher mehr dem Kloster als der Universität gleichsehen. Seinem einfachsten Satze von der Kugelform der Erde wurden bildliche Aussprüche der Bibel entgegengesetzt. Man bemerkte, in den Psalmen heiße es, der Himmel sei ausgespannt gleich einem Felle; das heiße nach den Auslegern der Vorhang oder die Decke eines Zeltes, welche bei den alten Hirtenvölkern aus Tierfellen gemacht gewesen; und der heilige Paulus vergleiche in seinem Briefe an die Hebräer den Himmel mit einem Tabernakel oder Zelt, welches über die Erde ausgebreitet sei, woraus abzunehmen, daß dieselbe flach sein müsse. Kolumbus, der ein sehr religiöser Mann war, fand, daß er nicht allein in Gefahr kommen, widerlegt, sondern sogar der Ketzerei beschuldigt zu werden.

Die Erde mag eine Kugel sein,
aber wie soll die andere Seite erreichbar sein?

Andere, mehr in den Wissenschaften bewandert, gaben die Kugelform der Erde und die Möglichkeit einer entgegengesetzten, bewohnbaren Halbkugel zu; aber sie brachten die Einbildung der Alten wieder hervor und behaupteten, es sei unmöglich, dorthin zu gelangen, wegen der unerträglichen Hitze der heißen Zone. Selbst wenn zugegeben würde, daß man über diese hinaussegeln könne, müsse der Umfang der Erde doch so groß sein, daß man wenigstens drei Jahre zur Reise brauche und diejenigen, welche sie unternahmen, vor Hunger und Durst umkommen müßten, weil es unmöglich wäre, sich auf so lange Zeit mit Lebensmitteln zu versehen. Man bemerkte, daß nach der Autorität Epikurs die Erde auch bei der Kugelform nur auf der nördlichen Halbkugel bewohnbar und nur auf dieser Seite vom Himmel umgeben sei; auf der anderen finde man ein Chaos, einen Abgrund oder eine unendliche Wasserwüste. Es war nicht die kleinste Ungereimtheit, welche man vorbrachte, daß ein Schiff, welches selbst so glücklich wäre, auf diesem Wege die äußersten Grenzen von Indien zu erreichen, doch niemals zurückzukehren im Stande sein würde, weil die runde Form der Erdkugel eine Art Berg bilde, den man auch mit dem günstigsten Winde nicht hinansegeln könne.

Dieses sind Proben der Irrtümer und Vorurteile, der Vermischung von Unwissenheit und Gelehrsamkeit, und des pedantischen Mönchtums, womit Kolumbus bei der Untersuchung seiner Theorie zu kämpfen hatte. Dürfen wir uns über die Schwierigkeiten und Verzögerungen wundern, die er an den Höfen erlebte, wenn solche flache und gemeine Ansichten von gelehrten Männern einer Universität ausgesprochen wurden? Wir dürfen indessen nicht glauben, daß es nur die hier erwähnten Entgegnungen allein gewesen wären; sie sind nur wegen ihrer großen Ungereimtheit der Nachwelt aufgezeichnet worden. Wahrscheinlich wurden sie nur von wenigen und solchen Personen vorgebracht, welche, in theologische Studien vertieft und in klösterliche Betrachtung zurückgezogen, wenig Gelegenheit fanden, die aus Büchern geschöpften irrigen Ansichten mit den Erfahrungen des Tages zu berichtigen.

Überzeugende Argumente, Verständnis und blinder Eifer

Es wurden ohne Zweifel auch Erwiderungen vorgebracht, welche vernünftiger und dieser ausgezeichneten Universität würdiger waren; und es muß um der Gerechtigkeit willen bemerkt werden, daß des Kolumbus Antworten bei vielen seiner gelehrten Examinatoren Eingang fanden. Zur Entgegnung der Einwände aus den Stellen der heiligen Schrift bemerkte er, die gottbegeisterten Seher hätten sich nicht technisch als Erdkundige, sondern figürlich in einer allen verständlichen Sprache ausgedrückt. Die Kommentare der Kirchenväter behandelte er mit Ehrfurcht als fromme Erläuterungen, aber nicht als philosophische Erhärtungen, die man notwendig annehmen oder verwerfen müsse. Den von den alten Philosophen entlehnten Zweifeln stellte er kühn und gewandt gleiche Gründe entgegen; denn er war in allen Teilen der Kosmographie trefflich bewandert. Er zeigte, daß die berühmtesten unter diesen Weisen angenommen hatten, die beiden Halbkugeln seien bewohnt, wiewohl sie meinten, der heiße Erdgürtel lasse keine Gemeinschaft zwischen ihnen zu, und er widerlegte auch diese Schwierigkeit, denn er selbst war nach St. Georg la Mina in Guinea gereist, welches schon unter der Äquinoktial-Linie liegt, und hatte diese Gegend nicht nur zum Durchschiffen tauglich, sondern in einem Überfluß von Bevölkerung, Früchten und Weideplätzen angetroffen. Als Kolumbus vor diese gelehrte Körperschaft trat, schien er nur der einfache und gewöhnliche Seemann zu sein, einigermaßen vielleicht in Verlegenheit vor der Größe seiner Aufgabe und dem vornehmen Ansehen seines Auditoriums. Er besaß einen Grad religiösen Gefühls, welcher ihm Vertrauen zur Ausführung der von ihm erkannten großen Bestimmung einflößte, und war von einem feurigen Temperament, welches sich in dem Gang der Rede durch seine eigene edle Flamme entzündete. Las Casas und andere Zeitgenossen haben von seiner imponierenden Gestalt, seiner vornehmen Haltung, seiner gebietenden Miene, seinen leuchtenden Augen und dem überzeugenden Ton seiner Stimme gesprochen.

Unter der Anzahl derer, welche sich durch seine Vernunftgründe überzeugen ließen, und von seiner Beredsamkeit ergriffen wurden, war Diego de Deza, ein würdiger und gelehrter Mönch von dem Orden der Dominikaner, zu der Zeit Professor der Theologie in dem Convent zu St. Stephan, der aber nochmals zum Erzbischof von Sevilla, der zweiten geistlichen Würde in Spanien, erhoben wurde. Dieser treffliche und gelehrte Theologe war ein Mann, dessen Geist über die engherzige Kirchenzucht und Bücherweisheit erhaben war, der den Wert der Wissenschaften zu schätzen wußte, wenn sie auch von ungelehrten Lippen verkündet wurde. Er blieb kein untätiger Zuhörer, er faßte ein edles Interesse für die Sache, und indem er Kolumbus mit aller Kraft verteidigte, besänftigte er den blinden Eifer seiner strengen Kollegen, so daß er ihm, wenn auch kein vorurteilfreies, doch ein leidenschaftslose Gehör verschaffte. Durch ihre vereinten Anstrengungen, heißt es, seien die gelehrtesten unter den Kathedermännern gewonnen worden.

Eine große Schwierigkeit war es, den Plan des Kolumbus mit der Weltbeschreibung des Ptolemäus in Einklang zu bringen, welcher alle Studierende unbedingt huldigten. Wie wären die erleuchtetsten jener Weisen erstaunt gewesen, wenn ihnen jemand gesagt hätte, daß der Mann bereits lebe: Copernicus, dessen Planetensystem die große Theorie des Ptolemäus umstoßen werde, welcher die Erde noch dem Universum zum Mittelpunkte gab!

Aller Anstrengung ungeachtet war jedoch eine überwältigende Masse von trägem Mönchtum und gelehrtem Stolz in dieser akademischen Körperschaft, die sich weigerte, Demonstrationen an einen unbekannten Fremden ohne Vermögen, ohne Verbindung und ohne die geringste akademische Würde, zu verschwenden. – »Es war erforderlich«, sagt Las Casas, »ehe Kolumbus seinen Lösungen und Vernunftgründen Eingang verschaffen konnte, den Zuhörern die irrigen Gründe zu nehmen, auf welchen ihre Einwendungen beruhten; eine weit schwerere Aufgabe, als seine Sätze lehrend vorzutragen.« Es fanden öftere Konferenzen statt, aber ohne eine Entscheidung herbeizuführen. Die Unwissenden, oder was noch schlimmer ist, die mit Vorurteilen Behafteten, blieben halsstarrig auf ihrem Widerspruch stehen, mit aller unfreudlichen Hartnäckigkeit beschränkter Köpfe; die Billigeren und Einsichtsvolleren nahmen wenig Anteil an Diskussionen, die an sich ermüdend und ihren gewöhnlichen Beschäftigungen fremd waren, selbst diejenigen, welche den Plan mit Beifall anhörten, betrachteten ihn nur wie einen reizenden Traum, der zwar voller Wahrscheinlichkeit und schöner Aussichten sei, aber niemals erfüllt werden könne. Fernando von Talavera, welchem das Projekt persönlich empfohlen war, hatte zu wenig Achtung für dasselbe und war zu sehr mit dem Lärm und Gedränge der öffentlichen Angelegenheiten beschäftigt, als daß er auf eine Beendigung hätte dringen sollen, und solchergestalt erfuhr die Untersuchung fortwährend Aufschub und Vernachlässigung. □

Rückschläge – und ein Vertrag mit dem Königshaus

Während der Salamanca-Ausschuß über einer Entscheidung brütete, blieb Kolumbus nicht untätig. Sogar nach Portugal kehrte er noch einmal zurück und verhandelte erneut mit König Johann II., aber diese Verhandlungen zerschlugen sich ebenso wie jene, die sein Bruder Bartolomeo in seinem Auftrag am englischen und am französischen Königshof führte.

1490 gelangten die Herren in Salamanca endlich zu einem Ergebnis und sprachen sich gegen die Pläne aus. Nach so viel Rückschlägen hätten die meisten Menschen wohl aufgegeben. Nicht aber ein Kolumbus. Im Sommer 1491 nahm er noch einmal von La Rabida aus über einen früheren Beichtvater Isabellas Verbindung mit den Königen auf, die eben zum letzten Sturm gegen Granada ansetzten. Tatsächlich erhielt er den Auftrag, in das Lager nach Santa Fé zu kommen, aber dort begann die Warterei erneut. Boabdil kapitulierte inzwischen, und die Majestäten hatten Wichtigeres zu tun, als sich um eine Entdeckungsreise zu kümmern. Plötzlich aber kam die überraschende Wende: die Königin ließ sich von den Befürwortern des Planes umstimmen. Damit war zwar vieles, aber noch nicht alles gewonnen; denn nun begannen die langwierigen Finanzverhandlungen.

Kolumbus war keineswegs nur ein Idealist, der seine Pläne verwirklichen wollte, sondern er hatte durchaus reale Vorstellungen von Größe und Wert seines Einsatzes und damit von den Vorteilen, die ihm das Unternehmen bringen sollte. In diesem Punkt unterschied er sich völlig von den in portugiesischem Auftrag segelnden Kapitänen, die nach Erfüllung ihrer Aufgaben zumeist in die Anonymität zurücktraten. In diesem Fall endeten die Verhandlungen mit einem Vertrag zwischen dem Königspaar und Kolumbus, der ihm die Würde eines Großadmirals, Vizekönig der von ihm entdeckten Länder, ein Zehntel der dort erbeuteten Schätze und ein Achtel des Gewinns an den Schiffahrten dorthin einbringen sollte. Noch nie zuvor war jemandem das Fell des Bären so vergoldet worden, noch ehe er ihn erlegt hatte!

Am 30. April 1492 erfolgte durch die Katholischen Majestäten Ferdinand und Isabella in Granada die feierliche Bestätigung aller Ämter und Ehren:

Don Fernando und Doña Isabel, von Gottes Gnaden König und Königin von Kastilien, von Léon, von Aragonien, von Sizilien, von Granada, von Toledo, von Valencia, von Galicien, von Mallorca, von Sevilla, von Sardinien, von Cordova, von Corsika, von Murcia, von Jaën, von Algarbien, von Algeciras, von Gibraltar und den Kanarischen Inseln; Graf und Gräfin von Barcelona, Landesherren von Biscaya und Molina. Herzöge von Athen und Neopatria; Grafen von Roussillon und Cerdagne; Markgraf von Oristano und Gociano: in Ansehung, daß Ihr Christoforo Colón, abreist auf unseren Befehl, um mit unseren Leuten zu entdecken und zu erobern gewisse Inseln und Festlande im ozeanischen Meer, und daß man hofft, daß mit Gottes Hilfe man einige dieser genannten Inseln und Festlande in dem genannten ozeanischen Meer durch Eure Hand und Geschicklichkeit entdecken wird; und daß es so eine gerechte und vernünftige Sache ist, da ihr Euch für unseren Dienst der genannten Gefahr aussetzt, daß Ihr dafür belohnt werdet, haben wir die Absicht, aus obbemeldeten Gründen Euch zu ehren und Gunst zu erweisen: es ist unser Vergnügen und Wille, daß Ihr, der genannte Don Christoforo Colón, nach dem Ihr die genannten Inseln und Festlande oder eins von ihnen entdeckt und erobert habt im ozeanischen Meer, unser Admiral der genannten Inseln und Festlande sein sollt; und daß Ihr unser Admiral und Vize-König und Gouverneur seid, und daß Ihr Euch künftighin *Don* Christoforo Colón nennen und titulieren könnt; und daß desgleichen Eure Söhne und Nachfolger sich *Don* und Admiral heißen und benennen können, und Vize-König und Gouverneur; und daß Ihr das Amt eines Admirals ausüben und erfüllen könnt, ebenso wie auch das Amt des Vize-Königs und Gouverneurs der genannten Inseln und Festlande, die Ihr entdecken und erobern werdet, wie auch Eure Stellvertreter, und anhören und entscheiden sollt alle zivilen und kriminellen Prozesse, die das Amt der Admiralschaft berühren und das des Vize-Königs und Gouverneurs, wie Ihr es für Recht halten werdet, und wie unsere Admirale unserer Königreiche die Gewohnheit haben, es zu gebrauchen und auszuüben; und daß Ihr strafen und züchtigen könnt die Missetäter; und in der Eigenschaft als Admiral und Vize-König und Gouverneur handeln könnt Eurem Amte gemäß, Ihr und Eure Stellvertreter, in allem, was die genannten Ämter und jedes einzelne von ihnen angeht; und daß Ihr innehabt und

Kolumbus nach dem Empfang
durch das Herrscherpaar Ferdinand und Isabella.
Aus: De Bry, »Americae«, 4. Buch.

wahrnehmt die Rechte und den Lohn, die mit den genannten Ämtern und jedem einzelnen von ihnen verknüpft sind, gemäß dem und wie sie wahrnehmen und es die Sitte ist wahrzunehmen unser Großadmiral in der Admiralschaft unserer Königreiche. Und durch diese vorliegende unsere Urkunde oder durch die Kopie, unterzeichnet von einem Rechtskundigen, geben wir Befehl an den Prinzen Don Juan, unserem sehr lieben und sehr geliebten Sohn, und an die Kinder, Herzöge, Prälaten, Markgrafen, Grafen, die Stände, Prioren, Kommandeure und an diejenigen unseres Rates und an die Beisitzer unseres Gerichtshofes und andere beliebige Gerichtshöfe unseres Hauses und Hofes und an die Unterkommandeure, Alkalden der Schlösser, befestigten und unbefestigten Stätten, und an alle Räte und Gehilfen, Stadt- und Landrichter und Alkalden und Gerichtsdiener, Amtmänner, vierundzwanzig Ritter, Geschworenen, Edlen, Würdenträger, Männer aller Städte, Dörfer und Orte unserer Königreiche und Landesherrlichkeiten, und solche, die Ihr erobern und gewinnen werdet, und an die Feldherren, Meister und Werkmeister und Gehilfen, Matrosen und Seeleute, unsere Untertanen und Staatsangehörigen, die es gegenwärtig sind und es in Zukunft sein werden, und an alle und jeden einzelnen, daß, wenn die genannten Inseln und Festlande in dem genannten ozeanischen Meer durch Euch werden entdeckt und erobert worden sein, und der Treueid und der in einem solchen Fall erforderliche Akt durch Euch oder durch Euren Bevollmächtigten getan worden ist, sie Euch künftighin für Euer ganzes Leben haben und halten, und nach Euch, Eurem Sohne und Nachfolger, und von Nachfolger zu Nachfolger für alle Zeit, als unseren Admiral des genannten ozeanischen Meeres und als Vize-König und Gouverneur der genannten Inseln und Festlande, die Ihr, der genannte Don Christoforo Colón, gewinnen und entdecken werdet; und sie erstatten Euch Bericht und den genannten Stellvertretern von Euch, die Ihr in die genannten Ämter der Admiralschaft, des Vizekönigs und Gouverneurs einsetzt, über alles das, was sie betrifft, und zahlen und erzwingen Euch die Einkünfte und die Rechte und anderen Dinge, die mit genannten Ämtern in Zusammenhang stehen; und daß sie Euch stützen und für Euch erzwingen Ehrenbezeigungen, Gewogenheit und alle Freiheiten, Vorrang, Vorrechte, Erlasse und Steuerfreiheiten und all die anderen Dinge, und jedes einzelne, die Ihr haben müßt und deren Ihr Euch erfreuen sollt auf Grund der genannten Ämter als Admiral und Vizekönig und Gouverneur, und die Euch voll und ganz vorbehalten sein sollen, so daß Ihr nichts vermißt, und daß sie davon auch nicht den kleinsten Teil Euch beschlagnahmen, noch erlauben, daß andere sie nehmen noch Widerstand leisten. Denn wir, durch diese gegenwärtige Urkunde, begünstigen Euch von jetzt ab und für alle Zeit mit den Ämtern des Admirals, des Vize-Königs und Gouverneurs, erblich für alle Zeiten; und wir geben Euch den Besitz, den stillschweigenden Besitz dieser Ämter und jedes einzelnen und die Macht und die Autorität, um sie auszuüben und zu erfüllen, und um wahrzunehmen die Rechte und Einkünfte, die zu ihnen und jedem einzelnen von ihnen gemäß dieser Abmachung gehören. Von allem, was gesagt ist, wenn Ihr es braucht, und wenn Ihr es fordert, befehlen wir unserem Kanzler und unseren Rechtskundigen und anderen Staatsdienern, die sich im Amt des Siegelbewahrers befinden, daß sie Euch geben und aushändigen und besiegeln unseren Freiheitsbrief, den dauerhaftesten und sichersten und begnadetsten, wenn Ihr ihn fordern werdet oder ihn benötigen werdet, und daß die einen wie die andern nicht anders handeln in keiner Weise, bei Strafe, unsere Gunst zu verlieren, für jeden, der dem zuwiderhandelte, und eine Geldbuße von zehntausend Maravedi für unseren Gerichtshof zu bezahlen. Und noch mehr, wir verfügen, daß derjenige, der ihnen unsere Urkunde vorlegen wird und sie auffordert, vor uns zu erscheinen zu unserem Gerichtshof, irgendwohin, wo wir sein mögen, vom Tage, an dem er sie aufgefordert haben wird bis zu den ersten folgenden vierzehn Tagen, bei der genannten Strafe, zu der wir jeden öffentlichen Rechtskundigen, an den man sich wenden würde, verdammen, daß er demjenigen, der es verlangt, eine Zeugenaussage mit seiner Unterschrift versehen gibt, damit wir wissen, wie unser Gesetz erfüllt wird.

Erlassen in unserer Stadt Granada, am 30. des Monats April, im Jahre Unseres Herrn Jesus-Christus 1492.

ICH DER KÖNIG. ICH DIE KÖNIGIN.« □

Das große Abenteuer der Atlantiküberquerung

Am 17. April 1492 war der Vertrag zwischen den spanischen Königen und Kolumbus geschlossen worden. Wollte er das Jahr für eine Fahrt nach Westen ausnutzen und nicht in die gefährlichen Herbststürme geraten, mußte er seine Vorbereitungen energisch vorantreiben. Wir hören so viel von der großen Fahrt, viel zu wenig aber von den Hintergründen, vom Alltag der Seefahrer, den technischen Vorbereitungen, der Ausrüstung der Schiffe oder dem Alltag an Bord. War Kolumbus nur ein genialer Planer oder war er auch ein guter Organisator? Wie stand es vor allem mit seinen seemännischen Fähigkeiten? Das sind Fragen, die beantwortet sein wollen und oft genug nicht befriedigend geklärt werden. Im Gegenteil, oft werden absichtlich oder unabsichtlich Fakten verschleiert und umgedeutet, und es bleibt merkwürdig, daß das Werk dieses Mannes, über den wir doch mehr wissen als über Dante oder Shakespeare, immer wieder in Zweifel gezogen wird.

Louis de Santangel – Finanzier des Unternehmens

So sucht neuerdings Simon Wiesenthal die Vorbereitungen der Reise und ihre Finanzierung in unmittelbare Verbindung mit den Schicksalen der Juden in Spanien zu bringen, von denen im 2. Kapitel schon ausführlich die Rede war. Ein solcher Plan, sowenig er sich auch belegen läßt, hätte tatsächlich eine Folge der vermuteten jüdischen Herkunft des Entdeckers sein können. Wiesenthal betont dabei die Rolle von Louis de Santangel, einem Vertrauten König Ferdinands.

Der Haupteinwand der Königin war, daß das Land infolge des kostspieligen Krieges gegen die Mauren nicht in der Lage sei, die Kosten der Expedition zu tragen. Die Staatskasse war leer. Hier sprang Santangel wahrscheinlich nach Absprache mit Gabriel Sanchez, Cabrero und Caballeria, ein und erbot sich, die Expedition vorzufinanzieren. Das war der entscheidende Punkt, denn ohne dieses Angebot Santangels wäre es zu der Entdeckungsreise aus einfachem Geldmangel nicht gekommen. Ferdinand und Isabella glaubten außerdem, daß dieser Plan reale Chancen habe, wenn ein Mann wie der von ihnen sehr geschätzte Santangel bereit war, die Mittel für eine solche Reise ins Ungewisse vorzustrecken. Es wäre hier am Platze, über eine so wichtige Persönlichkeit wie Louis de Santangel, dessen Statue sich auf dem großen Kolumbus-Denkmal in Barcelona befindet, etwas mehr zu sagen.

Die Santangels oder Sancto Angelos gehörten im 15. und 16. Jahrhundert zu den begütertsten, einflußreichsten und mächtigsten Familien Aragoniens. Als viele Juden in Calatayud, Daroca, Fraga, Babastro und anderen Städten wegen der großen Verfolgungen und der Hetzpredigten des Vicente Ferrer ihren Glauben ablegten, um ihr Leben zu retten, beugten auch sie sich dem Willen der Kirche.

Wie die Villanuevas, deren Stammvater Moses Patagon war, und die Clementes, die von Moses Chamorro abstammten, kamen auch die Santangels aus Calatayud, dem alten Calat-al-Yehud, einer der reichsten jüdischen Gemeinden Aragoniens im 14. Jahrhundert. Gründer dieser Gemeinde war Azarias Ginillo, ein gelehrter Mann, dessen Frau nicht zu bewegen war, das Judentum auch nur zum Schein abzulegen. Einige Jahre später heiratete sie Bonafos de la Caballeria. Azarias Ginillo oder Louis de Santangel hatte als Jurist einen großen Namen. Seine Söhne Alonso, Juan und Pedro Martin lebten in Daroca und erhielten von König Ferdinand von Aragonien Schutz- und Freibriefe. Durch ihre Klugheit und ihren Reichtum erlangten die Santangels hohe Ämter. Als ausgezeichnete Juristen wurden sie Mitglieder der Cortes und wirkten als Staatsbeamte und kirchliche Würdenträger. Schon der alte Azarias Ginillo hatte es bis zum Zalmedin gebracht (so wurde der vom König ernannte ordentliche Richter der Hauptstadt genannt). Um der Verfolgung zu entgehen und seine Frömmigkeit unter Beweis zu stellen, bestimmte er seinen Sohn Pedro Martin für den geistlichen Stand. Pedro Martin wurde Ratgeber des Königs Don Juan II. und Bischof von Mallorca. Der Neffe des Bischofs Martin de Santangel wurde Provinzial von Aragonien und hatte seinen Wohnsitz in Zaragoza. Die Santangels in Valencia und Zaragoza waren die Rothschilds ihrer Zeit. An der Spitze des Valencianer Hauses stand der Kaufmann Louis de Santangel der Ältere, für den sich schon König Alfonso V. von Aragon eingesetzt hatte und der mit König Juan II. in ständiger Verbindung stand. Sein Sohn Luis de Santangel der Jüngere, königlicher Rat in Valencia, pachtete die Staatsdomänen. Wenn sich König Ferdinand in Geldverlegenheit befand, nahm er zu den Santangels in Valencia Zuflucht. Und das nie vergebens.

Vom König geschätzt – von der Inquisition verfolgt: Die Conversos

Die Einführung der Inquisition wurde den Santangels zum Verhängnis. Mitglieder der Familie Santangel gehörten zu den Hauptverschwörern gegen den Inquisitor Pedro Arbues. Noch heute zeigt man bei Führungen in der Metropolitankirche La Seo jene Stelle, wo Arbues erdolcht wurde. Man zeigt aber auch die stattlichen Häuser am Mercado, dem großen, schönen Marktplatz von Zaragoza, die zur Zeit der höchsten Blüte der aragonischen Hauptstadt die Wohnstätten Luis und Juan de Santangels waren. Die Santangels gehörten zu jenen Juden, die gleich zu Anfang der Inquisition den Scheiterhaufen bestiegen. Die Nachstellungen des Inquisitionstribunals richteten sich unaufhörlich gegen die Mitglieder der Familie Santangel und deren Vermögen.

Am 17. Juli 1491 wurde auch Luis de Santangel unter der Anklage, Anhänger des Judentums zu sein, vor Gericht gestellt. Luis de Santangel der Jüngere war der Sohn des reichen Luis de Santangel und hatte, wie schon sein Vater, die königlichen Steuern und Zölle von Valencia in Pacht. Er war Neffe jenes Luis de Santangel, der in Zaragoza den Scheiterhaufen bestiegen hatte. König Ferdinand ernannte ihn zum escarbano de racion, zum Kanzler der Intendantur des aragonischen Königshauses. Außerdem bekleidete er die Stelle eines »Contador mayor« (Generalzahlmeisters) in Kastilien. Er war Ferdinands Günstling, kannte dessen tiefste Geheimnisse und besorgte die Staatsgeschäfte. König Ferdinand schätzte ihn über alles; sooft er an ihn schrieb, nannte er ihn nicht anders als den »guten Aragonesen« oder »den trefflichen, geliebten Rat«. Anderseits verdankte Santangel dem königlichen Freund seine Stellung, sein Ansehen und sein Leben, denn ohne direkte Intervention des Königs bei der Inquisition wäre es ihm nicht besser ergangen als seinen Verwandten.

Luis de Santangel war Spaniens Beaconsfield. Auch die Ahnen des englischen Staatsmanns Beaconsfield Disraeli stammten aus Spanien und waren ihres jüdischen Glaubens wegen von der Inquisition vertrieben worden. Luis de Santangel war ein guter Aragonese und arbeitete dennoch für die Einheit Spaniens.

Das war der Mann, der sein Geld und sein Ansehen aufs Spiel setzte, um die Zustimmung zur Expedition von Kolumbus durchzusetzen. Ihm zur Seite stand der königliche Kämmerer Juan Cabrero; auch er war jüdischer Abstammung, seine Angehörigen waren der Inquisition zum Opfer gefallen. Cabrero galt als treuer Gefolgsmann des Herrschers. Er kämpfte an der Seite seines Königs gegen die maurischen Feinde und war Ferdinand stets ein guter und besonnener Ratgeber. Er genoß das Vertrauen des Königs in so hohem Maß, daß dieser ihn zu seinem Testamentsvollstrecker ernannte.

Beide waren Conversos, und je reicher ein Converso war, desto gefährdeter war er. Seit dem Fehlschlag der Verschwörung der Marranen hatten Conversos, ob sie echte Christen oder Scheinchristen waren, keine Ruhe mehr. Lang aufgespeicherter Haß der Besitzlosen, der Verhinderten, organisiert durch eine Clique von Ehrgeizigen und Fanatikern, bedeutete zur rechten Zeit das auslösende Moment, und im Nu hatten sie ein Übergewicht gegen die Mächtigen, deren Macht über Nacht zum Gestern zählte. Das Heute wurde vom Pöbel beherrscht, von den Besitzlosen, die zu nichts gebracht hatten und die nichts mehr wünschten, als sich in fremde, warme Nester zu setzen, weil sie zeit ihres Lebens nicht in der Lage gewesen waren, ein eigenes zu bauen oder ein erbautes zu erhalten.

Solange die Inquisition tätig war, bestand Gefahr für die Santangels, genauso wie für die anderen Conversos, etwa für Alonso de la Caballeria. Die beiden waren aber für Ferdinand unentbehrlich. Besonders Luis de Santangel wurde unablässig von Neidern am Hofe und von Denunzianten bei der Inquisition angeschwärzt. Immer wieder mußte das Herrscherpaar intervenieren. Das ist die Vorgeschichte zu einem Schriftstück, das Luis de Santangel erhalten hat und das zu jener Zeit einzigartig war. Ferdinand und Isabella haben am 30. Mai 1497 Luis de Santangel eine Art Eisernen Brief überreicht, der sowohl ihn wie auch alle seine Nachkommen auf ewige Zeiten vor den Tribunalen der Inquisition schützte, das heißt, daß sie niemals von einem solchen Gericht belangt werden konnten. Santangel und seine Nachkommen wurden, trotzdem sie von Juden abstammten, zu einer Art »Ehrenariern« mit einer besonderen *Limpieza de sangre* ausgestattet, die in Spanien von so großer Wichtigkeit war. Auch Alonso de la Caballeria, dem Vizekanzler in Aragon, machte die Inquisition den Prozeß, der sich zwanzig Jahre hinzog, bis Caballeria 1501 durch ein Dekret des Königs geschützt wurde.

17000 Dukaten für die Expeditionsflotte

Zurück zu Santangel. Ohne diesen Mann wäre die Expedition von Kolumbus nie zustande gekommen. Aus seinem Privatvermögen gewährte er ein zinsloses Vorschußdarlehen von 17000 Dukaten, damit die Flotte ausgerüstet werden konnte. Im Archiv von Simancas liegen die Originale der Rechnungsbücher Luis de Santangels und auch die Beweise, daß ihm sein Darlehen erst viel später zurückgezahlt wurde. Kolumbus war durch seine Bildung, die sich in seinen erhalten gebliebenen Briefen, den Randbemerkungen in seinen Büchern, der Auswahl seiner Bücher und seinen vielseitigen Interessen widerspiegelt, auf das Zusammentreffen mit Juden gut vorbereitet. Er konnte ihnen nicht nur die Bibel und die Propheten zitieren, sondern kannte auch ihre geheimsten Wünsche. Sprach er mit Juden oder Marranen von seinen Reiseplänen, so rannte er offene Türen ein. Was er wollte: eine neue Welt und neue Wege entdecken, das wollten die Juden jener Zeit auch. Es war aber nicht nur ein Wunsch der Juden, sondern auch der Conversos und der Marranen, denn sie litten den Christen gegenüber unter einem Minderwertigkeitskomplex.

Die Sehnsüchte der Juden liefen also parallel zu den Träumen des Kolumbus, und es war daher kein Wunder, daß sie völlig übereinstimmten, nachdem sie sich miteinander ausgesprochen hatten. Dies, das möchte ich betonen, ist das Hauptargument für die Unterstützung, die Kolumbus von Juden und Marranen gewährt wurde. Was wären sonst die Motive des Luis de Santangel gewesen, zur Königin Isabella zu eilen, nachdem sie Kolumbus aufgrund seiner maßlosen Forderungen abgewiesen hatte, um sie umzustimmen, alle ihre Argumente zu entkräften und ihren wichtigsten Einwand, die Krone habe kein Geld, dadurch beiseite zu schieben, daß er sich erbot, die Expedition zu finanzieren?

Auf der Suche nach jüdischen Staaten?

Warum ging Santangel dieses enorme Risiko ein? Er konnte sich doch vorstellen, was geschehen würde, falls die Expedition scheiterte, Kolumbus aus den Weiten des Meeres nicht zurückkäme oder, was für Santangel noch ärger wäre, mit leeren Händen heimkehrte. Er hätte es sehr schwer gehabt, sich mit der Bitte an die Krone zu wenden, ihm seine Ausgaben zurückzuerstatten. Er mußte auch damit rechnen, nicht bloß sein Geld zu verlieren, sondern sich auch Vorwürfe dafür einzuhandeln, der Königin den Rat gegeben zu haben, einen Abenteurer in königliche Dienste zu stellen. Dabei dürfen wir die Position Santangels nicht überschätzen, dessen alleinige Stütze das Herrscherpaar war und der gegen viele Neider und Feinde am Hof anzukämpfen hatte.

Warum setzte Santangel sich für Kolumbus ein? Daß die Chancen des Gelingens einer solchen Expedition weniger als 50:50 standen, mußte doch auch er wissen. Es bleibt keine andere Erklärung, als Santangels Intervention als Versuch zu werten, seinen verfolgten Brüdern, von denen ihn zwar jetzt schon die Religion trennte, mit denen er sich aber noch immer verbunden fühlte, zu helfen. Es kann kein Zufall gewesen sein, daß gerade die drei Conversos Santangel, Diego de Deza und Gabriel Sanchez, die beim Scheitern der Expedition mehr als ihr Ansehen eingebüßt hätten, das bereits abgesagte Unternehmen durch ihre Fürsprache bei Isabella retteten. Für die Juden in Spanien war es zu diesem Zeitpunkt fünf Minuten vor zwölf: Die maurische Frage bestand nicht länger – der Weg für die »Endlösung« des jüdischen Problems war offen. Die Grundlage für das Austreibungsdekret, das bald folgen sollte, war geschaffen.

Hatten die Menschen jüdischer Herkunft zu jener Zeit, in der die Inquisition wütete, in der auf den Hauptplätzen spanischer Städte die Opfer des Glaubensgerichtes brannten, keine anderen Sorgen, als einen Fremden zu unterstützen, der nach Kastilien gekommen war, um seine Reisepläne zu verwirklichen? Den einen schienen sie gewagt, den anderen abenteuerlich, und die Gelehrten hielten nichts davon. Ausgerechnet Juden und Judenstämmlinge, Conversos und Marranen, denen man Kalkulation und Nüchternheit nachsagt, stellen sich hinter einen Mann, den der wissenschaftliche Beirat der Könige eigentlich ablehnte. Warum taten sie es? Sie durften doch die Möglichkeit nicht außer acht lassen, daß sie beim Scheitern seiner Pläne nicht nur ausgelacht, sondern in den Augen derer, auf deren Gunst sie angewiesen waren, herabgesetzt wurden. Die Conversos hatten mächtige Feinde, die einzig auf ihre Fehler warteten, um sie aus ihren Positionen zu verdrängen. Diese Tatsache mußte sie doch zur Vorsicht mahnen. Und vorsichtig zu sein, hatten die Conversos seit Jahrzehnten in Spanien gelernt. Trotzdem reagieren die Conversos anders, als man von ihnen erwartet hätte. Sie stellen sich uneingeschränkt hinter Kolumbus, retten im letzten Augenblick die Verwirklichung seiner Pläne. Weshalb? An der Beantwortung dieser Frage versuchten sich mehrere Forscher, ohne eine befriedigende Antwort geben zu können. Die häufigste ist, daß sie der Krone einen Dienst erweisen wollten. Dieser Dienst hätte sich aber, sollte die Expedition scheitern, als Blamage herausstellen und auf die Urheber zurückfallen können.

Verschiedentlich hat man versucht, die Hilfe, die Kolumbus von dieser Seite erhalten hat, auf andere Weise zu deuten. In seinem Buch über Kolumbus glaubt Salvador de Madariaga, die Antwort gefunden zu haben, und schreibt, daß Kolumbus seiner Meinung nach ein Converso, also ein Bekehrter, war und die Bekehrten daher sein Vorhaben unterstützt hätten. Trotz der gründlichen Untersuchung, die Madariaga auf diesem Gebiet angestellt hat, befriedigt diese Mutmaßung nicht, denn die Annahme, daß Kolumbus ein Converso war oder von Conversos abgestammt hat, genügt nicht zur Erklärung einer so massiven und tatkräftigen Unterstützung. Es muß noch etwas anderes gegeben haben, das seine Wirkung auf Marranen und Conversos nicht verfehlte: ihr großes, vitales Interesse an den Zielen der Expedition. Da sie von Juden abstammten, waren sie bedroht, genau wie die Juden selber, es war nur eine Frage der Zeit, und sie wußten es. Die Hoffnung der Juden auf eine Zuflucht konnte bald für die Marranen dasselbe bedeuten. Daher gingen sie das Risiko der Unterstützung der Expedition ein. Sie konnten sich leicht ausmalen, welche Hilfe für sie alle – Juden und Conversos – die Entdeckung eines oder mehrerer jüdischer Staaten bedeuten könnte. Waren sie doch mehrmals Zeugen von Interventionen moslemischer Staaten zugunsten der Moslems, die in christlichen Staaten lebten. Die Entdeckung jüdischer Staaten würde das politische Bild verändern und die Position der Juden und Conversos in Spanien und in anderen Staaten festigen und heben. Es gibt keine andere brauchbare Erklärung für die Unterstützung des Kolumbus durch die Marranen und Juden. Gepaart damit war auch die Hoffnung, daß die politischen Ziele des spanischen Reiches sich territorial auf Übersee verschieben und von den von der Kirche aufgezwungenen Problemen in Spanien selbst ablenken würden.

Das Leben der Conversos und der Marranen hätte sich ganz anders gestaltet, hätte die Expedition, wie es Juden und Marranen im stillen hofften, tatsächlich zur Entdeckung jüdischer Fürstentümer und Königreiche geführt. Kein Jude, Converso oder Marrane, konnte, so groß auch seine Position, sein Einfluß und seine Unentbehrlichkeit bei Hof waren, mit der dauernden Gunst der Könige, mit ihrem ständigen Wohlwollen und gesicherter Existenz rechnen. Das beste Beispiel hierfür lieferte Jahrhunderte vorher Chasdai Ibn Schaprut, als er, der hochgeachtete Minister des Kalifen, sich anerbot, auf all seine Vergünstigungen als mächtiger Mann in Córdoba zu verzichten, um sich dem jüdischen König der Chasaren zur Verfügung zu stellen. Das geschah zu einer Zeit, als die Juden unter dem Kalifat keinerlei Verfolgung ausgesetzt waren und sich frei entfalten konnten. Wie anders war die Situation in Spanien fünfhundert Jahre später.

Wenn es eine Brücke zwischen Kolumbus und den Juden und Conversos gegeben hat, dann war es die Möglichkeit, solche jüdische Länder zu entdecken. Jeder, der damals mit dem Vorhaben gekommen wäre, auf eine Entdeckungsreise zu gehen, die zu den Gestaden solcher jüdischer Länder führen könnte, hätte die Unterstützung der Juden und Conversos gehabt, ganz unabhängig davon, ob er selbst Converso war oder nicht. Es gibt meiner Meinung nach keine befriedigendere Erklärung für dieses faktische, aber nicht ausgesprochene Bündnis.

Ein Dolmetscher für Hebräisch auf dem Schiff des Kolumbus

Es ist nicht von der Hand zu weisen, daß Kolumbus gegenüber den Juden und Marranen einen Beweis erbringen mußte, daß er selbst mit einer Möglichkeit der Entdeckung jüdischer Länder rechnete. Diesen Beweis hat Kolumbus tatsächlich erbracht, indem er auf seine erste Expedition einen Dolmetscher für hebräische Sprache mitnahm. Diese Tatsache wurde bisher wenig beachtet. In vielen Büchern über die Expedition von Kolumbus wird beim Namen eines Mitreisenden der Name Luis de Torres, Funktion: Dolmetscher, vermerkt. Nur wenige sagen, daß es sich bei Torres um einen getauften Juden handelt. Für diese Untersuchung scheint der Person des Dolmetschers sehr viel Gewicht zuzukommen.

Aus den vorhandenen Dokumenten geht hervor, daß Luis de Torres vor seiner Reise mit Kolumbus Dolmetscher für hebräische Sprache beim Gouverneur von Murcia, Juan Chacón, war. Murcia hatte eine große jüdische Einwohnerschaft. Torres konnte auch Arabisch und etwas Chaldäisch. Nachdem die Expedition mit der Austreibung der Juden zeitlich zusammenfällt, war seine Tätigkeit als Dolmetscher beim Gouverneur damals gerade zu Ende. Denn es gab keine Juden mehr, für die Luis de Torres bei ihren Vorsprachen beim Gouverneur hätte dolmetschen können.

Warum nahm Kolumbus einen Dolmetscher für hebräische Sprache mit? Die hebräische Sprache war damals in keinem Land eine Landessprache. Es gleibt dafür keine andere Erklärung als die, daß Kolumbus sicher war, in Länder zu gelangen, von denen die Fama berichtete, daß dort Juden lebten und diese Länder regierten. Das stand auch im Einklang mit den Hoffnungen der spanischen Juden.

Wir wissen außerdem, daß Torres, um an der Expedition teilnehmen zu können, sich kurz vor der Abreise taufen ließ. War Luis de Torres der einzige Jude oder Converso in der Expedition? Die Frage nach der Zahl der Juden, die an der Expedition teilgenommen haben, wird niemals erschöpfend geklärt werden können. Es steht außer Zweifel, daß auch Ärzte der Expedition, der Schiffsarzt Maestre Bernal und der Wundarzt Marco, Juden waren. Außerdem finden sich unter den Teilnehmern auch andere jüdische Namen wie Alonso de la Callo und Rodrigo Sanchez. Rodrigo Sanchez aus Segovia war ein Verwandter Luis de Santangels. An der Expedition nahm er als Vertreter der Katholischen Könige teil. Fest steht weiter, daß er auch die Interessen der Marranen wahrgenommen hat, die Kolumbus unterstützt haben. Er ist einer der fünf Europäer, die als erste amerikanischen Boden betreten haben. Auch soll der Matrose, der als erster Land gesehen hat und hiefür von der Königin Isabella eine Prämie von 10 000 Maravedi bekommen sollte, Jude gewesen sein. Der Forscher Meyer Kayserling führt eine Reihe weiterer Namen an, so daß man zu einer beträchtlichen Zahl (etwa einem Drittel) jüdischer Teilnehmer gelangen könnte, doch haben spätere Forschungen die Angaben Kayserlings nicht hinreichend bestätigen können.

Die Tatsache, daß Kolumbus einen Dolmetscher für die hebräische Sprache mitführte, beweist, daß er zumindest hoffte, mit hebräischsprechenden Menschen zusammenzutreffen. Warum nahm er keinen ausgesprochenen Dolmetscher für Arabisch mit? Das wäre naheliegender gewesen, da er doch einen Dolmetscher für eine orientalische Sprache gebraucht hätte. Viele konvertierte Mauren in Spanien kannten einige arabische Idiome. Warum engagierte er keinen Mauren, sondern Torres? Wer verwies Kolumbus an Torres? Wann ist Kolumbus an Torres herangetreten? Es ist bekannt, daß sich Kolumbus im Jahr 1491 einmal in Murcia aufgehalten hat.

Ich habe versucht, in Spanien etwas mehr über die Person Luis de Torres zu erfahren. Vor allem, ob es Unterlagen dafür gibt, über wen Kolumbus an Torres gelangt ist. Ich erhielt als Antwort bloß die Vermutung, sicherlich habe Santangel oder ein anderer Converso Torres vorgeschlagen. Mit der Zusammenstellung der Mitglieder der Expedition mußte sich Kolumbus schon früher beschäftigt haben, zweifellos nicht erst dann, als er endlich im Januar 1492 die Zustimmung der Könige erhielt. Dazu gehört vor allem die Frage des Dolmetschers, denn die Verständigung mit Menschen in fernen Ländern ist wohl eines der wichtigsten Probleme. Die Wahl des Dolmetschers hängt sicher eng mit der Hoffnung auf Entdeckung jüdischer Königreiche oder Fürstentümer zusammen.

Die Meinungen der Forscher gehen auseinander. War Luis de Torres der erste Europäer, der seinen Fuß auf amerikanischen Boden setzte? Man spekuliert, daß gewöhnlich der Dolmetscher als erster an Land geht, um sich mit den Einheimischen zu verständigen. Auch lesen wir im Tagebuch des Kolumbus, daß bei der Annäherung der Schiffe an das Ufer Scharen von Eingeborenen dem Strand zuströmten. Kolumbus erwähnt Torres erst, als er diesen zur Erkundung und Aussprache zum Häuptling der Eingeborenen schickt. In Erinnerung an den Reisebericht Marco Polos nennt er den Herrscher Großkhan. Jedenfalls ist bekannt, daß Torres unter den ersten Europäern war, die sich in Amerika niederließen □

Kritiker der Wiesenthalschen Hypothese haben mit Recht darauf verwiesen, daß dieser die erhaltenen Tagebuchnotizen über die Landung nicht sorgfältig genug durchgearbeitet habe und dem erwähnten Dolmetscher Louis de Torres eine viel zu bedeutsame Rolle zuschreibe, die sich nirgends in dieser Form belegen lasse. Wir werden in unserer Analyse der Kolumbus-Literatur im folgenden Kapitel noch einen Schritt weitergehen und die Stellung des Admirals zu Kirche und Papst näher beleuchten, die der Auswanderer-Theorie ebenfalls widerspricht.

Mannschaft und Ausrüstung

Kolumbus traf am 22. Mai in Palos, einem kleinen Hafenort in der Nähe des Klosters La Rabida ein und präsentierte den dortigen Stadtvätern ein königliches Schreiben:

> Ferdinand und Isabella, von Gottes Gnaden König und Königin von Kastilien, León, Aragonien, Sizilien etc. etc. senden Euch, Diego Rodríguez Prieto und allen übrigen Einwohnern der Stadt Palos unsere gnädigen Grüße.
>
> Und tun Euch zu wissen kund, daß Ihr für gewisse von Euch zu unserem Schaden begangene Vergehen von unserem Rat verurteilt und verpflichtet seid, uns für zwölf Monate zwei ausgerüstete Karavellen auf Eure Kosten zur Verfügung zu stellen . . . Und alldieweil wir nun Cristóbal Colón als unseren Kapitän befohlen haben, sich mit drei *carabelas de armada* aufzumachen nach jenen Regionen des Weltmeeres, wo er gewisse Aufträge in unseren Diensten ausführen soll, und da wir wünschen, daß er die beiden genannten Karavellen, die Ihr in unsere Dienste zu stellen habt, mit sich führt, gebieten wir Euch hiermit, innerhalb von zehn Tagen nach Empfang dieses unseres Schreibens, . . . zwei ausgerüstete Karavellen fertig und bereit zu halten gemäß dem verkündeten Urteilsspruch, damit sie unter dem von

uns beauftragten Cristóbal Colón dorthin absegeln können, wo wir ihn hinschicken, [. . .] und wir haben ihm geboten, Euch einen Vorschuß auf vier Monate für die Mannschaften zu zahlen, die an Bord besagter Karavellen mitfahren sollen, zu den gleichen Heuersätzen, wie sie den anderen Seeleuten auf den genannten drei *(sic)* Karavellen bezahlt werden, sowie auf der anderen Karavelle, die wir ihm zu übernehmen befohlen haben, gemäß dem, was gemeinhin und üblich an dieser Küste Seeleuten bezahlt wird, die mit einer Flotte auf die hohe See hinausfahren, [. . .] und wir untersagen besagtem Christóbal Colón und allen denen, die in den genannten Karavellen mitfahren, sich nach der Mine zu begeben oder in Ländern Handel zu treiben, die der König von Portugal, unser Bruder, in Besitz hält [. . .] So gegeben in unserer Stadt Granada, den 30. April im Jahre des Herrn Jesus Christus 1492.

ICH, DER KÖNIG. ICH, DIE KÖNIGIN. □

Wir wissen nicht, welches Vergehen sich die Bürger von Palos zuschulden kommen ließen. Wir wissen auch nicht, wie sie auf den königlichen Befehl reagierten, doch dürfen wir getrost annehmen, daß sie dem Ausländer und seinen Wünschen keine besonderen Sympathien entgegenbrachten. Auch die im königlichen Schreiben festgesetzten zehn Tage wollten oder – wohl besser – konnten sie nicht einhalten, und es wurden zehn Wochen daraus. Sie bleiben wieder einmal ein weißer Fleck im Leben des Entdeckers. Der amerikanische Admiral und Marinehistoriker Morison, dem wir eine fachlich hervorragend fundierte Kolumbus-Biographie verdanken, verweist darauf, daß diese Verzögerung um gut zwei Monate für Kolumbus eigentlich ein Glücksfall war, weil er sonst im Juni westlich der Kanarischen Inseln leicht in einen der dort häufigen Wirbelstürme hätte geraten können.

Die Schiffsausrüstung ging nach damaligen Verhältnissen übrigens durchaus zügig voran. Unklar bleibt nur die Beantwortung der Frage nach dem dritten Schiff. In dem königlichen Dekret ist einmal von zwei, dann aber von drei Karavellen die Rede. Wahrscheinlich rüstete Palos zwei Schiffe, die später so benannte »Nina« und die »Pinta« aus, während Kolumbus die »Santa Maria» aus den ihm zur Verfügung stehenden Mitteln charterte. Auf alle Fälle unterstützte ihn die Familie Pinzon, Seefahrer seit Generationen, aus der sich besonders Martín Alonso für das Unternehmen einsetzte. Kein Zweifel, daß ihm Kolumbus sehr viel verdankte; »denn nur durch seine Bereitwilligkeit, die verlangten Schiffe zu stellen, hat der Admiral die Reise durchführen können«, sagt ein Zeitgenosse. Aber diesem Martín Pinzon allein das Verdienst am

Erfolg der Reise zuschreiben zu wollen, wie es Marius André versucht, dürfte doch erheblich zu weit gehen, und eine solche Behauptung erweitert nur den Reigen der Theorien um Kolumbus und sein Werk.

Die Schiffe des Kolumbus

Bis Anfang August lagen dann die Schiffe bereit. Beginnend mit den ersten Holzschnitten zum sogenannten Kolumbus-Brief sind sie seit dem Ende des 15. Jahrhunderts immer und immer wieder abgebildet worden, und es gibt zahllose kleine und selbst große Rekonstruktionen. Aber in Wirklichkeit wissen wir doch ziemlich wenig über sie und können uns wegen der dürftigen Angaben nur ein höchst ungenaues Bild von ihnen machen. Morison hat die wenigen Fakten sorgfältig gesichtet und sie durch zeitgenössische Angaben über ähnliche Schiffe ergänzt, so daß sich ein auch für Laien verständliches Bild der drei Nußschalen ergibt, mit denen Kolumbus die Fahrt über das unbekannte Meer wagte:

N*iña* war das Lieblingsschiff des Admirals. Nach dem Sturm im Februar 1493 schrieb er: »Wäre sie nicht so fest und stark gebaut gewesen, so hätte ich fürchten müssen unterzugehen.« Für die *Santa María* hatte er nicht viel übrig; sie strandete bei Hispaniola und blieb dort liegen. *Pinta* kehrte nach Hause zurück, verschwand aber aus dem geschichtlichen Blickfeld. Doch die *Niña* war ein Schiff, das alle Lobgesänge verdient! Erbaut an der Ribera de Moguer, einem (jetzt versandeten) Flußarm des Rio Tinto, machte sie die ganze Erste Reise mit und brachte den Admiral sicher nach Hause zurück. Sie begleitete die Großflotte auf der Zweiten Reise nach Hispaniola, wurde von Kolumbus für eine Erkundungsfahrt nach Kuba aus siebzehn Schiffen zum Admiralsschiff erkoren und zum halben Part von ihm angekauft. Sie war das einzige Schiff, das in westindischen Gewässern dem Sturm von 1495 standhielt, sie brachte im Jahre 1496 den Admiral mit mehr denn hundert Fahrgästen nach Spanien zurück und unternahm darauf eine unerlaubte Reise von Cadiz nach Rom, wurde bei Sardinien von Piraten gekapert, dann von ihrem Kapitän und seiner Mannschaft wiedergewonnen und kehrte darauf gerade zur rechten Zeit nach Cadiz zurück, um zu Beginn des Jahres 1498 als Vorhut auf Kolumbus' Dritter Reise mit nach Hispaniola segeln zu können. Im Jahre 1500 lag sie vor Santo Domingo, und zum letzten Mal hören wir von ihr, als sie eine Handelsreise nach der Perlenküste im Jahre 1501 machte. Angenommen, daß sie Spanien auch ein drittes Mal glücklich wieder erreichte, legte *Niña* unter der Flagge des Admirals wenigstens 25000 Meilen zurück. Sie war in der Tat eins der tüchtigsten kleinen Schiffe der Weltgeschichte.

Niña ist das einzige Schiff der Flotte, über dessen Tonnengehalt wir Bescheid wissen. Michele de Cuneo, der im Jahre 1494 mit ihr nach Kuba und zurück segelte, gab ihre Tonnage mit »rund 60 Tonnen« an, und auf ihrer eigenmächtigen Fahrt nach Rom im Jahre 1497 hatte sie eine Ladung von 51 Tonnen an Bord. Die Ursache für ihre Charter zu jener Fahrt war der herrschende Schiffsmangel, und vermutlich wird sie deshalb bis zu ihrer höchsten Aufnahmefähigkeit beladen gewesen sein. Es mag somit als sicher gelten, daß sie einen Tonnengehalt von etwa 60 Tonnen hatte, die übliche Größe einer Karavelle war damals etwa 55 Tonnen.

Und was verstand man unter Tonnage im Jahre 1492? Nicht das Gewicht oder die Wasserverdrängung des Schiffes, auch nicht seine Ladungstragfähigkeit, sondern man verstand damals unter Tonnage einfach den in Weintonnen ausgedrückten Rauminhalt.

Der Tonnagegehalt der *Niña* war demnach ungefähr 60, eher weniger als mehr. Schwierig ist es, das alte Lademaß in lineare Abmessungen zu übertragen. Wenn wir nun eine derselben hätten, so könnten wir die anderen davon ableiten, denn das klassische Verhältnis bei Karavellen scheint sich in der Formel: Schiffsbreite : Kiellänge : Gesamtlänge = 1 : 2 : 3 ausgedrückt zu haben. Unglücklicherweise habe ich nicht ein einziges lineares Maß der *Niña* als Ausgangspunkt feststellen können, während die Formeln der Marinearchäologen für ihre Ableitung von der Tonnage keine zuverlässige Grundlage bilden. Wenn meine persönliche Schätzung der Abmessungen einer 55–60-Tonnen-Karavelle aus dem Jahre 1492 irgendwelchen Wert hat, so sei sie hier genannt: Gesamtlänge (zwischen Loten) ungefähr 70 Fuß, Kiellänge etwa 50 Fuß, größte Breite etwa 23 Fuß, Tiefe des Laderaums mittschiffs ungefähr 9 Fuß.

Ebenso wie ihre beiden Begleitschiffe war die *Niña* ein Eindecker. Sie dürfte ein erhöhtes Achterdeck gehabt haben, auf dem eine *toldilla* oder ein Haus mit der Kapitänskajüte aufgebaut war. Ihre Back war verhältnismäßig klein und niedrig und genügte nur für die Unterbringung der Ankertaue und der Segellasten, im Notfalle noch der Brotlast und des *fogón* oder Kombüsenherdes.

Pinta erwies sich als schneller Segler, der sich zu Kolumbus' Ärger unter Kapitän Pinzón jedesmal an die Spitze drängte, wenn eine Landsichtung bevorstand, um so die ausgesetzte Belohnung zu gewinnen. So war es ein Matrose aus ihrer Mannschaft, der als erster die Neue Welt sichtete; auch war *Pinta* das erste Schiff, das vor Hispaniola Anker warf, und wiederum war sie die erste, die in den spanischen Heimathafen einlief. Wenn beide Karavellen während der Heimfahrt dicht am Winde segelten, so war *Niña* der *Pinta* stets überlegen, doch schreibt Kolumbus diesen Umstand einem geborstenen Besammast zu, den auszuwechseln Kapitän Martín Alonso Pinzón zu faul war (oder zu beschäftigt mit der Jagd nach dem Golde). Daraus ergibt sich eins als sicher, daß das Lateinbesansegel für die ausgezeichneten »Am-Winde«-Eigenschaften dieser rahgetakelten Karavellen mit ausschlaggebend war.

Das Flaggschiff *Santa María* ist in noch höherem Maße Gegenstand eingehender Nachforschungen und ergebnisloser Mutmaßungen gewesen als die Karavellen. Ungleich der *Niña* und *Pinta*, die auf heimatlichen Werften erbaut waren, wurde die *Santa María* in Galicien von Stapel gelassen und daher mit dem Spitznamen *La Gallega* belegt. Vor dem Mai 1492 ist ihre Geschichte in Dunkel gehüllt. Auf einer Handelsfahrt befand sie sich gerade auf dem Rio Tinto, als Kolumbus nach Schiffen Ausschau hielt, und da die Bürger von Palos nicht mehr als die vom Königspaar befohlenen zwei Karavellen stellen wollten, charterte er die *Santa María* von ihrem Eigner und Schiffsführer Juan de la Cosa aus Santoña. Er bestimmte sie zur *capitana* oder zum Flaggschiff, weil sie das größte Schiff der Flotte war, doch stand sie nicht hoch im Ansehen beim Admiral wegen ihrer schwerfälligen Segeleigenschaften und weil sie für seine Zwecke einen zu großen Tiefgang hatte.

Über die Tonnage und andere Abmessungen der *Santa María* ist unseres Wissens nichts bekannt.

Las Casas berichtet, die *Santa María* sei »etwas«, nicht »sehr viel« größer gewesen als die übrigen Schiffe, und es findet sich auch eine Andeutung in Kolumbus' Tagebuch der Dritten Reise – in der Darstellung des Las Casas –, daß sie über 100 Tonnen groß war. Kolumbus' *Santa María* war eine *nao* oder ein Vollschiff, also keine Karavelle, was aus seinem Tagebuch klar hervorgeht. Wiederholt spricht er von *la nao*, wenn er das Flaggschiff meint, und von *la carabela* oder *las carabelas*, wenn er sich auf *Niña* oder *Pinta* oder auf alle beide bezieht. Folglich können wir mit Bestimmtheit annehmen, daß ihr Modell rund, kurz und plump war, ähnlich den venezianischen Karaken und anderen *naos* der damaligen Zeit. Vielleicht war sie deshalb nicht so schnell und wetterfest wie *Niña* und *Pinta*, weil ihre nördlichen Erbauer die afrikanischen Reiseerfahrungen nicht verwertet hatten. Auch war sie in ihrem

Äußeren nicht so schmuck wie diese Schiffe; der Sprung oder die Deckskurve war durch die beiden Aufbauten vorn und hinten unterbrochen. Da man davon ausging, daß ihr Urbild eine Karavelle war, hat sie vorne kein vollständiges Backdeck, sondern nur ein Halbdeck, das fast die gleiche Höhe hat wie die Oberkante der Reling; demgegenüber haben *Santa María II* sowie die genuesischen und Andover-Modelle eine hohe dreieckige Back, die über den Bug hinausragt, was meiner Ansicht nach auch das Richtige trifft. Der Konstrukteur der *Santa María II* beging einen schweren Fehler, als er ihr ein Spiegelheck gab; *Santa María III* und das Andover-Modell weisen beide eine »runde Gilling« (nach innen gewölbter Teil des Hinterschiffs) auf, was einen gefälligen Abschluß durch die am Hintersteven zusammenlaufenden Planken ergibt. Die größte Breite der *Santa María* war an Deck und nicht in der Wasserlinie wie bei späteren Schiffen. Das »Nachinneneinziehen« der Bordwände wurde nach 1500 eingeführt, um daneneinziehen« der Bordwände wurde nach 1500 eingeführt, um den Kriegsschiffen für die Last der Geschütze größere Stabilität zu geben.

Die Schiffstechnik der Kolumbuszeit

Wir wollen jetzt diejenigen Merkmale näher betrachten, die allen drei Schiffen und auch den sonst von Kolumbus bei der Überquerung des Ozeans benutzten Fahrzeugen gemeinsam waren; denn von seinen späteren Schiffen kennen wir nur sehr wenige Einzelheiten.

Eiserne Bolzen wurden wahrscheinlich an Stellen verwendet, die einer hohen Beanspruchung ausgesetzt waren, sonst wurden die drei- bis vierzölligen Planken am Rahmen durch lange Holznägel zusammengehalten, was auch erklärt, warum *Santa María* so schnell aufbrach, als sie bei Hispaniola auf Grund lief. Der Boden sämtlicher Schiffe wurde gewöhnlich mit einer Mischung aus Talg und Pech bestrichen, weil man hierdurch Muscheltiere und Bohrwurm fernzuhalten hoffte, und so mußte ein solches Schiff alle paar Monate an irgendeinen geeigneten Strand hochgezogen werden. Das Auflegen geschah durch wechselseitiges Umlegen des Schiffes von einer Seite auf die andere; wobei der Bewuchs abgekratzt, der Boden neu verpecht und geteert und alle Fugen und Ritzen abgedichtet wurden. Damit das Hochziehen des Schiffs ohne Schaden für den Schiffskörper vor sich ging, mußten schwere Gurthölzer eingebaut und das Schiff selbst mit breiten Bilgen und Bodenwrangen versehen sein, während senkrechte Klötze am Oberteil der Schiffsseite angebracht waren, um die Beplankung zu schützen. Oberhalb der Wasserlinie wurde eine Art schwarzen Schutzanstrichs aufgetragen, der vermutlich aus einer Mischung von Walfischöl und Fichtenharz, das in der Gegend von Niebla gewonnen wurde, bestand.

Ballast, Leckwasser, Kakerlaken

Es vergingen Jahrhunderte, bis die Schiffbauer verstanden, Außenballast am Kiel anzubringen, wobei nicht übersehen werden darf, daß zu Kolumbus' Zeiten (und beinahe bis auf den heutigen Tag) Handelsschiffe keinen Innenballast brauchten, wenn sie schwergewichtige Güter wie beispielsweise Wein voll geladen hatten. War das nicht der Fall, so wurden ausreichende Mengen Sand, grober Strandkies oder Kopfsteine übergenommen, um dem Schiff die notwendige Stabilität zu geben. Als Kolumbus' Flotte von den Kanarischen Inseln aussegelte, war sie wohlbeladen mit Reisevorräten, doch muß sie auch einigen Ballast mitgeführt haben, denn Kolumbus erwähnt, wie ein Schiffsjunge einen Seevogel mit einem Steinwurf herunterholte – wo sonst als vom Ballast hätte er einen Stein an Bord eines Schiffes hernehmen sollen? Auf der Heimfahrt wurde *Niña*, nachdem ihre Vorräte nahezu aufgebraucht waren, so rank, daß die Mannschaft leere Weinfässer mit Seewasser auffüllen und sie als Ballast verwenden mußte. Und so war es nach der Ankunft auf den Azoren ihre erste Sorge, Steine und groben Kies heranzuschaffen, bevor die Reise nach Spanien fortgesetzt wurde.

Unter den jeweils obwaltenden Umständen leckt jedes Holzschiff mehr oder weniger, und es war nicht zu leugnen, daß Kolumbus' Schiffe durchweg mehr leckten als weniger. Eine feststehende hölzerne Pumpe, die von der Morgenwache betätigt wurde, sollte das sich täglich in der Bilge ansammelnde Leckwasser auspumpen; jedoch vermochte keine Pumpe dieser Art ein Schiff gänzlich trocken zu halten, und beim Rollen und Stampfen des Schiffes strömte das Bilgewasser durch die Luke zwischen den Ballen, Fässern und Ballast. Und da die Matrosen ihre verschmutzte Kleidung meist in die Bilge warfen, wurde diese zum Brutherd jener unvermeidlichen Begleiterin aller Seeleute, der *cucaracha* oder Kakerlake: Jede Landratte, die sich damals auf Entdeckungsfahrt anheuern ließ, klagte über dieses Ungeziefer, über den gräßlichen Gestank, der aus der Bilge emporstieg, besonders wenn die Pumpe in Tätigkeit war. Wenn diese »funkes«, wie sie von den Matrosen des Elisabethanischen Zeitalters genannt wurden, in unerträglicher Weise überhandnahmen, wurde das Schiff »ausgeräuchert«. Das geschah, in-

Schiffsdarstellung aus dem Kolumbusbrief, erschienen 1494 in lateinischer Sprache bei Offizin Johann Bergmann von Olpe, gedruckt in Basel, erstmals mit vier Holzschnitten ausgestattet.

dem man es in seichtes Wasser steuerte, Ladung und Proviant an Deck aufstapelte, den Ballast – sofern vorhanden – über Bord warf, hierauf alle Tonnen und die Bilge sauber abkratzte und mit Essig besprengte.

Die weißen Segel der Schiffe des Kolumbus waren bemalt mit Kreuzen und vermutlich auch anderen heraldischen oder religiösen Sinnbildern. Sowohl das laufende wie das stehende Gut bestand aus Hanfseilen, denn Drahtseile kannte man noch nicht einmal in den nachfolgenden 350 Jahren.

Anker auf Vorrat und »offene« Ruderanlage

Zu Columbus' Zeiten waren die Ankerplätze auf den atlantischen Inseln und an der afrikanischen Küste in der Mehrzahl offene Reeden, die einer starken Dünung ausgesetzt waren und nur ungenügenden Schutz vor Wind und Wetter boten. Gewöhnlich wurden die Schiffe mit zwei Bugankern und einem Heckanker vermoort, man rechntete aber schon im voraus mit dem Verlust eines oder mehrerer Anker im Verlaufe einer langen Reise. Meist befanden sich sieben Anker an Bord: vier Buganker, von denen zwei am Bug in steter Bereitschaft waren, ein Stromanker, der das Schiff in der Dünung gut ausgerichtet hielt, ein Warpanker zum Verholen des Schiffes in flachem Wasser, und ein großer Notanker.

In der damaligen Zeit wurden alle Schiffe durch ein Außenbordruder mit großer hölzerner Ruderpinne gesteuert, an deren Vorderende Entlastungstaljen angebracht waren. Das Hinterende war mit dem Rudersteven unmittelbar verzapft. Diese Koppelung machte achtern eine große Öffnung notwendig, die nicht geschlossen werden konnte, da die Ruderpinne Spielraum brauchte. Wenn infolgedessen das Schiff vor einer schweren See herlief, mußte sich jede nachrollende Welle über die Ruderanlage ergießen.

Dürftige Wohn- und Lebensbedingungen

Je mehr man sich in die Schiffskunde des Zeitalters des Kolumbus vertieft, desto bewunderungswürdiger erscheint die Seetüchtigkeit der damaligen Schiffe, sowie das, was wir heute unter »Segeleigenschaften« verstehen. Dagegen waren die Wohn- und Lebensbedingungen an Bord so primitiv, daß man meinen könnte, die Schiffsbauer hätten damit gerechnet, daß die Schiffsmannschaften allabendlich an Land gehen konnten wie in Altgriechenland. Die einzige Kochgelegenheit bestand in einem offenen Feuerkasten, den eine Rückwand gegen den Wind abschirmte. Auf dem Boden des Kastens war Sand ausgestreut, und hierauf wurden die Holzscheite für das Feuer geschichtet. Es wird wohl irgendwo Schlafkojen für Pilot, Kapitän, Profos, Rechnungsführer, Dolmetscher und andere hohe Herren der Etappe gegeben haben. Für Vollmatrosen, Leichtmatrosen und Soldaten gab es damals keine Schlafplätze an Bord. Sie legten sich einfach irgendwohin, – im Vorderschiff oder im Hinterschiff, oder bei gutem Wetter natürlich auch an Deck.

Wie bei allen Schiffen der damaligen Zeit, waren die Decksbalken der *Santa María* gewölbt, so daß die Decks selbst eine starke Bucht hatten und die einzige ebene Stelle die Hauptladeluke mittschiffs war. Und daß sich die Matrosen dort gern und vorzugsweise zum Schlafen niederlegten, geht aus einem Vorfall auf der Vierten Reise hervor. Als die *Capitana* beim Rio Belén vor Anker lag, brachen einige gefangene Indianer, die unter Deck untergebracht waren, die Ladeluke auf, warfen die dort schlafenden Männer ins Speigatt und sprangen über Bord. Schließlich wurde das Schlafproblem an Bord für alle Seeleute der Welt durch die Einführung der Indianischen Hängematte gelöst, die 1492 zum ersten Male in Erscheinung trat.

Banner und Wimpel

Die nach der Profilansicht dieser Schiffe tiefer gelegene Stelle zwischen Großmast und Fockmast wurde *combes* oder Taille genannt. Im Kampfe wurde dieser Platz mit Wamsdecken verhängt zum Schutze der Männer gegen die Pfeile, und bei feierlichen Anlässen wurden diese Decken außenbords aufgehängt neben den Wappenschildern der *caballeros* oder Ritter. Bei solchen Gelegenheiten wurde auch das Königsbanner von Kastilien und León am Hauptflaggenknopf gehißt. Für seine Flotte führte Kolumbus ein besonderes Banner, das ein grünes Kreuz im weißen Felde und über jedem Querbalken die von einer Krone beschirmten Buchstaben F für Ferdinand und Y für Ysabel führte. Auf seinen späteren Reisen ließ er jedoch zweifellos sein eigenes Banner an der vorderen Göschstange wehen. Die Schiffe hatten einen ganzen Vorrat an buntfarbigen Wimpeln, Bannerchen und Flaggen an Bord, die zwischen Mastköpfen und Rahenden in lustigen Reihen aufgezogen wurden, wenn es galt, in einem Hafen hohe kirchliche Feste zu begehen. Und alle diese Banner waren im Verhältnis zur Schiffslänge größer, als es nach heutigen Begriffen zweckdienlich schiene. Auf See selbst wurden (im Gegensatz zu vielverbreiteten Abbildungen) keine Flaggen geführt, weil sie sehr schnell vom Winde zerfetzt worden wären.

Riemen und Lombarden

In jener Zeit war jedes Schiff mit einer Anzahl langer Eschenriemen ausgerüstet, für deren Betätigung Öffnungen in der Reling angebracht waren. Sie vermochten dem Schiffe im ruhigen Wasser etwas Fahrt zu geben oder es vom Strande abzuhalten, wenn es mit leichter Strömung hingetrieben wurde. Wenn außerdem noch das Beiboot zum Schleppen verwendet wurde, so konnte Kolumbus mit seiner *Santa María* in stillem Wasser und mit Hilfe einer »Eschenbrise« wahrscheinlich zwei Knoten machen. Jedes Schiff führte nur ein Boot mit sich, das den ganzen Laufgang Backbord oder Steuerbord in der Schiffsmitte einnahm. Es war ein gedrungenes, schweres Yawlboot, das so schwer hochzuhieven war, daß es, einmal zu Wasser gelassen, geschleppt wurde, solange der Wind und die See mäßig bewegt waren.

Die Artillerie bestand bei allen Schiffen aus eisernen etwa 9-cm-kalibrigen »Lombarden«, die auf Lafettenwagen an Deck standen und steinerne Kanonenkugeln verschossen; ferner aus kleinen Hinterladerdrehbassen, sogenannten »Falkonetts« von 4,5 cm Kaliber, die mit ungleichen Eisenstückchen geladen wurden. Sie hatten ihren Platz auf der Reling und dienten zur Abwehr von Enterern. An kleineren Waffen erwähnt Kolumbus auf der Ersten Reise nur Armbrust und *espingardas*, primitive Musketen, aus einem Rohr aus Bronze oder Eisen und einem hölzernen Schaft bestehend. □

Grundlagen der kolumbischen Navigation

Gewiß hören wir heute von wagemutigen Einhandseglern und anderen abenteuerlichen Ozeanfahrten, aber solche modernen Unternehmen lassen sich nicht mit der ersten Reise vergleichen, die Kolumbus über den Atlantik unternahm. Er selbst schien allerdings keine besonderen Schwierigkeiten zu sehen. Fest vertraute er auf die Theorie vom Land im Westen und rechnete dabei mit einer Fahrtzeit von etwa dreiunddreißig Tagen. Dabei war er keineswegs leichtsinnig oder tollkühn, sondern im Gegenteil ein hervorragend navigierender Kapitän. Wir müssen für ein Urteil über seine seemännischen Fähigkeiten am besten noch einmal Morison zitieren, der ein fundiertes Urteil abgibt:

Um seine tägliche Position auf dem Meer zu bestimmen und einen Kurs über die unbekannten Weiten des westlichen Ozeans festzulegen, bediente sich Kolumbus der *Besteckrechnung*, die einfach darin besteht, daß man den Kompaßkurs auf der Karte festlegt und die geschätzte Distanz absteckt. Das ist aber nicht so leicht getan wie gesagt. [Wir wissen, daß] Kolumbus mit Hilfe der *ampolleta* oder des Halbstundenglases die Zeit einhielt. Aber auf welche Weise fand er den Kurs und schätzte er die Distanz?

Eintragung einer Reiseroute auf dem Globus.
Im Hintergrund eine Karavelle.
Aus: Ludovico Varthema, »Itineratio«, Venedig 1517.

Kolumbus nahm den Kurs von seinem Schiffskompaß ab, der das zuverlässigste und zugleich unentbehrlichste Navigationsinstrument an Bord war. Wir wissen nicht, wann die Magnetnadel zum erstenmal für die Zwecke der Navigation benutzt wurde, aber sie war schon seit wenigstens drei Jahrhunderten vor Kolumbus in ihren Dienst gestellt, und die Portugiesen hatten zweckmäßige Verbesserungen in der Anbringung der Nadel für ihre afrikanischen Reisen erdacht und eingeführt. Das von Kolumbus benutzte Instrument war dem auf kleinen Fischerbooten verwendeten Trockenkompaß ähnlich, der bis in die jüngste Zeit in jedem Schiffsausrüstungsladen zu haben war. Die Kompaßrose war ein kreisrundes Stück Papier, auf der die 32 Kompaßstriche mit Rhomben, Rauten und Linien markiert waren, sie war auf einer in der

Mitte eines runden Kessels angebrachten Pinne aufgesetzt, so daß sie sich nach der Schiffsbewegung in jeder Richtung frei bewegen konnte. Die verlangten Eigenschaften wurden durch eine an der Unterseite zwischen der Nord- und der Südlinie angebrachte Magnetnadel hervorgerufen. Immer, wenn die Magnetnadel sich träge zeigte, »den Norden zu suchen«, wurde sie mit einem Stückchen Magneteisenstein, das der Kapitän wie sein eigenes Auge hütete, abermals magnetisiert, außerdem führte er eine reichliche Anzahl von Ersatznadeln mit sich, wovon Magellan allein fünfundzwanzig an Bord seines Flaggschiffes hatte. In den vorderen Rand des Kessels war ein schwarzer senkrechter Strich (der »Steuerstrich«) eingegraben. Da die Nadel stets zum magnetischen Norden hinstrebt, zeigte also der Strich auf der frei schwebenden Rose, der mit dem Steuerstrich zusammenfiel, die Richtung an, in der sich das Schiff fortbewegte, vorausgesetzt, daß die Durchmesserlinie des Kessels, die durch den Steuerstrich lief, parallel zum Schiffskiel gehalten wurde. Dies wurde dadurch erreicht, daß man den Kompaß in eine feste Lage brachte, in der *bitácora* oder dem Kompaßhaus, einem mit hölzernen Bolzen auf dem Deck fest verankerten, rechteckigen Gehäuse mit einem Dach zum Schutze vor der Unbill des Wetters und einer kleinen kupfernen Öllampe für die Beleuchtung der Rose bei Nacht. Dieses Kompaßhaus, das den »Normalkompaß« enthielt, wie wir es ausdrükken möchten, war auf dem Achterdeck aufgestellt, wo der Kapitän oder der wachhabende Offizier es stets im Auge behalten konnte. Auf dem Hauptdeck, dicht bei der großen Steuerruderpinne befand sich noch ein zweites Kompaßhaus für den Steuermann, der danach zu steuern hatte. Der Wachoffizier gab dem Steuermann den Kurs an und kontrollierte ihn, indem er den Normalkompaß ständig beobachtete. Er verständigte sich mit dem Steuermann durch eine Luke im Achterdeck.

Und wie verhielt es sich mit der Kompaßabweichung, dem Unterschied zwischen einem magnetischen und tatsächlichen Kurs? Wir sehen Kolumbus in ständigem Kampfe mit diesem Problem auf seinen drei ersten Reisen, und wenn er es auch nicht löste, so erkannte er doch sein Vorhandensein. Zu seinem Glück kreuzten seine Routen selten Regionen, in denen die Kompaßabweichung mehr als 6° oder einen halben Strich ausmachte, und einen großen Teil seiner Zeit in Westindien verbrachte er in einer Zone ohne jede Abweichung. Ablenkung, was eine durch lokale Anziehung verursachte Abweichung bedeutet, störte ihn kaum, weil seine Schiffe nur geringfügige Eisenmengen enthielten.

Es war für den wachhabenden Offizier ein leichtes, seine Aufzeichnungen zu machen. Er schrieb den gesteuerten Kurs einfach auf eine

Schiefertafel, die an einer Querwand auf dem Poopdeck hing, und machte nach jeder halben Stunde einen Strich, zum Zeichen, daß der Kurs eingehalten worden war. Doch hatte er bei der einfachen Standortberechnung einen dritten Umstand zu berücksichtigen, nämlich die Fahrgeschwindigkeit.

Fahrtgeschwindigkeit und Entfernungen

Im 16. Jahrhundert wurde das Logscheit erfunden, ein am Rand so beschwertes Holzbrett, daß es aufrecht und unbeweglich im Wasser schwimmen konnte. An dem Brettchen war eine Leine befestigt, in die Knoten in solchen Abständen geknüpft waren, daß die in einer halben Minute über die Reling laufende Knotenzahl – die Zeit wurde mit einem besonderen Logglas gemessen – genau der Zahl der Seemeilen entsprach, die das Schiff in einer Stunde machte. Hiervon rührt die Bezeichnung »Knoten« für Schiffsgeschwindigkeit her. Man »warf das Log« während jeder Wache aus, oder wenn man bemerkte, daß das Schiff seine Geschwindigkeit vermehrte oder verringerte, und stellte sie so immer von neuem fest. Die Knoten, mit der Zeit multipliziert, ergaben die Distanz. Diese einfache Art der Geschwindigkeitsermittlung war jedoch Kolumbus unbekannt. Er oder der Offizier der Wache schätzten die Geschwindigkeit der *Santa María* in römischen Stundenmeilen mit dem Auge ab, indem sie die Blasen beobachteten, die von dem vorbeitreibenden Seetang aufstiegen.

Jeder erfahrene, urteilsfähige Seemann ist auf diese primitive Weise imstande, die Fahrt eines Schiffes auf einen Knoten genau und sogar, wenn er größere Übung hat, auf einen halben Knoten zu schätzen. Doch so wie die heutige Standortberechnung an sichtbaren Objekten täglich überprüft werden kann, so vermag man auch die geschätzte Schiffsgeschwindigkeit mit Hilfe des Patentlogs oder einer abgemessenen Meile zu kontrollieren. Kolumbus besaß kein solches Mittel, Maß oder feste Handhabe. Er schätzte die Geschwindigkeit in römischen Meilen je Stunde und die Distanz in Meilen zu je 4 römischen Meilen, da seine Meile gleich 3,8 Seemeilen war. Aber ohne feste Regel, außer seiner Erfahrung, und ohne Prüfmöglichkeit konnte Kolumbus keine genauen Ergebnisse erzielen. Bei nachträglicher, sorgfältiger Absteckung seiner 1492 verfolgten Reiseroute ergibt sich, daß er die zur See zurückgelegte Distanz um durchschnittlich 9% höher einschätzte, als sie in Wirklichkeit war, und daß er beispielsweise bei der Fahrt durch die Crooked Island- und Windward-Passagen an diese Überschätzung besonders nahe herankam. Indem er also der *Santa María* eine zu große Geschwindigkeit beimaß, schrumpfte das von ihm benutzte Meilenmaß auf nur 2,89 Seemeilen zusammen. Zu alledem benutzte Kolumbus, wenn er in Sicht von Land war, eine andere Meile, oder er gelangte zu einer noch größeren Überschätzung, wenn er feste Objekte an der Küste statt treibender Stücke als Meßpunkte ins Auge faßte, denn wenn man die in seinem Tagebuch verzeichneten Küstenentfernungen mit den tatsächlichen vergleicht, so scheint es, daß seine Küstenmeile nur ungefähr 1,5 Seemeilen maß. Dieser Fehler kehrt so häufig wieder, daß ich der Auffassung zuneige, Kolumbus habe bewußt eine andere »Land«meile benutzt. Er wußte nie, wie schnell sein Schiff segelte, weil er keinen festen Maßstab und keine Prüfmittel kannte.

Über Kolumbus' Navigation auf der Ersten Reise wissen wir alle das eine, daß er eine »genaue« Rechnung für den eigenen Gebrauch führte, während er kleinere Zahlen für die Mannschaften »zurechtmachte«, damit diese nicht darüber klagen konnten, so weit von der Heimat weggeführt zu werden. Durch seine Überschätzung der Distanzen blieb jedoch die »frisierte« Rechnung näher bei der Wahrheit als seine »genaue« tägliche Meilenzahl!

Seekarten und Besteckrechnung des Kolumbus

Nach diesen Ausführungen über Zeit, Geschwindigkeit und Distanz haben wir uns dem für die Navigation nächstwichtigen Punkt zuzuwenden, und zwar der Sammlung von Seekarten, die Kolumbus benutzte. Es waren große Schafhäute, auf denen die Küsten von Spanien, Portugal, Nordafrika, den Azoren, Madeira und den Kanarischen Inseln ziemlich genau aufgezeichnet waren, daneben wiesen sie die nur mutmaßlich vorhandenen Inseln wie Antillia, Zipangu und Cathay auf, die Kolumbus da eingezeichnet hatte, wo er sie nach Marinus von Tyrus und Marco Polo annehmen mußte. Die Oberfläche einer solchen Karte war kreuzweise bedeckt mit rhombischen (d. h. geraden) Linien, die von einer Anzahl von in den Ozean in gewissen Abständen verlegten Windrosen ausstrahlten. Jede Karte war mit einer Meilenskala versehen, hatte aber kein Netz von Längen- und Breitengraden.

Kolumbus begann mit der Fixierung von »Punkten« für den großen Sprung, indem er einfach von dem Ort ausging, wo sich sein Schiff in der Nacht vom 7. zum 8. September 1492 in geschützter Lage zwischen Gomera und Tenerife befand. Es war nur zwei oder drei Tage nach Vollmond, so daß er beide Inseln erkennen und die Peilung vornehmen konnte, indem er zur Kompaßrose hinschielte und die Distanz abschätzte. Er steckte nun den entsprechenden Punkt, der seinen Ausgangspunkt bildete, auf seiner Seekarte ab. Hierauf setzte er den Kurs auf W, Richtung Indien. Am Sonntag, den 9. September, bei Sonnenaufgang rechnete er sich aus, daß er 9 Meilen vom Ausgangspunkt an zurückgelegt hatte. So nahm er denn sein Lineal, legte es an diesen Punkt und parallel zur nächsten W-Rhombenlinie auf der Karte an, setzte mit Hife seines Handzirkels 9 Meilen ab und steckte einen neuen Punkt ab. Dieses Verfahren nannte der Spanier *fazer* oder *echar punto* (Punkte machen oder setzen), oder einfach *cartear* (Kartieren), was man auf englisch (ins Deutsche übersetzt) »die Karte setzen« oder »abstecken« zu nennen pflegte. Der Fortgang der Reise war markiert durch eine Kette von kleinen Löchern in der Karte, die mittels des Handzirkels hineingestochen waren.

Kolumbus verrichtete diese Arbeit nicht immer selbst; bei einer Gelegenheit, so berichtet er, sahen ihm der Pilot und einige Seeleute zu, als er den Kurs absteckte, und gaben ihm ihre Ratschläge. Es erscheint uns ungewöhnlich, daß sich Kolumbus in seine »zurechtgemachte« Navigation sogar von seinen Matrosen hineinreden ließ, aber das schien damals an der Tagesordnung zu sein.

Das »Punktemachen« auf der Karte war recht einfach, wenn man den Kurs nicht häufig änderte, was auf Kolumbus' meisten Ausreisen auch nicht der Fall war. Aber wenn man gegen den Wind aufkreuzen mußte, wie dies im ersten Monat während der Heimreise geschah, konnten sich die Irrtümer beim Setzen einer ganzen Reihe sehr kurzer Kurse auf der Karte wohl recht ernsthaft auswirken. In einer solchen Lage half sich der mit der Besteckrechnung arbeitende Navigator mit einer Kursablesetafel. Aus seinem Tagebuch geht hervor, daß Kolumbus eine solche besaß und sich ihrer zu bedienen verstand.

Durch eine Berechnung einfachster Art konnte Kolumbus eine ganze Reihe von Haken oder Kursänderungen in einen großen rechten Winkel verwandeln. Diesen trug er in die Karte ein und markierte die Endposition durch einen Punkt. Dann maß er Kurs und Distanz zwischen den beiden Punkten und notierte in seinem Tagebuch: »Wir machten gute 13 Meilen NO«, oder was eben das Ergebnis war.

Als früherer Kartenzeichner war Kolumbus für das kartieren seiner Entdeckungen bestens gerüstet, und ohne Zweifel trug er jede neue Insel ein und zeichnete auch jede Küstenlinie auf einem besonderen Kartenblatt auf, während er seinen Weg entlang segelte. Zweimal auf seiner Zweiten Reise finden wir Hinweise vor, die sich auf Eintragungen auch der kleinsten Insel in eine Karte beziehen, mit deren Anfertigung er beschäftigt war. Hojedas Reise im Jahre 1499 stützte sich erwiesenermaßen auf eine Karte des Festlandes, die der Admiral nach Hause geschickt hatte, und ein Zeuge in den *pleitos* von 1514 sagte aus, daß alle späteren Entdecker des Festlandes sich nach den Karten richteten, die der Admiral angefertigt hatte.

100 Faden Tiefseelot

Wie alle erfahrenen Seeleute machte Kolumbus stets eifrigen Gebrauch vom Lot, wenn er sich einer Küste näherte, oder wenn er in der Nähe von Land zu sein glaubte. Die normale Länge der Lotleine auf den kleinen Schiffen jener Zeit und auch in den darauffolgenden Jahrhunderten betrug 40 Faden. Doch jedes Schiff der Columbusflotte hatte eine Tiefseelotleine von 100 Faden an Bord, bei einer Gelegenheit band er sogar zwei Leinen zu einer solchen von 200 Faden zusammen. Wir mögen über seine Lotversuche in der Mitte des Ozeans lächeln, wo die modernen Karten Tiefen von einigen 2400 Faden aufweisen, doch wenn der Lotgast nach wiederholtem Auswerfen des Lots durch die Decken des Golfkrauts meldete: »Kein Grund, Käpt'n«, so war dies im tückischen Sargossameer weit beruhigender als alle Mutmaßungen. Das Loten bei Brise ist mühsam, weil einige Segel backgesetzt werden müssen, um die Fahrt zu verlangsamen, damit das Lot den Meeresboden erreichen kann. Diese Vorsichtsmaßregel wird bei der Annäherung an eine Küste häufig außer acht gelassen, so daß durch die Vernachlässigung rechtzeitigen Lotens mehr Schiffe auf Strand laufen als infolge aller anderen Ursachen. Kolumbus war äußerst gewissenhaft im Loten, bis er die Erfahrung machte, daß die äußeren Bahamas steil aufstiegen und keine Bodenberührung für das Schiff zu befürchten war, solange man den Meeresgrund in dem klaren Wasser nicht sehen konnte. Aber dann wurde er ebenfalls unvorsichtig, was zur Folge hatte, daß er sein Flaggschiff an einem Weihnachtsabend verlor.

Einfaches Besteck – aber hohe Navigationskunst

Kolumbus' einzige navigatorische Hilfsmittel waren damals Seemannskompaß und Zirkel, Quadrant und Lotleine, Seekarte und Lineal, Kursablesetafel und gewöhnliche Multiplikationstabelle, sowie eine jener neueren Ephemeriden von Johannes Müller (Regiomontanus), die aber mehr für den Astrologen als für den Seefahrer bestimmt waren.

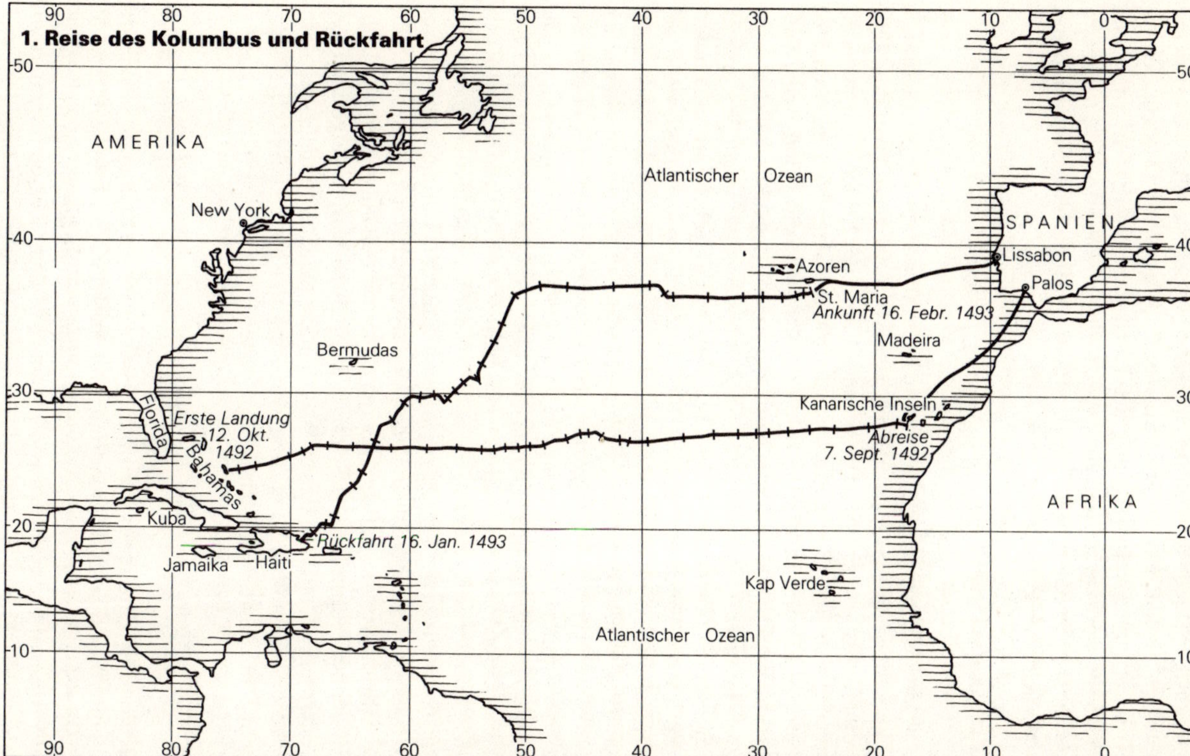

1. Reise des Kolumbus und Rückfahrt
AMERIKA
Atlantischer Ozean
New York
SPANIEN
Lissabon
Azoren
Palos
St. Maria
Ankunft 16. Febr. 1493
Madeira
Bermudas
Florida
Erste Landung
12. Okt.
1492
Bahamas
Kanarische Inseln
Abreise
7. Sept. 1492
AFRIKA
Kuba
Rückfahrt 16. Jan. 1493
Jamaika
Haiti
Kap Verde
Atlantischer Ozean

Es ist nicht ersichtlich, daß er diese Ausrüstung auf seinen späteren Reisen vervollständigte. Es steht sogar fest, daß er mit dem auf der Ersten Reise mitgeführten Astrolabium nicht umzugehen verstand, weshalb er es später nicht mehr mitnahm. Zwei seiner Seeleute auf der Dritten Reise bestätigten später, daß er »Karten, Quadranten, Tafeln, Kugel und andere Dinge« bei sich hatte.

Kurz und gut, Kolumbus war ein Navigator, der einzig und allein mit dem Besteck arbeitete.

Das soll aber nicht besagen, daß Kolumbus ein mäßiger Navigator war, ganz im Gegenteil. Im Jahre 1492 baute sich die Navigationskunst zu 99 Prozent auf der Arbeit mit dem Besteck auf, denn in den hohen Breiten gab es lang anhaltende Zeiten von Wolkenüberhängen und Stürmen, die jede Himmelsbeobachtung ausschlossen. Die Besteckrechnung ist noch heute – im Zeitalter hochkomplizierter Instrumente – die Grundlage der Navigation.

Es muß aber auch bedacht werden, daß der Seefahrer von heute seine Besteckrechnung täglich, wenn es das Wetter erlaubt, durch Längen- oder Breitensichten oder alle beide überprüft, was Kolumbus nie gelernt hatte. Und da bei einer Ozeanüberquerung ein Kursfehler von einem halben Punkt ein Fehlziel um rund 250 Meilen bedeutet, ist es verständlich, daß Kolumbus das Besteck mit aller möglichen Sorgfalt benutzte.

Möglich ist natürlich, daß er darin nicht viel geschickter war als seine besseren Zeitgenossen, immerhin scheinen die Verschätzungen der Piloten auf der ersten Heimreise und ihr ehrliches Staunen über Kolumbus' ausgezeichnete Landsichtung im Jahre 1496 das gerade Gegenteil zu beweisen. Andrés Bernáldez, dem der Admiral dieses Ereignis unmittelbar und selbst mitteilte, schrieb: »Niemand betrachtet sich als einen guten Piloten und Kapitän, wenn er einen Fehler von 10 Leguas macht, wenn er auch von einem Land zu einem anderen sehr weit entfernten segeln muß, ohne irgendeine Küste zu sichten, und dabei mehr als 1000 Leguas zurückzulegen hat, es sei denn, daß er unter der Gewalt von Stürmen seine Geschicklichkeit gar nicht anbringen kann.«

Solche so sicher mit dem Besteck arbeitende Navigatoren gibt es heutzutage nicht, und kein lebendiger Mensch würde, wenn er auf die Kolumbus zur Verfügung stehenden Instrumente und Hilfsmittel beschränkt wäre, auch nur annähernd so genaue Ergebnisse erzielen können, wie er es vermochte.

Wenn wir also Kolumbus nicht einfach nach dem beurteilen, was er tat, sondern wie er es tat, so müssen wir eingestehen, daß er wahrhaftig ein großer Navigator war. Er führte seine Flotte nicht hinaus auf die hohe See wie irgendein von einer großen Idee durchdrungener Dilettant, sondern wie ein die Seefahrtskunst – *el arte de marear* – beherrschender Kapitän. Er war mit allen navigatorischen Hilfsmitteln und Instrumenten, die seine Zeit hervorgebracht hatte, gut, aber nicht übertrieben gut ausgerüstet. Seiner eigenen Unvollkommenheit war er sich in Bescheidenheit bewußt, als er in einem Brief an das Herrscherpaar vor dem Antritt seiner letzten Reise voraussagte, daß »durch die Vervollkommnung der Instrumente und Schiffsausrüstungen diejenigen, die mit den neuentdeckten Inseln Schiffsverkehr unterhalten und Handel treiben sollen, an Kenntnissen und Wissen reicher sein werden«, als ihm dies beschieden war. □

Siebzig Tage der Ungewißheit – Das Bordbuch des Kolumbus im Auszug

Dann endlich war es soweit. In den Morgenstunden des 3. August verließen die drei Schiffe Palos mit Kurs auf die Kanarischen Inseln. Das Original des Bordbuches, das Kolumbus von nun an täglich sehr sorgfältig führte, ist uns leider nur in einem *Auszug* erhalten, den uns Las Casas überliefert hat. Doch reichen die Notizen für ein Bild der Reise bis zu den Westindischen Inseln.

Von da an übernimmt Las Casas dann den vollen Text der Aufzeichnungen.

Gleich in den ersten Tagen der Fahrt gab es Schwierigkeiten, da einige Leute anscheinend mit Sabotageakten das Unternehmen vorzeitig scheitern lassen wollten, aber dann dürften sie sich doch in das Unvermeidliche gefügt haben, und nach einer ausgesprochen glücklichen Fahrt erreichten die drei Schiffe schon am 12. August La Gomera, eine der Kanarischen Inseln. Hier gönnte Kolumbus seinen Leuten drei Wochen Ruhe und sich selbst angeblich eine Liebelei mit der jungen attraktiven Witwe des verstorbenen Statthalters. Kleine Schäden der Schiffe wurden ausgebessert, Wasser und Proviant übernommen, und am 6. September begann die Fahrt nach Westen. Sie verlief weiterhin überraschend günstig; denn bis zum 18. September wehte ein ganz gleichmäßiger Passat, mit dessen Hilfe die Schiffe 1163 Seemeilen (= 2155 km) zurücklegten, eine in der Tat hervorragende Segelleistung.

»Ich beschloß, weniger einzutragen,
als wir zurückgelegt hatten . . .«

Schon seit dem 9. September hatte sich Kolumbus entschlossen, seine Leute über die tatsächlich zurückgelegten Entfernungen zu täuschen und im Logbuch offiziell kürzere Angaben einzutragen, damit seine Leute durch die großen zurückgelegten Distanzen nicht den Mut verlören. Die folgenden Bordbucheintragungen sind beredtes Zeugnis dieses einmaligen Vorgehens:

Sonntag, den 9. September.

Wir kamen um 60 Seemeilen weiter. Ich beschloß, weniger einzutragen, als wir tatsächlich zurückgelegt hatten, damit meine Leute nicht den Mut verloren, falls die Reise zu lange dauern sollte. Im Laufe der Nacht brachten wir 120 Seemeilen hinter uns, bei einer Stundengeschwindigkeit von 10 Seemeilen. Die Steuerleute hielten den Kurs schlecht ein, indem sie um einen oder um einen halben Strich nach Nordwesten abschwenkten, was ich ihnen öfters vorhielt.

Freitag, den 14. September.

Wir setzten unsere Fahrt in westlicher Richtung fort und brachten in 24 Stunden 80 Seemeilen hinter uns; ich berechnete wieder einige Meilen weniger. Die Leute der »Niña« meldeten, einen Reiher und einen anderen Vogel gesichtet zu haben; nun sind dies Vögel, die sich nie mehr als etwa 100 Seemeilen vom Lande entfernen.

Sonntag, den 16. September.

Stets auf der Fahrt nach Westen begriffen, kamen wir um weitere 156 Seemeilen vorwärts, allein ich schrieb nur 144 davon auf. Der Himmel umwölkt sich, und es ging etwas Regen nieder.

Von diesem Tage an werden wir immer ein mildes Klima antreffen. Mit wahrem Genuß erlebte ich die Schönheit eines jeden Morgens, denen fast nichts anderes zu ihrem vollen Zauber fehlte als der Sang der Nachtigallen.

Es war wie ein heiteres Aprilwetter in Andalusien. Und hier war es auch, wo wir zum erstenmal große Mengen grünen frischen Grases sichteten, das sich erst vor kurzem von der Erde losgerissen zu haben schien, weshalb alle der Meinung waren, daß man sich in der Nähe irgendeiner Insel, nicht aber des Festlandes befinden müsse; denn ich bin der Ansicht, daß das Festland noch weiter vor uns liegt.

Dienstag, den 18. September.

Diesen Tag und die darauffolgende Nacht legten wir mehr als 220 Seemeilen zurück, doch vermerkte ich nur 192. Die ganze Zeit über blieb die See ganz still und ruhig, wie der Fluß von Sevilla.

An diesem Tag fuhr Martín Alonso mit der »Pinta« vor, die geschwind dahinsegelte, nicht ohne mich vorher von einer Karavelle aus verständigt zu haben, daß er einen großen Schwarm Vögel gegen Westen habe fliegen sehen und daß er also hoffe, im Laufe der Nacht Land zu sichten, weshalb er seine Karavelle mit vollen Segeln laufen ließ. Gegen Norden zu dehnte sich eine trübe Dunstschicht aus, was das Anzeichen nahen Landes ist.

Dienstag, den 25. September.

Wir hatten viel unter Windstille zu leiden; dann kam Wind auf. Bis zum Einbruch der Nacht fuhren wir mit westlichem Kurs.

Ich hatte mit Martín Alonso Pinzón, dem Kapitän der Pinta, eine längere Beratung, deren Gegenstand eine Karte bildete, die ich ihm drei Tage zuvor an Bord geschickt hatte und auf welcher gewisse Inseln jener Gewässer verzeichnet erschienen, die sich nach dem Dafürhalten Martín Alonsos in dieser Gegend befinden mußten. Ich sagte, dies auch zu glauben. Die Tatsache aber, daß wir bislang noch nicht auf jene Inseln gestoßen sind, muß dem Umstande zugeschrieben werden, daß die Meeresströmungen die Schiffe unausgesetzt in nordöstlicher Richtung abtrieben und sie daher nicht so weit vorwärtsgekommen waren, als die Kapitäne es wahrhaben wollten.

Während wir uns darüber unterhielten, ersuchte ich Martín Alonso, mir die genannte Karte herüberzusenden. Als Pinzón sie mir dann an einer Leine zugeworfen hatte, machte ich mich sofort daran, gemeinsam mit dem Kapitän und meinen Matrosen die Karte zu studieren.

Bei Sonnenuntergang erschien Martín Alonso am Heck seines Schiffes, rief mit freudig bewegter Stimme nach mir und forderte eine Belohnung, da er Land entdeckt habe. Als ich vernahm, daß Pinzón hartnäkkig bei seiner Behauptung blieb, warf ich mich auf die Knie, um Gott Dank zu sagen, während Martín Alonso mit seiner Mannschaft das »Gloria in excelsis Deo« zu beten anhub. Ein gleiches tat auch die Mannschaft der Santa Maria. Die Leute der Niña kletterten auf die Masten und Wanten und behaupteten samt und sonders, Land vor sich zu sehen. Auch mir wollte es so vorkommen, als müßte Land da liegen, und zwar in einer Entfernung von 100 Seemeilen. Bis in die Nacht hinein wiederholten alle einstimmig, daß dies Land sein müsse.

Da ordnete ich an, von der bisher eingehaltenen westlichen Fahrtrichtung abzuweichen und Kurs nach Südwesten zu nehmen, in welcher Richtung das Land allem Anschein nach gesichtet worden war. So fuhren wir an jenem Tag 18 Seemeilen nach Westen, während der Nacht aber 68 Seemeilen nach Südwesten, also insgesamt 86 Seemeilen. Meinen Leuten gegenüber sprach ich aber nur von 52 Seemeilen, um ihnen die Reise kürzer erscheinen zu lassen. Auf diese Weise führte ich eine doppelte Rechnung: die zahlenmäßig geringere war nur eine vorgetäuschte, während die höhere der Wahrheit entsprach.

Die See blieb ruhig und glatt, so daß viele Matrosen ins Wasser sprangen und schwammen. Sie sahen viele »Dorados« (Goldbrassen) und andere Fische.

Mittwoch, den 26. September.

Wir setzten unsere Fahrt in westlicher Richtung bis nach 12 Uhr mittags fort; dann nahmen wir so lange Kurs nach Südwesten, bis wir erkannten, daß das, was wir für Land gehalten hatten, nur ein Stück des Himmels war.

Montag, den 1. Oktober.

Auf unserer Fahrt nach Westen legten wir weitere 100 Seemeilen zurück; meinen Leuten vermeldete ich nur 80. Ein großer Regenguß ging nieder. Den Berechnungen des Kapitäns an Bord meines Schiffes zufolge, bei Anbruch des Morgens, hatten wir von der Insel Ferro bis hierher 2312 Seemeilen in westlicher Richtung zurückgelegt; meine verminderte Berechnung, die für meine Mannschaft bestimmt war, ergab 2336 Seemeilen, während die genaue Berechnung, die ich geheimhielt, 2828 Seemeilen ausmachte.

»Meine Leute beklagten sich . . .«

Ich blieb weiterhin auf west-südwestlichem Kurs. Wir fuhren mit einer Stundengeschwindigkeit von 10 Seemeilen, stellenweise mit 12, dann wieder mit nur 7 Seemeilen. In Tag- und Nachtfahrt legten wir 236 Seemeilen zurück, allein ich verrechnete nur 176 Seemeilen.

Zu diesem Zeitpunkte beklagten sich meine Leute über die lange Reisedauer, die ihnen unerträglich zu sein schien. Ich wußte sie aufzumuntern, so gut ich eben konnte, und stellte ihnen den Verdienst, den sie sich auf diese Weise verschaffen konnten, in nahe Aussicht. Dem fügte ich hinzu, daß es zwecklos wäre, darüber in Streit zu geraten, da

Die Route des Kolumbus
1. Reise mit der Route der »Santa Maria« und Nina (nach der Besteckrechnung des Kolumbus)

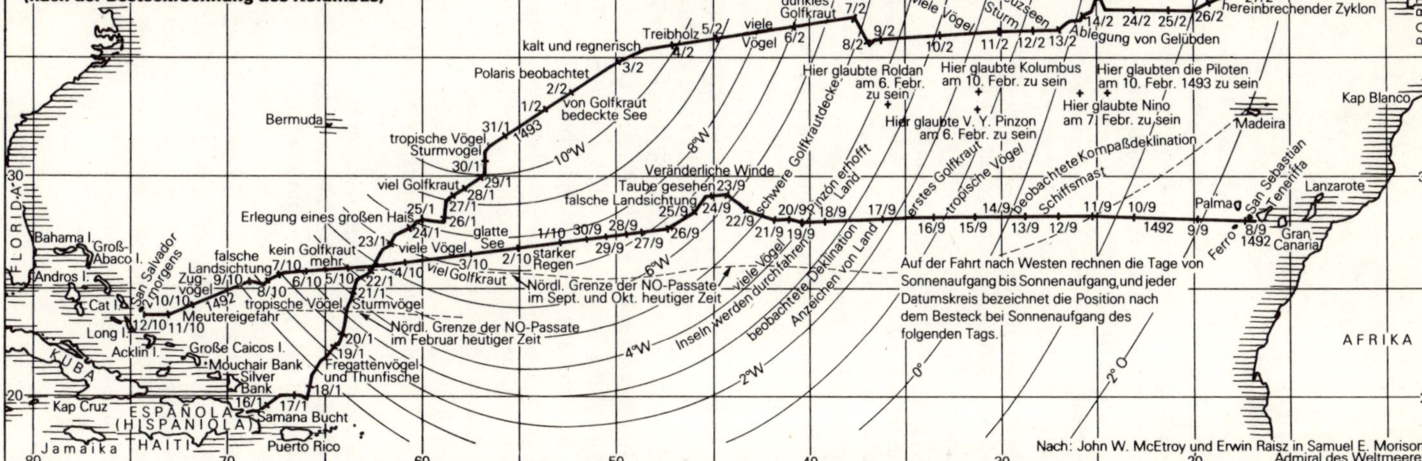

Nach: John W. McEtroy und Erwin Raisz in Samuel E. Morison: Admiral des Weltmeeres

ich nun einmal entschlossen sei, nach Indien zu gelangen und die Reise so lange fortzusetzen, bis ich mit Gottes Hilfe dahin gelangt sein werde. □

Diese letzte Tagebuchnotiz läßt uns aufmerken. »Die Leute beklagten sich«, heißt es da – und das ist alles, was von der berühmten Meuterei und dem Ultimatum von drei Tagen übrigbleibt, das die Leute ihrem Kommandanten stellten. Eine Behauptung, die schon seit dem 16. Jahrhundert immer wieder aufgewärmt wird. Der letzte Tag vor der Landung verlief ohne Zwischenfälle.

»Die Leute der Pinta erspähten ein Rohr . . .«

Donnerstag–Freitag, den 11.–12. Oktober.

Ich blieb weiterhin auf west-südwestlichem Kurs. Wir hatten stark unter hohem Seegang zu leiden, mehr als jemals auf unserer ganzen Fahrt. Wir erblickten einige Sturmvögel und ein grünes Schilfrohr, das an der Bordwand des Schiffes vorbeistrich.

Die Leute der Karavelle Pinta erspähten ein Rohr und einen Stock, fischten dann noch einen zweiten Stock heraus, der anscheinend mit einem scharfen Eisen bearbeitet worden war; sie griffen noch ein Rohrstück auf und sahen ein kleines Brett und eine Grasart, die von der üblichen verschieden war und auf dem Lande wuchs. Auch die Mannschaft der Niña sichtete Anzeichen nahen Landes und den Ast eines Dornbusches, der rote Früchte trug. Diese Vorboten versetzten alle in gehobene, freudvolle Stimmung.

An diesem Tage legten wir bis Sonnenuntergang 108 Seemeilen zurück. Nach Sonnenuntergang kehrte ich wieder zur Westrichtung zurück. Wir kamen mit einer Stundengeschwindigkeit von 12 Seemeilen vorwärts, und bis 2 Uhr morgens hatten wir 90 Seemeilen durchlaufen. Da die Karavelle Pinta schneller war als die anderen beiden Schiffe und mir vorgefahren war, so entdeckte man an Bord der Pinta zuerst das Land und gab auch die angeordneten Signale.

Als erster erspähte dieses Land ein Matrose, der *Rodrigo da Triana* hieß, wiewohl ich um 10 Uhr nachts vom Aufbau des Hinterschiffes aus ein Licht bemerkt hatte.

Obzwar das schimmernde Licht so undeutlich war, daß ich es nicht wagte, es als Land zu bezeichnen, so rief ich dennoch Pietro Gutiérrez, den Truchseß des Königs, um ihm zu sagen, daß ich ein Licht zu sehen glaubte, und bat ihn, es sich anzusehen, was jener auch tat und es tatsächlich auch sah. Desgleichen benachrichtigte ich Rodrigo Sánchez von

Segovia, den der König und die Königin als Beobachter der Armada zugeteilt hatten. Dieser vermochte aber nichts zu erblicken, da er von seinem Standpunkt aus nichts sehen konnte. Nachdem ich meine Beobachtung gemeldet hatte, sah man das Licht ein-, zweimal aufscheinen; es sah so aus, als würde man eine kleine Wachskerze auf und nieder bewegen, was wohl in den Augen der wenigsten als Anzeichen nahen Landes gegolten hätte – allein ich war fest davon überzeugt, mich in der Nähe des Landes zu befinden.

Als dann die ganze Mannschaft des »Salve Regina« betete, das alle Seeleute auf ihre Art und Weise zu singen pflegen, und dann schweigend verharrte, gab ich meinen Leuten den guten Rat, auf dem Vorschiff gute Wache zu halten und auf das Insichtkommen des Landes wohl achtzugeben. Derjenige unter ihnen, der als erster melden würde, Land zu sehen, bekäme sofort eine seidene Jacke zum Geschenk, außer all den Belohnungen, die das Herrscherpaar versprochen hatte, nämlich die Auszahlung eines lebenslänglichen Ruhegehaltes von 10000 Maravedís.

Um zwei Uhr morgens kam das Land in Sicht, von dem wir etwa 8 Seemeilen entfernt waren. Wir holten alle Segel ein und fuhren nur mit einem Großsegel, ohne Nebensegel. Dann legten wir bei und warteten

Bartolomé de las Casas

Bartolomé de las Casas wurde 1474 in Sevilla geboren. Sein Vater begleitete Kolumbus auf dessen erster – nach anderen Behauptungen auf der zweiten – Entdeckungsreise in die Neue Welt. Nach seiner Rückkehr mag er dem Sohn das Interesse für die überseeischen Gebiete eingeimpft haben. Las Casas studierte an der berühmten Universität von Salamanca Theologie und Rechtswissenschaften. Schon 1502 reiste er selbst nach Amerika und ließ sich in Española (Haiti) nieder. In Santo Domingo wurde er 1511 zum Priester geweiht und ging ein Jahr später nach Kuba, wo er sich »mehr um sein Gut und seine Gruben als um Christi Lehre« kümmerte, wie er selbst sagte. Aber 1514 vollzog er einen radikalen Wandel in seiner Auffassung und wandte sich energisch gegen die Ausbeutung und Ausrottung der Indianer. Er reiste nach Spanien, um dort einflußreiche Persönlichkeiten für seine Ideen zu gewinnen, und verwandte sich mit allen Kräften für eine humane Gesetzgebung zum Schutz der Indianer. Es gelang ihm sogar, Kaiser Karl V. für seine Ziele zu gewinnen. Damals allerdings empfahl er zur Rettung der Indianer die Einfuhr von Negern als Arbeitskräfte und wurde so unge-

bis zum Anbruch des Tages, der ein Freitag war, an welchem wir zu einer Insel gelangten, die in der Indianersprache »Guanahaní« hieß. Dort erblickten wir allsogleich nackte Eingeborene. Ich begab mich, begleitet von Martín Alonso Pinzón und dessen Bruder Vicente Yánez, dem Kapitän der Niña, an Bord eines mit Waffen versehenen Bootes an Land. Dort entfaltete ich die königliche Flagge, während die beiden Schiffskapitäne zwei Fahnen mit einem grünen Kreuz im Felde schwangen, das an Bord aller Schiffe geführt wurde und welches rechts und links von den je mit einer Krone verzierten Buchstaben F und Y umgeben war. Unserem Blicken bot sich eine Landschaft dar, die mit grün leuchtenden Bäumen bepflanzt und reich an Gewässern und allerhand Früchten war.

Ich rief die beiden Kapitäne und auch all die anderen, die an Land gegangen waren, ferner Rodrigo d'Escobedo, den Notar der Armada, und Rodrigo Sánchez von Segovia, zu mir und sagte ihnen, durch ihre persönliche Gegenwart als Augenzeugen davon Kenntnis zu nehmen, daß ich im Namen des Königs und der Königin, meiner Herren, von der genannten Insel Besitz ergreife, und die rechtlichen Unterlagen zu schaffen, wie es sich aus den Urkunden ergibt, die dort schriftlich niedergelegt wurden. □

wollt zum Befürworter der Negersklaverei in Amerika. Etwa zur gleichen Zeit verfaßte er eine »Geschichte der indianischen Länder«, die ein wichtiges Dokument auch für die Lebensgeschichte des Kolumbus darstellt. Nach seiner Rückreise in die Neue Welt trat er 1523 in den Dominikanerorden ein und kämpfte weiter gegen die Unterdrückung der Indianer durch die spanischen Kolonisten.

Seine Landsleute zettelten Intrigen gegen ihn an und bezichtigten ihn des Hochverrats, so daß er 1539 erneut nach Spanien gehen und sich dort rechtfertigen mußte. Während dieses Europaaufenthalts entstand sein »Kurzgefaßter Bericht von der Verwüstung der westindischen Länder«, der zu einer flammenden Anklage gegen die Kolonialmethoden wurde. Tatsächlich erreichte der unerschrockene Kämpfer auch, daß die »Neuen Gesetze« zum Schutz der Indianer erlassen wurden, aber unter dem Druck der Kolonial-Lobby widerrief sie Karl V. schon drei Jahre später! Las Casas reiste noch einmal, diesmal zum Bischof geweiht und damit sichtbar ausgezeichnet, nach Amerika, wurde erneut hochverräterischer Umtriebe bezichtigt und kehrte 1547 endgültig nach Spanien zurück, wo er sich bis zu seinem Tode im Jahre 1566 in Disputationen und mit Flugschriften unermüdlich für die Indianer einsetzte.

Die Inseln der Neuen Welt – Das Bordbuch in Las Casas' Bericht

Seit den Tagen der Normannen, also seit beinahe fünfhundert Jahren, hatte kein Europäer mehr amerikanisches Gebiet erreicht und betreten. Wie nicht anders zu erwarten, wurde auch über die Identität jener Insel gestritten, die nach Aussagen ihres Entdeckers Guanahani hieß und die er sogleich in »San Salvador« (Heiliger Erlöser) umbenannte. Aber Kolumbus hat sie gut genug beschrieben, und von den sechs Inseln, die sich um die Ehre des Landeplatzes streiten, bleibt doch nur das heutige »Watling-Island« übrig, benannt ausgerechnet nach einem englischen Freibeuter, ein Koralleneiland von etwa zwanzig Kilometer Länge, umgeben von gefährlichen Riffen.

Vom Augenblick der Landung an hat Las Casas das Logbuch in vollem Umfang übernommen, so daß wir den bedeutsamen Ereignissen in allen Einzelheiten folgen können. (Von dem bei Wiesenthal erwähnten Dolmetscher ist allerdings nirgends die Rede. Der wird erst unter dem 2. November in seiner Funktion erwähnt.)

»Die Eingeborenen müssen gute und intelligente Sklaven abgeben . . .«

Freitag, den 12. Oktober.

Von dem Wunsche erfüllt, die Freundschaft und Zuneigung dieses Volkes zu gewinnen, und überzeugt, daß die Bekehrung desselben zu unserem heiligen Glauben eher durch Liebe, denn durch Gewalt erzielt werden möge, beschenkte ich einige der Eingeborenen mit roten Mützen und Schnuren von Glasperlen, welche sie um ihren Nacken befestigten, sowie mit anderen unbedeutenden Kleinigkeiten, welche ihnen aber große Freude bereiteten und durch welche wir wunderbar schnell ihre Zuneigung erwarben. Sie kamen späterhin an die Boote unserer Schiffe geschwommen und brachten uns Papageien, Garnknäuel und Speere, sowie manche andere Dinge, welche sie für das, was wir ihnen gaben, wie Glasperlen und kleine Schellen, austauschten. Sie nahmen, was man ihnen gab, und gaben, was sie hatten, mit gutem Willen, aber es schien mir, daß sie sehr arme Leute seien. Alle gehen nackt so wie sie in die Welt gekommen, auch die Weiber, obwohl ich nur ein sehr junges Mädchen sah. Die anderen waren junge Männer, von denen keiner über dreißig Jahre alt sein mochte. Sie alle waren wohlgebildet, und in ihren Bewegungen graziös und anmutig. Ihr Haar ist so dick wie

Kolumbus handelt mit Eingeborenen der Insel Hispaniola (Española, Haïti). Holzschnitt des Basler Kolumbusbriefes.

Roßhaar und kurz geschnitten; es fällt vorn bis auf die Augenbrauen herab, hinten hingegen tragen sie eine lange Flechte, welche nie abgeschnitten wird. Ihre natürliche Farbe ist die der Eingeborenen der Kanarischen Inseln, weder schwarz noch weiß; aber einige bemalen sich schwarz oder weiß; andere wieder rot oder mit irgendeiner Farbe, die sie finden. Manche bemalen ihr Gesicht, manche den ganzen Körper, einige nur die Augen und andere nur die Nase. Sie führen keine Waffen und kennen auch keine, denn als ich ihnen Schwerter zeigte, griffen sie dieselben so ungeschickt bei der Schneide an, daß sie sich schnitten. Sie haben kein Eisen; ihre Speere bestehen vielmehr aus Stäben ohne Eisen und sind an ihren Enden mit Fischzähnen oder anderen Dingen besetzt. Im großen Ganzen sind diese Leute von gutem Wuchs, guter Haltung und zierlichen Bewegungen. Bei mehreren bemerkte ich vernarbte Wunden, und als ich durch Zeichen nach dem Ursprunge derselben forschte, gaben die Leute zu verstehen, daß die Bewohner der benachbarten Inseln mitunter herüberkommen, um sie gefangenzunehmen, weshalb sie sich zu verteidigen hätten. Auch glaube ich, daß man vom Festlande aus hierher kommt, um die Eingeborenen zu Gefangenen zu machen. Sie müssen gute und intelligente Sklaven abgeben, denn ich bemerkte, daß sie alles sehr schnell begreifen, was ich ihnen sage, und ich bin überzeugt, daß man sie leicht zu Christen machen kann, da sie keinerlei Sekte anzugehören scheinen. So es Gott gefällt, werde ich bei meiner Abreise sechs dieser Leute Euren Hoheiten mitbringen, damit sie unsere Sprache erlernen mögen. Außer Papageien habe ich keinerlei Tiere hierselbst gesehen.

»Sie sind von großer Sanftmut.
Ich fragte sie, ob Geld vorhanden sei . . .«

Samstag, den 13. Oktober.

Bei Tagesanbruch kamen viele der Eingeborenen ans Ufer, alle waren, wie bereits erwähnt, junge Männer von ziemlich hohem Wuchs; es ist in der Tat ein wahrhaft schöner Menschenschlag. Ihre Haare sind nicht gekräuselt, sondern fallen gerade herunter und sind grob wie Pferdehaar. Auch haben sie breitere Köpfe und Stirnen, als ich je bei anderen Menschenrasse gesehen habe. Die Augen sind sehr schön und keineswegs klein; die Hautfarbe ist nicht schwarz, sondern ähnlich wie die der Eingeborenen der Kanarischen Inseln, wie es auch nicht anders zu erwarten sein kann, da diese Insel mit derjenigen von Hierro (Ferro), einer der Kanarischen Inseln, in gleichem Breitengrade gelegen ist. Alle diese Eingeborenen ohne Ausnahme haben gerade Gliedmaßen, sind schlank und äußerst wohlgeformt. Sie kamen zu dem Schiffe in Kanoes, die aus einem einzigen ausgehöhlten Baumstamme gefertigt und ganz vorzüglich für diese Gegenden geeignet sind. Mehrere derselben hielten vierzig bis fünfzig Mann, andere waren kleiner, und einige waren nur für einen Insassen groß genug. Sie lenkten ihre Boote mit Rudern, welche an die Schaufeln der Bäcker erinnern. Dabei erzielen sie eine wunderbare Schnelligkeit, und wenn eine der Barken umschlägt, beginnen alle zu schwimmen, wenden das Fahrzeug wieder um und schöpfen das eingedrungene Wasser mit Kürbisflaschen, die sie mit sich tragen, wie-

Die Landung des Kolumbus auf Hispaniola (Española, Haïti).
De Bry, »Americae«, 4. Buch.

der aus. Sie brachten Knäuel gesponnener Baumwolle, Papageien, Speere und andere Kleinigkeiten, die zu beschreiben ermüden würde, und tauschten sie für irgend etwas, was wir ihnen gaben. Ich frug sie sorgsam aus, um mich zu vergewissern, ob Gold vorhanden sei, und bemerkte, daß einige ein kleines Stück trugen, welches in einem durch die Nase gebohrten Loche hing. Aus ihren Zeichen vermochte ich zu verstehen, daß, wenn ich nach Süden ginge oder die Insel in südlicher Richtung umschiffe, ich ein Land finden werde, dessen König große goldene Gefäße und Gold in Überfluß habe. Ich versuchte sie zu bereden, mit mir dorthin zu gehen, doch begriff ich bald, daß sie dies nicht wollten. Ich beschloß daher, bis zum nächsten Abend zu warten und dann gen Südwesten zu segeln, da viele der Eingeborenen mir mitteilten, daß sowohl in der Richtung nach Süden wie auch nach Südwesten und Nordwesten Länder seien, und daß die Bewohner der im Nordwesten gelege-

Kolumbus in der Inselwelt der Karibik.
Aus dem Basler Kolumbusbrief.
Daneben eine Textseite des gleichen Werkes.

nen Gegenden häufig herüberkämen, um mit ihnen zu kämpfen und von den südwestlichen Gegenden Gold und kostbare Steine zu holen. Diese Insel hier ist ziemlich groß und sehr eben und mit herrlich grünen Bäumen bewachsen; hat einen Überfluß an Wasser und einen sehr großen See in der Mitte, ist aber ohne irgendeinen Berg, dagegen mit einer die Augen äußerst angenehm berührenden Vegetation überzogen. Die Eingeborenen sind von großer Sanftmut; aber von dem Verlangen getrieben, die Dinge, die wir haben, zu besitzen, entwenden sie, wohl wissend, daß man ihnen nichts gebe, wenn sie nichts dagegen austauschen,

tres dies ambularũt: inuenerũtq; innumeros
populos ⁊ habitatões: paruas tñ et absq; vllo
regimine: quapropt̃ redierũt. Interea ego iã
intellexerã a q̃busdam Indis: quos ibidẽ su-
sceperã: quõ hmõi prouincia: insula quidem
erat. ⁊ sic perrexi orientẽ versus: ei⁹ semp̃ strin
gens littora vsq; ad miliaria .cccxxij. vbi ipsi⁹
insule sunt extrema. hinc aliã insulã ad orien-
tem prospexi: distantem ab hac Iohana milia-
ribus. liiij. quã protinus Hispanam dixi: in eã-
q; cõcessi: ⁊ direxi iter quasi p̃ Septentrionẽ
queadmodũ in Iohana ad orientem: miliaria
dlxiiij. que dicta Iohana ⁊ alie ibidem insule
q̃fertilissime existunt. Hec multis atq; tutissi-
mis ⁊ latis: nec alijs quos vnq̃ viderim cõpa-
randis portib⁹: est circũdata. multi maximi ⁊
salubres hanc interfluũt fluuij. multi quoq; et
eminẽtissimi in ea sunt montes. Omes hc insu
le sunt pulcerrime ⁊ varijs distincte figuris: p-
uie: ⁊ maxima arbor̃ varietate sidera lamben
tiũ plene: q̃s nũq̃ folijs priuari credo: quip-
pe vidi eas ita virẽtes atq; decoras: ceu mẽse
Maio i hispania solẽt eẽ: q̃r alie florẽtes: alie
fructuose: alie i alio statu: s̃m vniuscuiusq; q̃li
tatẽ vigebãt: garriebat philomena: ⁊ alij passe
res varij ac inumeri: mẽse Nouẽbris q̃ ipe per
eas deambulabã. Sunt p̃terea in dicta insula
iij

alles, was sie erlangen können, und schwimmen damit davon. Was sie indes haben, geben sie für irgendeine Kleinigkeit, welche man ihnen bietet, ja selbst für zerbrochene Gegenstände und Glasscherben. Ich sah, wie sie für drei portugiesische Ceotis (eine keine Kupfermünze im Werte eines halben maravedi = 1/2 Pfennig) 16 Knäuel Garn gaben, welche zusammen mehr als eine Arroba[1] gesponnener Baumwolle enthalten haben müssen. Ich verbot einen derartigen Tauschhandel und erlaubte niemanden mehr, Baumwolle einzuhandeln, außer ich gebe den Auftrag, es dort, wo es in Überfluß zu finden sein möge, für Eure Hoheiten einzutauschen. So wie ich glaube, wächst die Baumwolle auf dieser Insel, die Kürze unseres Aufenthaltes hingegen verhinderte es, mir darüber positive Gewißheit zu verschaffen. Gleicherweise wird das

[1] Etwa 12 kg.

Gold, welches die Eingeborenen an ihren Nasen tragen, hier gefunden, doch ließ ich keine Nachforschungen anstellen, um keine Zeit zu verlieren, da ich suchen will, die Insel Zipangu aufzufinden. Jetzt, wo es dunkelt, sind alle Eingeborenen in ihren Kanoes nach dem Lande zurückgekehrt.

»So viele Inseln –
mehr als hundert führten sie mit Namen auf . . .«

Sonntag, den 14. Oktober.

Bei Tagesanbruch ließ ich das Boot meines Schiffes sowie die Boote der anderen Karavellen bereitmachen, und ich fuhr längs der Küste in der Richtung nach Nordnordost, um auch den anderen gegen Osten gelegenen Teil der Insel kennenzulernen und die Ortschaften dort zu sehen. In Kürze sah ich auch zwei oder drei derselben und ihre Bewohner, welche an das Ufer kamen, uns zuriefen und Gott priesen. Einige brachten Wasser, andere Lebensmittel; mehrere, als sie sahen, daß ich mich nicht anschicke, zu landen, warfen sich ins Meer und kamen schwimmend zu unseren Booten. Aus ihren Zeichen konnten wir entnehmen, daß sie uns fragten, ob wir vom Himmel hernieder gekommen seien. Ein Greis kam in mein Boot, während andere mit lauter Stimme alle Männer und Frauen der Umgegend herbeiriefen: »Kommet und sehet die Leute des Himmels, bringet ihnen Speise und Trank.« Männer und Weiber kamen in Menge, alle irgend etwas mit sich bringend; sie dankten Gott, warfen sich auf den Boden nieder, erhoben die Hände zum Himmel und luden uns ein, ans Land zu kommen. Ich aber scheute mich zu landen, da ich lange Riffe sah, welche die Insel rings umgeben. Innerhalb dieses Gürtels aber befindet sich ein so tiefer und geräumiger Hafen, daß alle Schiffe der Christenheit in demselben Platz haben würden, nur ist die Einfahrt sehr eng. Wahr ist es, daß es innerhalb des Gürtels einige Untiefen gibt, aber das Meer dortselbst ist so ruhig wie das Wasser eines Brunnens. Ich setzte mich diesen Morgen in Bewegung, um Euren Hoheiten über alles einen Bericht erstatten zu können, auch wollte ich erforschen, wo sich eine Festung anlegen ließe. Ich entdeckte auch ein Stück Land, das einer Insel gleich sieht, obwohl es keine ist. Sechs Häuser befanden sich auf demselben, und es könnte sehr leicht innerhalb zweier Tage abgetrennt und in eine Insel umgewandelt werden. Eine solche Arbeit wäre aber meiner Meinung nach kaum vonnöten, da das Volk hier völlig unbekannt mit Waffen ist, was Eure Hoheiten durch Beobachtung der sieben Leute erkennen werden, die ich ergreifen ließ, um sie mit nach Kastilien zu bringen, von wo sie, nachdem sie in unserer

Sprache unterrichtet worden, späterhin wieder heimkehren können. Sollten aber Eure Hoheiten befehlen, sie alle nach Kastilien zu bringen oder auf ihrer Insel als Gefangene zu halten, so wäre nichts leichter als dies, denn mit fünfzig Mann vermöchte man sie alle in Unterwürfigkeit zu halten und könnte mit ihnen anfangen, was man wollte. Nahe bei diesem besagten kleinen Eiland (der Halbinsel) sind Baumgärten und Anpflanzungen, wie ich sie schöner nie gesehen; das Laubwerk ist so frisch und grün, wie es in Kastilien nur im April und Mai anzutreffen ist, auch ist da viel Wasser zu finden. Nachdem ich den ganzen Hafen untersucht hatte, kehrte ich zu den Schiffen zurück und ging unter Segel, und bald sah ich so viele Inseln, daß ich mich nicht entschließen konnte, an welcher ich zuerst landen solle. Die Eingeborenen, die ich mitgenommen hatte, machten mir durch Zeichen verständlich, es seien unzählige; mehr als hundert führten sie mit Namen auf. Ich beschloß deshalb, zu beobachten, welche die größeste der Inseln sei, und zu dieser will ich gehen. Es scheint, daß sie fünf Leguas von San Salvador entfernt ist, die anderen sind mehr oder weniger weit gelegen. Alle sind sehr eben, ohne Berge, sehr fruchtbar und bevölkert. Die Eingeborenen führen Kriege gegeneinander, obwohl es sehr harmlose und einfache Menschen sind.

»Sie sollen an den Beinen große Ringe von Gold tragen . . .«

Montag, den 15. Oktober.

Ich blieb die Nacht hindurch der Küste fern, da ich nicht wußte, ob sie frei von Untiefen sei. Ich hoffte, bei Tagesanbruch die Segel wieder aufziehen zu können. Und da die Insel etwa sieben Leguas entfernt war, und die Ebbe mich zurückhielt, so war es ungefähr Mittag, bevor ich die Insel erreichte. Ich fand, daß die Seite, welche die Insel San Salvador gegenüber liegt, eine Richtung von Norden nach Süden und eine Länge von fünf Leguas hat, die andere Seite hingegen, welcher ich folgte, hatte eine Richtung von Ost nach West und betrug mehr als zehn Leguas. Und da ich von diesem Eilande aus eine andere größere Insel im Westen sah, kürzte ich die Segel, da ich den ganzen Tag bis zum Einbruche der Nacht gefahren war, ohne das westliche Kap der Insel erreicht zu haben, der ich den Namen Santa Maria de la Concepcion beilegte. Gegen Sonnenuntergang ging ich nahe dem besagten Vorgebirge vor Anker, um zu erfahren, ob es da Gold gäbe. Die Eingeborenen von San Salvador hatten mir nämlich mitgeteilt, daß hier das Volk an Armen und Beinen sehr große Ringe aus Gold trage. Wie mir scheint, ist das, was sie gesagt haben, aber nur Täuschung, um von mir loszukommen. Wie dem auch sein möge, so wollte ich doch an keiner Insel vorüberfahren, ohne Besitz von ihr ergriffen zu haben, obwohl es im Grunde gleichgültig ist, denn wenn ich eine davon in Besitz genommen, so gilt es von allen. Ich ging also vor Anker und verblieb bis heute, Dienstag, wo ich bei Tagesanbruch in den mit Bewaffneten gefüllten Booten ans Land ging. Die zahlreich versammelten Eingeborenen waren nackt und von derselben Erscheinung wie die von San Salvador. Sie gestatteten uns, auf der Insel umherzugehen, und gaben uns, was wir verlangten. Da der Wind von Südosten her im Zunehmen begriffen war, wünschte ich nicht länger auf der Insel zu verbleiben und kehrte zu den Schiffen zurück, wo wir an der Langseite der Karavelle Niña ein großes Boot vorfanden. Einer der Eingeborenen von San Salvador, der sich in dem Schiffe befand, sprang über Bord und flüchtete in der Pirogue, und in der Mitte der Nacht ein anderer . . . (hier befindet sich in der Originalabschrift des Las Casas eine leere Stelle) und er (vielleicht der Kommandeur der Niña) verfolgte das Kanoe, doch entkam es so schnell, daß kein Boot es einzuholen vermocht hätte. Das Kanoe erreichte das Land und die Insassen ließen es im Stich. Einige meiner Leute gingen den Flüchtlingen nach, doch rannten sie alle davon wie Hühner. Das von ihnen zurückgelassene Kanoe wurde an Bord der Karavelle Niña mitgenommen. Von einer andern Richtung kam bald darauf ein anderes kleines Kanoe, in dem sich ein einzelner Mann befand, der einen Knäuel Baumwolle zum Tausche anbot. Da er sich weigerte, an Bord zu kommen, sprangen einige der Schiffsleute ins Meer und ergriffen ihn. Vom Hinterdeck meines Schiffes aus sah ich alles und ich ließ den Eingeborenen zu mir bringen, gab ihm eine rote Mütze, band um seinen Arm eine Schnur kleiner grüner Glasperlen, hing zwei kleine Schellen an seine Ohren, ließ ihm sein Kanoe, welches bereits an Bord genommen war, zurückgeben und sandte ihn so ans Ufer zurück. Bald darauf setzte ich Segel, um nach der anderen großen Insel zu gehen, welche im Westen sichtbar war, und ich befahl, daß man das an Bord der Niña befindliche Kanoe gleichfalls treiben lassen solle. Der Mann, dem ich die vorerwähnten Geschenke gemacht und dessen Garnknäuel ich ausgeschlagen hatte, war inzwischen gelandet, und ich sah ihn von einer dichten Menge umgeben, welcher er schilderte, was für ein gutes Volk wir seien, und daß der andere Mann, der geflohen sei, jedenfalls irgendein Unrecht begangen habe und darum von uns mitgenommen worden sei. Meine Absicht, die ich durch Freilassung und Beschenkung des Mannes zu erzielen suchte, nämlich die, Achtung für uns einzuflößen und Feindseligkeiten solchen Expeditionen, welche von Euren Hoheiten in Zukunft etwa nach diesen Inseln gesendet werden möchten, zu verhüten, war erreicht, obwohl alles, was ich dem Manne gegeben hatte, zusammen kaum vier Maravedis wert war. Und so reiste ich gegen 10 Uhr mit Südostwind ab und wandte mich gegen Süden, um nach der andern Insel zu gehen, die sehr groß ist und von welcher die Eingeborenen von San Salvador andeuteten, daß da viel Gold sei und daß die Bewohner es in Ringen um Arme und Beine, sowie in den Ohren, Nasen und um den Nacken trügen. Und von dieser Insel Santa Maria bis zu dieser ist eine Entfernung von neun Leguas von Osten nach Westen, und der ganze Teil der Küste dieser Insel läuft von Nordwest nach Südost, und es scheint, daß sie auf dieser Seite mehr als achtundzwanzig Leguas lang ist. Gleich den Inseln San Salvador und Santa Maria ist sie eben und ohne Gebirge. Die Ufer sind frei von Felsen, einige unter Wasser befindliche Riffe nahe dem Lande ausgenommen, welche große Vorsicht erfordern, wenn man vor Anker gehen will. Es ist allezeit klug, in einiger Entfernung von der Küste zu ankern, obgleich das Wasser überall sehr klar ist und man bis auf den Grund zu sehen vermag. Zwei Kanonenschüsse vom Lande entfernt ist bei allen diesen Inseln die Tiefe des Wassers so groß, daß kein Grund zu finden ist. Diese Inseln sind sehr grün und fruchtbar, von balsamischen Lüften umgeben und enthalten höchstwahrscheinlich mancherlei, was ich nicht kenne, doch wünsche ich mich damit nicht aufzuhalten, da ich ausgehe, um noch andere Inseln zu entdecken, auf denen sich Gold finden läßt. Und nachdem die Leute von San Salvador mir durch Zeichen kundgegeben haben, daß die Bewohner hier wirkliches Gold um Arme und Beine tragen (dasjenige, was ich besitze, habe ich ihnen gezeigt und sie sagen, es sei das gleiche Metall), so kann ich mit Gottes Hilfe nicht verfehlen, den Platz zu entdecken, wo es gefunden wird. Während ich in dem Golfe zwischen diesen beiden Inseln, nämlich derjenigen von Santa Maria und dieser großen, welche ich Fernandina nenne, dahinfuhr, stieß ich auf einen Mann, welcher von Santa Maria nach Fernandina übersetzte. Er hatte ein kleines Stück seines Brotes bei sich, ungefähr so groß wie eine Faust, eine Kürbisflasche voll Wasser, einen Knollen zu Pulver zerriebener und dann wieder zusammengekneteter roter Erde und einige getrocknete Blätter[1], die von den Eingeborenen ohne Zweifel sehr hoch geschätzt sein müssen, da man mir von denselben schon auf San Salvador einige zum Geschenke machte. Außerdem hatte er noch einen kleinen, nach

[1] Höchstwahrscheinlich Tabak.

ihrer Weise geflochtenen Korb, in dem er eine kleine Schnur von Glasperlen und zwei Blancas[1] aufbewahrte, woraus ich ersah, daß der Mann von der Insel San Salvador kam, Santa Maria berührt hatte und nun nach Fernandina fuhr. Er kam an mein Schiff, und ließ ich ihn auf seine Bitten an Bord kommen und befahl, daß alles, was er besaß, samt seinem Boote, auf der Gallione aufbewahrt werden solle. Dann bewirtete ich ihn mit Brot, Honig und gab ihm auch zu trinken und so will ich ihn mit nach Fernandina nehmen, wo ich ihm alles, was er mitgebracht hat, zurückgeben lasse, damit er da günstige Nachrichten über uns verbreiten möge, so daß diejenigen, welche, so es Gott gefällt, von Euren Hoheiten späterhin hierher gesendet werden mögen, mit Ehren empfangen werden und daß wir von allem erhalten, was diese Eingeborenen geben können.

»Dieses Land ist das reichste, gesundeste, ebenste . . .«

Dienstag, den 16. Oktober.

Gegen Mittag verließ ich die Insel Santa Maria de la Concepcion, um nach der Insel Fernandina zu fahren, die an der westlichen Küste sehr groß zu sein scheint. Ich segelte den ganzen Tag bei Windstille und kam nicht zeitig genug, um den Grund sehen zu können, so daß ich an einem von Klippen freien Punkte hätte vor Anker gehen können, wobei, will man nicht die Anker verlieren, mit großer Sorgfalt zu Werke gehen muß. Ich wartete darum bis Tagesanbruch und landete nahe einer Ortschaft, wo der Mann, den ich gestern nebst seinem Kanoe auf dem Meere aufgenommen hatte, bereits angekommen war. Er hatte so günstige Nachrichten über uns verbreitet, daß die Eingeborenen die ganze Nacht hindurch in ihren Kanoes zu den Schiffen kamen, uns Wasser brachten und allerlei sonstige Dinge, die sie besaßen. Ich ließ einen jeden irgendeine Kleinigkeit verabreichen, kleine Glasperlen, deren zehn bis zwölf auf eine Schnur gereiht sind, einige kupferne Rasseln gleich denen, wie sie in Kastilien für einen Maravedi das Stück zu haben sind, einige Lederstreifen, was alles den größten Wertgegenständen gleich erachtet wurde. Auch bewirtete ich alle, die an Bord meines Schiffes kamen, mit Zuckersyrup. Gegen neun Uhr vormittags sandte ich das Boot des Schiffes ans Land, um Wasser zu nehmen, und die Eingeborenen zeigten bereitwilligst meinen Leuten die Stellen, wo Wasser zu finden war, brachten auch die gefüllten Fässer zu dem Boote und waren

[1] Eine kleine kastilianische Münze.

»Der Indianer Religion oder Gottesdienst« auf Hispaniola.
Aus: De Bry, »Americae«, 5. Buch.

augenscheinlich erfreut, uns helfen zu können. Diese Insel ist sehr groß, und ich habe beschlossen, sie zu umschiffen, denn soviel ich verstehen kann, befindet sich auf oder in der Nähe derselben eine Goldmine. Die Insel ist von Santa Maria acht Leguas in der Richtung von Osten nach Westen entfernt; das Vorgebirge, zu welchem ich gekommen bin, sowie die ganze Küste ist von Nordnordwest nach Südsüdost gerichtet, und ich sah wohl zwanzig Leguas von derselben, ohne aber das Ende gewahren zu können.

Bald danach ließ ich die Segel aufziehen, um mit Südwind die ganze Insel zu umschiffen. Ich werde nicht eher ruhen, als bis ich Samoet erreicht habe, welches eine Insel oder eine Stadt ist, wo nach den Aussagen aller der Eingeborenen von San Salvador und Santa Maria das Gold zu finden ist. Das Volk hier gleicht dem der genannten Inseln, spricht dieselbe Sprache und hat dieselben Gebräuche, nur scheinen mir diese hier intelligenter und gewandter zu sein, was ich daraus schließe, daß sie sich besser auf den Handel mit Baumwolle und anderen Dingen verstehen, als die anderen. Auch sah ich auf diesem Eilande gewobene Baumwollstücke, die als Mäntel gebraucht wurden, auch trugen die Weiber vorne einen kleinen Streifen Baumwollzeug, der aber seinem Zwecke kaum entsprach. Die Insel ist sehr grün, eben und äußerst fruchtbar, ich zweifle nicht daran, daß die Leute säen und Korn sowie andere Dinge das ganze Jahr hindurch ziehen. Ich sah viele Bäume, welche von denen unseres Landes sehr verschieden sind; einige derselben hatten ganz verschiedenartige Zweige, obwohl sie alle aus ein und demselben Stamme hervorgingen. Ein Zweig ist z. B. von dieser Art, ein anderer von jener; und so groß ist die Verschiedenheit derselben voneinander, daß es als eines der größesten Wunder der Welt erachtet werden kann. So hat z. B. der eine Zweig schilfartige Blätter, ein anderer Blätter wie die des Mastix; und so hat ein und derselbe Baum fünf oder sechs verschiedene Blättersorten aufzuweisen. Diese Mannigfaltigkeit ist nicht etwa durch Okulierung erzeugt, denn die betreffenden Bäume wachsen wild in den Feldern und niemand achtet auf sie. Bei den Eingeborenen habe ich noch keinerlei Gottesverehrung wahrgenommen, und da sie viel Verständnis besitzen, so glaube ich, daß man sie bald zum christlichen Glauben zu bekehren vermöchte.

Mittwoch, den 17. Oktober.

Gegen Mittag verließ ich den Ort, an welchem ich geankert und Wasser eingenommen hatte, um die Insel Fernandina zu umkreisen. Der Wind hatte eine südwestliche Richtung mit Neigung nach Süden. Meine Absicht war, der Küste der Insel, an deren Südostseite ich mich befand, zu folgen. Diese Küste läuft nach Nordnordwest und Südsüdost und ich wünschte den Weg nach Südsüdosten einzuschlagen, weil in dieser Richtung nicht nur nach der Aussage der an Bord befindlichen Eingeborenen von San Salvador, sondern auch nach den Angaben eines Bewohners dieser Küste das Gebiet gelegen sein soll, welches sie Samoet nennen und wo Gold zu finden ist. Aber Martín Alonso Pinzón, der Kapitän der Karavelle Pinta, an deren Bord ich drei jener Indianer[1] (von San Salvador) gesendet hatte, kam zu mir, um mir zu sagen, daß einer dieser Indianer ihm sehr bestimmt zu verstehen gegeben habe, ich vermöge die Insel am schnellsten zu umsegeln, wenn ich nach Nordnordwesten ginge. Da ich sah, daß der Wind für die Rich-

[1] Columbus gebraucht hier zum erstenmal den Ausdruck »Indios« für die Eingeborenen Amerikas.

tung, welche ich einzuschlagen beabsichtigte, nicht günstig war, desto mehr dagegen für die andere, so segelte ich denn nach Nordnordwest, und entdeckte, als ich dem Ende der Insel bis auf zwei Leguas nahe war, einen sehr merkwürdigen Hafen mit einer, oder besser mit zwei Einfahrten, da ein felsiges Eiland den Eingang teilt. Beide Einfahrten sind sehr eng, das Innere der Bucht würde aber genügend Raum für hundert Schiffe bieten, wenn sie genügende Tiefe hätte, frei von Felsen wäre und einen breiten Eingang besäße. Ich hielt es für erforderlich, selbst zu urteilen und zu sondieren, ließ außerhalb des Hafens die Anker auswerfen und fuhr mit allen Booten der Schiffe in die Bai ein und sah, daß die Tiefe nicht genügte. Da ich anfänglich die Bai für die Mündung irgendeines Flusses hielt, so hatte ich befohlen, die Fässer mitzunehmen, um Wasser einzufüllen. Am Ufer bemerkte ich acht bis zehn Männer, welche bald auf uns zukamen und uns die in der Nähe befindliche Ortschaft zeigten, wohin ich meine Leute sandte, um Wasser zu holen, einen Teil derselben bewaffnet, die anderen mit den Fässern. Da die Entfernung ziemlich groß war, so wurde ich hierselbst für zwei Stunden zurückgehalten. Während dieser Zeit wanderte ich unter den Bäumen, die einen überaus schönen Anblick gewährten. Ihr Laubwerk war so grün und dicht wie in Andalusien im Monat Mai, und alle Bäume waren von den unsrigen so verschieden wie der Tag von der Nacht; dasselbe war der Fall mit den Früchten, dem Gras, dem Gestein und allen anderen Dingen. Es ist wahr, daß einige Bäume von denselben Gattungen waren, wie wir sie in Kastilien besitzen, aber dennoch war eine große Verschiedenheit zu bemerken, dagegen waren die anderen Arten so zahlreich, daß kein Mensch sie mit denen in Kastilien zu vergleichen vermöchte. Die Eingeborenen waren alle den bereits beschriebenen gleich, haben dieselbe Statur, sind von derselben Größe und gehen nackt. Sie gaben, was sie hatten, für irgendeine Kleinigkeit hin, die ihnen geboten wurde; so sah ich, daß einige junge Leute des Schiffsvolkes Speere und Glasscherben und zerbrochene Gegenstände eintauschten. Die Männer, die ich nach Wasser ausgesendet hatte, erzählten uns, daß sie die Häuser, in die sie eingetreten waren, wohl gefegt und sehr sauber gefunden hätten, und daß ihre Betten baumwollenen Netzen gleich gewesen wären. Die Häuser haben die Form von Zelten, sind sehr hoch und haben gute Rauchöffnungen, aber unter all den vielen Ortschaften, welche ich besuchte, sah ich keine, welche mehr als zwölf bis fünfzehn Häuser enthalten hätte. Auch bemerkten die Leute, daß die verheirateten Frauen baumwollene Schürzen trugen, die Mädchen dagegen nicht, außer einigen, die bereits das Alter von achtzehn Jahren erreicht hatten. Auch hatten sie da Doggen und kleinere Jagdhunde; ferner sahen sie einen Indianer, welcher in seiner Nase eine Stück Gold in Größe eines halben Kastillano trug, auf welchem sie Buchstaben gewahrten. Ich machte meinen Leuten Vorwürfe, daß sie das Stück Gold nicht für irgendeinen Preis erstanden hätten, damit ich, wenn es wirklich eine Münze gewesen wäre, hätte sehen können, welcher Art sie sei. Sie entgegneten hingegen, daß der Indianer die Münze nicht hätte verkaufen wollen. Nachdem wir Wasser eingenommen hatten, kehrte ich zu dem Schiffe zurück, ging unter Segel und fuhr nach Nordwesten, bis ich diesen ganzen Teil der Insel entdeckt hatte, und zwar bis dahin, wo die Küste von Osten gen Westen zu laufen beginnt. Später sagten mir die Indianer, daß diese Insel kleiner als die Insel Samoet sei und daß es besser wäre, umzukehren, da wir dann schneller dorthin kommen würden. Der Wind legte sich, dann sprang er aber um und blies von Westnordwest, so daß er unserem Kurse entgegengesetzt war. Ich wendete darum um und segelte die ganze vergangene Nacht in südöstlicher Richtung, bald ganz gegen Osten und bald gegen Südosten. Dies tat ich, um dem Lande fernzubleiben, da die Luft von Nebel erfüllt und das Wetter sehr unbestimmt war. Der Wind war schwach und ließ mich nicht in die Nähe des Landes kommen, um zu ankern. In dieser Nacht regnete es sehr stark von Mitternacht an bis fast zum Tagesanbruch, und noch gegenwärtig ist der Himmel umwölkt und regendrohend. Wir befinden uns jetzt an dem Südostkap der Insel, wo ich hoffe, ankern zu können, bis es wieder klar genug ist, um die Fahrt nach den anderen Inseln, welche ich aufsuchen will, fortzusetzen. Seitdem ich in diesem Indien bin, hat es mehr oder weniger geregnet. Eure Hoheiten mögen mir glauben, daß dieses Land das reichste, gesundeste, mildeste und ebenste der Welt ist.

Donnerstag, den 18. Oktober.

Nachdem es sich aufgeklärt hatte, folgt ich dem Winde und umschiffte die Insel, soviel ich konnte. Ich ging vor Anker, als es nicht länger möglich war zu segeln, aber ich ging nicht an Land, und mit Tagesanbruch ging ich wieder unter Segel.

Freitag, den 19. Oktober.

Frühmorgens lichtete ich die Anker und sandte die Karavelle Pinta nach Osten und Südosten, die Karavelle Niña nach Südsüdosten, während ich mit meinem Schiffe gegen Südosten fuhr. Ich hatte den Befehl erteilt, daß die beiden ersteren Schiffe ihren Kurs bis Mittag einhalten, dann aber sich wieder mit mir vereinigen sollten. Wir hatten aber noch nicht drei Stunden gefahren, so sahen wir eine Insel im Osten, auf welche wir zusteuerten. Alle drei Schiffe erreichten sie noch vor Mittag an ihrer äußersten Nordspitze, woselbst sich ein Felseninselchen befindet. Ein Felsenriff umgürtet dasselbe gegen Norden, auch findet sich eine Klippe zwischen ihm und der großen Insel, welch letztere von den Eingeborenen von San Salvador Saometo genannt wurde. Ich gab ihr den Namen la Isabella. Der Wind kam von Norden, und das besagte Inselchen lag in der Richtung der Insel Fernandina, von wo ich in der Richtung Ost und West abgefahren war. Die Küste erstreckte sich von dem Felseninselchen gegen Westen, und zwölf Leguas entfernt befindet sich ein Vorgebirge, welches ich el Cabo hermoso (»Das schöne Vorgebirge«) nannte. Es ist im westlichen Teile und ist also schön, rund und (das Wasser?) sehr tief und frei von Untiefen. Anfangs ist es felsig und niedrig, doch weiter einwärts bildet eine sandige Bucht, wie fast die ganze Küste ist. Hier legte ich mich in dieser Freitagnacht vor Anker bis zum Morgen. Die ganze Küste und der Teil der Insel, welchen ich sah, bilden sozusagen eine einzige Bai und die Insel ist das Schönste, was ich je gesehen habe. Sind die anderen Eilande sehr schön, so ist es dieses aber noch mehr, es hat viele sehr belaubte und große Bäume; auch ist das Land höher als die anderen von mir entdeckten Inseln, obgleich es nicht gebirgig genannt werden kann. Leichte Hügel ergötzen vielmehr durch ihren lieblichen Kontrast gegen schöne Ebenen, auch scheint viel Wasser im Inneren der Insel vorhanden zu sein. Nordöstlich von diesem Vorgebirge ist ein großer Ausläufer, wo viele dichte und ausgedehnte Wälder liegen. Ich wünschte da zu ankern, um ans Land zu gehen und einen so schönen Punkt zu besuchen, doch war das Wasser sehr seicht, und ich konnte nur in sehr großer Entfernung vom Lande vor Anker gehen. Auch war der Wind sehr günstig, um zu diesem Vorgebirge zu gelangen, wo ich jetzt bin und das ich Cabo hermoso nannte, weil es in der Tat so schön ist. So ging ich denn an jenem Vorgebirge nicht vor Anker, weil ich dieses Kap so grün und schön sah, wie alles übrige auf diesen Inseln, so daß ich nicht weiß, wohin ich mich zuerst wenden soll. Meine Augen werden nicht müde, eine solche herrliche Vegetation anzusehen, die so verschieden von der unsrigen ist. Ich glaube, daß dieselbe vielerei Gräser, Kräuter und Bäume erzeugt, welche in Spanien als Färbe- oder Arzneimittel großen Wert haben würden. Leider aber kenne ich sie nicht, was mich mit großem Bedauern erfüllt. Als ich an diesem Vorgebirge anlangte, strömte mir ein solch lieblicher Wohlgeruch der Blumen und Bäume entgegen, wie es entzückender nichts in der Welt gibt. Morgen, bevor ich von hier aufbreche, will ich ans Ufer gehen, um zu sehen, was auf diesem Vorgebirge sich befindet. Eine

Bevölkerung lebt weiter landeinwärts, wo, nach Aussage der Indianer, die ich an Bord habe, ihr König wohnt, welcher viel Gold besitzt. Ich beabsichtige, morgen so weit vorzudringen, bis ich die Bevölkerung finde und diesen König sehen und sprechen kann, der nach den Zeichen, die mir die Indianer geben, Herrscher über all die benachbarten Inseln ist. Er geht gekleidet und trägt viel Goldschmuck an seiner Person. Ich schenke zwar diesen Versicherungen wenig Glauben, nicht nur, weil ich sie nicht genau genug verstehe, sondern auch, weil ich sehe, daß die Leute selbst so arm an Gold sind, daß irgendeine kleine, von diesem Könige getragene Quantität ihnen als sehr viel erscheint. Wie mir dünkt, ist Cabo hermoso eine von Saometo getrennte Insel und scheint inzwischen noch eine andere kleine zu liegen, doch kümmere ich mich nicht darum, dies bis in alle Einzelheiten zu untersuchen, da ich sonst nicht in fünfzig Jahren damit fertig würde. Mein Wunsch ist vielmehr, möglichst viele neue Länder zu entdecken, um, so es Gott will, im April zu Euren Hoheiten zurückzukehren. Die Wahrheit ist, daß ich mich nur dort aufhalten werde, wo ich Gold oder Gewürze in großer Menge finde, und werde ich suchen, möglichst viel von beidem mitzubringen. Dies ist der Grund, warum ich so rastlos weiterreise.

Samstag, den 20. Oktober.

Bei Sonnenaufgang lichtete ich die Anker. Ich nannte die Insel la Isabella. Ich segelte von Südosten und Süden gegen Nordosten und Osten, wo nach den Aussagen der bei mir befindlichen Eingeborenen die Bevölkerung und ihr König sein soll. Ich fand aber das Wasser so seicht, daß ich nicht eindringen und weitersegeln konnte, auch sah ich, daß, wenn ich eine südwestliche Route einschlagen wollte, es ein sehr großer Umweg sein würde. Ich entschloß mich daher, in der Richtung, aus der ich gekommen war, von Nordnordost gegen West zurückzukehren und die Insel zu umschiffen, um . . . . (hier befindet sich im Manuskripte des Las Casas eine leere Stelle). Der Wind aber war so schwach, daß ich nur das Land erreicht hätte, wenn ich die Nacht hindurch gefahren wäre; aber da es sehr gefährlich ist, zwischen diesen Inseln außer bei Tageslicht zu ankern, wenn einer mit Augen sehen kann, wo der Anker ausgeworfen ist, da überall verschiedenartige Stellen sind, die eine gut, die andere nicht, so blieb ich dem Lande diese ganze Nacht auf den Sonntag fern. Die Karavellen gingen hingegen vor Anker, weil sie das Land frühzeitig genug erreicht hatten. Sie dachten, daß ich nach ihren üblichen Signalen gleichfalls so thun werde, doch wünschte ich dies nicht.

»Von der großen Insel glaube ich, daß es Zipanga sein muß ...«

Sonntag, den 21. Oktober.

Gegen zehn Uhr langte ich an diesem Ende des Felseninselchens wieder an und ging vor Anker, desgleichen die Karavellen. Nach eingenommenem Mittagsmahl ging ich ans Land, wo ich nur ein Haus bemerkte, in dem sich niemand aufhielt. Wahrscheinlich hatten sich die Bewohner desselben aus Furcht geflüchtet, denn es fand sich all ihr Hausgeräte vor. Ich duldete nicht, daß meine Leute irgend etwas berührten, sondern sah mit den Kapitänen und der Mannschaft die Insel an. Waren uns die anderen Eilande schön, grün und fruchtbar erschienen, so übertraf diese hingegen mit ihren majestätischen und üppigen Wäldern sie alle. Es sind hier auch einige große Lagunen vorhanden, und in ihrem Umkreise sind die Bäume besonders üppig, sie sind hier wie auf der ganzen Insel über und über grün und das Gras ist von einer Beschaffenheit, wie in Andalusien nur im April. Der Gesang der Vögel entzückt das Ohr, daß man nie wieder von hier fortziehen möchte. Die Flüge der Papageien verdunkeln die Sonne; die Vögel sind so mannigfaltig und so verschieden von den unsrigen, daß es ein Wunder ist, sie anzuschauen; ferner gibt es Bäume von tausend verschiedenen Arten, allerlei Früchte erzeugend und die Lüfte mit Wohlgeruch erfüllend, so daß ich tief bedauere, sie nicht näher zu kennen. Ich bin sicher, daß sie alle von hohem Werte sind. Proben derselben bringe ich mit, desgleichen von den Gräsern und Kräutern. Während wir um eine der Lagunen gingen, sah ich eine Schlange, die wir töteten. Die Haut dieser bringe ich Euren Hoheiten mit. Als sie uns bemerkte, flüchtete sie sich in den See, da dieser aber nicht tief war, verfolgten wir sie und töteten sie mit unseren Lanzen. Ihre Länge betrug sieben Palmos und glaube ich, daß ihrer viele in dieser Lagune leben. Ich fand hier auch den Aloebaum, und da mir versichert wurde, daß er sehr wertvoll sein soll, so werde ich morgen zehn Quintals desselben an Bord bringen lassen. Während wir nach Trinkwasser ausschauten, kamen wir an eine Ortschaft, die eine halbe Legua von meinem Ankerplatze entfernt ist. Die Bewohner hingegen flohen bei unserer Ankunft, verließen ihre Häuser und verbargen sich mit dem, was sie hatten, in den Wäldern. Ich erlaubte meinen Leuten nicht, irgend etwas hinwegzunehmen, und wenn es auch nur den Wert einer Nadel gehabt hätte. Später näherten sich einige dieser Eingeborenen, und einer kam zu uns. Ich gab ihm einige kleine Schellen und einige Glasperlen, welche ihn sehr erfreuten. Um unsere Bekanntschaft zu verlängern und um auch von diesen Eingeborenen etwas zu erbitten, fragte ich sie um Wasser, welches sie auch, nachdem ich an Bord des Schiffes zurückgekehrt war, in ihren Kürbisflaschen an den Strand brachten. Sie waren sehr erfreut, es uns geben zu können. Ich gab ihnen eine zweite Schnur Glasperlen, und sie versprachen, am nächsten Tage wiederzukommen, da ich alle Fässer des Schiffes zu füllen wünsche. Sollte es das Wetter gestatten, so werde ich sofort aufbrechen, bis ich eine Zusammenkunft mit diesem Könige erlange, um zu sehen, ob ich von ihm das Gold erwerben kann, welches er dem Hörensagen nach tragen soll. Später gedenke ich nach einer anderen sehr großen Insel zu segeln, welche, soviel ich glaube, Zipangu sein muß, den Zeichen entsprechend, welche mir von den an Bord befindlichen Indianern gegeben wurden. Sie nennen diese Insel Colba und sagen, daselbst seien sehr große Schiffe und viele Kaufleute. Nicht weit entfernt sei eine andere Insel, Namens Bosio, welche der Beschreibung nach gleichfalls sehr groß sein soll. Bei der Suche nach ihr werde ich auch die dazwischen liegenden berühren und mein weiteres Verhalten darnach gestalten, je nachdem ich Mengen von Gold oder Spezereien vorfinden werde. Ich habe ferner beschlossen, zu dem Festlande zu gehen und die Stadt Quinsai aufzusuchen, um dem Großkhan die Briefe Eurer Hoheiten zu überbringen und seine Antwort entgegenzunehmen. □

Doch nirgends residierte der Großkhan – Eine abenteuerliche Suche

Land hatten sie entdeckt und damit auch den Seeweg nach Westen, aber immer noch nicht die sagenhaften Reichtümer Japan-Zipangus und ebensowenig das Reich des Großkhans. Die Suche danach bestimmte die nächsten Wochen, über die Las Casas wieder nur in Auszügen des Logbuches berichtet.

Bei seiner Suche war Kolumbus auf die indianischen Führer angewiesen, die er an Bord genommen hatte. Mit ihrer Hilfe erreichte er am 28. Oktober die Insel Kuba.

Wenn oben von den hervorragenden seemännischen Fähigkeiten des Admirals – so dürfen wir ihn jetzt offiziell nennen – die Rede war, so ergibt sich daraus auch die Frage, warum er weiterhin einem Phantom nachjagte und seinen gewaltigen geographischen Irrtum nicht erkannte. Die navigatorischen Probleme, denen er sich dabei gegenübersah, hat Morison kurz analysiert:

In der Nacht des 2. November, zwei Tage vor Vollmond, versuchte er, seine Position durch Messung der Höhe des Nordsterns mit Hilfe seines hölzernen Quadranten festzustellen. Nach Vornahme seiner üblichen kleinen Korrektur kam er zu dem Ergebnis, daß Puerto Gibara auf dem 42. Breitengrad N – der Breite von Cape Cod – lag, während die Position in Wirklichkeit 21° 06′ N ist! Und mittels seiner Besteckrechnung fand er, daß er eine Strecke von 1142 Leguas, was 3630 Seemeilen bedeutet, nach Westen zurückgelegt hatte, seitdem er von Ferro in den Kanarischen Inseln abgefahren war. Seine Flotte hatte, mit andern Worten, 90 Grad nach Westen hinter sich gebracht, und diese Distanz genügte, in Berücksichtigung seiner Unterschätzung der Erdkugel und seiner Überschätzung der Ausdehnung Asiens, um seinen Standort nach China zu legen. So kam er zu dem Schluß, daß Kuba nicht Japan war, sondern ein Teil des asiatischen Festlandes.

□

Die Suche nach der Residenz des Großkhans führte zu abenteuerlichen und grotesken Ergebnissen, wie sie Rudolf Cronau in einem zusammenfassenden Bericht über die Tage bis zum 4. Januar 1493 nach den Auszügen des Las Casas beschreibt:

Während Kolumbus die Küste entlang streifte, drangen seine Abgesandten in das Innere der Insel vor. Nachdem sie zwölf Leguas zurückgelegt hatten, erreichten sie ein aus fünfzig großen Häusern bestehendes Dorf, das an tausend Bewohner zählen mochte.

Das war die Residenz des vermeintlichen Großkhan von China, der sich nun als ein armseliger Dorfhäuptling entpuppte.

Die bitter enttäuschten Spanier wurden von ihm mit großer Feierlichkeit empfangen und nach dem größesten der Häuser geführt. Hier lud man die fremden Gäste zum Sitzen ein und versah sie zu diesem Zwecke mit Stühlen, die augenscheinlich nur bei feierlichen Gelegenheiten benutzt zu werden pflegten. Sie waren aus einem einzigen Stücke Holz geschnitzt, und zwar in Gestalt von vierfüßigen Tieren mit sehr kurzen Beinen und in die Höhe gerichteten Schwänzen. Die Köpfe der Tiere waren mit goldenen Augen und Ohren geschmückt.

Die Eingeborenen ließen sich alle im Kreise auf dem Boden nieder. Und nun versuchte der sprachkundige Louis de Torres nach der Reihe sein Hebräisch, Chaldäisch und Arabisch anzubringen, fand aber bald heraus, daß keine dieser Sprachen von Nutzen sei. Dieserhalb hatte nur der von Guanahani mitgenommene Dolmetscher den Zweck der

Gesandtschaft vorzutragen, und er tat dies in einer echt indianischen Weise, indem er den staunenden Kubanern eine glühende Beschreibung von der furchtbaren Macht, der Güte und des Reichtums der Spanier lieferte. Nachdem er geendet, drängten sich die Zuhörer um die fremden Gäste, küßten ihre Hände und Füße, bewunderten die weiße Haut, die bärtigen Gesichter, die feine, farbige Kleidung, die glänzenden Waffen und bekundeten durch allerlei Gebärden, daß sie den Aussagen des Dolmetschers vollen Glauben schenkten, daß die weißen Männer vom Himmel gekommen seien.

»Rauchrollen« und »mames« mit dem Geschmack von Kastanien

An Gold und anderen Kostbarkeiten wurde nichts in dem Dorfe gefunden, und so entschlossen sich die Abgesandten, nach den Schiffen zurückzukehren. Von einer Anzahl von Eingeborenen begleitet, beobachteten sie unterwegs bei einigen dieser Wilden zum erstenmal den Genuß des Tabaks. Die Indianer trugen glimmende Holzstücke in den Händen, um damit ein gewisses, in Maisblätter eingerolltes, getrocknetes Kraut anzuzünden. Hatten die Wilden eine derartige Rolle an dem einen Ende in Brand gesetzt, so steckten sie das andere Ende in den Mund, sogen den Rauch durch Einziehen des Atems ein und stießen ihn nach einer Weile in dichten Wolken aus Mund und Nase wieder aus.

Über diesen seltsamen und eigenartigen Gebrauch waren die Spanier anfänglich höchst erstaunt, fanden aber mit der Zeit an den »tabaccos«, wie die Rauchrollen genannt wurden, selbst ein solches Wohlgefallen, daß sie die Sitte der Indianer nachahmten und das Tabakrauchen nach Europa importierten.

Waren die Berichte der beiden Spanier über den vermeintlichen Großkhan auch sehr ernüchternd, so brachten sie aber auch die Nachricht, daß sie auf ihrer Reise viele rohe, gereinigte und gesponnene Baumwolle gesehen hatten; in einem einzigen Hause fanden sie mehr als 500 arobes (10000 Pfund), was Kolumbus zu der Meinung kommen ließ, daß man leicht jährlich an 40000 Zentner in Spanien einführen könne.

Kolumbus selbst hatte gleichfalls einen Fund gemacht, dessen hoher Wert erst in späteren Jahrhunderten erkannt wurde und der für die Menschheit von größter Wichtigkeit werden sollte; er entdeckte die Kartoffel. »Diese Länder«, so schreibt er am 2. November, »sind sehr fruchtbar, voll mames, welche Karotten gleichen und den Geschmack von Kastanien haben. Sie werden mit viel Sorgfalt gepflanzt.«

Las Casas sagt, die mames seien das Gleiche mit ajas oder potatas, Kartoffeln, und stimmt die Beschreibung des Kolumbus in der Tat mit der in Westindien heimischen und fast über ganz Mittelamerika verbreiteten »*sweet potatoe*« überein, die sich durch einen an geröstete Kastanien erinnernden Geschmack auszeichnet. Ferner wurden Gummi-, Mastix- und andere nutzbringende Bäume gefunden, und der Admiral weist wiederholt darauf hin, daß es ihm ganz unmöglich sei, sie alle zu beschreiben, aber sie anzupflanzen müßte für Spanien von größtem Nutzen sein. Sehr richtig erkannte er, daß der Haupterfolg seiner Entdeckung in der Anknüpfung von Handelsbeziehungen liegen werde, denn er spricht seine Überzeugung aus, daß Baumwolle wie Mastix und Gummi gute Handelsartikel für die Länder des Großkhan und anderer Fürsten gäbe. In ihre Städte möge man die Handelsartikel aus Spanien und dem Orient bringen, um sie dort gegen die Erzeugnisse des Westens auszutauschen.

Kein Geld, aber fruchtbare Vegetation und Kunstwerke

Gummi, Mastix und Baumwolle aber waren vor der Hand nicht die begehrten Artikel, man wollte Gold, und so entschloß sich Kolumbus, den Hinweisen der Eingeborenen zu folgen, welche nach Osten deuteten, wo die Insel Babeque liege, die so viel Gold enthalte, daß man es oft unter leichter Erddecke erblicken könne.

Seine Kreuzfahrten entlang der Nordküste von Kuba aufgebend, ließ der Admiral am 13. November die Schiffe wenden und segelte in ostsüdöstlicher Richtung die Küste entlang, ohne dieselbe genauer zu untersuchen. Er passierte ein großes Vorgebirge, das er Kap Kuba nannte, wurde dann aber durch widrige Winde gezwungen, in einem tiefen Hafen, welchen er Puerto del Principe nannte, Schutz zu suchen. Die nächsten Tage wurden mit Erforschung eines Archipels von kleinen, aber wunderschönen Inseln verbracht, die unter dem Namen El jardin del Rey bekannt sind, dann ging man am 19. November wiederum in See, um die Suche nach der Goldinsel Babeque fortzusetzen.

Zwei Tage hindurch versuchte er vergeblich, ein im Osten auftauchendes Eiland, wahrscheinlich das heutige Inagua, zu erreichen, und hier war es, daß sich der die Karavelle Pinta befehligende Martín Alonso Pinzón heimlich mit dem Schiffe entfernte und, alle Signale des Admirals unbeachtet lassend, auf eigene Faust auf die Suche nach dem goldreichen Babeque ausging, um dem Admiral in der Ausbeute dieser Insel an Gold zuvorzukommen.

Der durch diese Handlungsweise aufs empfindlichste gekränkte Admiral hingegen sah sich durch das anhaltend widrige Wetter gezwungen, abermals die Gestade von Kuba anzulaufen, und er ging mit den beiden ihm verbliebenen Schiffen in der Mündung eines Flusses, den er St. Catharina nannte, vor Anker. Einen anderen Hafen nannte er Puerto Santo. Von der Schönheit dieser Landschaften war er so entzückt, daß er schrieb, seine Zunge und seine Feder seien nicht ausreichend, die Pracht auch nur annähernd zu beschreiben

Ganz besonders war es die überwältigende Üppigkeit und Mannigfaltigkeit der Vegetation, die auf Kolumbus den größten Eindruck machte. Er führt an, daß die enormen Kanoes der Eingeborenen einen Begriff von dieser gigantischen Vegetation zu geben imstande seien, da diese an 150 Personen fassenden Kanoes doch nur aus einem einzigen Baumstamm gefertigt seien.

Diese Kanoes erregten aber nicht nur durch ihre gewaltige Größe das Interesse der Spanier, sondern letztere hatten auch oft genug Veranlassung, die Schönheit der Arbeit und die an den Kanoes angebrachten Verzierungen zu bewundern.

Diese Freude der Insulaner an künstlerischem Schmuck äußerte sich auch bei der Ausstattung der Wohnungen, so betrat Kolumbus ein mit zwei Türen versehenes Haus, dessen Innenwände mit Muscheln und anderen Dingen auf das zierlichste geschmückt waren, so daß man glauben konnte, sich in einem Tempel zu befinden.

In diesen Wohnungen wurden mancherlei Funde gemacht, so entdeckte man in einem Hause einen mächtigen Wachskuchen, den der Admiral an sich nahm, um ihn dem Könige mitzubringen. In anderen Häusern fand man sorgfältig in Weidenkörbe verpackte Menschenköpfe, anscheinend die Häupter von besonders angesehenen Persönlichkeiten, denen nach dem Tode noch von seiten der Insulaner Verehrung entgegengebracht wurde.

Eine Reihe von ausgezeichneten Häfen und Flüssen erforschend, gelangte Kolumbus allgemach bis an die Ostspitze der Insel Kuba, das heutige Kap Maysi, welchem er den Namen Alpha und Omega gab, weil er es für das äußerste Vorgebirge von Asien hielt.

Von hier aus erblickte er in südöstlicher Richtung ein hohes gebirgiges Land, und er lief am Abend des 6. Dezember in einen Hafen jener wunderbaren Insel ein, die er wegen ihrer Ähnlichkeit mit Spanien Española nannte. Allenthalben wurde hier der Admiral durch die entzückendsten Bilder überrascht, denn gerade dieser westliche Teil der Nordküste von Hispaniola bietet auf Schritt und Tritt Landschaften von echt tropischer Pracht und Großartigkeit. Wie eine gewaltige Mauer, so steigen ungeheuere Bergketten direkt aus dem Meere empor. Ist ihr Fuß von den blauen Wellen umspielt, so wird ihr Scheitel von ewig wechselnden Wolkengebilden umzogen, welche jahraus jahrein die herrlichen Wälder, welche die Flanken dieser Gebirge umkleiden, mit lebenerzeugender Feuchtigkeit versehen. Nur an einigen Stellen zeigen sich in dieser Bergwand Öffnungen, geräumige, zur Aufnahme von ganzen Flotten geeignete Buchten, über die Kolumbus mit Recht die Bemerkung in sein Tagebuch eintragen konnte: »Seit dreiundzwanzig Jahren habe ich die Meere beinahe ohne Unterbrechung befahren. Ich war in der Levante, im Norden und im Süden, in England sowohl wie in Guinea, aber nirgendwo habe ich solche Häfen gesehen.«

Allerorten zeigte sich das Zaubereiland angebaut. Von den hohen Gebirgen rauschten prächtige Flüsse in üppige Täler hernieder, und trotz der späten Jahreszeit waren alle Bäume grün und voller Früchte, die Gräser blumig und hoch, so daß die schönsten und fruchtbarsten Länder Kastiliens sich nicht mit diesen vergleichen ließen.

Die anfänglich sehr schüchternen Eingeborenen waren schöner und heller als die bisher gesehenen und sah man mehrere junge Mädchen, welche beinahe so weiß waren wie Spanierinnen.

Schiffbruch und Hilfe durch den Kaziken Guacanagari

Von dem zuerst berührten Hafen St. Nikolaus die nördliche Küste entlang segelnd, erforschte Kolumbus auch die Insel Tortugas und kehrte dann wieder nach Española zurück, wo er am 16. Dezember mit einem Kaziken zusammentraf, welcher diesen Teil der Insel beherrschte. Es war ein junger Mann von höchstens 21 Jahren, und obwohl er nackt ging wie sein ganzes Gefolge, so war er doch kenntlich durch die große Auszeichnung, die ihm von allen erwiesen wurde.

Während seiner weiteren Fahrt entlang der Küste knüpfte Kolumbus noch eine zweite Bekanntschaft mit einem anderen mächtigen Kaziken, namens Guacanagari, an, dessen Zuneigung für den Admiral auch noch späterhin höchst wertvoll werden sollte. Eine ansehnliche Gesandtschaft dieses Kaziken kam der Flotte in einem großen Kanoe entgegen und überbrachte nicht nur eine Einladung, den Kaziken in seinem Wohnsitze zu besuchen, sondern auch als Zeichen der friedlichen Gesinnung einen aus Muscheln, Perlen und Knochen kunstvoll gearbeiteten Gürtel und eine hölzerne Maske, deren Augen, Nase und Zunge aus purem Golde gebildet waren.

Kolumbus beschloß, der Einladung Folge zu leisten, und segelte, nachdem er vorher durch einige zuverlässige Boten genaue Informationen über die Lage der Stadt des Kaziken sowie über den Seeweg dahin eingezogen hatte, am Morgen des 24. Dezember von dem Hafen San Thomä, der heutigen Bai von Acul, nach der Residenz des Guacanagari ab. Da die Kundschafter über die zu durchmessende Strecke nur Günstiges berichtet und dieselbe als durchaus gefahrlos geschildert hatten, so beschloß der von angestrengten Arbeiten und vielfältigen Nachtwachen erschöpfte Admiral, in den Abendstunden des betreffenden Tages sich niederzulegen, zumal das Meer vollkommen ruhig war und er das Steuer des Schiffes sicheren Händen anvertraut zu haben glaubte. Kaum hatte er sich jedoch zurückgezogen, als in unverzeihlichem Leichtsinne der Steuermann seinen verantwortungsvollen Posten einem Schiffsjungen überließ und mit der übrigen Mannschaft schlafen ging, obwohl der sehr vorsichtige Admiral seit Beginn der Reise aufs strengste verboten hatte, das Steuer jemals einem Schiffsjungen zu übergeben.

Gegen Mitternacht ereignete es sich nun, daß das Schiff von einer verräterischen Strömung an eine Sandbank getrieben wurde. Der Schiffsjunge fühlte plötzlich das Steuer gehemmt und hörte die Brandung der Wogen, weshalb er ein lautes Angstgeschrei ausstieß. Kolumbus war der erste an Deck und gab der aus dem Schlafe auffahrenden Mannschaft den Befehl, die Ladung des Hinterdecks ins Meer zu werfen und dort einen Anker zu befestigen; anstatt aber diesen Befehl auszuführen, stahlen die damit Beauftragten sich in kopflosem Schrecken hinweg und wollten sich auf die andere Karavelle retten, wo sie aber zurückgewiesen wurden. Da das Schiff sich mittlerweile immer mehr auf die Seite neigte, so ließ Kolumbus, um das Fahrzeug zu erleichtern, den großen Mast umhauen, doch zeigte sich auch dieser Versuch, den Untergang des Schiffes aufzuhalten, als vergeblich, die Fugen öffneten sich und das Fahrzeug legte sich ganz auf die Seite.

Kolumbus verließ nun mit seiner Mannschaft das Wrack und begab sich an Bord der Niña, von wo er eine Botschaft an den Kaziken sandte, um ihn von seinem Mißgeschicke zu unterrichten. Guacanagari sandte, sobald er die Nachricht empfing, seine Leute in großen Kähnen ab, um bei der Entladung des Wracks behülflich zu sein, und er kam selbst mit seinen Brüdern und Verwandten, um seine Untergebenen zu überwachen und zu rastloser Tätigkeit anzufeuern.

»Nirgends in Kastilien«, so schreibt Kolumbus in seinem Tagebuche, »hätte ich treuere, eifrigere Hilfe finden können als hier. Mit großer Umsicht ordnete der Kazike an, daß alles so lange bei den Häusern seiner Stadt niedergelegt werde, bis Verfügung getroffen sei, wie die Schiffsladung geborgen werden solle. Bewaffnete Männer wachten die ganze Nacht, damit nichts entwendet werde. Ich gebe Euren Hoheiten die Versicherung, daß es in der weiten Welt keine besseren Menschen und kein besseres Land gibt. Sie haben eine wahrhaft liebenswürdige Art zu reden und stets ein freundliches Lächeln bereit.«

Die Stelle dieses Schiffbruchs ist eine mächtige, mit Korallenriffen besetzte Sandbank, welche sich in der Richtung von Südost nach Nordwest dem heutigen Hafen von Kap Hayti vorlagert und noch gegenwärtig den Zugang zu dieser geräumigen Bai zu einem sehr gefährlichen macht.

Gold für die »Himmelssöhne«

Der Wohnsitz des Kaziken Guacanagari war ungefähr 1 1/2 Leguas von der Stelle des Schiffbruchs entfernt, und Kolumbus ging mit dem einzigen ihm noch verbliebenen Schiffe unweit dieses Dorfes vor Anker. Ein reger freundschaftlicher Verkehr entfaltete sich bald zwischen Spaniern und Eingeborenen, und hier war es, wo auch das Verlangen der ersteren nach Gold volle Befriedigung finden sollte. Für einzelne Stecknadeln erhielten sie Stücke im Werte von 2 Kastillars (= 40 Mark), kleine Schellen wurden gegen handgroße Stücke ausgetauscht und der Kazike gab dem Admiral, als er sah, wie sehr derselbe wünschte, Gold zu bekommen, die Versicherung, er werde ihm so viel geben, als er nur zu besitzen wünsche.

Gelegentlich eines Besuches, den Kolumbus am Lande ausführte, verehrte der Häuptling dem Admiral neben anderen Kostbarkeiten auch eine große hölzerne Maske, die an den Ohren, Augen, Nase und Mund mit großen Stücken Gold verziert war, kurz, das ganze Bestreben des Kaziken ging dahin, die fremden Gäste, welche man vom Himmel herniedergekommen glaubte, in jeder Weise zu ehren und zu unterhalten. Nicht nur räumte man ihnen die besten Wohnungen ein, sondern zeigte ihnen auch die Umgebung der Stadt, die üppigen Baumgärten und die ausgedehnten Baumwollpflanzungen; man gab festliche Mahlzeiten und veranstaltete Tänze und Spiele.

Da Kolumbus erfuhr, daß die Eingeborenen manchmal von wilden Volksstämmen, den Kariben, überfallen würden, um sie als Sklaven wegzuschleppen, gab er durch Zeichen dem Kaziken zu verstehen, daß die kastilianischen Könige den Befehl erteilen würden, die Kariben zu vernichten. Um den Eingeborenen einen Beweis von der furchtbaren Macht der Weißen zu geben, ließ er zuerst einen Armbrustschützen seine Künste zeigen, wodurch die Indianer in großes Erstaunen versetzt wurden. Als aber der Admiral eine Kanone laden und abfeuern ließ, wurden sie so von Schrecken erfüllt, daß sie zu Boden stürzten, zumal als sie gewahrten, wie ein gewaltiger Blitzstrahl und eine ungeheuere Rauchwolke der Mündung des Geschützes entfuhren und wie im gleichen Moment einige weit entfernte Bäume zerschmettert zu Boden sanken.

Infolge des freundlichen Entgegenkommens der Eingeborenen, wie auch durch die zuströmende Menge Goldes wurde die Stimmung des Admirals auf das günstigste beeinflußt, so daß er es als ein Glück, als eine Fügung des Schicksals ansah, gerade hier habe stranden zu müssen. In der Tat, so freundlich und liebenswürdig die Menschen sich hier erwiesen, so lieblich und verlockend zeigte sich auch die wahrhaft paradiesische Landschaft ringsum. Meer und Flüsse wimmelten von wohlschmeckenden Fischen; die mannigfaltigen Bäume waren mit den köstlichsten Früchten beladen; die eine Bestellung kaum erfordernden Felder gaben Nahrung im Überfluß und der Boden schien goldene Schätze in unerschöpflicher Fülle zu besitzen. Kein Wunder, daß Kolumbus sich entschloß, in diesem irdischen Paradiese eine Niederlassung zu gründen und mit Ansiedlern zu besetzen.

Das Fort La Navidad und die Rückkehr

Dem Plan folgte alsbald die Tat, und man begann, das Holzwerk des gestrandeten Schiffes zum Baue zu verwenden und unweit des Ufers eines westlich vom Wohnsitze des Kaziken mündenden Flusses ein starkes, von einem hölzernen Turm überragtes und von einem Graben umgebenes Fort zu errichten.

Die Niña hatte ihren Ankerplatz unweit der Flußmündung, denn der Chronist Oviedo schreibt, daß Kolumbus das für die Heimreise nötige Trinkwasser einem kleinen Bache entnommen habe, welcher nordwestlich von dem Ankerplatz ins Meer fiel.

Während unter Beihilfe der Eingeborenen die Errichtung des Forts rüstig vorwärts schritt, benutzte Kolumbus jede Gelegenheit, Nachrichten über das Land einzusammeln, besonders über die Gegenden, wo das Gold aufgefunden wurde.

Als hauptsächlichsten Fundort für das begehrte Metall bezeichnete man das Gebirgsland Cibao, das sich späterhin in der Tat als ein wahres Eldorado an goldenen Schätzen erweisen sollte. Die Ähnlichkeit seines Namens mit dem Namen des ostasiatischen Wunderlandes Zipangu bestärkte den Admiral ganz besonders in seinem Wahn, Indien und Ostasien erreicht zu haben. In diesem Wahn wurde Kolumbus tagtäglich durch neue Beweise des schier unerschöpflichen Reichtumes dieser Länder bestärkt, bot doch der unermüdliche Guacanagari alles auf, um möglichst große Quantitäten Goldes zusammenzubringen, die der Admiral mit nach Spanien nehmen sollte. Wie sehr der Kazike dem Admiral zugetan war, zeigte sich noch wenige Tage vor der Abreise des letzteren, als er sich ans Land begab, um dem indianischen Herrscher einen Besuch abzustatten.

Kolumbus traf mit seinem Gefolge genau zur gleichen Zeit bei Guacanagari ein, in der fünf andere Häuptlinge, welche dem Kaziken tributpflichtig waren, bei ihm anlangten. Nachdem man den Admiral genötigt hatte, sich in einem jener in Tierformen geschnitzen Stühle niederzulassen, erhob sich Guacanagari, nahm das goldene Symbol seiner Herrscherwürde ab und schmückte damit das Haupt des Genuesen, durch diese Handlung bekundend, daß er ihn als seinen Gebieter betrachte.

Gegen Anfang des Monats Januar war der Bau des Forts beendigt und nannte man es in Erinnerung an den Weihnachtstag, den Tag der Ankunft in diesem Hafen, La Navidad.

Neununddreißig Spanier, darunter die tüchtigsten Werkleute, die er aufbieten konnte, als Besatzung in diesem Forte zurücklassend, übertrug Kolumbus nun den Oberbefehl über diese erste spanische Kolonie in der neuen Welt dem Diego von Arana, mit der Bestimmung, daß im Falle seines Ablebens Pedro Gutierrez und sodann Rodrigo de Escobeda an seine Stelle zu treten hätten. Alle Zurückbleibenden ermahnte er auf das eindringlichste, seinen Anordnungen um der Königlichen Hoheiten willen auf das treueste nachzukommen.

Bevor er schied, ließ er vor den Augen der Eingeborenen von bewaffneten Seeleuten ein großes Scheingefecht ausführen, damit erstere die Waffen derselben fürchten lernen und den Spaniern Frieden halten möchten.

Dann erst, nachdem er auch von dem Kaziken Abschied genommen hatte, lichtete Kolumbus am 4. Januar die Anker, um der Heimat zuzueilen. □

Gemeinsam mit der Pinta zu den Azoren

Schon zwei Tage später sichtete man überraschend die Pinta, die sich, wie wir hörten, unter dem Kommando Alonso Pinzons im November ohne Genehmigung entfernt hatte. Bei der Rechtfertigung seines Vorgehens behauptete Pinzon, widrige Winde hätten ihn verschlagen, und Kolumbus blieb in der kritischen Lage nichts anderes übrig, als diese fadenscheinige Entschuldigung zu akzeptieren und auf beschleunigte Heimfahrt zu drängen.

Der Admiral wußte nur zu genau, daß er es mit den angeschlagenen Schiffen sehr schwer haben würde. Und als ob auch die Natur sich gegen ihn verschworen hätte, gerieten sie kurz vor den Azoren in ein furchtbares Gewitter, das die beiden Schiffe erneut trennte. Die Niña erreichte zwar am 18. Februar gerade noch die von den Portugiesen besetzte Azoreninsel Santa Maria, um ein Haar wäre hier aber die gesamte Mannschaft von dem tückischen Gouverneur gefangengenommen worden, doch wieder bewährte sich der »Träumer« Kolumbus als ein ebenso energischer wie unerschrockener Taktiker.

Über Portugal nach Spanien

Am 24. Februar konnte er die Reise fortsetzen und nach einem letzten gefährlichen Sturm am 3. März an der portugiesischen Küste landen. Die sensationelle Nachricht von der Ankunft des Schiffes verbreitete sich natürlich wie ein Lauffeuer. Schon nach fünf Tagen erhielt Kolumbus die Aufforderung, bei Hofe zu erscheinen. Er trat damit wieder vor jenen König, der ihn mit seinen Plänen ein Jahrzehnt zuvor abgewiesen hatte. Gedanken und Gefühle des portugiesischen Herrschers kennen wir nicht, aber wir können sie uns leicht ausmalen, wenn wir uns die Situation des Jahres 1493 vor Augen halten. Portugiesische Karavellen hatten – wie wir aus dem 1. Kapitel wissen – knapp fünf Jahre zuvor das »Kap der Stürme« im Süden Afrikas umrundet. Für den Augenblick erschien es als eine Ironie des Schicksals, daß eben der König, der diese Südspitze in »Kap der Guten Hoffnung« umbenannt hatte, sich selbst seiner Hoffnung auf eine portugiesische Entdeckung des Seewegs nach Indien durch ein kleines sturmzerzaustes spanisches Schiff beraubt sah. Er konnte nicht ahnen, daß erst sein Nachfolger die tatsächliche Entdeckung des Seeweges auf der erprobten Ostroute erleben würde. Es spricht für König Johann, daß er Kolumbus freundlich und mit allen ihm nun gebührenden Ehren empfing. Diesen hielt es verständlicherweise nicht lange in Portugal. Schon am 13. März ließ er den Anker lichten, und am 15. März – 125 Tage nach der Ausfahrt – lief die Niña wieder in Palos ein.

Eines der großen Abenteuer der Geschichte hatte ein glückliches Ende gefunden. Ein Abenteuer, das als belächelte oder sogar bekämpfte Idee eines Einzelnen begonnen hatte, bald aber dazu beitragen sollte, die Vorstellungen der Menschheit von der bewohnten Erde zu verändern. Waren die Reisen Marco Polos und der Portugiesen erste Schritte zu neuen Horizonten gewesen, so sollte die Fahrt des Kolumbus schon bald der ganzen Politik Europas neue Ziele setzen und seiner politischen und wirtschaftlichen Expansion neue Länder öffnen. Die kulturellen Auswirkungen bestimmten die folgenden Jahrhunderte.

Europa im Umbruch – Papst, Fürst, Mönch und Bauer

Der Triumph des Siegers – Kolumbus durfte ihn zu Recht auskosten; denn es war ein unblutiger Triumph des Geistes. In allen Phasen schien seine Reise von seltenem Glück begünstigt. Zwar hatte er ein Schiff verloren, und im Augenblick der Heimkehr konnte er auch nicht ahnen, daß die in der Neuen Welt zurückgebliebenen Landsleute grausam umkommen würden. Ihm war, das allein zählte im Augenblick, beim ersten Anlauf geglückt, worum die Portugiesen jahrzehntelang vergeblich gerungen und gesucht hatten. Der Seeweg nach Indien und zu den Reichtümern des Fernen Ostens schien gefunden, seine Gegner waren damit besiegt, er selbst, der aus einfachen Verhältnissen kommende Seemann, war zu höchsten Würden aufgestiegen. Historienmaler und Romanschriftsteller haben die Stunden des Triumphes nachvollzogen und in ihrer Phantasie weiter ausgemalt.

Was aber ereignete sich in diesen Tagen wirklich? Bei der Suche nach einer Antwort folgen wir weitgehend der auf zeitgenössischen Quellen basierenden Schilderung Rudolf Goldschmit-Jentners, der eine moderne Kolumbus-Biographie schrieb:

Der Triumph des Kolumbus

Am 15. März 1493 gegen Mittag lief das Schiff des Admirals bei steigender Flut in den Hafen ein, aus dem er am 3. August des Jahres zuvor ausgelaufen war. Sieben Monate und zwölf Tage war er unterwegs gewesen. An diesem Tage schloß er sein Bordtagebuch ab: er sei fest überzeugt, daß Gott alles getan habe, was Gutes bei seinem Unternehmen herausgekommen, und daß, die Sünde ausgenommen, man nichts ohne seine Hilfe und Zustimmung tun könnte: »Überdies sehe ich aus der Reise, daß Gott sich wunderbar zu dem bekannt hat, was ich vornahm, wie man sich beim Lesen dieser Berichte überzeugen kann durch die Wunder, welche Gott während der Reise auch an mir getan, der ich so lange am Hofe Ew. Majestäten verweilte, sehr gegen den Willen und im Widerspruch so vieler hoher Personen Ihres Hofes, welche alle gegen mich standen und meine Vorschläge als Träumerei, meine Unternehmungen als Trugbilder behandelten. Ich hoffe zu unserem Herrn, daß diese Reise der Christenheit zur größten Ehre gereiche, obwohl sie scheinbar mit viel Leichtsinn ausgeführt worden war.«

Kolumbus konnte es sich verständlicherweise nicht versagen, jetzt in der Stunde des Glücks noch einmal seine alten Gegner an ihren Kleinmut zu erinnern. Inzwischen hatte sich in ganz Spanien die Kunde von der Heimkehr der Expedition verbreitet; die Bevölkerung war in Erregung und Begeisterung versetzt worden. Überall strömte unter dem Eindruck der rasch verbreiteten Kunde das Volk zusammen. Die Reise von Saltes nach Sevilla glich einem Triumphzug. Am Palmsonntag, dem 31. März, zog Kolumbus feierlich in Sevilla ein. Der Admiral kannte seine Spanier. Er schenkte ihnen alle Augenweide, die der Sensation des Ereignisses zukam. Mit ihm und den Mannschaften zogen im festlichen Aufputz die Indianer, von allen bestaunt und bewundert, und mit diesen die Beutestücke aus dem fremden Lande. Papageien wurden hoch getragen, die Fahnen der Expedition im Zuge geschwenkt. Die Straßen waren umsäumt von jubelnden und staunenden Menschenmassen. Ein höchst schmeichelhaftes Schreiben der Könige lud ihn ein, nach Barcelona an das königliche Hoflager zu kommen. Kolumbus folgte sofort dem Rufe und reiste gleich weiter. Überall derselbe sensationelle theatralische Aufzug, der die Massen des Volkes hinriß: sechs Indianer, die Papageien, sprechende Vögel für die staunende Menge, dann die anderen Kostbarkeiten samt dem Flitterkram, auch die Gewürze, die auf Tellern getragen wurden, nicht zuletzt die größte und besonders wirksame Sensation: Muster von echtem *Gold*, das drüben aufgefunden war.

König Ferdinand war eben gerade von einem Attentat genesen, und der Hof stand in wichtigen Verhandlungen mit Frankreich. Aber wichtiger als all das war in diesem Augenblick doch der seltsame Mann, der da einzig war: eine neue Welt dem Könige als Besitz anmeldend und zu Füßen legend.

»Sitzend neben dem König . . .«

Nur einmal war Kolumbus wirklich im Leben auf der höchsten Höhe, die den Sterblichen auf dieser Welt beschieden: in jenen Tagen, da er von der Entdeckung Amerikas nach Spanien zurückkehrte und in Barcelona mit überwältigenden Ehren vom Hofe empfangen wurde.

Es war für Kolumbus der göttliche Lohn für alles, was er jahrelang hatte erdulden und ertragen müssen: für die Demütigungen, die Verspottung, die Verkennung, die Mißachtung, die Anfeindungen und den Neid.

Im Leben heroischer Menschen gibt es einen Augenblick, da alles Leid schmerzlichen Duldens und beispiellosen, oft aussichtslosen Ringens um eine Idee ausgeglichen wird und alle Erinnerungen an die Kämpfe und Enttäuschungen versinken, die Stunde jener Einsicht und Gewißheit, daß nun kein irdischer, kein menschlicher Feind mehr den Sieg streitig machen kann. Einen solchen Augenblick muß Dante erlebt haben, als er in der Verbannung die letzten Zeilen der Göttlichen Komödie dichtete, eine solche Stunde war Beethoven beschert, als er den Schlußchor der Neunten Sinfonie schrieb, eine solche Stunde war es, als Richard Wagner im Festspielhaus zu Bayreuth zum erste Male seinen Parsifal erklingen hörte und Kampf und Sehnsucht eines langen Lebens Erhöhung in der Wirklichkeit fanden. Eine solche Stunde war es, als Kolumbus nach beispiellosem, jubelgekröntem Einzug in Barcelona den Festsaal des Schlosses betrat: Umgeben von allen Herzögen, Fürsten, Grafen und anderen Granden des Reichs und von unzähligen Rittern aus allen Gauen Kastiliens, Aragoniens, Kataloniens und Valencias, sitzen grüßend die Monarchen zu seinem Empfang auf dem Throne, und als er den Handkuß gegeben, erhebt sich König Ferdinand und ladet Kolumbus, den Admiral und nunmehr auch – *Vizekönig* ein, neben ihm Platz zu nehmen, während alle anderen Großen des Reiches stehenbleiben. Es war die höchste Ehre, die man ihm damals in Spaniens Bereich erweisen konnte. So durfte Kolumbus von seiner Fahrt berichten. Wann war es je einem Sterblichen erlaubt gewesen, sitzend vor den spanischen Königen das Wort zu ergreifen?

Und nun lauschte der königliche Hof den hinreißend gesprochenen Worten des Heimgekehrten, der von Wundern der Wirklichkeit berichtete, wie nie ein irdischer Mensch sie berichten konnte. Er erzählte von den märchenhaften Schönheiten jener tropischen Landschaften, die er besucht und entdeckt hatte, von den zauberhaften, unvorstellbar fruchtbaren Gefilden, die drüben auf der anderen Hälfte der Erdkugel von ihm für Spanien in Besitz genommen waren, er nannte alle die Gewürze und Edelpflanzen und die Nährfrüchte nicht nur beim indianischen Namen; was wären schon Namen gewesen? Er führte auch reiche Proben von ihnen mit sich und legte sie vor den Majestäten nieder. Aber während noch die Könige und der Hof gespannt und gefesselt diese Wunderdinge betrachteten und seinen feurigen, die Phantasie er-

Das Ei des Kolumbus oder
»Columbus verspottet seine Verächter sittlich und glimpflich«.
Aus: De Bry, »Americae«, 4. Buch.

regenden und die Gemüter aufpeitschenden Worten lauschten, wurden in den Audienzsaal auch die *lebenden* Zeugen seiner Fahrt gebracht: Gegen vierzig prächtig gefärbte Papageien führte er den stumm und sprachlos staunenden und immer wieder Bewundernden vor. Vögel, die in der zauberisch fremden Sprache der Indianer ihre Worte in den Saal schrien. Und dann kamen zuletzt in den Saal die sechs Indianer, die er von drüben mitgebracht hatte. Atemlos, wie Boten aus dem Sagenland oder wie Menschen eines anderen Planeten wurden die fremden, in großem Aufputz ihrer Stämme eintretenden Indianer begrüßt und bestaunt.

»Und alles zur Ehre Gottes und zum Ruhme der spanischen Majestäten«, schließt Kolumbus seine Rede, mit der er feierlich alle seine Wunder erläutert und seine Reise geschildert hatte.

Man weiß, daß Kolumbus beredt war, und nie hat ein Kämpfer dieser Welt so triumphierend von Sieg und Glück, so stolz von Wundern Gottes und von eigenen Taten vor seinen alten Widersachern berichten können, wie es hier Kolumbus möglich war.

Der Hof war glücklich, wie Kolumbus selbst. Der König überreichte ihm, dem neuen Granden und jüngsten Adligen des Reiches, ein kostbares und sinnvolles Wappen, das in den oberen Feldern die goldene Burg Kastiliens und den roten Löwen Leons, rechts unten goldene Länder und Inseln, links die fünf Anker des Admirals Kolumbus und zwischen beiden Feldern etwas verdeckt sein altes Familienwappen zeigte.

Die nächsten Tage verrauschten in Barcelona in einem großen Taumel des Glücks und der Feierlichkeiten. Die Priester in den Kirchen sangen das Lob des Entdeckers.

Oft wurde der König in den Straßen gesehen, hoch zu Pferde, zu seiner Rechten den Kronprinzen, zu seiner Linken aber den neuen Admiral und Vizekönig Christóbal Colón.

Wie immer bei solchen Wandlungen des Geschicks wetteiferten jetzt die, die ihn einst verlacht und bekämpft hatten, die Großen Spaniens, ihn in festlichen Empfängen zu feiern, und immer wurde er geehrt wie ein Glied des Hochadels.

Bei einer solchen Festtafel soll sich auch die Geschichte mit dem Ei zugetragen haben. Sie ist nicht nachweisbar. Voltaire weiß sogar zu erzählen, daß die Eiergeschichte in ähnlicher Form schon fünfzig Jahre vor Kolumbus von dem berühmten Baumeister Brunelleschi in Florenz erzählt wurde.

Es ist bedeutungslos, ob Kolumbus diese Geschichte mit dem Ei wirklich erlebt und vorgeführt hat oder nicht. Wir wissen, was die Legende damit sagen will und zu Recht sagt: daß es hinterher leicht ist, eine einfach scheinende, aber große Sache zu verkleinern.

Barcelona wurde durch Kolumbus auf Wochen zur Feststadt, ganz Spanien zum festlich erregten Lande.

Wir haben verschiedene Zeugen jener Festtage zu Barcelona. Unter ihnen war auch der junge Oviedo. Er hatte als Page des Kronprinzen den Einzug des Kolumbus erlebt. Der Eindruck, den dieses großartige Schauspiel auf ihn gemacht hat, war so lebhaft gewesen, daß er sich später vierunddreißig Jahre hindurch in den entdeckten Ländern und Gebieten aufhielt und sich mit deren Geschichte und Bedeutung beschäftigte. Der Ruhm der Neuen Welt hat ihn nicht mehr losgelassen, und ihm verdanken wir eine der ersten Schriften über die Entdeckung.

Im Schatten: Pinzon

Während noch Jubel und Freude über die Heimkehr des Kolumbus die Stadt durchbrauste, hörte man eine merkwürdige Botschaft: am Abend desselben Tages, an dem Kolumbus auf der kleinen Nußschale der Niña heimkehrte, ging auch die Pinta unter dem Kommando des Martin Alonso Pinzon vor Anker. Das Schiff hatte in der Sturmnacht des unglückseligen 14. Februar sich vom Geschwader losgerissen und war nach Norden verschlagen worden, diesmal gegen den Willen seines Kapitäns. In mühseliger Fahrt hatte Pinzon dann den Hafen von Bayona erreicht. Im Sturmgewitter hatte er den Kolumbus auf dem Meere verlassen, und im tiefsten Innern hegte er die Hoffnung, daß vielleicht der Admiral ein Opfer des Sturmes geworden sei. Dann wäre ja er, Pinzon, als Entdecker der Neuen Welt heimgekehrt. Zwischen Hoffen und Bangen schwebte er, als er in den Hafen einfuhr. Aber niemand empfing ihn als Sieger und Helden. Wohl sah er festlich gestimmte Menschen, hörte von Wundern der entdeckten Länder, aber Jubel und Freude galt jenem anderen, den er im Grunde seines Herzens haßte.

Kolumbus war hoch gefeiert glücklich gelandet. Von schwerer Depression erfüllt, ließ sich Pinzon sofort beim König melden, weil wenigstens auch *er seinen* Bericht erstatten wollte. Er erlebte eine peinliche und schmerzlich treffende Zurückweisung. Der König befahl ihm, sich bei Hofe einzufinden, aber nur – im Gefolge des Kolumbus. Einen solchen Befehl empfand der ehrgeizige Pinzon als Verletzung. Erregt und erbittert lehnte er die »Einladung« des Monarchen unter irgendeinem Vorwand ab und suchte das Kloster La Rabida auf, dasselbe Kloster, von wo aus einst der Admiral zum spanischen Hofe und damit zum Siege ausgezogen war; hier erlag Pinzon kurz nach der Heimkehr einer heimtückischen Krankheit, wohl einer Grippe, die er sich auf der stürmischen Fahrt zugezogen hatte.

Mit seinem Tode ging der Nachwelt auch der Bericht verloren, den Pinzon über seine Fahrten hätte uns hinterlassen können.

Pinzon hatte sich gewiß Verdienste um das Zustandekommen der Expedition erworben. In schwierigen Zeiten der Expedition hat Kolumbus *ihn* zuerst um Rat gefragt, und Pinzon hatte sich anfangs dem Führer des Geschwaders auch gebeugt. Ja, er gab sich als Freund des Admirals.

Pinzon war es gewesen, der die Ausrüstung des Geschwaders betrieb und organisierte; fast alle männlichen Angehörigen seiner Familie hatten sich der Expedition angeschlossen. Die entschiedene Teilnahme, die die Familie Pinzon für das Unternehmen des Kolumbus bewies, hatte auch viele Zögernde umgestimmt. Aber es ist wieder zuviel gesagt, wenn vaterländische Spanier ihn zum eigentlichen Kopf der Expedition zu machen versuchen, um die große Tat der Entdeckung für Spanien zu retten und sie dadurch den Italienern streitig zu machen.

So helfend bereit, so zuverlässig als Mitarbeiter und Mitberater Pinzon auf der Fahrt des Geschwaders zunächst war, an dem Tage, an dem Kolumbus den jungfräulichen Boden der Neuen Welt zuerst betrat und das Ziel seines Ehrgeizes gekrönt sah, vom Lande als Admiral und Vizekönig Besitz ergriff, sah sich Pinzon, der nur Kapitän der Pinta blieb, in seiner Eigenliebe verletzt. Wir erleben hier, was sich in der Geschichte der Entdeckungen und der Geschichte der Erfindungen so oft wiederholt:

Männer, die sich als Mitarbeiter einer Entdeckung oder Erfindung bewähren, ja die in ihrer Art fast unersetzlich dem Genius des Entdekkers oder Erfinders erscheinen und von ihm auch bedankt werden, sehen sich in dem Augenblick, da der Erfinder oder Entdecker für seine Erfindung ruhmgekrönt wird, um ihr Verdienst betrogen. Sie fangen an, ihre Bedeutung und ihren Anteil an dem Werk des Genies zu überschätzen und halten sich schließlich in ihrer Besessenheit und in der Verletztheit ihres Persönlichkeitswertes für das um den Lohn betrogene Genie. Neid, Mißvergnügen und Bitterkeit nimmt in ihrer Seele Platz, und manche enden in gramvoller Einsamkeit oder gar im Freitod. Von ihnen allen gilt aber, was auch von Pinzon gesagt werden muß: daß sie mit all ihrer Tüchtigkeit ohne den leitenden Gedanken und den denkenden Kopf des Genies nicht hätten das leisten können, was sie in Bindung an das Genie geleistet haben. Amerika wäre wohl auch ohne Pinzon von Kolumbus entdeckt worden, wenn auch vielleicht unter größeren Schwierigkeiten. Aber ohne Kolumbus hätte Pinzon nicht die Fahrt ins unbekannte Meer gewagt. Der tätige und kühne Martin Alonso Pinzon war die wichtigste Stütze der Expedition, aber er hat auch durch sein sträflich fahnenflüchtiges Entweichen die ganze Reise und den Plan des Kolumbus gefährdet. In dem Prozeß, der später gegen Diego Colón, den Sohn des Admirals, geführt wurde, hat auch die angebliche Tat des Pinzon eine Rolle gespielt. Später geriet dieser in Vergessenheit. Karl V. hat dann die Familie der Pinzonen geadelt. Noch im 19. Jahrhundert befanden sich die Pinzonen mit dem Prädikat »Don« in günstigen Familienverhältnissen in der kleinen Küstenstadt Moguer bei Palos. □

Maximilian I. und das burgundische Erbe

Es scheint notwendig, an dieser Stelle einmal innezuhalten und den Blick von Kolumbus und seinen Karavellen für eine Weile zu lösen. Wir haben schon die Reisen der portugiesischen Kapitäne verfolgt und die Schicksale der letzten Mauren und der spanischen Juden in ihren tatsächlichen und möglichen Auswirkungen auf Pläne und Fahrt des Admirals kennengelernt. Was aber geschah etwa zur gleichen Zeit in anderen Staaten des Abendlandes, und welche Ereignisse stehen in mittelbarem oder sogar unmittelbarem Zusammenhang mit der Entdeckung Amerikas?

Anno Domini 1493 vermerkten die Chronisten und registrierten die Historiker, starb in Linz an der Donau der römisch-deutsche Kaiser Friedrich III. 78 Jahre war er alt geworden, 43 davon hatte er regiert. Ihm folgte nun sein Sohn Maximilian I., ein Mann von 34 Jahren. Sein Regierungsantritt in diesem Jahr 1493 markiert den Beginn einer Zeitwende. Den »letzten Ritter« nannten ihn schon die Zeitgenossen, und der Historiker Rudolf Buchner gibt ein treffendes Bild seiner Persönlichkeit:

Der neue Herrscher war eine stattliche Erscheinung. Wenn der Venezianer Quirini in einem Bericht von 1507 meint, er sei nicht ausgesprochen schön von Angesicht, so mag die schon früher erwähnte mächtige Adlernase des Königs sowie der eigenwillig geformte Mund mit der Habsburger Unterlippe dies Urteil bestimmt haben. Das Haar fiel Maximilian in leichten Locken auf die Schultern und rahmte sein Antlitz. Verschiedentlich wird der strahlende, sternenhafte Glanz seiner Augen hervorgehoben – das Bild des Alternden, das Dürers Stift festgehalten hat, zeigt freilich unter den müden Lidern kaum noch einen Abglanz davon. Einig sind sich die Beurteiler über den gewinnenden Ausdruck seines Gesichtes, der viel zur Beliebtheit des Königs bei dem breiten Volk beitrug. Seine Statur war nicht über mittelgroß, aber wohlproportioniert und außerordentlich kräftig. Bei Krieg und Jagd kamen ihm seine körperliche Gewandtheit und Stärke zustatten. Damit verband sich ein außerordentlicher Mut. In der früh entstandenen Sage von seiner tollkühnen Pirsch an der Martinswand fand er eine halbmythische Verherrlichung. Sie trug zur Volkstümlichkeit Maximilians besonders bei seinen Tirolern Wesentliches bei. Aber auch bei den Soldaten kam ihm sein stets bewährter Mut zugute. Er stand bei ihnen im Ruf, keiner Gefahr auszuweichen und sie niemals in der Schlacht zu verlassen. Dazu trat ein enormes Personengedächtnis. Wen er einmal gesehen hatte, erkannte er nach Jahren wieder. So genoß er das unbegrenzte Vertrauen seiner Söldner – solange er sie zu zahlen imstande war.

Der Heeresreformer

Vom Kriegs- und Heerwesen hatte er die gründlichste Kenntnis. Ja, er hat entscheidend dazu beigetragen, die von den Schweizern entwickelte Taktik des Fußkampfes allgemein durchzusetzen. Sie beruhte darauf, daß der spieße-starrende, geschlossene Haufe der Fußkämpfer, der seit Kreuzzugszeiten in der Abwehr von Reiterheeren eine Rolle gespielt hatte, durch Disziplin und Übung beweglich gemacht wurde. Er konnte seither auch zum Angriff eingesetzt werden. Die Schweizer Siege über Karl den Kühnen beruhten auf dieser Entwicklung. Maximilian übertrug sie schon früh auf sein Söldnerheer: er selbst stieg mit anderen adligen Führern vom Pferd, ergriff den Spieß und ordnete sich in den Söldnerhaufen ein, der damit inneren Halt gewann. Der Sieg von Guinegate 1479 ist so zustande gekommen. Aus den Söldnern wurden im Lauf der Zeit die Landsknechte, die bald an Kriegstüchtigkeit den Schweizern nur noch wenig nachstanden. Maximilian kann als ihr Vater gelten.

Kaiser Maximilian I.

Maximilian wurde am 22. Mai 1459 als Sohn des römisch-deutschen Kaisers Friedrich III. aus dem Geschlecht der Habsburger und dessen Gemahlin Eleonore von Portugal geboren. Der ehrgeizige Knabe erhielt eine verhältnismäßig gut fundierte geistige Bildung und zeichnete sich bald auch schon in ritterlichen Übungen aus. 1476 – kurz vor seinem Tode – hatte Herzog Karl der Kühne von Burgund in einer Heirat seiner einzigen Tochter Maria mit Maximilian eingewilligt. Die Trauung erfolgte 1477, ein Jahr später wurde Philipp, das einzige Kind dieser Ehe, geboren und schon 1482 starb Maria an den Folgen eines Unfalls. Das Herzogtum Burgund fiel damit an das Haus Habsburg.

1486 wurde der siebenundzwanzigjährige Maximilian zum »römischen König« gewählt und sieben Jahre später folgte er seinem Vater Friedrich nach dessen Tod in der Regierung. 1494 schloß er mit den spanischen Königen und Papst Alexander VI. die »Heilige Liga« gegen Frankreich. Aus dem Zusammengehen mit Spanien erwuchs als enge Verbindung die Heirat seines Sohnes Philipp mit Johanna, der Tochter Ferdinands und Isabellas und

Eine besondere Vorliebe und ein hohes technisches Interesse widmete er der Artillerie. Maximilian wurde als der hervorragendste Kenner der neuen, für den Aufstieg der Fürsten über die Städte so entscheidenden Waffe angesehen; nach Quirini wußte er besser mit Geschützen umzugehen als die Meister des Fachs. Nach dem siegreichen Krieg gegen Bayern (1504) und der Eroberung Kufsteins galt er überhaupt als der beste Heerführer Deutschlands; darin sind Quirini und Machiavelli vollkommen einig. Spätere Mißerfolge im venezianischen Krieg und sonst vermochten im Grund diesen Ruhm nicht zu verdunkeln: ihre Ursache lag ja nicht im militärischen Bereich, sondern hauptsächlich in der steten Geldnot des Kaisers, teils auch in seiner verfehlten Diplomatie.

Liebenswürdig, weitschauend, sprunghaft

Im Umgang mit Menschen war Maximilian liebenswürdig und gewandt. Wo er gewinnen wollte, bestrickte er auch Widerstrebende durch den Zauber seiner Persönlichkeit, durch eine natürliche Leutseligkeit, die sich mit seiner Würde durchaus vertrug, und ihn zu einem der populärsten Herrscher auf dem deutschen Thron machte. Die Gabe werbender Rede besaß er in hohem Maße. Mündlich und schriftlich wußte er immer wieder sich Freunde, seiner Politik Unterstützung zu

nachmaligen Erbin des spanischen Reiches. Bald erlitt das Reich aber einige schwere politische Rückschläge, die Maximilian angelastet wurden. So schied 1499 die Schweiz aus dem Reichsverband aus, und in Italien gewann Frankreich wichtige Vorteile. Die politische Lage verschlechterte sich so, daß die deutschen Fürsten schon die Absetzung Maximilians erwogen. Daraufhin schloß er Frieden mit Frankreich, der glückliche Ausgang des sogenannten »Bayerischen Erbfolgekrieges« stärkte sein Ansehen im Reich, so daß er 1508 den Titel eines »erwählten römischen Kaisers« annehmen konnte.

Nach dem alten Grundsatz seines Vaters »Laß andere Kriege führen, du, glückliches Österreich, heirate!« brachte ein neuer Heiratsvertrag 1515 dem Haus Habsburg größere Vorteile als die von Maximilian geführten Kriege; denn dieser Vertrag sah die Heirat seines Enkels Ferdinand mit Anna von Ungarn vor. Eie Ehe wurde 1521 geschlossen, und als fünf Jahre später der Bruder der jungen Ehefrau, König Ludwig, im Kampf gegen die Türken fiel, kam das gesamte ungarische Erbe an das Haus Habsburg.

Maximilian starb 1519. Als römischer König folgte ihm sein Enkel Karl, der bereits über Spanien herrschte, während die österreichischen Erblande und Ungarn an den zweiten Enkel Ferdinand fielen.

verschaffen. Freilich lagen auch ganz andere Eigenschaften in ihm verborgen. Er war aufbrausend und heftig. Im Zorn konnte er sich auch Gleichgestellten gegenüber – so auf dem Freiburger Reichstag 1499 – zu sinnlosen, unverständlichen Drohungen versteigen, die sein Ansehen bei den Fürsten notwendig minderten.

Verstand und Auffassungsgabe waren bei ihm glänzend entwickelt: das galt nicht nur für Wissenschaft, Kunst und Technik, wovon später die Rede sein soll, sondern auch für die Politik. Er hatte dafür un terrible cerveau (ein schreckliches Gehirn), wie Karls V. Mentor Gattinara bewundernd über ihn bemerkt. Oft erkannte er mit sicherem Blick in der Fülle der Erscheinungen das Wesentliche. Sein Gesichtsfeld umfaßte ganz Europa. In allen Schwierigkeiten entdeckte er noch einen Ausweg oder mehrere. Aber oft halfen Klugheit und Einsicht ihm nichts. Einmal war seine Phantasie zu lebhaft entwickelt, als daß er sie immer hätte zügeln können. Leicht gaukelte sie ihm Wunschbilder der politischen Lage vor, an die er glaubte und auf die er sein Handeln gründete, bis sie wie schillernde Seifenblasen zerplatzten. Sodann und vor allem: er war zu sprunghaft, um an einem Gedanken folgerichtig festzuhalten. In diesem Punkt stimmen alle Beurteiler überein: nach Gattinara nannte man ihn »den schlechten Gärtner, der die Früchte nicht reifen läßt«. Noch schärfer sagt Machiavelli: »Er ist schwankend, weil er heute eine Sache will und morgen nicht.« – »Oft löst er am Abend eine Sache auf, die er am Morgen abgeschlossen hat.« Diese Urteile werden durch die Tatsachen vollauf bestätigt. Auch im Krieg konnte das häufige Schwanken in den Plänen eine große Schwierigkeit bilden.

Alle diese Urteile gelten in erster Linie der Außenpolitik Maximilians. Sie war ihm weit mehr Herzensangelegenheit als die innere Politik. Auf dem Theatrum Europaeum, der Bühne, auf der die werdenden Großmächte auftraten und ihre Kräfte maßen, agierte auch er mit wahrer Leidenschaft. Für die innerdeutschen Verhältnisse, die Reform des Reiches, die Stärkung seines Zusammenhaltes hatte er nur dann einiges Interesse übrig, wenn sie ganz unmittelbar seiner Außenpolitik dienten.

Das Unstete in Maximilians Wesen und Politik trägt auch dazu bei, zu erklären, warum er niemals bedeutende politische Persönlichkeiten als Helfer fand. Unter all seinen Räten und Dienern, fürstlichen wie adligen wie bürgerlichen, überragt nicht einer das Mittelmaß – vielleicht mit Ausnahme Albrechts von Sachsen, der seit 1489 in den Niederlanden weit ab vom König treu, aber sehr unabhängig schaltete. In seiner Nähe, daran kann kein Zweifel sein, hätte Maximilian so selbständige

Naturen weder ertragen noch geduldet. Hinreichend genialisch veranlagt, um sich über alles rasch ein Urteil bilden zu können, hinreichend selbstbewußt, um sich stets das richtige Urteil zuzutrauen, aber nicht einsichtig genug, um eigene Grenzen zu erkennen, nicht verantwortungsbewußt genug, um die ganze Tragweite der Entscheidungen, die er traf, im voraus zu ermessen: so sehen wir ihn oft ganz nach eigenem Gutdünken ohne Rat von anderer Seite handeln. Unter seinen Dienern galt als bekannt, »daß ihre Majestät all Ding selbst angeben, durchsehen und korrigieren will« (Sertein 1509). Unverantwortliche Einflüsse waren damit allerdings nicht ausgeschaltet. Machiavelli formuliert geradezu: »er berät sich mit niemand und glaubt jedem«. Aber dies Verfahren ermöglichte ihm, seine Entscheidungen bis zum letzten Augenblick geheim zu halten, worauf er stets großen Wert legte. Schon 1496 beklagte sich der venezianische Gesandte Foscari, Maximilian unterhalte sich »selten oder vielmehr niemals mit jemand über das, was er verhandelt oder tut, besonders in wichtigen Dingen«.

»Maximilian Ohnegeld« und die »Bankherren«

Die größte Schwäche in Maximilians politischer Begabung lag aber in seinem Verhältnis zum Geld. Es war ihm nicht gegeben, damit umzugehen. Weder wußte er im voraus zu berechnen, wieviel er für einen bestimmten Zweck brauchen würde; noch konnte er zusammenhalten, was er irgendwie in die Hände bekam. So fiel er aus einer Geldverlegenheite in die andere. Mit gutem Grund gaben ihm die Italiener den Beinamen »Ohnegeld« (Massimiliano sanza danari). Der größte Teil seiner Fehlschläge und Mißerfolge ist letzten Endes in finanziellen Nöten begründet. Gewiß muß man ihm dabei zugute halten, daß er oft vor schwierigen und großen Aufgaben stand, die mit den ihm zur Verfügung stehenden Mitteln kaum zu lösen waren. Bis zu einem gewissen Umfang war das stete »Finanzen«, das Aufnehmen kurzfristiger Anleihen für Kriegs- und Verwaltungszwecke unvermeidlich in einer Zeit, wo der habsburgische Besitz aus einem mittelgroßen deutschen Territorium zur europäischen Großmacht erhoben werden sollte. Aber man gewinnt doch den deutlichen Eindruck, daß Maximilian an Geldfragen im Grunde völlig uninteressiert war. Wenn die Mittel, die er brauchte, nur herbeigeschafft wurden, so war ihm das Wie ziemlich gleichgültig.

Am einfachsten war es, mit den aufsteigenden Geldmächten der Zeit, den Paumgartner, Herwart, Gossenbrot und vor allem den Fuggern zusammenzuarbeiten und sich von ihnen für hohe Anteile an der damals so reichen Metallausbeute des Landes Tirol, besonders am Silberbergbau, immer neue kurzfristige Anleihen geben zu lassen. Die Gewinne, die den großen Geldgebern im ganzen aus diesen Geschäften zuflossen, waren enorm. Maximilian wußte das wohl. Hätte er einmal Ruhe gehabt oder gehalten, so hätte er sich der oft drückenden Abhängigkeit von den großen Kaufherren vielleicht entziehen können. Aber seine unaufhörlichen Kriege und sonstigen Unternehmungen zwangen ihn immer erneut, bei den Geldmächten zu leihen. Alle Bestrebungen der Tiroler Regierung, im Interesse des Landes den Einfluß der Fugger und anderer Kapitalherren zurückzudrängen, blieben demgegenüber erfolglos. Der Aufstieg der Habsburger und der Fugger blieb engstens miteinander verknüpft. Als nach Maximilians Tod bei der Kaiserwahl alles auf dem Spiel stand, war nur Fuggers märchenhafter Reichtum und Kredit imstande, die enormen Summen zu garantieren, die nötig waren, um die Stimmen der Kurfürsten endgültig für den Habsburger Karl V. zu sichern.

Auch die Verbindung mit den Fuggern verschaffte Maximilian jedoch nicht immer die Mittel, die er brauchte. Es gab Zeiten, wo die große Augsburger Firma nicht im nötigen Maße einspringen konnte, oder auch wollte – so im Venedigerkrieg 1508: die klägliche Rolle Maximilians dabei scheint sich in erster Linie aus seiner Finanzmisere zu erklären, der auch Jakob Fugger im Moment nicht abzuhelfen imstande war.

Der Mensch zweier Epochen

Neben Staatsgeschäften und Kriegführung, steten Reisen und vielen Jagden fand Maximilian noch die Zeit und Kraft, fast allen Gebieten des geistigen und künstlerischen Lebens sein Interesse zuzuwenden. Darin ist er ganz Mensch der Renaissance, daß er sich als uomo universale, als allseitiger Mensch betätigte – obwohl ihm dies Ideal schwerlich bewußt war. Man mag fragen, wieviel davon aus Ehrgeiz, es allen zuvor zu tun, aus Ruhmsucht für sich und sein Geschlecht entsprang: auch das waren ja Eigenschaften gut renaissancehaften Wesens. Freilich wäre nichts falscher, als Maximilian ganz und gar in diesem Sinn deuten zu wollen. In eigenartigster Weise durchdringen und verweben sich in ihm vielmehr spätmittelalterliche und renaissancehafte Züge. Damit steht er nicht allein; bei vielen Menschen jener Übergangszeit beobachtet man dasselbe. Auch sein Altersgenosse Jakob Fugger wurzelt, wie wir seit Pölnitz wissen, bei aller Modernität seines Wirtschaftsdenkens mit wichtigen Bereichen – so dem der Frömmigkeit – noch durchaus im Mittelalter. Bei Maximilian ist vor allem die Freude am Ritterwesen ein ganz mittelalterlicher Zug. Sie steht in merkwürdigem Gegensatz zu der modernen Kampfform zu Fuß, die er den Rittern aus militärischer Notwendigkeit aufzwang. Aber die absterbenden Formen des Turniers, des ritterlichen Zweikampfes waren ihm schon in der Jugend wichtig gewesen. Die eigenartige Welt Burgunds mit seinem »Herbst des Mittelalters« hat diese Neigung des jungen Herrschers noch verstärkt. Seit seiner Heirat mit Maria war er der Herr des Ordens vom Goldenen Vliese: jenes Ritterordens, den Philipp der Gute, der Vater Karls des Kühnen 1430 gegründet hatte, um ritterliche Zucht und Sitte zu erhalten und dem Kampf gegen die Ungläubigen zu dienen – zugleich aber, um den Adel all seiner Besitzungen enger an den herzoglichen Hof zu binden und aus dem Bündel Länder die Anfänge eines Staates formen zu helfen. Mit Begeisterung widmete sich Maximilian den Aufgaben des Ordens, machte ihn aber zugleich seiner Außenpolitik dienstbar, indem er auswärtige Herrscher in ihn aufnahm, um sie an sich zu fesseln: womit er wie so oft seinen Hang zu irrationaler Romantik mit sehr realen Bestrebungen verband. Wir werden noch davon hören, wie er durch den St.-Georgs-Orden die absterbende Ritterromantik auch in seinen Erblanden dem Kampf gegen die Türken dienstbar zu machen suchte – ohne jeden wirklichen Erfolg, da die Zeit für solche Bestrebungen endgültig vergangen war. Der Schöpfer der neuen Landsknechtstruppe war zugleich »der letzte Ritter« – die Vereinigung zweier so gegensätzlicher Dinge in einer Person kennzeichnet gerade Maximilians Wesen, das nur aus einer Übergangszeit verstanden werden kann.

Geschichtsschreiber und Kunstmäzen

Denselben Gegensatz zeigt Maximilians Einstellung zur Geschichte. Wie modern, wie nüchtern und real er sie auffassen konnte, macht die letzte Fassung des Weißkunigs deutlich. Aber diese rationale Haltung ihr gegenüber ist keineswegs die vorherrschende. Als er den Weißkunig begann, ließ sich Maximilian noch stark von der Freude am Mummenschanz und höfisch-ritterlichem Spiel bestimmen, wie die heraldischen Decknamen, die Weglassung aller Orts- und Ländernamen zur Genüge bezeugen. Noch einen anderen seelischen Bereich im Wesen des Königs läßt der Theuerdank mit seiner mythologischen Umkleidung von Maximilians erster Ehe sichtbar werden, einen Bereich, in dem es überhaupt nicht mehr um verhüllte oder unverhüllte historische Wirklichkeiten ging, sondern um mythische Überhöhung. Und auch das starke Interesse an der Genealogie seines Geschlechtes zeigt Maximilian nicht als modernen kritischen Geschichtsliebhaber im Sinne der Renaissance. Der Wunsch, das habsburgische Geschlecht aus altrömischer Wurzel abzuleiten, gehört vielmehr noch überwiegend der geistigen Welt des Mittelalters zu: solche genealogischen Phantastereien waren seit Jahrhunderten immer beliebter geworden.

Moderner wirkt Maximilians Verhältnis zur Kunst. Es ist von erstaunlicher Vielfalt. Nahezu alle Arten hat er gefördert, von der Baukunst über Plastik, Malerei, Holzschnitt bis zur Dichtkunst und Musik. Viele der hervorragendsten Künstler seiner Zeit hat er (neben sehr mittelmäßigen) für sich arbeiten lassen. Kein geringerer als Albrecht Dürer hat sein inneres Verhältnis zum Kaiser bezeugt, der ihm 1518 in Augsburg zum Porträt saß: noch nach Maximilians Tod hat er dessen Züge in einem großartigen Bild verewigt und das schöne Wort gefunden, er sei ihm zu früh gestorben. Bedeutende Arbeiten hat der große Nürnberger Künstler für den Kaiser ausgeführt: das berühmte Gebetbuch, das für den Georgs-Orden gedruckt werden sollte, Teile der Holzschnittfolgen der »Ehrenpforte« und des »Triumphzugs« – beide Werke bestimmt, den kaiserlichen Ruhm vor der breiten Öffentlichkeit zu erhöhen, die mit dem Holzschnitt angesprochen werden konnte. Demselben Zweck diente die Bebilderung des Weißkunigs. Vor allem der geniale Hans Burgkmaier hat an ihr gearbeitet und mit seinen unvergleichlichen Holzschnitten, die erst jüngst durch eine prachtvolle Ausgabe neu erschlossen worden sind, eine künstlerische Leistung ersten Ranges vollbracht. Auch auf das Grabmal ist schon hier zu verweisen, das Gilg Sesselschreiber allzu monumental geplant, Peter Vischer und andere hervorragende Erzgießer teilweise verwirklicht haben. Ebenso hat Maximilian die Musik entscheidend gefördert. Nach burgundischem Vorbild organisierte er eine berühmte Hofkapelle, die niederländische Tonkunst nach Südostdeutschland verpflanzen half. In Augsburg, Innsbruck, Wien entfaltete sich ein musikalisches Leben, wie es vorher in deutschen Landen kaum zu finden gewesen war. Aus niederländischer und deutscher Musiktradition schuf der Niederländer Heinrich Isaac das ergreifende »Innsbruck, ich muß dich lassen«, das noch heute mit weltlichem oder geistlichem Text erklingt.

Erwähnen wir noch kurz des Kaisers Verhältnis zur Dichtkunst und zur Wissenschaft, die nach damaligen Begriffen zusammengehörten. Es war eng und fruchtbar. Den »Erzhumanisten« Conrad Celtis, den sein Vater Friedrich III. mit dem Dichterlorbeer gekrönt hatte, beauftragte er, die Wiener Universität im Sinn des Humanismus zu reformieren. In der Jurisprudenz unterstützte er die Abwendung von der scholastischen Methode des Mittelalters. Ein Rechtsgelehrter wie der große Ulrich Zasius in dem habsburgischen Freiburg wurde daher von ihm gefördert. Mit Erasmus, Peutinger, Cuspinian stand er in mehr oder weniger enger Fühlung. Ulrich von Hutten krönte er 1517 mit dem Dichterlorbeer. Ganz modern ist Maximilians Interesse für naturwissenschaftliche Versuche und Fortschritte. Schon sein Vater hatte für chemische Experimente eine Vorliebe gezeigt, aber ihm ging es noch mehr um Alchimie und Geheimwissenschaft als um wirkliche Naturerkenntnis. Sie ist in höherem Grad Maximilians Ziel und verbindet sich mit lebhaftem technischem Interesse, z. B. am Metallguß, an der Geschützgießerei, am Bergbau. Aber auch bei ihm spielen Astrologie und Schwarze Kunst noch ihre Rolle: zu rational darf man weder ihn noch seine Epoche sehen.

Wie sehr dies alles in die Zeit der beginnenden Rainaissance paßt, wie sehr es aus deren Antrieben, Tendenzen und Strömungen begriffen werden muß, bedarf keines Hinweises. Von den großen Renaissancefürsten Italiens, den Medici und Borgia und wie sie alle hießen, und ihrem großartigen Mäzenatentum unterscheidet Maximilian sich freilich mit all dem doch noch recht tief. Besonders in seinem Verhältnis zur bildenden Kunst wird das sichtbar. Für deren Eigengesetzlichkeit hatte er wenig oder kein Verständnis. Worum es ihm ging, ist möglichst genaue bildliche Wiedergabe der Wirklichkeit. In die Entwürfe für Holzschnitte zum Weißkunig z. B. griff er häufig ein – um ein Detail an Waffen, Schiffbautechnik, Trachten oder dergleichen zu berichtigen, ohne die geringste Rücksicht auf künstlerische Gesichtspunkte. Von da her versteht man Peutingers Urteil: »er liebte meist die mittelmäßigen Künstler, weil sie beim Malen und Bilden seinen Vorschriften gehorchten«. Als ganzes genommen ist diese Feststellung dennoch schief und ungerecht. Dürers oben angeführtes Wort allein genügt, sie zu widerlegen. Der Ruhm, ein bedeutender Anreger in allen Künsten und manchen Wissenschaften, ein großer Mäzen gewesen zu sein, kann Maximilian nicht bestritten werden.

Bedenkt man, welche große Last mit Regierungsgeschäften, Kriegen und stetigen Reisen auf Maximilians Schultern lag, so muß man der Vielseitigkeit seines Geistes, der Leichtigkeit seiner Auffassungsgabe auf den verschiedenen Gebieten, seiner Urteilsfähigkeit gegenüber Dingen aller Art, gegenüber Menschen aller Berufsrichtungen höchste Bewunderung zollen. Es liegt in der Persönlichkeit Maximilians ohne

Zweifel etwas Geniales, womit er den Durchschnitt der Fürsten seiner Zeit überragt. Wenn er trotzdem weit davon entfernt bleibt, ein großer Herrscher zu sein, so wegen der Schwächen seines Wesens, die gerade auf dem Gebiet verhängnisvoll hervortraten, das ihm zum eigentlichen Feld der Bewährung bestimmt war; auf dem Gebiet der Politik. □

Italien im Banne des Borgia-Papstes Alexander VI.

Die Entdeckung der Neuen Welt schien Maximilian anfangs wenig zu berühren, aber schon drei Jahre später, gerade als Kolumbus von seiner zweiten Entdeckungsreise zurückkehrte, verband sich das Schicksal seiner Familie mit dem Geschehen in Amerika. Sein Sohn Philipp aus der Ehe mit Maria von Burgund vermählte sich mit Johanna, einer der Töchter des spanischen Königspaares. Die Ehe stand unter keinem glücklichen Stern. Schon 1506 starb Philipp, und Johanna verbrachte ihr weiteres Leben in Schwermut und geistiger Umnachtung, aber sowohl das spanische Erbe wie die Krone des Reiches fielen an den im Jahr 1500 geborenen Sohn Karl. Wenn dieser nach seiner Thronbesteigung in Spanien und der Wahl zum deutschen König stolz feststellen konnte, daß in seinem Reich »die Sonne nie untergehe«, weil es sich von den Grenzen des türkischen Reiches im Osten über Österreich, das Deutsche Reich und Spanien bis nach Amerika erstrecke, so dankte er dies nicht zuletzt Kolumbus und seiner Entdeckung.

Am 11. August 1492 – Kolumbus steuerte an diesem Tag mit seinen Karavellen, wie wir uns erinnern, gerade die Azoren an – wurde in Rom der spanische Kardinal Rodrigo Borgia zum Papst gewählt, nachdem er sich diese Würde skrupellos erschachert hatte. Er nahm den Namen Alexander VI. an. Was die Römer schon zu seinen Lebzeiten von ihm hielten, berichtet der römische Bürger Stefano Infessura in seinem Tagebuch aus jenen Jahren:

»Geschenke« – »treue Freunde« – »liebe Verwandte«

Sofort, nachdem er das Papsttum angenommen, verteilte und gab er den Armen alle seine Güter. Denn dem Kardinal Orsini schenkte er seinen Palast. Des weiteren gab er ihm die Burgen Monticello und Soriano. Des weiteren hat er den Kardinal Ascanio zum Vizekanzler der Heiligen Römischen Kirche gemacht und ernannt. Dem Kardinal Colonna übertrug er die Abtei des heiligen Benediktus von Subiaco mit allen ihren Burgen und das Patronatsrecht darüber, ihm und seinem Hause für alle Zeiten. Dem Kardinal von Sant' Angelo verlieh er das Bistum Porto mit dem Palast und allem Hausgerät, das er selbst noch dort hatte; und dort war unter anderem auch ein Weinkeller voll Wein. Des weiteren, den Kardinal von Parma machte er zum Besitzer und Patron der Stadt Nepi. Dem Kardinal von Genua gab er die Kirche Santa Maria in Via Lata. Des weiteren, dem Savelli Città Castellana und die Kirche Santa Maria Maggiore. Und allen übrigen Kardinälen soll er viele tausende Dukaten gegeben haben, vor allem einem gewissen weißen Ordensbruder aus Venedig, der erst neulich in das Kardinalskollegium aufgenommen worden ist; dem schenkte er fünftausend Dukaten in Gold, um seine Stimme für sich zu haben. Sobald man aber dies in Venedig erfuhr, haben sie ihm dort alle Einkünfte aus seinen Benefizien abgesprochen und angeordnet, daß ihm kein weiteres Benefizium mehr verliehen werden dürfe. Ausgenommen sind nur fünf Kardinäle, die nichts gewollt haben, und das sind der Kardinal von Neapel, der von Siena, der von Portugal, der von Santo Pietro in Vincoli, der von Santa Maria in Portico. Diese allein wollten nichts annehmen und haben gesagt, bei der Papstwahl müsse man die Stimmen umsonst geben und nicht gegen Geschenke. Es heißt auch, bevor die Kardinäle in das besagte Konklave eingetreten seien, habe der Vizekanzler, um die Stimme und die Gefolgschaft des obengenannten Ascanio zu erhalten, vier mit Silber beladene Maultiere in den Palast des besagten Ascanio geschickt, unter dem Vorwand, sie sollten hier in diesem Palast bewacht werden, solange er im Konklave sei, und sie könnten dort in größerer Sicherheit bleiben als in seinem eigenen Hause. Dies Silber [...] sei dem Ascanio geschenkt worden, um seine Stimme zu gewinnen. [...]

Und der Papst hat Kenntnis erhalten, daß von dem letzten Tag der Krankheit des Innocenz [25. Juli] an bis zu seiner Krönung [26. August] an verschiedenen Orten und zu verschiedenen Zeiten mehr als 220 Menschen in Rom ermordet worden sind. Er hat auch Kenntnis erhalten von den Mördern, von den Ursachen dieser Verbrechen und von den Diebstählen, und von all dem, was hier in der Stadt geschehen ist, hat er volle Kenntnis erhalten.

Am 26. des besagten Monats August ist Alexander in Sankt Peter gekrönt worden, und dann zog er, wie es Brauch ist, zur Kirche Sankt Johann im Lateran. Und auf dem Zug durch die Stadt ist ihm die größte Ehre erwiesen worden. Viele Triumphbogen [hat man ihm erbaut] und mehr, als je einem anderen Papst sind errichtet worden, vor allem durch das römische Volk.

Und im ersten Konsistorium, das der neue Papst abhielt, [am 31. August], machte er den Erzbischof von Monreale [Juan Borgia], seinen Neffen von seiner Schwester, zum Kardinal.

Im selben Monat ernannte Alexander Visitatoren der Kerker und bestimmte vier Kommissare, die alle Klagen in der Stadt anzuhören hatten, und ordnete an, daß der Vignola und seine Beamten zur Rechenschaft gezogen würden. Auch bestimmte er den Dienstag für Audienzen für alle Bürger, Männer sowohl als Frauen, und er selbst hörte persönlich die Beschwerden an. Und er begann auf ganz wunderbare Weise Gerechtigkeit zu üben.

Papst Alexander VI.

Rodrigo Borgia wurde am 1. Januar 1430 in Játivi bei Valencia in Spanien geboren. Sein Onkel, Papst Kalixtus III., holte den Sechsundzwanzigjährigen nach Rom und machte ihn zum Kardinal. Rodrigo verstand es von Anfang an, seine Stellung auszubauen und Reichtümer anzuhäufen. Er verfügte über hervorragende geistige und diplomatische Fähigkeiten, dank deren er unter vier Päpsten wichtige kuriale Ämter und Aufgaben übernehmen konnte. Ein typischer »Renaissancemensch«, hielt er sich verschiedene Mätressen, von denen er nachweislich neun Kinder hatte, die »berühmtesten« darunter sein Sohn Cesare und die Tocher Lucrezia. Sein ausschweifendes, fast schon pathologisch erotomanisches Leben bot den zeitgenössischen Chronisten und später den Historikern und Romanschriftstellern immer neue Skandalstoffe.

1492 erkaufte er sich mit hohen Bestechungsgeldern im Konklave die Stimmen der wichtigsten Kardinäle und bestieg als Alexander VI. den päpstlichen Thron. Er erwies sich als ein ebenso tüchtiger wie skrupelloser Staatsmann, der sich zwar auch um die Aufgaben der Kirche, vor allem aber um die Interessen und Vorteile seiner Familie kümmerte. So suchte er während seines Pontifikats die Macht der italienischen Fürsten zu brechen und dafür seinen Sohn Cesare zum Herrn über Italien zu machen. 1494 verbündete er sich mit den spanischen Königen, Kaiser Maximilian I. und der Republik Venedig gegen Frankreich, um dann 1498 auf die französische Seite umzuschwenken.

Gegenüber dem florentinischen Mönch Savonarola und dessen Reformideen zeigte er anfangs ein gewisses Verständnis, als ihm dieser aber durch seine Bußaufrufe lästig fiel, bewirkte er seine Verurteilung als Ketzer und die Hinrichtung.

1503 starb er überraschend, möglicherweise an Gift, das er selbst für einen Kardinal bestimmt hatte.

Im gleichen Jahre, im Monat Dezember, kurz vor dem Feste der Geburt des Herrn, kam Federigo, der Sohn des Königs Ferrante von Neapel als Gesandter seines Vaters nach Rom, Obedienz zu leisten. Und er kam überaus üppig und in glänzender Ausstattung und ward mit großen Ehrungen empfangen von dem Kardinal von Santo Pietro in Vincoli, der ihn in seinem Palast aufnahm und dort einige Tage hielt, auf so ehrenvolle und verschwenderische Weise, daß man es kaum sagen kann. Und es heißt, Herr Federigo habe dem Herrn Papst Alexander im Konsistorium unter anderem gesagt, er solle davon abstehen, dem König von Ungarn den erbetenen Dispens zur Scheidung seiner Ehe zu gewähren; dieser wollte nämlich die Leonora [nicht Leonora, die mit Ercole d'Este vermählt war, sondern Beatrice], seine Gemahlin und Tochter des besagten Königs Ferrante, verstoßen, weil er von ihr keine Nachkommenschaft erhielt, und wollte die Tochter des Herzogs von Mailand und Schwester [Nichte] des Ascanio, des mailändischen Kardinals, zur Frau nehmen und hatte, um den besagten Dispens zu erlangen, viele tausende Dukaten zu zahlen versprochen. Und da nun der Papst wirklich die Absicht hatte, diesen Dispens zu erteilen, kam es zwischen ihnen zu vielen Auseinandersetzungen, so daß Federigo, wie es heißt, zornig abgereist ist, nach Ostia und auf dem Meer, und der Kardinal von Santo Pietro in Vincoli mit ihm, der, wie es heißt, deshalb, weil er die Partei des besagten Königs ergriff, Feind des Papstes geworden ist, so sehr, daß er gar nicht mehr nach der Stadt zurückkehren wollte, sondern in der besagten Burg von Ostia zurückblieb, wohl bewaffnet und befestigt, als erwarte er, daß ein Heer gegen ihn heranrücke. Und er stand davon ab, nach Rom zurückzukommen.

Und als eines Tages Papst Alexander beschlossen hatte, nach dem einst von Innocenz erbauten und ausgeschmückten Palast Santo Giovanni della Magliana zu gehen und dort zu Mittag zu speisen und als er sich dem Platze schon genähert hatte, da schossen die Leute, die dort waren, das Mittagsmahl herzurichten, als sie ihn kommen sahen, vor lauter Freude eine große Bombarde ab. Dies hörte der Papst, erschrak plötzlich, kehrte, obwohl noch nüchtern, wieder um und ging in den Palast von Sankt Peter zurück, und zwar deshalb, wie er selbst gesagt hat, weil er fürchtete, mit diesem Bombardenschuß habe man dem Kardinal von Santo Pietro in Vincoli ein Zeichen geben wollen, daß er ihn an dem besagten Ort gefangennehme. Und er wollte nicht dorthin gehen, sondern kehrte sofort wieder um mit seinem ganzen Gefolge. Und sie kehrten nicht ohne große Unbequemlichkeit nach der Stadt zurück, deshalb, weil sie bis jetzt noch nüchtern waren.

Am 25. April 1493 kam Papst Alexander nach der Kirche Santo Marco, dort die Messe zu lesen und die Litaneien zu beten, und er kam mit vielen Reitern und Fußsoldaten, bewaffnet mit Panzern und Kürassen, mit Lanzen und Schilden, und nach der Messe verkündete er dort die Liga und das Bündnis mit Venedig und dem Herzog von Mailand, mit der Republik Siena und mit Mantua und Ferrara. Und der Papst bestimmte damals, daß abends aus Freude darüber die Glokken vom Kapitol und von anderen Kirchen läuten sollten. Zu welchem Ende er dies getan hat, weiß man bis jetzt noch nicht. Man fürchtet aber, es werde zum Kriege kommen, erstens wegen des genannten Anzeichens; zweitens weil er die Mauern der Stadt hat instand setzen und gewissermaßen neu errichten lassen, vom Palast von Sankt Peter bis zur Engelsburg, wobei er sie mit Türmen befestigte, wie man jetzt sehen kann.

Die Hochzeit der Lukretia. Geld vom Großfürsten – Gelage – Konkubinen

Am 10. Juni kam unter großer Begleitung von Bischöfen nach Rom Herr Alessandro [gemeint ist Giovanni Sforza], der Sohn des Herrn von Pesaro, und am gleichen Tage noch feierte er die Verlobung mit der unehelichen Tochter [Lucrezia Borgia] des Papstes Alexander. Diese hatte zwar der Herr Papst, als er noch Kardinal war, mit einem gewissen Spanier [Gaspare da Procida, Graf von Aversa] verheiratet [verlobt], als er aber Papst geworden war, wollte er die Verhältnisse seiner Tochter bessern, löste den Ehebund und gab dem besagten Spanier dreitausend Dukaten, damit er auf die besagte Gemahlin verzichte, und vermählte sie jetzt mit dem genannten Herrn, während ihr erster Gemahl noch lebt, aber des erhaltenen Geldes wegen schweigt [...].

Am 11. kam der Gesandte des Großtürken nach Rom und brachte, wie es heißt, 90000 Dukaten mit; vierzigtausend, die er kurz vor dem Tode des Papstes Innocenz hatte bringen wollen, aber er ging damals wieder nach Hause, als er hörte, Innocenz sei gestorben; und die anderen vierzigtausend für das laufende Jahr und noch zehntausend, die man für den Großtürken, der hier im Palaste wohnt, beigelegt hat, weil nämlich sein Bruder aus eigenen Mitteln für seinen Unterhalt sorgen will. Und der Gesandte ward unter großem Triumph empfangen. Und jedermann wunderte sich darüber, daß der Großtürke dem Papst und der Kirche Gottes Tribut schickt.

Am 12. desselben Monats, nämlich am Mittwoch, sind vom Papst 150 der vornehmsten römischen Frauen und alle Beamten der Stadt und der Senator und die Gatten der besagten Frauen und alle Gesandten eingeladen worden, zu der Hochzeit im Palaste des Papstes bei Sankt Peter. Und als dann die genannten Leute in einem Saale warteten, bis sie gerufen würden, der Unterzeichnung des Ehekontraktes anzuwohnen, wurden zuerst die genannten Frauen hineingelassen und hinter ihnen, als die Bürger, die Beamten, die Gesandten und die anderen Eingeladenen eintreten wollten, wurde die Türe geschlossen und sie konnten nicht eintreten. Und dann, nach einer Stunde oder so ungefähr, öffneten Herr Coronato Planca und Herr Camillo [Beneimbene], die Notare, die für den Ehekontrakt bestellt waren, die Türe. Und als dann die Bürger und die anderen eintraten, fanden sie den Akt der Eheschließung schon vollzogen. Und daselbst war unser Herr, der Papst, zugegen und elf Kardinäle und viele Herren Bischöfe und weltliche Herren, und vor den besagten Herren und Frauen ist die obengenannte Tochter des Papstes Alexander verehelicht und vermählt worden, mit Übergabe der Mitgift und Festsetzung des Ehekontrakts. Und nach der Vermählung ließ der Papst 150 silberne Schalen mit Konfekt reichen, zum Imbiß, und dabei wurden diese Schalen zum Zeichen großer Freude in den Schoß vieler Frauen, hauptsächlich der schönen, ausgeleert. Und das zur Ehre und zum Lobe des allmächtigen Gottes und der römischen Kirche.

Alexander hat die schon von Innocenz eingeführte Gewohnheit, seine weibliche Nachkommenschaft zu verheiraten, fortgesetzt und noch erweitert. Und so strengt sich jetzt der ganze Klerus an, und zwar mit Eifer, sich Nachkommen zu zeugen, so daß vom höchsten Kleriker bis zum niedersten jeder, als wäre er verheiratet, sich eine Konkubine hält, und zwar ganz öffentlich. Wenn Gott nicht vorsorgt, so wird diese Verderbnis um sich greifen bis auf die Mönche und Ordensbrüder, obwohl jetzt schon die Klöster der Stadt fast alle zu Bordellen geworden sind, ohne daß jemand widerspricht.

Und um die Sache ausführlicher zu erzählen: Abends blieben zum Nachtmahl einige Kardinäle zurück, und sie saßen beieinander an demselben Tisch, zuerst der Papst, dann die besagten Kardinäle und der genannte Bräutigam mit einigen anderen Herrn; und zwischen ihnen auch Frauen. Zuerst nämlich die Tochter des Papstes, dann die schöne Giulia [Farnese], seine Konkubine, drittens die Teodorina, die Tochter des Innocenz, dann die Tochter des Grafen von Pitigliano, die Gemahlin und die Tochter des Gabriele Cesarini und einige andere Frauen. Diese saßen, wie ich gesagt habe, beim Essen an einem Tisch mit dem Papst und den Kardinälen in folgender Ordnung, nämlich jeder der Herren hatte eine der besagten jungen Frauen neben sich, und bei der Mahlzeit blieben sie bis 7 Uhr nachts. Und es wurden dabei Komödien und Tragödien oder Schauspiele vorgetragen, und zwar laszive, und sie sahen dann zu und lachten. Und am Schluß begleitete der Papst selbst, wie es heißt, persönlich seine Tochter mit ihrem Bräutigam zum Palaste des Kardinals von Santa Maria in Portico, der auf der anderen Seite der Treppen von Sankt Peter ist, wo dann der besagte Bräutigam sich mit seiner Gemahlin vermählte. Und vieles andere ist erzählt worden, was ich hier nicht schreibe, weil es entweder nicht wahr ist, oder wenn es wahr ist, unglaublich wäre. □

Weltpolitik des Papstes – zugunsten Spaniens

Über wohl keinen Papst ist so viel geschrieben worden wie über diesen Alexander VI., über seine Kinder, vor allem seinen skrupellosen Sohn Cesare, über seine erotomanischen Eskapaden, seine Machtgier. Richtiges und Falsches vermengen sich zu einem Bild, das uns in seinen grellen Farben hier nicht beschäftigen darf, wollen wir nicht den Faden des Geschehens verlieren. Gerade dieser Alexander aber sah sich schon unmittelbar nach der Rückkehr der Karavellen aus der Neuen Welt vor die schwierige Aufgabe gestellt, im Streit zwischen Spanien und Portugal über die neu entdeckten Gebiete zu vermitteln. Entgegen dem ursprünglichen portugiesischen Wunsch einer Teilungslinie von Ost nach West entschied er nach den spanischen Vorstellungen. In der Bulle »Inter caetera divinae« teilte er im Sommer 1493 die Erde in eine portugiesische und eine spanische Hälfte. Die veröffentlichte Fassung – es war auf spanischem Wunsch schon die zweite des wichtigen Dokuments – zog den Trennungsstrich hundert Meilen westlich der Azoren in nord-südlicher Richtung, gab den Spaniern damit den Seeweg frei nach Westen und sicherte ihnen alle Rechte in den neuentdeckten Gebieten.

Eine Linie hundert Meilen westlich der Azoren und Kapverden . . .

Unter den anderen der göttlichen Majestät wohlgefälligen und Unserem Herzen erwünschten Werken ist es das wichtigste, daß der katholische Glaube und die christliche Religion gerade in Unserer Zeit verherrlicht und überall verbreitet, das Heil der Seelen gefördert und die barbarischen Nationen gedemütigt und zum Glauben zurückgeführt werden. Nachdem Wir, ohne angemessenes Verdienst, durch Gottes Gnade auf diesen heiligen Stuhl Petri erhoben worden sind und Euch [Ferdinand und Isabella] als wahre Katholische Könige und Fürsten kennen, von welcher Eigenschaft Eure schon fast dem ganzen Erdkreis bekannten Taten Zeugnis ablegen, namentlich die Befreiung des Königreichs Granada, so haben Wir es für nicht unberechtigt und sogar für Unsere Pflicht gehalten, Euch als unverlangten Gunsterweis das zu gewähren, wodurch Ihr das heilige, löbliche und Gott wohlgefällige Vorhaben mit immer größerer Begeisterung zur Ehre Gottes und zur Ausbreitung des christlichen Reiches fortzusetzen vermöget.

[§ 1.] Wir haben vernommen, daß Ihr schon lange die Absicht hattet, einige unbekannte Inseln und Festländer, die bisher von anderen nicht entdeckt worden sind, aufzusuchen und zu finden, um ihre Bewohner zur Verehrung unseres Erlösers und zum Bekenntnis des katholischen Glaubens zurückzuführen, daß Ihr aber bisher mit der Eroberung und Wiedergewinnung des Königreichs Granada zu stark beschäftigt wart, um dieses heilige und löbliche Vorhaben zum gewünschten Ziele zu führen; nachdem Ihr aber mit Gottes Hilfe das genannte Königreich zurückerobert habt, habt Ihr, um Euren Wunsch zu erfüllen, Unseren geliebten Sohn Christophorus Columbus, einen würdigen, bestens zu empfehlenden und für die große Aufgabe geeigneten Mann, unter größten Mühen, Gefahren und Kosten damit betraut, mit den erforderlichen Schiffen und Besatzungen die entlegenen, unbekannten Festländer und Inseln dieser Art über ein Meer, das bisher nicht befahren worden war, sorgfältig zu erkunden.

[§ 2.] Diese Männer haben mit göttlicher Hilfe bei ihrem äußerst umsichtigen Navigieren ⟨westwärts, wie man sagt, in Richtung Indien⟩ auf dem Ozean gewisse, weit entlegene Inseln und Festländer, die bisher unentdeckt waren, gefunden; sie sind bewohnt von vielen Volksstämmen, die friedlich leben und, wie behauptet wird, nackt gehen und nicht von Fleisch leben, und, wie Eure Boten annehmen können, glauben die Völker auf den Inseln und den Festländern an den einen Gott und Schöpfer im Himmel, so daß sie wohl geeignet zur Annahme des katholischen Glaubens und zur Unterweisung in guten Sitten erscheinen und die Hoffnung gehegt wird, daß sie nach ihrer Unterrichtung den Namen unseres Herrn und Heilandes Jesus Christus auf den genannten Ländern und Inseln bekennen würden; deshalb hat der genannte Christophorus auf einer der Hauptinseln bereits einen hinreichend geschützten Turm errichten lassen als Rückhalt für die mit ihm gekommenen Christen bei der Erkundung der anderen Inseln und Festländer.

[§ 3.] Auf den schon entdeckten Inseln finden sich Gold, Gewürze und zahlreiche andere wertvolle Naturprodukte verschiedener Art und Güte.

[§ 4.] Nachdem Ihr alles und namentlich, wie es katholischen Königen und Fürsten geziemt, das Interesse der Verherrlichung und Verbreitung des katholischen Glaubens gewissenhaft nach der Art Eurer Vorfahren glorreichen Angedenkens erwogen hattet, habt Ihr Euch vorgenommen, die genannten Inseln und Festländer samt ihren Bewohnern mit Gottes Hilfe Euch zu unterwerfen und zum katholischen Glauben zurückzuführen.

[§ 5.] Wir aber, indem Wir Eure heilige und löbliche Absicht im Herrn aufs höchste begrüßen und ihr den vollen Erfolg der Verbreitung des Namens unseres Heilandes in jener Weltgegend wünschen, ermahnen Euch aufs angelegentlichste im Herrn, kraft der heiligen Taufe, durch die Ihr auf die Gebote der Apostel verpflichtet seid, und eingedenk der erbarmenden Liebe unseres Herrn Jesus Christus, das Unternehmen dieser Art wirksam und mit redlichem Sinn im eifrigen Dienste am rechten Glauben fortzusetzen, damit Ihr die Völker der genannten Inseln und Länder zur Annahme der christlichen Religion veranlaßt, wie es Euer Wunsch und Eure Pflicht ist, und Euch durch keine Gefahren und Mühen jemals abschrecken laßt, in der festen Hoffnung und Zuversicht, daß der allmächtige Gott Euer Beginnen glücklich vollenden wird.

[§ 6.] Und damit Ihr, durch Unsere Großmut und apostolische Gnade beschenkt, das Gebiet für diese große Aufgabe um so lieber und entschlossener annehmt, übergeben, verleihen und überweisen Wir hiermit [zu Lehen] Euch, Euren Erben und Nachfolgern in Kastilien und Leon kraft der Uns im heiligen Petrus verliehenen Vollmacht des allmächtigen Gottes als Stellvertreter Jesu Christi auf Erden die näher bezeichneten Inseln und Festländer mit allen ihren Herrschaften, Städten, Burgen, Orten, Rechten und Gerechtsamen und sämtlichem Zubehör für alle Zeiten und setzen wir Euch, Eure Erben und Nachfolger, die Könige von Kastilien und Aragon, als Herren mit voller Souveränität über dieselben ein. Das Gebiet, das Wir Euch aus bloßer Freigebigkeit, in voller Kenntnis und Apostolischer Machtvollkommenheit, aus eigenem Antrieb, nicht etwa aus Veranlassung einer Bitte von Eurer Seite übergeben, umfaßt alle Inseln und Festländer, ob schon bekannt oder noch zu entdecken, in westlicher und südlicher Richtung, sobald sie von Euren Abgesandten und Kapitänen erreicht werden; dazu ziehen Wir eine Linie vom arktischen Pol zum antarktischen Pol, also von

Norden nach Süden, gleich ob nun die Festländer und Inseln auf dem Wege nach Indien oder nach einer anderen Weltgegend entdeckt wurden oder entdeckt werden. Diese Linie soll hundert Meilen westlich von den Inseln, die als Azoren und Kapverden bekannt sind, nach Süden verlaufen, so daß Euch alle westlich dieser Linie gelegenen Inseln und Festländer, ob schon bekannt oder noch zu entdecken, zufallen, sofern sie sich bis zum letztvergangenen Weihnachtstag, mit dem das gegenwärtige Jahr 1493 begonnen hat, nicht im tatsächlichen Besitz eines anderen christlichen Königs oder Fürsten befunden haben.

[§ 7.] Wir wollen jedoch, daß durch diese Unsere Übergabe, Verleihung, Zuweisung und Belehnung keinem christlichen Fürsten, der die erwähnten Inseln und Länder bis zum genannten Weihnachtstag tatsächlich in Besitz hatte, ein erworbenes Recht entzogen wird oder entzogen werden kann. Außerdem gebieten Wir Euch kraft des heiligen Gehorsams, daß Ihr unter Anwendung aller Sorgfalt rechtschaffene und gottesfürchtige, gelehrte, kundige und erfahrene Männer nach den genannten Inseln und Festländern sendet, damit sie deren Bewohner im katholischen Glauben und in den guten Sitten unterweisen.

[§ 8.] Jedermann, welchen Standes, Ranges oder Berufes auch immer, auch Personen von kaiserlicher und königlicher Würde, untersagen Wir strengstens, bei Vermeidung der durch die Zuwiderhandlung von selbst eintretenden Exkommunikation, zum Zwecke des Erwerbes von Waren oder aus irgendeinem anderen Grunde die Inseln und Festländer, die in westlicher und südlicher Richtung gefunden sind oder noch gefunden werden, entdeckt sind oder noch entdeckt werden, ... jenseits der ... oben beschriebenen hundert Meilen westlich der Azoren und Kapverden verlaufenden Linie aufzusuchen, es sei denn mit Eurer oder Eurer Erben und Nachfolger besonderen Erlaubnis.

□

Im »Vertrag von Tordesillas« wurde zwischen Spanien und Portugal 1494 diese Trennungslinie zwar noch einmal 1500 Kilometer weiter westwärts verlegt, doch blieb der Vorteil auf seiten Spaniens.

Ausbreitung des Christentums

Die Schenkung der neuentdeckten Länder wurde vom Papst ausdrücklich an die Bedingung geknüpft, daß die spanischen Majestäten für die Ausbreitung des Christentums daselbst Sorge tragen würden.

Vor der zweiten Reise des Kolumbus waren Ferdinand und Isabella wie Alexander VI. bemüht, für Priester zu sorgen, die in dem neuen Weltteil das Evangelium verkünden sollten. Wie ernst sie die Angelegenheit auffaßten, ergibt sich aus der Wahl des Mannes, dem die Leitung der auszusendenden Missionäre übertragen wurde: ein Freund des hl. Franz von Paula, Bernard Boyl, ward der erste Apostel der Neuen Welt.

Durch ein Schreiben Papst Alexanders VI. vom 25. Juni 1493 wurden dem durch kirchliche Gesinnung, ungewöhnliche Klugheit und Erfahrung ausgezeichneten Manne und seinen zwölf Gefährten alle Vollmachten und Privilegien übertragen, die zum Erfolg ihres Unternehmens beitragen konnten. Von den Begleitern werden genannt der berühmte Bartolomé de las Casas (siehe Seite 223), Fray Jorge, Kommendatar des Ritterordens von Santiago, und Pedro de Arenas, der die erste Messe auf den neuentdeckten Inseln gefeiert haben soll. In der Instruktion, welche Kolumbus für seine zweite und dritte Reise von den spanischen Majestäten erhielt, wird ihm die Christianisierung der neuen Länder als erste und allerdringendste Angelegenheit ans Herz gelegt.

Wie schnell sich die Zahl der Ansiedler und der bekehrten Indianer, zumal auf Española (Hispaniola, Haiti), mehrte, zeigt die Tatsache, daß schon 1501 in Rom die Verhandlungen für die Einrichtung einer eigenen Hierarchie begannen. Auf Antrieb des großen Ximenes wurden 1502 noch andere Missionäre aus dem Franziskanerorden nach Amerika gesandt.

›Wegen der immensen Unkosten und Gefahren, die mit der Ausbreitung des Glaubens in der neuen Welt verbunden waren‹, gestattete Alexander VI. 1502 die Erhebung des Zehnten für diesen Zweck in Spanien wie in Amerika; dafür wurden die spanischen Könige verpflichtet, die Kirche und ihre Diener zu unterhalten.

Auch in den von den Portugiesen entdeckten überseeischen Ländern unterstützte Alexander VI. die Verbreitung der christlichen Lehre; man betrachtete und förderte in Rom die Unternehmungen der Portugiesen in Afrika geradezu als Kreuzzüge zur Verbreitung des Glaubens. □

So schreibt Ludwig v. Pastor in seiner »Geschichte der Päpste« über die Auswirkungen der Bulle auf die Christianisierung der neuentdeckten Länder. Ehrliches christliches Sendungsbewußtsein, politisches Machtstreben und wirtschaftliche Interessen existieren so wie selbstverständlich gleichrangig nebeneinander.

Das »Erbe« des Lorenzo Medici und Savonarolas »Diktatur Gottes«

Wie wir lesen, wird in dem päpstlichen Dokument mit Lobsprüchen für Kolumbus nicht gegeizt. Der Admiral hat dem Papst dieses offenkundige Wohlwollen nie vergessen, wie wir noch hören werden.

1493 herrschte in Spanien noch ungetrübte Sympathie für Alexander VI. Als ein Jahr später der französische König Karl VIII. in Italien einfiel, um das Königreich Neapel zu erobern, verbündeten sich sogleich der Papst, Kaiser Maximilian I., das spanische Königspaar, der Herzog von Mailand und die Republik von Venedig in der »Heiligen Liga«, um den Störenfried wieder zu vertreiben. Doch die folgenden Jahre, in denen Kolumbus seine 2. große Reise unternahm, blieben erfüllt von politischen und militärischen Wirren, in die besonders auch die Stadt Florenz hineingezogen wurde.

Dort war wenige Wochen bevor Kolumbus zu seiner ersten Reise ausfuhr, im April 1492 Lorenzo Medici gestorben, den man schon zu seinen Lebzeiten »den Prächtigen« nannte. Er hatte die Macht seiner Familie über Florenz festigen können, aber auf dem Sterbebett mag er mit tiefer Sorge an die Zukunft seiner Familie gedacht haben, als wie ein dunkler Schatten kommender Ereignisse der Dominikanermönch Savonarola ihn mit eifernden Worten zu einem Bekenntnis seiner Sünde aufforderte. Der Sterbende wandte sich nur stumm von dem damals in Florenz schon berühmten und gefürchteten Prediger ab. Wenige Tage später starb er. Für Savonarola war der Weg frei zu einer »Diktatur Gottes«, die er in den folgenden Jahren rasch aufbaute und über die Fritz Schillmann in einer Geschichte der Stadt Florenz berichtet:

Lorenzo Medici, der Mann, welcher anderen Denkmäler gesetzt, der sein ganzes Leben lang inmitten von Kunst gelebt, liegt in der alten Gruft der Mediceer in San Lorenzo. Keine Inschrift, kein Denkmal bezeichnet die Stätte, wo dieser Mann ruht. Vergessen und verklungen war sein Name, keiner der Künstler, die er unterstützt, denen er die Möglichkeit des Schaffens gegeben, hat ihn durch ein seiner würdiges Werk geehrt. Erst im Jahre 1895 hat man seine Gebeine wiedergefunden, bis dahin war selbst seine Ruhestätte unbekannt. Nichts bezeichnet mehr den Wandel, der mit Lorenzos Tode eingetreten, als diese Tatsache. Der Geist Savonarolas, der allen Schmuck und alle Kunst als sündhaft verwarf, feierte jetzt seine Triumphe. Als Lorenzo starb, wußte er nur, daß man ihm versprochen hatte, seinen Sohn als seinen Nachfolger

Vortrag von Tanzliedern.
Aus: Lorenzo Medici, »Canzoni a Ballo«.

einzusetzen. Dieser, Piero, der damals kaum zweiundzwanzig Jahre alt war, war ein Mann von ungewöhnlicher Muskelkraft, aber von geringen Geistesgaben. Wohl war Angelo Poliziano sein Lehrer gewesen. Doch auch der beste Erzieher vermag nichts, wenn der Schüler ihm nicht folgen kann. Lorenzo hatte sich wenig um die Erziehung der Kinder gekümmert. War er selbst schon den Geschäften des Hauses entfremdet, so hatte der Sohn sie überhaupt nie kennengelernt. Er hatte immer nur Glanz und Pracht, nie die Sorgen, die auch den Vater beschwerten, gesehen. Als Fürstensohn war er aufgewachsen. Seine größte Freude waren körperliche Übungen, weil er darin allen anderen

Der Humanist C. Landino in der Diskussion.
Er war Zeitgenosse des Lorenzo Medici, der ihn förderte.

überlegen war. Angelo Poliziano hatte ihm wohl einige literarische Kenntnisse beigebracht, aber der Vater hatte versäumt, ihn vorzubereiten auf die Aufgaben eines Staatsmannes. Wie er selbst ohne jedes Verantwortungsgefühl für die Allgemeinheit war, wie er mehr Glück in seiner Politik hatte, als daß er die Gabe des Herrschers besaß, so glaubte er auch, daß der Sohn schon, wenn er zur Macht gelangte, seinen Weg gehen werde, falls er nur den Fußstapfen des Vaters folgte.

Der Nachfolger Lorenzos mußte ein Mann von größter Klugheit und politischem Geschick sein, wenn es ihm gelingen sollte, die Stellung, die der Vater innegehabt, zu behaupten. Das große Vermögen der Medici hatte sich durch den verschwenderischen Lorenzo aufgelöst. Der größte Teil der Staatseinkünfte war von den kostspieligen Neigungen des Herrschers verschlungen. Selbst die Hinterlegungen an Heiratsgut waren angegriffen worden. Nur der fünfte Teil wurde noch ausgezahlt. Schon im Jahre 1490 war die Bankrotterklärung bloß dadurch umgangen worden, daß man die Zinsen der Staatsschuld von drei auf eineinhalb Prozent herabsetzte. Nichts hat so sehr dazu beigetragen, im Volke den Haß gegen die Medici zu erwecken, wie dieses Angreifen der öffentlichen Gelder durch Lorenzo. Savonarola hatte so einen reichen Stoff für seine Hetze gegen das Geschlecht. Piero war seiner ganzen Art nach der ungeeignetste Mann, um das Vertrauen der Bürgerschaft wiederzubeleben. Er vergaß ganz, daß der Form nach der Staat noch immer eine Republik war; er fühlte sich als der geborene Fürst, trat anmaßend und gewalttätig auf, besaß nicht die Gabe des Vaters, die ihm so oft geholfen, durch Liebenswürdigkeit und durch geschickte Überredung die Menschen für sich zu gewinnen.

Der Einmarsch Karls VIII. von Frankreich spaltet Italien

Bald nach Lorenzos Tode war nun auch das politische Gleichgewicht Italiens ins Schwanken gekommen. Der gewissenlose Lodovico il Moro, der Herr von Mailand, rief Karl VIII. von Frankreich herbei. Frankreich war nach der Erwerbung der Bretagne nunmehr völlig geeint, und Karl, jung und ehrgeizig, wollte die Herrschaft der Aragonesen in Neapel stürzen und ging nur zu gern auf das Angebot des »Mohren« ein. Im Herbst 1494 rückte der König in Italien ein; mit ihm kam zum ersten Male seit Jahrhunderten ein fremder König als Eroberer wieder in dies Land. Mit Staunen und Schrecken mußten die Italiener erleben, wie dieser Franzose ganz anders als es je die deutschen Könige auf ihren Romzügen getan, hier auftrat. Denn die Kaiser waren ja nie als Eroberer, sie waren nur als Vertreter der Reichsgewalt, als Richter und oberste Herren erschienen. Überdies war man in den letzten Jahrhunderten allmählich daran gewöhnt, daß die Kriegführung höchst unblutig verlief. Jetzt sah man, wie nach dem Mißlingen eines Handstreichs Karls gegen Genua seine Schweizer Rapallo erstürmten und die ganze unglückliche Einwohnerschaft niederhieben. Aber die Italiener waren allmählich so unkriegerisch geworden, innerlich so zerrissen, daß sich niemand erhob, um das gemeinsame Vaterland zu verteidigen. Der Papst Alexander VI. suchte den König durch Briefe und Gesandte aufzuhalten, allein diese wurden von Karl nicht einmal empfangen. Trotz-

Unter den Medici florierten in Florenz Kunst und Gewerbe.
Zeitgenössische Darstellung einer Straßenszene mit Goldschmieden, Schreibern, Uhrmachern, Bildhauern, Organisten, Bauleuten und Philosophen.

dem wagte Alexander nichts gegen ihn zu unternehmen, schleuderte nicht einmal den Bannstrahl gegen ihn; er fürchtete sich vor einem Konzil, das seine simonistische Wahl richten konnte. Karl war inzwischen über Pavia nach Toskana gezogen. Piero Medici hatte nicht im geringsten für eine Verteidigung des Landes gesorgt. Die alten Feinde von Florenz: Lucca, Siena, vor allem aber Pisa, das das Joch der Florentiner schon seit langem mit tiefer Erbitterung trug, traten sofort auf die Seite des französischen Königs.

Savonarola eifert – Piero Medici geht zum Feind

Die Franzosen waren selbst erstaunt, daß sie keinen Widerstand fanden. In Florenz wurde man unruhig; Savonarola predigte immer heftiger gegen die Medici, pries Karl als »den Abgesandten Gottes«, »den neuen Cyrus, den Tyrannenbändiger«. »Siehe, ich lasse los die Gewässer über die Erde« war das Thema einer Predigt, von der Pico della Mirandola gesagt hat, daß sich ihm dabei das Haar gesträubt und die Glieder gezittert hätten. Piero verlor vollkommen den Kopf. Er entschloß sich, ohne die Bürgerschaft zu fragen, so wie einst sein Vater zum Feinde zu reisen, ging zum Könige und bot diesem, mehr als er forderte, die Festungen des Landes an. Als dies in Florenz bekannt wurde, kannte die Erregung keine Grenzen mehr. Selbst unter den Anhängern der Medici wurden erst leise, dann aber immer eindringlicher Stimmen laut, daß die Herrschaft dieses Geschlechtes nicht mehr zu halten sei. Am Tage nach der Rückkehr Pieros nach Florenz brach der Sturm gegen ihn los, die Signorie erklärte ihn zum Rebellen, der Medici entfloh nach Bologna. Seine Brüder Giuliano und der Kardinal Giovanni folgten ihm, als Mönche verkleidet, nach. Der Pöbel plünderte ihren Palast, unersetzliche Kostbarkeiten und Schriften wurden vernichtet. Das Volk jubelte, denn nun hatte es seine Freiheit wiedererlangt. An demselben Tage ging ihm Pisa verloren. Karl VIII. erklärte dort die florentinische Herrschaft für erloschen. Dann setzte er sich gegen die Arnostadt in Bewegung; noch immer glaubte er an einen heftigen Widerstand, zumal das Volk sich in der Erregung über die Verjagung der Medici bewaffnet hatte. Als aber eine Gesandtschaft der Florentiner, bei der sich auch Savonarola befand, vor ihm erschien, um einen Vergleich mit ihm abzuschließen, erklärte der König, daß er dies nur in Florenz selbst tun werde. Dahin war es mit der stolzen Republik, die Kaisern und Päpsten getrotzt hatte, gekommen, daß sie sich jetzt wehrlos einem französischen Könige, der wie ein Kobold aussah, ergab.

Die Franzosen in Florenz

Am 17. November 1494 hielt er seinen feierlichen Einzug in die Stadt; am Tore von der Signorie empfangen, vom Volke mit dem Rufe »Francia, Francia!« begrüßt. Im Palast der Medici nahm der fremde Eroberer Wohnung. Der einzige, der ihm Widerstand leistete und damit in etwas die Ehre seiner Vaterstadt rettete, war der Bürger Piero Capponi, der mit einer Gesandtschaft der Signorie zum Abschluß eines Vertrages zu Karl gegangen war. Als er die unwürdigen Bedingungen verlesen hörte, riß er dem Schreiber die Urkunde aus der Hand und zerfetzte sie. Dem wütenden Ausruf Karls: »Wir werden die Trompeten blasen lassen«, entgegnete Capponi ruhig: »Dann werden wir die Glocken läuten«. Er verließ darauf eiligst mit seinen Begleitern den verdutzt dastehenden König. Nun gaben die Franzosen nach; am folgenden Tage wurde der Vertrag unterzeichnet, in dem der König Florenz als freie Stadt erklärte und sein Einverständnis zu dem Ausschluß der Medici gab. Nach zehntägigem Aufenthalte zog der König weiter. In Florenz jubelte man über die wiederhergestellte Demokratie. Aber dieses Volk war nicht fähig, sich allein zu regieren. Die Gefahr bestand, daß sofort wieder der alte Parteihader, der einst so viel Unglück über diese Stadt gebracht hatte, aufs neue erwachen würde.

Die düstere Herrschaft des Savonarola

Man brauchte einen Herrscher. Dieser wurde Savonarola. Schon beim Einzug des französischen Königs war er als Sprecher des Volkes aufgetreten, hatte ihn vor allem an seine Pflicht gemahnt, die Kirche zu reformieren. Das war der leitende Gedanke bei allen Handlungen dieses Mönches. Ein Politiker ist er nie gewesen, immer nur ein religiöser Fanatiker. Zunächst war er diesem leichtbeweglichen Volke der Führer, auf den alles blickte. Seine Beredsamkeit hatte, wie so oft in Demokratien, ihm diese Stellung verschafft. Er verkündete, daß die Herrschaft Gott selbst führen werde, aber durch ihn dem Volke seinen Willen verkündige. Selten sind zwei gegensätzliche Weltanschauungen in einer Regierung so aufeinander gefolgt, wie hier auf das Zeitalter Lorenzos des Prächtigen die Jahre, in denen Savonarola das Leben in Florenz bestimmte. Die theokratisch gefärbte Demokratie, die er anstrebte, sollte eine völlige politische Neugestaltung in Florenz bewirken. Alles, was bisher geschehen, war ihm Sünde, alles Willkür. Um die Demokratie wiederherzustellen, wurde ein Rat aus etwa tausend Bürgern eingesetzt, der die Gesetze beraten und alle Beamten ernennen sollte. Handel und Wandel sollten nach christlichen Grundsätzen geregelt werden; besonders wandte er sich gegen den Wucher. Das ganze Steuerwesen wurde reformiert. In Friede und Freiheit sollte das Leben von Florenz sich entwickeln. Die Freiheit bestand darin, daß sich nunmehr der Staat in die Lebenshaltung jedes Einzelnen einmischte. Sein Ziel, das städtische Leben Florenz' nach streng asketisch-kirchlichen

Savonarola in seiner karg eingerichteten Zelle. Zeitgenössische Darstellung.

Prinzipien umzugestalten verlangte die Abkehr von den Freuden dieser Welt, Frömmigkeit wurde von jedem gefordert. Alles, was die Menschen bis dahin gepriesen, alles, was ein Geschlecht im Streben nach Schönheit und geistiger Freiheit geschaffen, wurde jetzt verdammt. Die Kunst sollte sich lediglich auf religiöse Gemälde, die Poesie auf geistliche Lieder beschränken. In Kleidung und Lebensstil wurde äußerste Einfachheit verlangt. Ausgesuchte Stoffe, Schmuck und jede andere Art von Kostbarkeiten waren als irdisch-vergänglicher Tand und als Macht und Werk des Satans verpönt. Klug rechnete der Mönch mit dem Neid der unteren Schichten gegen die höheren Klassen. Ihnen wurden alle Lasten für den Staat auferlegt, ohne daß sie irgendwelche Rechte hatten. Florenz war völlig verwandelt. Tag für Tag fanden in den Kirchen Gottesdienste statt, vor den

Heiligenbildern, die auf den Straßen aufgestellt waren, knieten die Menschen, Prozessionen durchzogen die Stadt. Vor lauter kirchlichen Verpflichtungen blieb die Arbeit liegen. Aber der Einfluß des Priors wuchs zunächst dauernd. Künstler wie Botticelli, Benozzo Gozzoli, die Familie Robbia wurden seine Anhänger. Pico von Mirandola saß erschüttert zu seinen Füßen. Die Humanisten, soweit sie in Florenz geblieben waren, schworen ihr Heidentum ab. Einer, der seiner Gesinnung treu blieb, Angelo Poliziano, wurde voll Haß verfolgt und starb im September 1494 »in Infamie und öffentlichem Tadel«. Nur der Maler Piero di Cosimo malte still für sich weiter mythologische Szenen, hielt gemeinsam mit seinem Freunde Albertinelli, einem ernsten Künstler, der in kirchlichen Bildern Treffliches geleistet, sich fern von dem Treiben des Mönches. Den Höhepunkt der Bewegung, die dieser entfesselt hatte, bildete die feierliche Verbrennung der Eitelkeiten am Fastnachtsdienstag des Jahres 1497. Kinder waren aufgeboten worden, um in den Häusern nach »schmutzigen« Büchern und Bildern, nach Nacktheiten der Kunst, nach Kleidern von Samt und Seide zu suchen. Von Furcht getrieben, brachten viele freiwillig ihre Kostbarkeiten. Vor der Signorie war eine Pyramide aufgerichtet; um diese häufte man die Schätze oder hing sie an die Zweige, die aus ihr hervorragten. Bilder der schönsten Frauen von Florenz, aber auch die Werke Petrarcas und Boccaccios wurden hier verdammt. Als ein zufällig anwesender Venezianer Kaufmann, der diesen Vorgängen fremd gegenüberstand, sich bereit erklärte, die »gesamte Welteitelkeit« zu kaufen, wurde er von der Signorie ergriffen, von einem herbeigeholten Maler porträtiert und sein Bildnis an die oberste Spitze der Pyramide gehängt. Dann wurde unter frommen Gesängen das Ganze angezündet und unter dem Jubel der Menge verbrannt.

Von diesem Augenblick an war die Stellung Savonarolas erschüttert. Die ernsteren Kreise des Volkes hatten kein Verständnis für solches Treiben, auch waren sie schon längst darüber empört, daß der Mönch in seinen Predigten sich als Gottgesandten bezeichnete und sich anmaßte, die Zukunft prophetisch zu verkünden. Überdies stieß die Volksregierung, die Savonarola als die Grundlage alles Glückes ansah, viele vor den Kopf. Trotz seiner dauernden Angriffe auf das verweltlichte Papsttum hatte die Kurie bisher sich vorsichtig zurückgehalten, es immer abgelehnt, gegen Savonarola einzuschreiten. Das Volk hatte es allmählich satt, dauernd Bußpredigten und Kampfreden gegen die Kirche zu hören. Man erkannte gern an, daß die Kirche in Verderbnis gesunken war. Aber der Sinn für das reine Christentum war den Italienern schon längst verlorengegangen, weil man in der Kirche nur noch den äußeren Kultus sah; »das Papsttum war stets für die Italiener nicht eine religiöse, sondern eine politische Frage«.

Das Ende des Fanatikers

Gerade hier, wo das Zeitalter der Borgia alle Veranlassung gab, anzuknüpfen, versagte der Mönch. Die Wirkung seiner Predigten war doch nur eine vorübergehende; zu einer sittlichen Erneuerung des Volkes haben sie nicht geführt. Er selbst verlor sich viel zu sehr im Kampf gegen Äußerlichkeiten, wurde vom geistlichen Hochmut gepackt, so daß die Zahl seiner Anhänger immer mehr zusammenschrumpfte. Überdies hatten die anderen Orden, besonders die Franziskaner, einen tiefen Haß gegen den Mann, der sie allen Einflusses auf das Volk beraubt hatte. Sie trieben den Papst zum Einschreiten. Der Mönch hatte nie das Papsttum als solches angegriffen, stand vielmehr ganz auf dem Boden des kirchlichen Dogmas. Als er aber auch seinerseits mit der Forderung auf Einberufung eines Konzils hervortrat, sah Alexander VI. in ihm eine Gefahr, denn nichts fürchtete der Borgia mehr als eine solche Kirchenversammlung, die das Ende seiner Herrschaft bedeutet hätte. Sein Einschreiten gegen Savonarola bestand zunächst nur in dem Verbot der Predigten. Er hatte die Absicht, ihn aus Florenz zu entfernen. Als der Mönch sich nicht fügte, folgte die Exkommunikation [...]. Die Gegner Savonarolas gewannen [...] die Oberhand; das mißglückte mittelalterliche Schauspiel einer Feuerprobe, zu der ihn die Franziskaner herausgefordert hatten, raubte ihm den letzten Rest des Vertrauens, und als schließlich ein Prozeß gegen ihn eingeleitet wurde, ist niemand mehr für ihn aufgestanden. Als am 23. Mai 1498 vor dem Palazzo Vecchio, wo man ein Jahr vorher die Eitelkeiten verbrannt hatte, der Scheiterhaufen lohte, mußte der Fanatiker erkennen, wie schnell Volkesgunst sich wandelt; beschimpft und verhöhnt ist er in den Tod gegangen. Der Pöbel streute seine Asche johlend in den Arno. Nur einige fromme Weiblein hatten einige Reste als teure Reliquien gesammelt. □

Der Bericht des Landucci über die Ausnutzung der Kinder durch Savonarola

Es ist erstaunlich, welcher raffiniert ausgeklügelter und modern anmutender Methoden sich Savonarola bediente, um seine Herrschaft über die Seelen und damit über die Menschen zu festigen. Das wird besonders deutlich in dem Bericht des Luca Landucci, eines einfachen Florentiners, der damals getreulich Tagebuch führte und dabei seine Beobachtungen niederschrieb, wie Savonarola die Kinder von Florenz ausnutzte:

Und am 7. Februar 1495 nahmen die Buben einem Mädchen den Schleierhalter vom Kopf weg, und es gab Skandal von der Familie, in der Via de'Martegli. Und dies geschah, weil die Kinder vom Fra Girolamo waren aufgemuntert worden, daß sie die unanständigen Trachten und die Spieler strafen sollten, so daß, wenn es hieß: »Da sind die Kinder des Frate«, jeder Spieler, so mutig er auch sein mochte, ein jeder sich flüchtete, und die Frauen gingen in allen Züchten einher. Sie waren in solche Verehrung gekommen, die Kinder, daß jeder sich vor unpassenden Dingen hütete, und besonders vor dem unnennbaren Laster. Man konnte niemals von solcherlei mehr reden hören, weder von Jungen, noch von Alten, in dieser heiligen Zeit; aber sie währte kurz. Es haben mehr vermocht die Schlechten als die Guten. Gott sei dafür gelobt, daß ich wenigstens dieses bißchen heilige Zeit gesehen habe. Daher ich Gott bitte, daß er es uns wieder schenke, dieses heilige und schamhafte Leben. Und ob es eine gesegnete Zeit war, das sieh nur selbst und erkenne es an den Dingen, die in solcher Zeit geschahen.

Und am 16. Februar 1495 war der Karneval. Und da Fra Girolamo einige Tage vorher gepredigt hatte, daß die Kinder, anstatt Torheiten zu begehen, die Steine zu werfen und Reisighaufen anzuzünden, absammeln gehen sollten und Almosen für die verschämten Armen zuwege bringen: und wie es Gott gefiel, so geschah eine solche Wandlung, daß anstatt der Torheiten sie viele Tage vorher betteln gingen; und anstatt Stangen fandest Du an allen Straßenecken Kruzifixe in den Händen heiliger Reinheit. Dergestalt, daß an diesem Tage des Karnevals, zu besagter Vesper, sich die Scharen in vier Vierteln von Florenz versammelten; jedes Viertel hatte seine Fahne. Die erste war ein Gekreuzigter, die zweite eine Madonna, und so die anderen; mit den Trompetern und Pfeifern des Palastes, mit den Stabträgern und Dienern des Palastes, Lobgesänge singend und dem Rufe: »Hoch lebe Christus und die Jungfrau Maria, unsere Königin!« alle mit einem Büschel von Olivenzweigen in der Hand, so daß wahrhaftig die weisen Menschen und die guten zärtlichen Tränen vergossen, sprechend: »In der Tat, diese Wandlung ist ein Werk Gottes. Diese jungen Kinder sind es, die die guten Dinge genießen werden, welche er versprach.« Und uns schien es, als sähen wir jene Volksscharen von Jerusalem, die vor Christus und hinter ihm her zogen am Palmensonntag, sprechend: »Gebenedeiet seiest du, der du kommst im Namen des Herrn!« Und beachte, daß sie auf 6 tausend Kinder und mehr geschätzt wurden, alle von 5 oder 6 Jahren bis zum 16. Und alle Viertel versammelten sich bei den Servi, beim Portikus der Nocenti und auf der Piazza, und alle gingen von hier weg und kamen durch die Kapelle der Nunziante und dann über San Marco. Dann nahmen sie den Weg, welchen die Prozessionen nehmen; sie zogen über die Ponte a San Trinità und auf die Piazza. Und hierauf, in Santa Maria del Fiore, brachten sie das Opfer dar, welcher Dom dicht gehäuft voll Männer und Frauen war, getrennt, auf einer Seite die Frauen und auf der anderen die Männer, mit so viel Andacht und mit Tränen solcher Süßigkeit der Seele, wie sie niemals vorher da war. Man schätzte die Opfergabe auf mehrere Hundert Florene. Man sah in ihre Schüsseln Goldstücke legen, und zumeist Schillinge und sonstige Silbermünzen. Mancher gab ihnen Schleierhalter, Silberlöffel, Tüchlein, Handtücher und viele andere Sachen. Man gab ohne Geiz; es schien, daß jeder geben wollte, was er eben besaß, und besonders die Frauen; es schien, daß jedermann Christus etwas darbieten wollte und seiner Mutter. Ich habe diese Sachen aufgeschrieben, welche wahr sind, und ich habe sie gesehen und von solcher Süßigkeit gehört, und auch die Kinder von mir selbst befanden sich in diesen gebenedeiten und reinen Scharen.

Und am 17. Februar, es war der erste Tag der Fasten, kam zur Predigt des Fra Girolamo in Santa Maria del Fiore eine große Menge Kinder. Es wurden gewisse Stufen an der Mauer errichtet, gegenüber der Kanzel, für besagte Kinder, hinter den Frauen; und viele von ihnen standen auch zwischen den Frauen; und alle jene, die auf den Stufen standen, sangen vor der Predigt süße Loblieder; und hierauf kamen die Kleriker auf die Kanzel und sangen die Litaneien; die Kinder respondierten. So daß sie vor Rührung jeden weinen machten, besonders die gesunden Geister, indem sie sprachen: »Dieses ist das Werk des Herrn.« Und das dauerte jeden Morgen der Fasten, bis der Frate kam. Und brachte dieses Wunder, daß man des Morgens kein Kind im Bett zurückhalten konnte; alle liefen sie noch vor der Mutter zur Predigt.

Und am 27. wurden die Kinder vom Frate darin bestärkt, daß sie die Körbe mit Berlingozzi wegnähmen und die Bretter der Spieler und viele Unerlaubtheiten, welche die Frauen gebrauchten, so daß, wenn die Spieler hörten, es kämen die Kinder des Frate, jeder floh; noch gab es eine Frau, die die Kühnheit hatte, anders als dem Brauch gemäß angezogen auszugehen.

Und am 29. Februar 1495 gingen die genannten Kinder überall hin, längs der Mauern, in die Tavernen, wo immer sie Ansammlungen bemerkten, und dies taten sie in jedem Viertel, und wer sich gegen sie aufgelehnt hätte, geriet in Gefahr des Lebens, er mochte sein, wer er wolle.

Und am 8. März 1495, da Fra Girolamo predigte, ließ er an jenem Morgen rufen: »Hoch Christus!« und dergleichen geistliche Dinge, so daß sich eine große Rührung der Seelen verbreitete. Und er hatte an jedem Werktag 14 oder 15 tausend Personen (bei seiner Predigt), von denen der größte Teil ihn für einen Propheten hielt.

Und am 27. März 1496, welches der Palmsonntag war, ließ Fra Girolamo eine Prozession von allen Kindern machen, mit Ölzweigen in der Hand und um den Kopf, und ferner trug jeder in der Hand ein rotes Kreuz, ungefähr eine Spanne lang oder mehr. Sie wurden auf 5 tausend Knaben geschätzt, und dann eine große Zahl von Mädchen; alle in Weiß gekleidet, und ebenso die Mädchen, mit dem † und mit den Ölzweigen in Hand und Haar, und dann alle Ämter von Florenz und alle Spitzen; hierauf alle Männer von Florenz, und nachher die Frauen; so daß niemals eine größere Prozession gemacht worden war. □

Auch das ist die Zeit des Kolumbus: Der Bauernaufstand des »Bundschuh« im Elsaß

Noch einmal verknüpfen sich in dem großen Teppich der Geschichte die verschiedenen Fäden. Sie führen von Savonarola zu Alexander VI. und weiter zu Kolumbus. Als sich der Papst, dessen Lebenswandel ebenso auf zunehmende Kritik stieß wie sein Bannspruch gegen den Florentiner Mönch, auch noch mit Ludwig XII., dem Nachfolger König Karls VIII. von Frankreich, gegen die Interessen Spaniens verbündete, schlugen dort die alten Sympathien für den Landsmann auf dem Stuhl Petri in das Gegenteil um. Nur Kolumbus gehörte zu den wenigen, die weiterhin auf seiner Seite verblieben, wie S. Schüller-Piroli in ihrer Borgia-Biographie berichtet:

Im Jahre 1499 suchte Kolumbus sogar den Papst Alexander zu beschützen. Er selbst stand damals auf der Höhe seiner Macht und seines Ansehens. Der Borgiapapst hingegen wurde in Spanien als unwürdiges Haupt der Christenheit angegriffen, seine Aufforderung zu einem neuen Türkenkreuzzug mißachtet. Die schlimmsten Gerüchte waren über ihn im Umlauf. Kolumbus machte es nun in seinem ersten Testament seinem ältesten Sohne Diego zur Pflicht, »dem Papst zur Hilfe zu eilen, sowohl wenn er einen neuen Kreuzzug betreibe, als auch wenn ein Schisma in der Kirche ihn mit dem Verlust seines Ranges oder seiner zeitlichen Güter bedroht«.

Auf ungleich bescheidenere, aber doch rührende Weise gedachte dann Kolumbus Alexanders VI. noch in seinem letzten Testament des Jahres 1506. Er hinterließ »seiner geliebten Heimat, der Republik Genua, das Gebetbuch, welches ihm der Papst Alexander geschenkt hat und das ihm in Kerker, Kampf und Widerwärtigkeiten zum höchsten Trost gereichte«. □

Aber kehren wir zurück zu dem Jahre 1493, in dem Kolumbus seinen großen Triumph feiern durfte, König Maximilian I. die Herrschaft antrat, die »Diktatur Gottes« in Florenz sich anzubahnen begann und Papst Alexander VI. die Erde zwischen Portugal und Spanien aufteilte. Fernab dieses Geschehens vermerkt im gleichen Jahr der Historiker einen Aufstand der Bauern im Zeichen des »Bundschuh«, der zum Symbol des Kampfes der deutschen Bauern für Recht und Gerechtigkeit wird und damit ebenso zum Signal einer neuen Zeit wie die erste Fahrt nach Amerika.

Hier ein Bericht über diesen Aufstand von G. Franz:

Der Anreger und Träger dieser Verschwörung war anscheinend allein Jacob Hanser, der Schultheiß des Reichsdorfs Blienschweiler. Er war ein vielgereister Mann, der die Frankfurter Messe besuchte, angesehen und einflußreich allein schon durch sein Amt. Er verfaßte die Artikel des Bundschuhs und gewann seinen »Gevatter«, den Schlettstadter Altbürgermeister Hans Ullmann, zum Genossen seiner Pläne. Ullmann war, Metzger von Beruf, im Dienste seiner Vaterstadt hochgekommen, infolge persönlicher Gegensätze aber nicht wieder zum Bürgermeister gewählt worden. So ergriff er, abenteuernd und ehrgeizig, die Gelegenheit, sich die Macht gewaltsam zurückzuerobern. Bald wurden weitere Anhänger geworben, meist angesehene Bauern. Unter den ersten Teilnehmern des Bundschuhs waren allein fünf Mitglieder der Dorfverwaltung: außer Hanser selbst noch ein Heimbürge, zwei Gerichtsboten und ein Amtmann. Sie alle benutzten ihren amtlichen Einfluß zur Ausbreitung der Verschwörung. Daneben fanden sich allerdings auch verschuldete Gestalten, durch die aber nicht das Gesicht der Bewegung bestimmt wurde.

Der Herd der Unruhe war eng begrenzt. Es waren wenige nahe beieinander liegende Dörfer nördlich Schlettstadts, teils Reichsdörfer, teils bischöflich-straßburgische Orte. Vereinzelt beteiligten sich auch adlige Hintersassen. In Schlettstadt selbst war Ullmanns Anhang offensichtlich nur gering. Es war durchaus eine bäuerliche Bewegung; und Ullmanns Teilnahme, persönlichen Gründen entsprungen, macht einen zufälligen Eindruck, so bedeutsam auch seine Person für die Entwicklung des Aufstandes war.

Rein bäuerlich, nur aus dem Gesichtskreis Jacob Hansers, des Dorfschultheißen, zu verstehen, waren auch die drei Artikel, die von Anfang an die Grundlage der Bewegung bildeten. Man wollte die Eingriffe des geistlichen Gerichts in Straßburg und des Hofgerichts in Rottweil abstellen und die Juden vertreiben.

Ein geistliches Gericht schafft Unruhe

Das geistliche Gericht hatte sich im Bistum Straßburg in einer ganz ungewöhnlichen Weise ausgebreitet. Ursprünglich nur in geistlichen Sachen zuständig, hatte es immer mehr auf weltliche Geschäfte übergegriffen. Es zog nicht nur alle Händel, bei denen ein Geistlicher beteiligt war, vor seine Schranken; es wurde auch das bevorzugte Gericht in Schuldsachen. Da damals die meisten Abmachungen durch einen Eid bekräftigt wurden, war jede Zahlungssäumnis ein Eidbruch und rechtfertigte den geistlichen Gerichtsstand. Der Gläubiger fand hier in der Regel schneller und vorteilhafter Recht als vor dem sonst zuständigen bäuerlichen Schultheißengericht, das eher geneigt war, persönlichen Verhältnissen des Schuldners Rechnung zu tragen.

Vor allem aber verstand das geistliche Gericht mit mehr Nachdruck als irgendeine weltliche Gerichtsbehörde, unter Zuhilfenahme der Kirchenstrafen seinen Urteilen Geltung zu verschaffen. Während seiner Blütezeit im Hochmittelalter genoß es daher ein nicht unberechtigtes Ansehen. Aber bald setzte der Verfall ein, nirgends vielleicht so früh und so stark wie im Bistum Straßburg. Unfähige, gewissenlose und bestechliche Richter zogen die Verfahren in die Länge, erhoben ein Vielfaches der festgesetzten Gebühren zur eigenen Bereicherung und urteilten in schamlos offener Weise zugunsten der freigebigeren Partei. Die Boten des Gerichtes, die Latoren, zogen unter Ausnutzung der bäuerlichen Rechtsunkenntnis noch einmal den Bauern das Geld aus der Tasche. Oft kam ein ganzes Dorf wegen eines einzigen verarmten, zahlungsunfähigen Schuldners in Bann und Interdikt und hatte sich dann unter schweren Kosten davon zu lösen. Was hatte die Schuldforderung eines Gläubigers noch mit dem Gottesdienst in einer Dorfkirche zu tun? Es war ein Mißbrauch geistlicher Strafmittel für weltliche Zwecke, der sich früher oder später rächen mußte.

Mit dem kaiserlichen Hofgericht in Rottweil lagen die Dinge nicht viel anders. Ein Überbleibsel früherer Jahrhunderte, drängte es sich immer mehr in das Rechtsleben der einzelnen Landesteile ein und schob die unteren, örtlichen Instanzen beiseite. Auch in diesem, von Rottweiler Bürgern besetzten Gericht herrscht viel Unordnung, durch die die Untertanen beschwert wurden. Die Kosten waren, schon infolge der weiteren Entfernung, wenn möglich noch größer als in Straßburg. Statt des Bannes konnte die Acht als Strafe verhängt werden.

Unter dem geistlichen und dem Rottweiler Gericht hatte vor allem der Bauer zu leiden. Die Städte konnten ihre Bürger durch das Privileg des unverzogenen Rechtes, das den Kläger zwang, vor dem Stadtgericht Recht zu nehmen, schützen. Es stimmt gut zu dem Bild, daß sich die Bauern auch gegen dies Vorrecht wandten. Es beeinträchtigte ebenfalls ihre eigene Gerichtsbarkeit, da die Städte nach dem gleichen Grundsatz vielfach auch die Schuldner vor das Stadtgericht forderten.

Auch ohne die vorhandenen Mißstände würden die unaufhörlichen Eingriffe in die bäuerliche Gerichtsbarkeit erbitternd gewirkt haben. Denn auf dem Rechtsschutz, den sie gewährte, beruhte die persönliche Rechtsstellung des Bauern. Niemand aber mußte einen solchen Rechtseinbruch mehr empfinden als der Leiter des Dorfgerichts, der Schultheiß.

Gegen die Geldverleiher

Eng mit diesen Artikeln hängt die dritte Forderung zusammen: die Vertreibung der Juden. Die Juden waren vor allem Geldverleiher und bedienten sich daher gern des geistlichen Gerichts zur Eintreibung ihrer Schuldforderungen. Auch dies war eine rein bäuerliche Beschwerde. Schlettstadt wurde davon nicht betroffen, da die elsässischen Städte bereits in den Burgunderkriegen die Juden vertrieben hatten und trotz aller kaiserlichen Mandate an dieser Maßregel festhielten. Auch aus dem Bistum Straßburg waren die Juden 1478 vertrieben worden, aber der Bischof hatte ihnen längst wieder Eingang gewährt. Sie machten sich auf dem Lande um so mehr breit, je fester die Tore der Städter für sie verschlossen waren.

Alle drei Forderungen waren durchaus begründet. Sie richteten sich gegen Mißstände, die auf dem Rechtswege kaum abzustellen waren.

Für Jacob Hanser waren diese drei Artikel nur die Grundlage, von der man neu zu werbenden Mitgliedern zunächst erzählte. Sein Ziel ging darüber hinaus. Nur gelegentlich »für sich selbst« äußerte er, daß seiner Ansicht nach nicht der eine Priester drei Pfründen haben solle und der andere keine. Eher wolle er sie »helfen totschlagen«. Auch die Klöster sollten »abgetan« werden. Gleich den kirchlichen wollte Hanser auch die staatlichen Zustände von Grund aus reformieren. Statt Gewerf, Zoll und Ungeld wollte er eine einheitliche Steuer von 4 Pfennigen einführen. Mit diesen beiden Forderungen verließ der Bundschuh den Rechtsboden und wurde revolutionär. Es ist für den konservativen Geist der elsässischen Bauern bezeichnend, daß Hanser mit diesen umstürzlerischen Gedanken nicht offen hervorzutreten wagte. Er hätte damit seine Anhänger von vornherein zurückgeschreckt. Denn nicht einmal die drei Hauptartikel fanden allgemeinen Anklang. Selbst im engsten Kreise der Bundschuher zögerte man mit offener Zustimmung.

Wir wissen nicht, wie Hanser zu seinem Programm gekommen ist. Die »drei Artikel« sind dem Leben entnommen. Aus ihnen spricht tägliche Erfahrung. Die beiden anderen Forderungen aber sind Zeugnisse eines selbständigen und nachdenklichen Kopfes, der zwar entschieden reformieren wollte, aber doch nicht kommunistischen Gedankengängen wie der Pauker in Niklashausen huldigte. Statt der Abgaben, die er verwarf, wollte er eine neue Steuer einführen, obgleich kaum anzunehmen ist, daß ihr Ertrag den Ausfall der anderen hätte decken können. Auffällig ist, daß nirgends von einer grundsätzlichen Begründung die Rede ist. Hanser berief sich weder auf das alte Herkommen noch auf das göttliche Recht. Die Artikel wurden aus eigenem Recht aufgestellt. Sie sind einer genauen Ableitung nicht zugänglich.

Der schnelle Untergang des »Bundschuh«

Der Verlauf des Bundschuhs ist schnell berichtet. Im Februar war Hanser mit seinen Plänen hervorgetreten und hatte die ersten Anhänger geworben. Einen Monat später vereinte sich die kleine Schar der inzwischen gewonnenen Verschworenen – 34 Männer aus 9 Orten – auf dem einsamen Ungersberg in den Vorvogesen, um ungestört über Weg und Ziel ihres Unternehmens zu beraten. Ullmann berichtete über die Artikel. Das Eintreten dieses angesehenen Stadtbürgers für die bäuerlichen Forderungen hat sicher Eindruck gemacht, zumal sich Ullmann eines Anhangs in der Stadt rühmte, den er tatsächlich nicht besaß. Ullmann versuchte, den Rechtsweg festzuhalten und allen weitergehenden Forderungen Hansers Einhalt zu gebieten. Er bestand darauf, daß die Artikel zunächst dem bischöflichen Vogt zu Epfig vorgelegt werden müßten, um alle rechtlichen Möglichkeiten zu erschöpfen. An den Erfolg hat er wohl selbst kaum geglaubt. Vorerst aber sollten unter den Dorfgenossen, aber auch unter den Landsknechten möglichst viele Anhänger geworben werden. Auch jenseits des Rheins, im Schwarzwald, sollte ein Blienschweilerer, der dort als Knecht diente, für den Bundschuh werben. Das war aber wohl nur der zufällige Vorschlag eines einzelnen, nicht der Beginn einer planmäßigen Werbung. Die Bewegung blieb wie bisher auf das Gebiet weniger Dörfer beschränkt. Nichts deutete auf den Plan einer allgemeinen Bauernerhebung hin.

Nach einem knappen halben Jahr, im August, hofften die Bundschuher, stark genug zu sein, um ihre Pläne verwirklichen zu können. Wenn der Gang zum Epfiger Vogt gescheitert wäre, wollten sie sich Schlettstadts bemächtigen, von hier aus die umliegenden Städte erobern und »Meister im Lande werden«. Erst wenn es kein Zurück mehr gäbe, wollten sie den Bundschuh flattern lassen, damit jedermann zuliefe. Vier Hauptleute wurden gewählt und erhielten den Auftrag, in Bern und Zürich um Beistand zu werben, da man fest auf die Hilfe der Schweiz rechnete.

Aber in der Woche nach dem Ungersberger Treffen ging man beim Werben neuer Anhänger zu unvorsichtig zu Werk. Bereits nach wenigen Tagen war der Vogt in Epfig von dem Unternehmen unterrichtet und konnte Vorsichtsmaßregeln treffen. Das Gerücht bauschte schnell auf und sprach von 1500 Verschworenen. Die Bundschuher bemühten sich, den Schein des Rechtes zu wahren. Sie beschlossen, sogleich die drei Artikel dem Vogt zu Epfig und dem Schultheißen und dem Rate zu Dambach vorzutragen. Noch einmal verpflichteten sie sich zu gegenseitigem Beistand. Es war zu spät. Die Auffassung, daß man »eine törichte Sache angefangen«, setzte sich durch. Jeder suchte, so glimpflich wie möglich davonzukommen. Fast alle Bundschuher wurden jedoch dingfest gemacht. Nur Hanser entkam. Ullmann wurde in der Schweiz, als Pilger verkleidet, ergriffen und gerichtet. Zwei weitere traf das gleiche Schicksal in Schlettstadt und Bergheim. Die übrigen wurden zumeist zum Verlust der Schwurfinger und zu einer Geldstrafe verurteilt.

Die Verschwörung war im Keime erstickt, noch ehe sie irgendwelche Bedeutung erlangt hatte. Es ist fraglich, ob die Werbung bis zum Herbst größeren Erfolg gehabt hätte. Zwar hatte sich in der einen Woche nach der Ungersberger Versammlung die Anhängerschaft fast verdreifacht. Trotzdem war es keine Massenerhebung, sondern das persönliche Unternehmen weniger gewesen. Es stieß schon früh auf Widerspruch, ja offene Ablehnung. Das erklärt auch den schnellen Verrat. Wenn dem Bundschuh wirklich die Zuneigung des größten Teils der bäuerlichen Bevölkerung gehört hätte, hätte man kaum den Anhängern der Verschwörung ihr Vorhaben noch nach Jahren »täglich zu Schmach und Verachtung vorgehalten«.

Die Beschwerden des Bundschuhs waren damit nicht erledigt. Die Mißstände bestanden fort. Die ausgewiesenen, in der Fremde umherirrenden Verschworenen trugen an ihrem Teil dazu bei, daß der Bundschuhgedanke nicht erlosch. Früher als die Herren glauben mochten, ging die Warnung der Gerichteten in Erfüllung: »Der Bundschuh müsse einen Fortgang haben, es stünde lang oder kurz!« Bereits nach zehn Jahren wurde im Bistum Speyer die Bundschuhfahne erneut aufgeworfen. □

Reisen und Anklagen – Ein Vizekönig scheitert

Seine erste Reise hat Kolumbus an die Spitze der großen Entdecker und Seefahrer gestellt. Hätte er nur die drei anderen Fahrten unter den gegebenen Bedingungen – also auf teilweise bekannter Route – unternommen, er wäre nie über den Ruf eines tüchtigen Seefahrers mittleren Ranges hinausgelangt. Es scheint, als habe das Schicksal ihn nur für diese eine große Entdeckung auserkoren und das Glück ihn überdurchschnittlich begünstigt, dafür dann aber auch einen außerordentlich hohen Preis verlangt.

Der einfache Seefahrer Kolumbus konnte nur untergehen oder kometenhaft emporsteigen. Der Admiral und Vizekönig mußte sich nicht nur gegen die große Schar der Neider wehren, er sollte auch seine Fähigkeiten immer aufs neue beweisen, Regierungs- und Verwaltungsaufgaben nicht etwa in geordneten Verhältnissen und Bahnen, sondern unter äußeren Umständen übernehmen, die selbst ein routinierter Verwaltungsbeamter der spanischen Krone kaum gemeistert hätte. Eine solche einfache Feststellung erübrigt Rechtfertigungsversuche der Kolumbus-Verehrer ebenso wie alle Anwürfe von Gegnern und Besserwissern.

Bei nüchterner Überlegung wird man den seemännischen Fähigkeiten, der Zähigkeit und – in gegebenen Grenzen – dem Organisationstalent des Admirals die Hochachtung nicht versagen, aber wir müssen ihn auch als typischen Vertreter seiner Zeit sehen, d. h. als kühne Abenteurernatur mit ihren Grenzen und Schwächen, die den üblichen Versuchungen der Macht und des Goldes nur allzu willig und in nicht geringem Umfang erlag.

Als er am 25. September 1493 von Cadiz zu seiner zweiten Reise nach Westen auslief, hoffte er noch auf die Fortdauer seines Glücks, auf neue Erfolge und endlich auf die Entdeckung von Zipangu-Japan und Kontakten mit dem Großkhan. Aber schon bei der Ankunft in Española mußte er den ersten großen Rückschlag erleben, wie aus dem Bericht des Fernando Kolumbus hervorgeht, der sich in seiner Biographie des Vaters auf dessen eigene Tagebücher und Aufzeichnungen stützt.

Böse Überraschungen der Zweiten Reise

Es kamen unverzüglich zwei Indianer an Bord, die zwei Kopfmasken trugen; sie überbrachten sie dem Admiral im Auftrag des Kaziken Guacanagarí[1] mit vielen Empfehlungen. Als sich der Admiral nach den zurückgebliebenen Christen erkundigte, antworteten sie, etliche von ihnen seien an Krankheiten gestorben, andere hätten sich nach anderen Gegenden verzogen, und sie hätten alle vier oder fünf Weiber. Obwohl er aus ihren Reden schloß, daß alle oder doch die meisten tot sein mußten, schien es dem Admiral, daß er für den Augenblick in dieser Sache nichts unternehmen könnte. Er schickte die Indianer mit einem Geschenk von Becken und anderen Dingen für Guacanagarí zurück. So gingen sie mit den Gaben für den Kaziken noch in derselben Nacht wieder an Land.

Donnerstag, den 28. November, fuhr der Admiral mit seiner Flotte um die Vesperzeit in den Hafen der Stadt »La Navidad« ein und fand sie bis auf den Grund niedergebrannt. An jenem Tage erblickten sie in der ganzen Umgebung keinen Menschen. Am folgenden Tage ging der Admiral morgens an Land, und zu seinem großen Schmerz sah er, daß alle Häuser und die Festung zerstört waren; außer zerbrochenen Kisten und ähnlichen Trümmern war von den Christen nichts übriggeblieben. Da er niemand antraf, bei dem er sich hätte erkundigen können, fuhr der Admiral mit einigen Booten einen nahegelegenen Fluß aufwärts. Er hatte Befehl gegeben, man solle indessen den Brunnenschacht in der Festung freilegen, denn er glaubte, daß man dort Gold finden würde. Bei seiner Abreise hatte er nämlich aus Furcht vor den möglichen Zwischenfällen die Anweisung gegeben, daß von den Zurückgebliebenen alles Gold, dessen sie habhaft werden könnten, in jenen Brunnenschacht geworfen werden sollte. Es wurde jedoch nichts gefunden. Dem Admiral fielen auf seiner ganzen Fahrt keine Indianer in die Hände; denn sie hatten sich alle aus ihren Häusern in die Urwälder geflüchtet. Deshalb kehrte er nach »La Navidad« zurück, wo er endlich acht von den Zurückgebliebenen fand, und auf dem Land, bei der Bevölkerung, wurden noch drei weitere gefunden, die man an ihren Kleidern als Christen erkannte. Es scheint, daß sie vor einem Monat erschlagen worden waren.

[1] Vgl. Kap. 4, S.

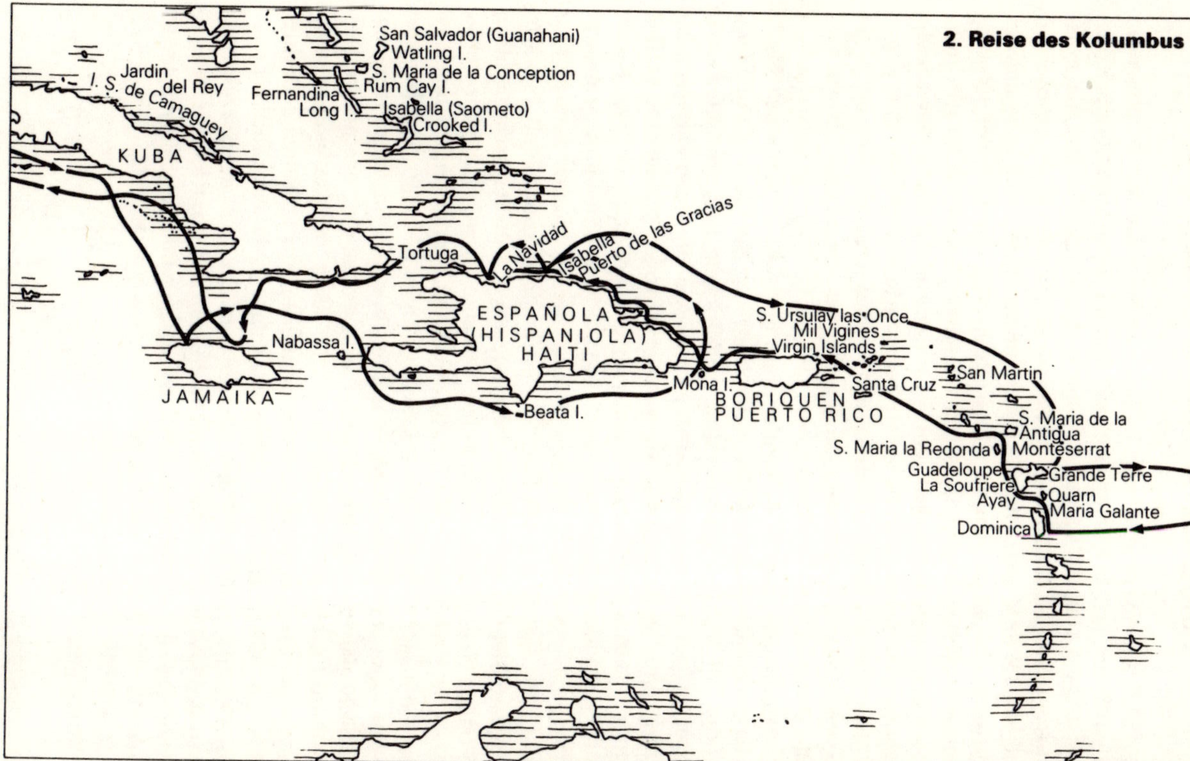
2. Reise des Kolumbus
San Salvador (Guanahani)
Watling I.
S. Maria de la Conception
Rum Cay I.
Isabella (Saometo)
Crooked I.
Fernandina
Long I.
Jardin
del Rey
I. S. de Camaguey
KUBA
Tortuga
La Navidad
Isabella
Puerto de las Gracias
ESPAÑOLA
(HISPANIOLA)
HAITI
Nabassa I.
JAMAIKA
Beata I.
Mona I.
BORIQUEN
PUERTO RICO
S. Ursula y las Once
Mil Vigines
Virgin Islands
Santa Cruz
San Martin
S. Maria de la
Antigua
Monteserrat
S. Maria la Redonda
Guadeloupe
La Soufriere
Grande Terre
Quarn
Ayay
Maria Galante
Dominica

Der Bericht der befreundeten »Indianer« über den Streit der Christen

Während einige Christen die Gegend durchstreiften, um Spuren oder Nachrichten von den Toten zu suchen, kam ein Bruder des Kaziken Guacanagarí zum Admiral, begleitet von einigen Indianern, die schon ein paar Wörter in kastilischer Sprache sprechen konnten und alle Christen, die an diesem Ort zurückgeblieben waren, beim Namen kannten. Sie berichteten, die Christen hätten alsbald Streit unter sich bekommen und angefangen, alle Weiber und alles Gold, das sie erreichen konnten, zu rauben. So hätten Pedro Gutiérez und Scobedo einen Giacopo getötet, nachher seien sie mit neun andern und ihren Weibern zu einem Kaziken namens Caunabó, dem die Minen gehörten, gegangen. Dieser habe sie erschlagen, und nach vielen Tagen sei er mit zahlreichen Leuten nach »La Navidad« gezogen, wo sich nur Diego de Arana mit zehn Mann befand und die Wache bei der Festung hielt. Der größte Teil der Leute habe sich über die ganze Insel verstreut. Caunabó sei nachts zur Siedlung gekommen und habe die Häuser, in denen die Christen mit ihren Weibern schliefen, in Brand gesteckt. Acht von ihnen hätten sich ins Meer geflüchtet, wo sie ertrunken seien, drei seien auf dem Lande niedergemacht worden. Guacanagarí habe versucht, die Christen zu verteidigen, sei im Kampf mit Caunabó verwundet und in die Flucht geschlagen worden.

Dieser Bericht stimmte mit dem überein, was andere Christen, die der Admiral zur Einholung von Nachrichten ausgesandt hatte, meldeten. Jene hatten Guacanagarí gefunden, der an einer Wunde darniederlag, weshalb er nicht zum Admiral hatte kommen können, um ihn vom Schicksal der Ansiedler zu benachrichtigen. Auch von ihm hatten sie erfahren, daß unter den Ansiedlern Streit ausgebrochen war, sobald der Admiral die Anker zur Rückfahrt gelichtet hatte. Jeder von ihnen hatte alles Gold und alle Weiber, deren er habhaft werden konnte, an sich raffen wollen. Sie hatten sich nicht mit dem begnügt, was ihnen Guacanagarí gegeben und zu geben versprochen, sie hatten sich in viele Gruppen aufgelöst, und über die ganze Insel verstreut. Sie waren alle einzeln niedergemacht worden. Das ließ Guacanagarí dem Admiral berichten und trug den Leuten auf, ihn zu bitten, er möge ihn aufsuchen, da er sich selbst in einem so schlimmen Zustand befinde, daß er sein Haus nicht verlassen könne.

Das tat der Admiral und besuchte ihn am folgenden Tag. Guacanagarí bestätigte ihm den Bericht der Ereignisse und sagte, er selbst und die Seinen seien bei der Verteidigung der Christen verwundet worden. An ihren Wunden war zu erkennen, daß sie nicht von den Waffen der Ansiedler stammten, sondern von Kampfbeilen und Pfeilen mit Spitzen aus Fischknochen, wie sie bei den Indianern gebräuchlich waren. Nachdem sie miteinander gesprochen hatten, schenkte der Kazike dem Admiral acht fein gearbeitete Gürtel aus weißen, grünen und roten Steinen, dazu noch einen weiteren, aus Gold gearbeiteten Gürtel und eine königliche Krone, ebenfalls aus Gold, ferner drei mit Goldkörnern gefüllte Kürbisse. Als Gegengeschenk überreichte ihm der Admiral viele Arzneien, die von Guacanagarí sehr hoch eingeschätzt wurden, obwohl sie vielleicht nicht mehr als drei Realen wert sein mochten. Trotz seiner Krankheit wollte er den Admiral begleiten, um die Flotte zu sehen. Hier wurde ihm ein sehr guter Empfang bereitet, und er freute sich über die Pferde, von denen er durch die Christen schon erzählen gehört hatte. Etliche von den Toten schienen ihm einen falschen Begriff von unserem christlichen Glauben beigebracht zu haben. Sie hatten gesagt, das Gesetz der Christen sei leer. So mußte ihn der Admiral im Glauben bestärken, und er nötigte ihn, ein in Silber gearbeitetes Bild der Madonna, das er zuerst nicht hatte in Empfang nehmen wollen, um den Hals zu tragen.

Am 7. Dezember stach der Admiral mit der Flotte wieder in See, um an die Ostküste zu fahren, wo er günstigere Plätze für eine Ansiedlung suchen wollte, denn er dachte an das Unglück, das den Christen hier zugestoßen war, und an die Mißgeschicke, die ihn selbst in dieser Gegend betroffen, wo er ein Schiff, seine Leute und eine Festung verloren hatte. Er umfuhr den Monte Christi, schiffte an den sieben niedrigen kleinen Inseln, die wir schon erwähnt haben, vorbei, die, wenn auch wenig Bäume darauf wuchsen, nicht ohne Anmut waren. Obgleich es Winter war, sahen sie dort Blumen, Vogelnester mit Eiern, andere mit jungen Vögeln und alle die Dinge, die man in Kastilien im Sommer findet. □

Hauptstadt Isabella, Sklavenlieferungen und Unterwerfung

Der Hinweis, daß einige Siedler gesagt haben sollen, das Gesetz der Christen sei leer, läßt die Vermutung zu, unter den Zurückgebliebenen könnten sich »Conversos« befunden haben, die hier in der Fremde ihre ablehnende Haltung gegenüber dem Christentum offen bekannten.

Kolumbus gründete an der Nordküste der Insel eine Siedlung, die hochtrabend als Hauptstadt bezeichnet wurde und den Namen

Als die Spanier zum erstenmal die Insel Boriquena vnterstunden zueröbern / hielten die Einwohner dieser Insel sie für vnsterbliche Leuth vnd Götter: Welches ein fürnembster Königscher der Inseln mit namen Vraioan ein Herr der Prouintzen Jaguaca wolte versuchen vnnd probieren / derowegen er einen Spanier mit namen Salsedo, welcher durch das Landt reyset / freundtlich entpfangen vnd auffgenommen / vnd als er wider abgeschieden / hat er jhm etlich seiner Vnderthanen zu Geferdten mit gegeben / welche jm als Trosser seine Rüstung vnd Zeug trügen / vnd jhnen zugleich befohlen / daß sie Salsedum ins Wasser darüber sie fahren müßten / sencketen / vnd darin ersäufften. Diese richten jhres Herren befelch dapffer auß / vnd als sie den Spanier ersäuffet vnd erstecket / tragen sie jn also todt für jren Herren / Hierauß haben die Eynwohner zum ersten mercken vnd verstehen mögen / daß die Spanier so wol als ander Leuth sterbliche Menschen weren. 4. Cap.

Indianer ertränken Spanier bei der Probe auf deren Unsterblichkeit.
Aus: De Bry, »Americae«, 5. Buch.

»Isabella« erhielt. Die Wahl dieses Platzes erwies sich, wie wir noch hören werden, als ein großer Fehler. Während Kolumbus an Fieber erkrankte und für einige Wochen an sein Lager gefesselt war, unternahm Alonso de Jojeda, ein ebenso energischer wie grausamer Kapitän und später einer der heftigsten Gegner des Admirals, eine Expedition in das Innere der Insel und entdeckte in den Bergen von Cibao Goldsand, allerdings bei weitem nicht genug, um die hochgespannten Erwartungen der Spanier im allgemeinen und des Königspaares im besonderen zu befriedigen. Nur so ist wohl das Angebot zu verstehen, das Kolumbus nun nach Spanien sandte. Er bat um weitere materialle Unterstützung und erbot sich, dafür Indianer als Sklaven zu liefern. Es spricht für das Königspaar, daß es dieses Angebot zurückwies, aber trotzdem gingen schon Anfang 1495 vier Karavellen vollgestopft mit Sklaven nach Spanien.

Kolumbus nutzte den Sommer 1494 für eine Entdeckungsfahrt entlang der kubanischen Küste, mehr denn je in dem Glauben, er befinde sich an der Ostküste Asiens! Im Herbst 1494 kehrte er wieder nach Española zurück und begann hier mit seinen Brüdern Diego, der ihn begleitet hatte, und Bartolomeo, der mit Proviantschiffen aus Spanien nachgekommen war, die Unterwerfung der Insel. Morison, dem man

Die Reisen des Kolumbus

1. Reise:	Vom 3. August 1492 bis zum 15. März 1493. Drei Schiffe mit 97 Schiffsoffizieren und Mannschaften, sowie neun sonstigen Passagieren.
2. Reise:	Vom 25. September 1493 bis zum 11. Juni 1496. Siebzehn Schiffe, darunter drei große sogenannte »naos« und zwölf Karavellen, der Rest kleinere Barken. Sie führten etwa 1500 Mann Besatzung, Kolonisten, Missionare und Beamte.
3. Reise:	Vom 30. Mai 1498 bis zum 25. November 1500. Acht Karavellen, darunter zum dritten Mal die »Niña«. Rund dreihundert Personen, darunter etwa sechzig Seeleute und hundert Soldaten, sowie Handwerker und Goldgräber. Dazu erstmals dreißig Frauen für die Kolonisten.
4. Reise:	Vom 11. Mai 1502 bis zum 7. November 1504. Vier Karavellen mit insgesamt 150 Mann Besatzung, darunter zahlreiche junge Leute. Schiffe für die Entdeckungsreise besonders gut ausgerüstet.

in seiner Biographie bestimmt keine ablehnende Haltung gegenüber Kolumbus nachsagen kann (vgl. Kap. 4), fällt über diese Phase der zweiten Reise ein höchst kritisches Urteil.

Verhängnisvoller Tribut in Gold

In den neun bis zehn Monaten von Mai 1495 bis Februar oder März 1496 waren die Kolumbusbrüder mit der Unterwerfung der Insel beschäftigt. Las Casas hatte Zugang zu den inzwischen verlorengegangenen Berichten des Admirals an die Herrscher, aus denen seine Methoden deutlich hervorgehen. Im Innern des Landes wurden drei weitere Forts errichtet, die als Stützpunkte dienten. Von hier aus durchzogen die Truppen die Insel und zwangen die nun völlig eingeschüchterten Eingeborenen, sich der vizeköniglichen Gewalt zu unterwerfen und einen Tribut in Gold zu zahlen.

Wer immer dieses abscheuliche System ausgedacht haben mag, so war es doch Kolumbus, der sich seiner als des einzigen Mittels bediente, Gold für die Ausfuhr zu gewinnen. Jeder Eingeborene vom vierzehnten Jahr ab aufwärts, der sich unterwarf (wenn er nicht getötet zu werden vorzog), mußte alle drei Monate das Maß eines flandrischen Falkenglöckchens voll Goldstaub abliefern; einer der Kaziken mit Namen Manicaotex hatte sogar eine mit Gold angefüllte Kalabasse im Wert von 150 Castellanos alle zwei Monate zu überbringen. Diejenigen Eingeborenen, die in einer Gegend wohnten, wo die Flüsse kein Gold führten, konnten ihren Tribut in eine Arroba (fünfundzwanzig Pfund) gesponnener oder gewebter Baumwolle umwandeln und diese an Stelle der Vierteljahresabgabe Goldstaub abliefern. Jeder, der seinen Tribut bei den bewaffneten Posten ablieferte, erhielt eine geprägte Messing- oder Kupferscheibe, die er sich um den Hals hing, um so von weiteren Schröpfungen verschont zu bleiben. Las Casas bezeichnet dieses System als vernunftwidrig, drückend, unerträglich und abscheulich.

Wie richtig diese Meinung war, kann man ohne weiteres aus den Schwierigkeiten ersehen, die mit der Gewinnung des Goldes aus den Bergen und den Flußläufen von Hispaniola verbunden war. Die goldnen Schmuckstücke, welche die Spanier in so reichem Maße an den Eingeborenen sahen, als sie zum erstenmal das Land betraten, stellten die Arbeit und Anhäufung von mehreren Generationen dar, die dadurch zur Vermehrung des Familienschatzes beigetragen hatten. Inzwischen hatte man jedoch den Indianern alles fortgenommen. Und jetzt konnte man Gold nur durch das Auswaschen des Sands und Kieselgesteins in den Flüssen und Strömen gewinnen oder auf noch mühsamere Weise, die nur durch Sklavenarbeit möglich war und darin bestand, daß man den Busch klärte und den Boden solange systematisch durchwühlte, bis man auf eine Stelle traf, die den Abbau lohnend machte. Einzelne Indianer konnten den verlangten Tribut von vier mit Gold gefüllten Falkenglöckchen nur beschaffen, wenn sie in bevorzugten Strömen unermüdlich arbeiteten, woran sie aber nicht gewöhnt waren. Gelegentlich machten sie einen glücklichen Fund in Form eines großen Klumpens, aber gewöhnlich war es ihnen auch mit dem besten Willen nicht möglich, den geforderten Tribut aufzutreiben. Der Kazike Guarionex sagte dem Admiral oft, daß er mit allen seinen Untertanen nie in der Lage sein werde, das Gold für den Tribut zu beschaffen, auch wenn er ihm das ganze Land zwischen den Meeren geben würde – groß genug (schätzt Las Casas), um darauf zehnmal soviel Weizen anzubauen, wie ganz Kastilien brauchte. Doch der Admiral, »christlich und tugendhaft, wie er war, und erfüllt von den besten Absichten«, war so eifrig bemüht, den Herrschern ihre großen Auslagen zurückzuerstatten und seinen Kritikern den Mund zu stopfen, daß er sich weigerte, den Tribut auf weniger als die Hälfte herabzusetzen. Selbst das war noch zuviel.

Haß, Folter, Mord

»Einige erfüllten zwar den Tribut, für andre aber war es unmöglich, und da das Leben vieler äußerst elend wurde, flüchteten sie in die Berge. Andre dagegen nahmen für die von den Christen begangenen unaufhörlichen Gewalttätigkeiten, Herausforderungen und Übergriffe dadurch Rache, daß sie diejenigen Christen ermordeten, die sie besonders gequält und geschädigt hatten. Nun nahmen die Christen ihrerseits wieder unverzüglich Rache, die sie Bestrafung nannten, und nicht nur die Mörder, sondern auch so viele Einwohner, wie man deren in dem betreffenden Dorf oder seiner Umgebung habhaft werden konnte, wurden gefoltert und hingerichtet, ohne daß weder die menschliche noch die göttliche Gerechtigkeit oder das Naturgesetz geachtet wurden, in deren Namen man zu handeln vorgab.«

Die in die Berge Entflohenen wurden mit Hunden gehetzt, entkamen sie dennoch, wurden sie die Beute von Krankheiten und Hunger, und Tausende nahmen in ihrer Verzweiflung Kassawagift, um ihre Leiden zu beenden. Durch diese Politik und solche Handlungen, für die Kolumbus allein verantwortlich war, begann die Entvölkerung Hispaniolas, das bis zum Jahre 1492 ein irdisches Paradies gewesen war.

Kolumbus unter Überwachung

Im Oktober 1495, ein ganzes Jahr, nachdem die letzte Flotte aus Spanien eingetroffen war, segelten vier Karavellen die Nordküste von Hispaniola (Española) entlang und gingen auf der Reede von Isabella zu Anker. Sie waren am 5. August von Sevilla abgesegelt. Den Befehl führte Juan Aguado, ein früherer Beamter des Königlichen Haushalts, der Kolumbus auf der Zweiten Reise begleitet hatte und später mit Torres nach Spanien zurückgekehrt war. Er hatte den Auftrag, die Amtsgeschäfte Kolumbus' als Vizekönig und Gouverneur zu untersuchen und darüber zu berichten. Die Souveräne konnten nicht über die Klagen des Fray Boil und der übrigen mit ihm zurückgekehrten Unzufriedenen, mehrere hundert an der Zahl, hinwegsehen; trotzdem setzten sie noch Vertrauen in den Admiral und wählten diesen Weg, um die Wahrheit festzustellen.

Aguado brachte die dringend gebrauchten neuen Vorräte mit, sowie die von Kolumbus angeforderten Bergbausachverständigen. Er händigte dem Admiral ein knapp gehaltenes Schreiben der Souveräne aus, in dem ihm befohlen wurde, die Anzahl der von der Krone bezahlten Kolonisten auf fünfhundert herabzusetzen (was wahrscheinlich aus natürlichen Gründen schon geschehen war) und den Proviant gleichmäßig zu verteilen, da Klage erhoben wurde, daß er einigen Leuten ihren Anteil als Strafe vorenthalten habe.

Aguado besaß nur ein ganz kurz gehaltenes Beglaubigungsschreiben, das an alle Edelleute, Herren und andre Personen in Indien gerichtet war und durch das er als »Unser Kämmerer« eingeführt wurde, »der in Unserm Namen zu euch sprechen wird«. Er zog jedoch mit allem Pomp und unter Trompetengeschmetter in Isabella ein und begann sofort damit, Anweisungen des Adelantado (der den Admiral in seiner Abwesenheit auf einer Reise ins Innere vertrat) aufzuheben, Klagen anzuhören, Verhaftungen vorzunehmen und sich auf jede Art die Befugnisse des Vizekönigs anzumaßen. Bartolomeo schickte seinem Bruder warnende Nachricht, worauf dieser nach Isabella zurückkehrte und dem Usurpator gegenüber eine geduldige und höfliche Haltung einnahm.

Aguado und sein Schreiber hatten alle Hände voll zu tun, um alles aufzuschreiben, da fast jeder in Isabella krank oder unzufrieden war und auf baldige Heimreise drängte. Die Gesunden, berichtete er, waren mit Plündern und der Jagd nach Gold und Sklaven beschäftigt und trieben sich im ganzen Land umher.

»Möge mich Gott nach Kastilien zurückbringen . . .«

Es erscheint uns ganz außerordentlich, daß nach anderthalbjähriger Kolonisierung einer reichen, fruchtbaren Insel, nachdem eine Unmenge von Saatgut und Gerätschaften, eine große Anzahl von Arbeitern aus Spanien eingeführt worden waren, die Spanier immer noch von der Einfuhr für den täglichen Bedarf abhängig waren. Dieser Zustand hielt noch lange Jahre hindurch an, und Michele de Cuneo gibt uns als wesentlichen Grund dafür: »Obgleich sie schweren, schwarzen Boden vorfanden, hatten sie sich noch nicht dazu verstanden, ihn zu bearbeiten und die Saaten auszulegen, einfach *aus dem Grunde, weil niemand in diesen Ländern bleiben und leben wollte.«* Diese Einstellung war die Wurzel allen Übels. Kolumbus hatte eine dauernde Besiedlung und die Verpflanzung spanischer Kultur und des katholischen Christentums nach Indien geplant, aber niemand außer seiner Familie und einigen Getreuen und demütigen Seelen wie Fray Ramón Pane kümmerte sich

Española – Hispaniola – Haïti

Die Insel Haïti, wie sie heute heißt, wurde 1492 von Kolumbus entdeckt. Weil ihn bei seiner Landung Klima und Vegetation an Spanien erinnerten, nannte er sie Española (oder Hispaniola) – also Klein-Spanien. Mit 76000 km^2 ist sie die größte Insel der Antillen, sehr gebirgig und mit einer stärker gegliederten Küste und tropischem Klima. Bei der Ankunft der Spanier siedelten dort die Karaiben (Kariben), eine kleinwüchsige Indianerrasse, die Ackerbau, Fischfang und Jagd betrieb, von den europäischen Ankömmlingen im Lauf weniger Jahre aber weitgehend ausgerottet wurde. Zur Bewirtschaftung der Plantagen und der Ausbeute der im Innern der Insel entdeckten Goldminen brachten die Eroberer Negersklaven in das Land, deren Nachkommen heute einen großen Bevölkerungsanteil ausmachen.

Ihre erste Hauptstadt gründeten die Spanier an der Nordseite der Insel, verlegten sie dann aber wegen des ungünstigen Klimas nach Süden und nannten sie Santo Domingo. Im 16. Jahrhundert blieb Española–Haïti Mittelpunkt des spanischen Kolonialreiches in der Neuen Welt und Sitz der ersten Vizekönige und obersten Behörden. 1625 setzten sich dort englische und französische Seeräuber fest, und die Insel verlor ihr altes Ansehen. 1697 wurde der Westen an Frankreich abgetreten, 1795 auch der Ostteil. Nach einem großen Aufstand der schwarzen Bevölkerung wurde 1804 die Unabhängigkeit proklamiert. 1844 trennte sich der ehemals spanische Osten als Dominikanische Republik von der Republik Haïti.

Die Insel Hispaniola in einer Holzschnittdarstellung des Basler Kolumbusbriefes.

darum. Ihr Streben war, schnell Gold zusammenzuraffen und nach Hause zu fahren, wo sie es verjubeln konnten. Im Jahre 1496, sagt Las Casas, hörte man in Isabella immer wieder nur den einen Ruf: *así Dios me lleve a Castilla,* »möge mich Gott nach Kastilien zurückbringen!«

Sehr bald wurde es Kolumbus klar, daß auch er heimfahren müßte, um seine Interessen wahrzunehmen, bevor Aguado seinen Bericht absandte. Es war aber nicht vor März 1496, daß er seine Absicht ausführen konnte, da die *India* nicht früher zur Ausreise fertig wurde.

In den Monaten der Wartezeit wurde nach einem neuen Platz für die Anlage einer Hauptstadt von Hispaniola gesucht. Isabella hatte sich aus verschiedenen Gründen als ungeeignet erwiesen. Der Ankerplatz gewährte gegen die Nordwinde keinen Schutz, außerdem gab es keine goldhaltigen Gründe in leicht erreichbarer Nähe, und die nahegelegenen Abschnitte der Vega Real waren verwüstet. Oviedo erzählt eine abenteuerliche Geschichte, die Las Casas aber ins Reich der Fabel verweist, von einem Spanier namens Miguel Díaz, der quer durch die Insel bis zum Fluß Ozama gewandert war, wo er sich in die Kazikin Cathalina verliebte, die Kolumbus einlud, in ihrem Reich eine neue Hauptstadt aufzubauen. Nach Las Casas Darstellung wurde die Gegend von Santo Domingo von einer Erkundungsexpedition unter der Führung des Díaz aufgefunden und ausgewählt, weil sie einen guten Hafen aufwies, umgeben von fruchtbarem Ackerland, durch das sich goldhaltige Flüsse zogen, die noch von niemandem durchsucht worden waren. Mag es sich so zugetragen haben oder nicht, es ist gewiß, daß Kolumbus, nachdem er noch einen andern Platz in Erwägung gezogen hatte, den Adelantado in seinem letzten Befehl anwies, die neue Stadt in seiner Abwesenheit hier zu begründen; und so wurde mit der Erbauung von Santo Domingo im Jahre 1496 oder 1497 begonnen. □

Querelen und die Dritte Reise – Kolumbus in Südamerika

Schon damals hatte Kolumbus die Lage nicht mehr richtig im Griff. Unter den Siedlern war es zu schweren Zerwürfnissen gekommen, die sich noch verschärften, als der Admiral die Heimreise angetreten hatte. Fast drei Jahre war er unterwegs gewesen, aber diese seine längste Reise hatte keine besonderen Erfolge gebracht. Die Kunde von seiner Mißwirtschaft auf Española war ihm vorausgeeilt, und entsprechend kühl verlief der Empfang in Spanien. Hier begannen sich in zunehmendem Maße die Bürokraten, die Verwaltungs- und Finanzbeamten, gegen ihn zu stellen.

Immerhim war Kolumbus hier zäh genug. Im Umgang mit untergeordneten Instanzen besaß er ja jahrelange Erfahrungen, und so erreichte er auch nach vielen Querelen die Ausrüstung einer neuen kleinen Flotte von acht Schiffen, mit denen Nachschub und Kolonisten in die neue Kolonie gebracht werden sollten. Ende Mai 1498 lief die Flotte von Sevilla aus, das von nun an zu einem wichtigen Ausgangspunkt für die Amerika-Fahrten wurde. Kolumbus nahm gegenüber den beiden vorausgegangenen Reisen einen stärkeren Südwestkurs und entdeckte

Ende Juli die Insel Trinidad und das südamerikanische Festland, das er aber nach wie vor nicht als einen neuen Kontinent ansehen wollte. In seinem Bericht an die spanischen Könige äußert er seine merkwürdigen Vorstellungen über die Gestalt der Erde.

»Am höchstgelegenen Ort liegt das Paradies ...«

Was ich von dieser Erdhälfte und ihrer Gestalt denke, habe ich schon gesagt. Ich glaube außerdem, daß ich ein noch milderes Klima und viele Unterschiede in den Sternen und den Wassern antreffen würde, wenn ich unter dem Äquator durchführe bis zu dem höchsten Punkt, von dem ich gesprochen habe. Und das nicht nur, weil ich glaube, daß sich an diesem höchstgelegenen Punkt Wasser befindet, so daß er schiffbar ist, sondern weil ich überzeugt bin, daß dort das irdische Paradies liegt, zu dem niemand gelangen kann, es sei denn aus göttlichem Willen. Ich glaube, daß dieses Gebiet, das Eure Hoheiten zu erforschen befohlen haben, außerordentlich groß ist, und daß sich im Süden noch andere Länder befinden, von denen man nie Nachricht erhalten hat.

Am Orinoco

Ich nehme nicht an, das irdische Paradies habe die Gestalt eines rauhen Berges, wie es beschrieben worden ist, sondern ich bin der Meinung, es befinde sich auf der Höhe jenes Ortes, der die Gestalt des Birnenstieles hat, zu dem man sich nach und nach aus großer Entfernung stufenweise erhebt. Ich glaube auch, daß niemand jene Höhe erreichen kann, und daß dieses Wasser von jenem Ort hervorquillt, so weit er auch entfernt sein mag, um dort zu münden, woher ich komme, und diesen See zu bilden. Das sind große Hinweise auf das irdische Paradies, denn seine Lage entspricht der Ansicht der Heiligen und der gelehrten Theologen, die ich erwähnt habe, auch stimmen die Spuren mit meinem Gedanken überein, denn ich habe nie gelesen oder gehört, daß sich eine solche Menge von Süßwasser so weit im Landinneren und zugleich so nahe dem Salzwasser befinde. Meine Ansicht wird außerdem bestärkt durch das sehr milde Klima dieser Orte. Sollte jedoch dieses Wasser nicht aus dem Paradiese kommen, wäre das Wunder noch größer, denn ich glaube nicht, daß sich noch sonstwo auf Erden ein so großer und so tiefer Fluß vorfindet.[1]

[1] Die Mündung des Orinoco

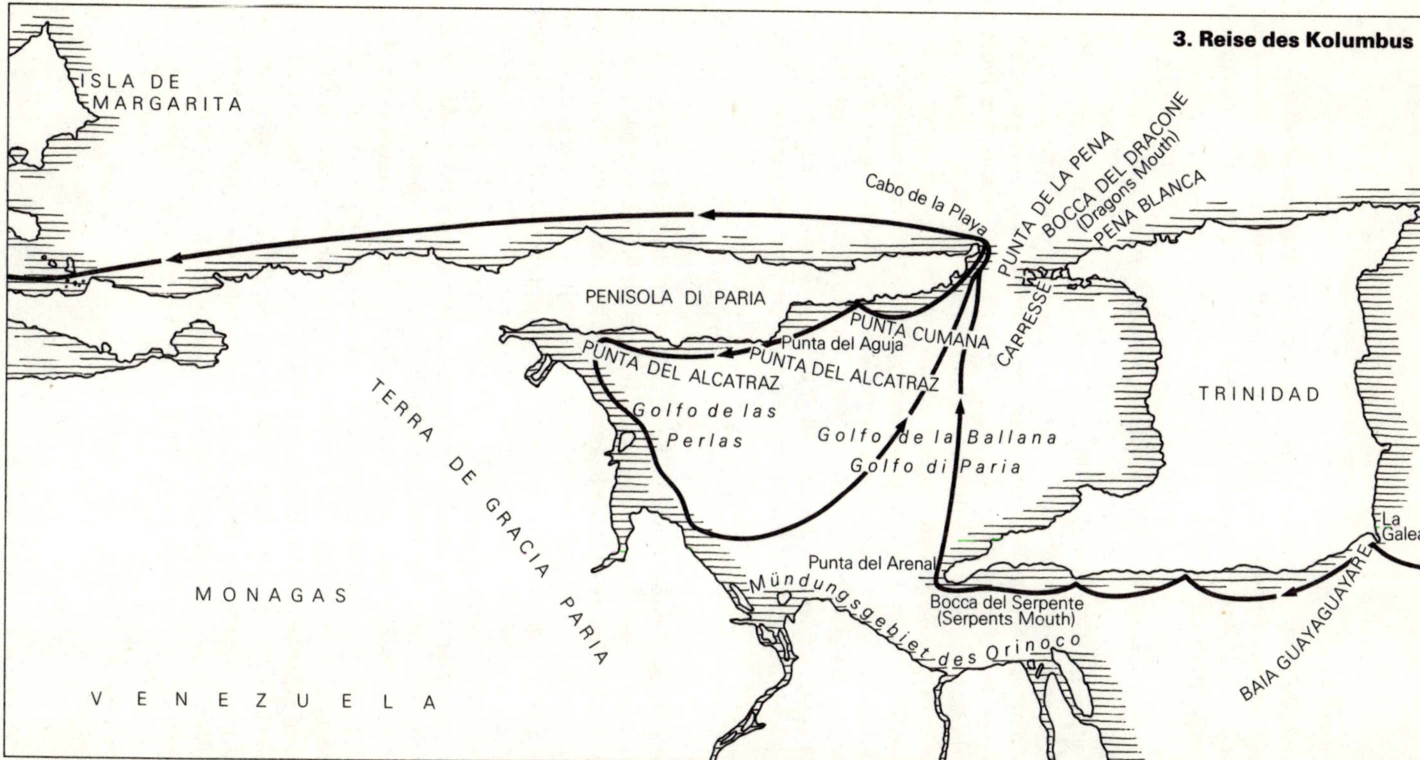
3. Reise des Kolumbus
ISLA DE
MARGARITA
Cabo de la Playa
PUNTA DE LA PENA
BOCCA DEL DRACONE
(Dragons Mouth)
PENA BLANCA
CARRESSE
PENISOLA DI PARIA
PUNTA CUMANA
Punta del Aguja
PUNTA DEL ALCATRAZ
PUNTA DEL ALCATRAZ
TRINIDAD
Golfo de las
Perlas
Golfo de la Ballana
Golfo di Paria
TERRA DE GRACIA PARIA
La
Galea
Punta del Arenal
Bocca del Serpente
(Serpents Mouth)
BAIA GUAYAGUAYARE
Mündungsgebiet des Orinoco
MONAGAS
VENEZUELA

Als ich aus den Bocas del Drago, der nördlichen Meerenge, der ich diesen Namen gab, am folgenden Tag, es war der Tag der Madonna im August, ausfuhr, stellte ich fest, daß das Meer eine so starke Strömung nach Westen hatte, daß ich von der Stunde der Messe, in der ich die Fahrt begann, bis zur Stunde des Abendgebets 65 Seemeilen, zu vier Meilen jede, zurückgelegt hatte, obwohl der Wind nicht stark, sondern sehr sanft war. Dies bestätigt meine Annahme, daß man aufwärts fährt, wenn man von jenem Punkt gegen Süden steuert, dagegen abwärts, wenn man Kurs nach Norden hält, wie ich es damals tat.

Ich bin sicher, daß die Wasser des Meeres dieselbe Bewegung von Osten nach Westen haben, wie die Himmelssphären, und daß sie in diesen Gegenden eine schnellere Strömung haben. Deshalb haben sie auch so viel Land hergeschwemmt, und aus diesem Grunde gibt es hier so viele Inseln, die schon an und für sich einen Beweis für diese Tatsache bilden; denn alle, die von Westen nach Osten und in beinahe schräger Richtung von Nordwesten nach Südwesten liegen, sind gleichermaßen breit, jene dagegen, die von Norden nach Süden und von Nordwesten nach Südosten verlaufen, schmal, denn sie liegen in einer den Strömungen und Winden entgegengesetzten Richtung. Infolge des milden Klimas, das vom Himmel kommt, und weil sie die höchsten Stellen der Erde sind, bringen diese Inseln wertvolle Erzeugnisse hervor. Es trifft zu, daß in einigen Gegenden die Wasser nicht diese Strömung zu haben scheinen, aber das geschieht nur an jenen Orten, wo die Strömungen durch Land abgelenkt werden, weshalb sie die Richtung ändern.

Über das Meer und das Land

Plinius schreibt, daß Meer und Land zusammen eine Kugel bilden und nennt den Ozean die größte Wassermasse, die dem Himmel zugewandt sei, während die Erde darunter bleibe und sie stütze. Himmel und Meer seien ineinander vermengt wie die Frucht der Nuß mit der dichten Schale, die sie enthält. Der Magister der Historia scholastica sagt, als er von der Schöpfungsgeschichte spricht, die Wasser seien wenig reichlich, sie hätten aber bei der Schöpfung die ganze Erde bedeckt, damals allerdings dampfförmig als Nebel, nachdem sie sich jedoch niedergeschlagen und gesammelt, hätten sie nur noch einen sehr begrenzten Raum eingenommen. Mit dieser Ansicht stimmt Nikolaus von Lira überein. Aristoteles sagt, die Erde sei klein, habe wenig Wasser und es sei leicht, von Spanien nach Indien zu gelangen. Das wird durch Averroes bestätigt, und der Kardinal Pierre d'Ailly stützt diese Ansicht mit seiner Autorität, ebenso wie die Ansicht des Seneca; er sagt, Aristoteles habe viele Geheimnisse der Welt durch Alexander den Großen kennengelernt, Seneca durch Kaiser Nero und Plinius durch die Römer, die alle viel Geld ausgaben, viele Leute und viel Fleiß darauf verwandten, um die Welträtsel zu erforschen und sie ihren Völkern bekannt zu machen.

Der Kardinal mißt diesen Autoren mehr Glaubwürdigkeit bei als Ptolemäus und anderen griechischen und arabischen Schriftstellern. Zur Bestätigung ihrer Aussagen über die Spärlichkeit des Wassers und den kleinen Raum, den es auf der Erde bedeckt, führt er Esra an, der in seinem dritten Buch sagt, fünf Sechstel der Erde seien trocken, ein Sechstel sei mit Wasser bedeckt. Dieser Ausspruch wird von den Heiligen bestätigt, die dem dritten und vierten Buch Esra Autotität verleihen, wie zum Beispiel vom heiligen Augustinus und vom heiligen Ambrosius. Was übrigens die Trockenheit der Erde anbelangt, so haben wir erfahren, daß sie größer ist, als man gemeinhin glaubt. Das ist nicht weiter verwunderlich, denn je weiter einer kommt, um so mehr lernt er.

Ich kehre zurück zu meinem Gegenstand, der Tierra de Gracia und dem Fluß und See, die ich fand. Dieser See ist so groß, daß man ihn besser ein Meer nennen würde, denn als See bezeichnet man ein Gewässer von einer gewissen Ausdehnung, wenn es größer ist, nennt man es Meer, deshalb spricht man auch von einem Meer von Galiläa und vom Toten Meer. Zu dem Fluß habe ich zu sagen, daß er aus einem ungeheuren Land im Süden kommen muß, wenn er nicht aus dem irdischen Paradies fließt. Von diesem Land hat man bis heute noch keine Nachricht. Ich bin aber in der Seele überzeugt, daß sich dort, wo ich sagte, das irdische Paradies befindet, und ich stütze mich dabei auf die angeführten Gründe und die angerufenen Autoritäten. □

Mit seemännischem Geschick zurück in die Karibik

Er durchquerte mit seinen Schiffen den Golf von Paria und segelte entlang der Küste nach Westen, um von der Insel Margarita aus Kurs auf Española zu nehmen. Das hört sich so leicht an, und ein Blick auf die Karte scheint den Katzensprung durch die Karibik nur zu bestätigen, aber es ist doch wohl gut, kurz vor dem Bericht über das Scheitern und die tiefste Demütigung des Admirals an dieser Stelle noch einmal auf seine seemännischen Fähigkeiten zu verweisen, wie sie der erfahrene Morison analysiert.

ALs Columbus den dritten Zug in Jndiam gethān/ ist er an dem Meerschoß Para angefahren/ vnd in der Jnsel Cubagua angelendet/ welche er die Perlin Jnsel genennet hat/ auß den vrsachen/ denn als er für diesem Meerschoß war hinaußgefahren mit seinen Schiffen/ hat er gesehen etliche Jndianer/ die fischeten Meerschnecken auß jren kleinen Schifflein/ welche die Spanier vermeynten sie pflegeten sie zu essen/ als sie aber dieselbe aufftheten/ stacken sie gantz voller Perlin/ darauß sie ein grosse Frewd empfiengen. Wie sie zum Gestaden kommen/ seynd sie außgestiegen auff das Landt/ da sahen sie an den Jndianischen Weibern vber die massen schöne Perlin/ die sie am Halß vnd Armen trugen/ solche Perlin bekamen die Spanier von jhnen/ vnd gaben jnen geringe vnachtsame Waar dar gegen. 2. Cap.

Kolumbus tauscht Waren gegen Perlen. Dritte Reise.
Aus De Bry, »Americae«, 4. Buch.

Auf der Dritten Reise war er nun schon von Spanien nach Madeira, den Kanarischen Inseln und den Kapverdischen Inseln gesegelt, war südwestlich ins Windstillengebiet und darauf westlich zur Boca de la Sierpe gekommen, worauf er den Golf von Paria umschifft hatte und das Festland entlang bis nach Margarita gesegelt war. Man darf nicht vergessen, daß er seit den Kapverdischen Inseln keine Gelegenheit hatte, gestützt auf bekanntes Land, seinen Standort nachzuprüfen, da alles neu war; daß seine Kenntnis die Kapverdischen Inseln 5° zu weit nach Süden verlegte. Und doch hatte er sein Besteck die ganze Zeit so genau geführt, daß er den richtigen Kurs nach Hispaniola (Española) wußte. Dieser Mann hatte wahrhaftig, wie Jean Charcot sagte, *le sens marin*. Er besaß jenes geheimnisvolle Wissen, halb intuitiv, halb auf angesammelten Beobachtungen und Erfahrungen beruhend, das so manchen des Schreibens unkundigen Seefahrer aus der Zeit der Segelschiffahrt befähigte, »den Weg« durch die sieben Meere sicher »zu riechen«.

Man konnte Santo Domingo nicht dadurch ausmachen, daß man einfach den Kurs auf NW zu N anlegte. Der Passat, der im August selten um mehr als einen Punkt nach beiden Seiten des Ostens schwankt, kam ihm sehr zu Hilfe. Aber es mußte mit den Strömungen gerechnet werden, deren Stärke und Richtung Kolumbus unbekannt waren. Und da die Nächte jetzt monddunkel waren, entschloß er sich, »jede Nacht auf- und abzutreiben, aus Angst, auf Inseln und Riffe zu laufen.« Denn es war ja möglich, daß die Inseln auf diesem Kurs ebenso dicht gesät waren wie zwischen Trinidad und den Virgins. Hierdurch wurde die tägliche Segelzeit auf fünfzehn Stunden gekürzt. Bei Einbruch der Nacht am 15. August war die Flotte auf Breite 12° Nord und Länge 65° W, 25 Meilen westlich von Blanquilla. In dieser Nacht war es, während er trieb, daß Kolumbus die Kompaßdeklination von anderthalb Punkten beobachtete. Das bedeutete, daß er nach NW ½ W (310° wahr) gesteuert war, anstatt nach NW zu N, wie die Kompaßrose zeigte. Folglich muß er, als er am sechzehnten bei Tagesanbruch Segel setzte, seinen Kurs um anderthalb Punkte nach Norden zu geändert haben, um den wahren Kurs NW zu N wiederzufinden. Indem er auf diesem Kurs durchschnittlich 100 Meilen an drei Fünfzehnstundentagen segelte und jede Nacht etwa 25 Meilen westwärts trieb, bekam er am 19. August vor Einbruch der Nacht Land in Sicht. Es war die Insel, an der er auf seiner Zweiten Reise im Jahre 1494 vorbeigefahren war und die er nach der heiligen Katharina benannt hatte; jetzt nannte er sie *Madama Beata* nach der noch berühmteren Jungfrau. Noch heute heißt sie Beatainsel. □

Aufruhr auf Española – Kolumbus im Zwielicht

Als Kolumbus auf Española eintraf, erlebte er die Insel in hellem Aufruhr. Die Unzufriedenen hatten sich um einen gewissen Francesco Roldán geschart und opponierten gegen die Verwaltung unter den beiden Brüdern des Admirals. Statt den Aufrührern gegenüber eine eindeutige und klare Haltung einzunehmen, suchte Kolumbus nach Kompromissen und führte als Ergebnis nachgiebiger Verhandlungen mit Roldán das System der Repartimientos oder Encomiendas ein, von dem noch ausführlicher die Rede sein wird (vgl. Seite 357). Hier liegt wohl eine der entscheidendsten Fehlleistungen, die für die Zukunft noch weittragende Folgen haben sollte. Der schärfste Gegner dieses bei den Spaniern natürlich rasch beliebten Ausbeutungssystems wurde Las Casas, der zu den Freunden und Bewunderern des Admirals gehörte (vgl. Seite 223 und Seite 361). Als sich die Aufrührer auch noch untereinander entzweiten und Kolumbus völlig die Herrschaft verlor, wurde die Lage so unhaltbar, daß die Könige im Frühjahr 1499 Francisco de Bobadilla als ihren Beauftragten und obersten Richter zur Ordnung der Verhältnisse nach Española entsandten. Über seine Rolle ist viel Gegensätzliches geschrieben worden. Deshalb sollten wir hier zwei vorurteilslose Kritiker und Biographen zu Wort kommen lassen. Der deutsche Geograph Oscar Peschel (1826–1875) schrieb schon 1858 unter sorgfältiger Ausnutzung der zeitgenössischen spanischen Quellen in seiner »Geschichte des Zeitalters der Entdeckungen«:

Enttäuschung und Klagen

Es war Colóns Verhängnis, daß er sich eine Statthalterschaft neben dem Admiralstitel ausbedungen hatte. Acht Jahre verstrichen, ohne daß der große Mann die Auffindung des Seeweges nach Indien, sein Lebensziel, sonderlich gefördert hätte. Zerstreut sehen wir ihn an der Ostspitze Kubas seine zweite Fahrt unterbrechen, weil ihm seine goldene Statthalterschaft keine Ruhe läßt. Auf seiner dritten Reise gönnt er sich keine Zeit, die Entdeckung des merkwürdigen Festlandes zu verfolgen. Nur flüchtig, auf der Überfahrt nach Haiti, sucht er neue Küsten, denn alle Entdeckungsreize scheinen bei ihm erstorben, und während er nur mit der domänenartigen Ausbeutung Españolas sich beschäftigt, entschleiern andere mittlerweile beinahe in völliger Ausdehnung die atlantischen Küsten Südamerikas. Ohne glänzende Befähigung zur Verwaltung einer Kolonie, fehlte ihm der Zauber einer gebieterischen Persönlichkeit unter den verwegenen Abenteurern, die er nach der Neuen Welt geführt hatte. Ein solches Heldengesindel mitten in der Empörung und in den höchsten Drangsalen noch in Mannszucht zu halten, gelang nur einem Liebling des Kriegsgottes, wie Hernán Cortés. Wer die Spanier gewinnen wollte, mußte reichlich mit ihnen die saure Beute teilen; Colón aber, unablässig auf eigenen Vermögenserwerb bedacht, gönnte selbst Billiges nicht seinen Untergebenen, in deren Augen er überdies noch den unverzeihlichen Fehler seiner italienischen Herkunft besaß. Im Entdeckerrausche hatte er die Neue Welt in seinen Schilderungen vergoldet, und mit Gier erfaßten die Spanier seine trügerischen Verheißungen. Ein Teil der Enttäuschten war bettelhaft und siech heimgekehrt. Als sich der Hof im Sommer 1500 in Granada aufhielt, erzählt Don Fernando Colón, pflegten ein halbes Hundert dieser westindischen Invaliden im Vorhofe der Alhambra, den Schoß mit Trauben gefüllt, sich niederzusetzen und laut die Monarchen zu schmähen, daß sie ihren Hunger mit solcher Kost befriedigen müßten. Ging König Ferdinand vorüber, so riefen sie ihm zu: Zahle! zahle! und erschienen im Gefolge der Königin die Pagen Don Diego und Don Fernando Colón, so wurde mit Fingern auf sie gedeutet. »Schaut«, riefen etliche, »die Püppchen! die Söhne des Almiranten, der die Länder des Truges und der Trübsal, den Kirchhof kastilianischer Hidalgos entdeckt hat.« Colón hatte darin gefehlt, daß er in dem Goldlande Cibao nur seinem Anhange und wenigen andern gegen kurzdauernde Lizenzen Bearbeitung der Minen verstattete und gegen geringe Vergütung für die Krone und seine Rechnung das gewonnene Gold einzog. Unvorsichtig hatte er gezögert, den Kronanteil der Goldausbeute heimzusenden, so daß er in die erniedrigende Lage geriet, sich vor der üblen Nachrede zu rechtfertigen, als habe er fiskalisches Gut unterschlagen und trachte danach mit Hilfe der Seinigen sich unabhängig zu erklären. Die Verleumder erinnerten daran, daß Colón auf der Rückkehr von der ersten Reise in den Tejo eingelaufen und mit den Portugiesen heimlich unterhandelt habe. Eine berechnete Tücke wollte man selbst darin sehen, daß Colón das ungesunde Isabella zur Ansiedelung ausgewählt und den Tod so vieler Spanier dadurch verursacht habe. Mochte nun auch der Hof für solche grobgesponnene Beschuldigungen nicht zugänglich sein, so fehlte es doch nicht an ernsten Tatsachen, um Mißmut gegen den Entdecker zu erregen.

Verärgerung der Königin – Entmachtung des Kolumbus

Hatte die gewissenhafte Isabella schon im Jahre 1495 die Verschleppung der Indianer in die Sklaverei einzustellen befohlen, so stieg ihr Unmut, als abermals eine Fracht von etlichen Hunderten in Spanien anlangte, damit aus dem Erlös ihrer Köpfe der Aufwand der Entdekkungen bestritten werden möchte. »Welche Vollmacht«, rief die aufgebrachte Königin, »besitzt der Admiral, meine Untertanen irgendwem zu verkaufen?« Durch eine Kabinettsorder vom 20. Juni 1500 ließ sie sämtliche, auf Befehl des Admirals verkauften Indianer wieder in Freiheit setzen und befahl, sie mit dem nächsten Geschwader in ihre Heimat zu senden. Wohl durfte sich Isabella tief beunruhigt über die Verwilderung in der jungen Kolonie fühlen. Da nun die rückkehrenden Ansiedler einstimmig über Willkür und Härte des Admirals und seiner Brüder klagten, Colón selbst in einer unbedachtsamen Stelle seiner letzten Depesche das Schwert zur Heilung des Aufstandes empfahl und erbittert Roldán anklagte, den er selbst der Krone empfohlen und zum Richter ernannt hatte, so waren genügende Ursachen für die Krone vorhanden, sich selbst eines politschen Fehlers anzuklagen, daß man in Entfernungen, die jede Aufsicht verhinderten, die Macht über Leben und Tod der Untertanen einem Manne anvertraut habe, vor dessen Leidenschaftlichkeit man jetzt erschrak. Um sich Klarheit über die Wirrsale zu verschaffen, dazu bot Colón den Monarchen einen schicklichen Anlaß, als er um die Absendung eines gelehrten Richters gebeten hatte. Am 21. März 1499 wurde die erste Vollmacht für einen solchen Beamten ausgefertigt, um »ein untersuchendes Verfahren gegen die dem Admiral aufsässigen Personen einzuleiten; nach Ermittlung ihrer Schuld sie zu verhaften, ihre Habe einzuziehen und sie nach Gebühr und Rechten zu bestrafen«. Am 21. Mai 1499 wurde das Patent für den neuen »regierenden Richter« (Juez Gobernador) ausgefertigt, ihm »die Verwaltung und das Richteramt« in den neuentdeckten Ländern übertragen und zugleich sämtliche Magistrate in der Ansiedlung ihrer Ämter bis auf erneuerte Bestätigung durch den Bevollmächtigten enthoben. Auch erteilte man ihm Befugnis, Personen jeden Ranges, wenn er es für den Dienst der Krone ersprießlich halte, aus der Kolonie zu entfernen. Am nämlichen Tage wurde der Befehl, alle Burgen, Arsenale, Schiffe, Pferde, Waffen und Kriegsvorräte dem neuen Statthalter auszuliefern, an Colón und seine Brüder unterzeichnet, worin die Monarchen ebenso wie in den andern Urkunden den Entdecker nur als Admiral und nicht mehr als Vizekönig anreden.

Bobadilla – der neue Statthalter

Offenbar wurde also eine zeitweilige Enthebung Colóns von der Statthalterschaft beabsichtigt und sein Nachfolger für die Umgestaltung der Behörden reichlich mit Vollmachten in blanko ausgestattet. Lag nun alles daran, diesen Auftrag mit Zartheit auszuführen, damit der königliche Name unbefleckt erhalten bliebe, so fiel die Wahl unglücklicherweise auf den ungestümen Francisco de Bobadilla, einen armen Calatravaritter, den die Monarchen durch folgendes Handbillett an den Admiral beglaubigten: »Wir senden den Überbringer dieses Schreibens, Comendador Francisco de Bobadilla, um Euch in Unserem Namen mündlich gewisse Dinge mitzuteilen. Ihr werdet ihm Vertrauen und Glauben schenken und seine Weisungen erfüllen.« Die Absendung Bobadillas verzögerte sich ein volles Jahr, weil es an Geld zur Rüstung von Schiffen fehlen mochte. Endlich, Mitte oder Ende Juni 1500, ging der neue Statthalter mit zwei Schiffen nach Westindien ab. Für die Ansiedlungen hatte eine glänzende Zeit begonnen. In dem Bruchstück einer Depesche aus jenen Tagen stellt Colón, wie immer erfüllt mit fiskalischen Traumbildern, der Krone in Zukunft ein Einkommen von 60 Millionen (160000 Dukaten) in Aussicht und bindet sich mit einem Eide, daß man im Jahre 1503 schon 120000 Pesos erwarten dürfe. Am 5. Februar 1500 befand er sich in Santo Domingo, um sich nach Spanien einzuschiffen. Von diesem glücklichen Vorsatze hielten ihn neue Unruhen in Xaragua ab. Hernando de Guevara hatte Higueymota, die reizende Tochter Anacaonas, welche Anwartschaft auf das Reich von Xaragua besaß, nach erfolgter Taufe geheiratet. Da aber vor diesem Bündnis die Prinzessin dem Roldán als Geliebte gehört hatte, so kam es bald zu Streitigkeiten und Lebensbedrohungen zwischen beiden Spaniern, bis endlich Roldán seinen Gegner am 13. Juni überfiel und gefangen dem Amiral zur Bestrafung ablieferte. Darauf wurde es ruchbar, daß Adrian de Morica, der bei dem früheren Aufstand eine Hauptrolle gespielt hatte, seinen Vetter Guevara gewaltsam aus der Haft zu befreien und dafür den Admiral sowohl als den loyal gewordenen Roldán in Ketten zu werfen drohe. Colón kam ihm zuvor und brachte den Unruhigen samt seinem Anhange in Gewahrsam. Der Admiral verurteilte Adrian zum Galgen und ließ ihn, da er, um die Hinrichtung zu verzögern, die Beichte verweigerte, vom Turme seines Gefängnisses hinabstürzen. Colón versäumte die günstige Gelegenheit nicht, durch eine Schreckensjustiz nachzuholen, was er durch frühere Schwäche versäumt zu haben glaubte. Andere Hinrichtungen folgten, und der Ade-

Ohnmächtiges Aufbegehren gegen Willkür und Verbrechen.
»Kolumbus straft die aufrührerischen Spanier«.
Aus: De Bry, »Americae«, 4. Buch.

lantado stellte in Xaragua allen unruhigen Köpfen nach, von denen er sechzehn in Haft setzen ließ. Endlich wurde auch Pedro de Riquelme in die Kerker von Santo Domingo abgeführt.

Das peinliche Verfahren gegen die Ergriffenen war in vollem Zuge, der Admiral in Concepcion, der Adelantado in Xaragua abwesend, als am 23. August, einem Sonntagmorgen zwischen 7 und 8 Uhr, die beiden Karavellen Bobadillas sich Santo Domingo näherten. Ehe noch der Wind ihr Einlaufen verstattete, schickte Don Diego Colón eine Barke zur Erkundigung entgegen, ob sich vielleicht unter den Angekommenen der ältere Sohn des Admirals befinde. Bobadilla erfuhr von den Abgesendeten, daß in der verflossenen Woche sieben Spanier am Strange hingerichtet worden seien und fünf andere in der Festung ihr Todesurteil erwarteten. Als am Nachmittag die Schiffe den Fluß hinaufgingen, bekam man an beiden Ufern die Galgen zu Gesicht, an denen die Verbrecher noch hingen. Bobadilla blieb die Nacht über noch an Bord. Am andern Morgen aber zog er mit seiner Mannschaft in Prozession nach der Kirche. In Gegenwart Don Diego Colóns ließ er nach der Messe seine Ernennung zum königlichen Richter verlesen und begehrte hierauf die Auslieferung aller Verhafteten mit den Untersuchungsakten, was ihm Don Diego verweigerte, bevor er nicht vom Admiral dazu ermächtigt worden sei. Bobadilla wartete bis zum andern Morgen (25. August), wo er nach der Messe sein Patent als Statthalter verkündigen und Don Diego sowie die Anwesenden zum Gehorsam auffordern ließ, indem er zugleich den königlichen Befehl vorzeigte, daß alle Waffen und Burgen ihm ausgeliefert werden sollten. Unmittelbar hinterdrein wurde ein königliches Reskript jüngeren Datums verlesen, welches allen Ansiedlern im Dienste der Krone die Auszahlung des rückständigen Soldes verhieß. Hatten manche bisher noch an der Echtheit der königlichen Urkunden gezweifelt, so beseitigte die Aussicht auf Bezahlung alle Bedenken. Da sich Don Diego und der Burgvogt Miguel Diaz noch immer weigerten, dem neuen Statthalter die Tore zu öffnen, versammelte dieser die Mannschaft seiner Schiffe und einen hellen Haufen der Bewohner von Santo Domingo, zog mit ihnen vor das Schloß und ließ die Zugänge einbrechen. Miguel Diaz und Diego de Alvarado, die zu Colón hielten, erschienen zwar mit gezogenem Degen auf der Mauer, leisteten aber sonst keinen Widerstand. Bobadilla stellte ein kurzes Verhör mit den Eingekerkerten an und gab sie dann dem Alguazil Juan de Espinosa in Obhut.

Als der Admiral von diesen Vorfällen vernahm, vermochte er sich nicht einzureden, daß wirklich seine Absetzung beschlossen sei, bis er, nach Santo Domingo aufgebrochen, unterwegs in Bonao die Abschriften der königlichen Patente empfing, die ihm Bobadilla zustellen ließ. Noch hielt sich Colón an dem Strohhalm, daß seine ausdrückliche Enthebung vom Vizekönigtum nicht ausgesprochen war, als er aber auch das Beglaubigungsschreiben Bobadillas gelesen hatte, zögerte er nicht länger, sich diesem zu nähern. Der neue Statthalter hatte mittlerweile offen seine Feindseligkeit merken lassen, indem er seine Vollmachten in blanko eilig mit Gnadengewährungen an Roldán und die andern Häupter des früheren Aufstandes ausfüllte. Er hatte im Hause des Admirals ohne weiteres Quartier genommen und alle vorgefundenen Kleinodien und Kostbarkeiten unter Siegel gelegt. Ohne jede Ermächtigung erließ er die königlichen Zehnten und erteilte gegen Entrichtung des elften Teiles auf zwanzig Jahre völlige Freiheit in Cibao auf Gold zu schürfen. Den Ansiedlern wiederholte er beständig: »Rafft zusam-

Kolumbus wird gefangen und in Ketten gelegt nach Spanien abtransportiert. Aus: De Bry, »Americae«, 4. Buch.

men, was ihr findet; wer weiß, wie lange es dauern mag?« So musikalisch hatte der Admiral nie gesprochen, und für solche Freigebigkeit, meint Las Casas, hätte der Pöbel den eigenen Vater verschworen. Eine heimliche Untersuchung gegen den Admiral gedieh sichtlich, da es dem gestürzten Manne nicht an Anklägern fehlte, die ihn beschuldigten, den Indianerkrieg nur fortgesetzt zu haben, um durch Kriegsgefangene den Sklavenhandel flottzuhalten, während andere hinzusetzten, er bewaffne heimlich die Eingebornen, um den neuen Statthalter gewaltsam zu vertreiben.

Verhaftet und in Ketten gelegt

Als der Admiral in Santo Domingo eintraf, befahl ihn Bobadilla ohne Verhör, ja ohne daß man sich gesehen, in Ketten zu schließen. Da sich aber niemand zu diesem Dienste hergeben wollte, so mußte man zu dem eigenen Mundkoche Colóns seine Zuflucht nehmen. Tröstlich war es, daß der edle Gefangene einem Verwandten des Bischofs Fonseca, dem ritterlichen Alonso de Vallejo übergeben wurde. Bis zur Kleinmut gebeugt, befürchtete der Admiral, man geleite ihn zum Richtplatz, und fragte angstvoll: »Vallejo, wo bringst du mich hin?« – »An Bord«, erwiderte der Kavalier, »den Ew. Gnaden sollen sich nach Spanien einschiffen.« Colón ließ sich noch einmal von dem Edelmann versichern, daß er ihm nichts verheimliche und fühlte sich dann wie vom Tode erlöst. Auf Verlangen Bobadillas befahl er schriftlich dem Adelantado, er möge keinem der Verhafteten in seiner Gewalt ein Leids antun, sondern sich fügen und Genugtuung nur vom Hofe erwarten. Während Guevara auf freien Fuß gesetzt wurde, ließ man Don Diego und den Adelantado, der nach Santo Domingo gekommen war, in Ketten an Bord der beiden Schiffe bringen, die mit den Gefangenen und den Prozeßakten unter Alonso de Vallejos Befehl am Anfang Oktober Haiti verließen und nach einer kurzen Fahrt zwischen dem 20. und 25. November 1500 vor Cadiz ankamen. Auf der Überfahrt wurden der Admiral und seine Brüder mit Schonung behandelt, auch befahl Vallejo sogleich, ihnen die Ketten abzunehmen. Aber der Admiral litt es nicht, denn träge im Vergeben, war er entschlossen, mit seiner einzigen Waffe, nämlich durch Beschämung, den schnöden Fürstendank zu vergelten. In Eisen wollte er Spanien betreten, denn die Monarchen allein, sagte er, seien befugt, die Handschellen abzunehmen, die sie ihm zugedacht hatten. Während der Überfahrt schrieb Colón an seine Gönner bei Hofe. Er begehrt nach seinen Taten gerichtet zu werden, aber »nicht wie der Amtmann einer friedfertigen Stadt, sondern wie ein Feldherr, der von Spanien bis nach Indien zur Unterwerfung wilder Völker ausgezogen sei«. Bitterlich beschwert er sich bei seiner Gönnerin Doña Juana de la Torre, der Obersthofmeisterin des verstorbenen Infanten, die Gehör bei Isabella hatte, über Bobadillas Einbruch in sein Eigentum, der mit ihm schlimmer verfahren sei, »wie ein Pirat mit einem Kauffahrer«, denn er habe ihm alle Papiere und darunter auch die Urkunden zu seiner Rechtfertigung entrissen. Hätte ich, ruft er aus, Indien an die Ungläubigen verschenkt, feindseliger könnte Spanien mich nicht verfolgen!

Mit diesen Briefen versah Colón einen seiner Getreuen, und Andres Martin, der erste Offizier auf der Karavelle la Gorda, ließ den Boten, bevor man in Kadiz vor Anker ging, ans Land setzen, damit die Beschwerden des Admirals früher den Hof erreichten, ehe Bobadillas Berichte eine ungünstige Stimmung erregen konnten.

Die Rehabilitierung

Das Königspaar fühlte tief, daß sein Regentenglanz durch die Versündigung an der geweihten Person des Admirals getrübt worden sei. Kaum erfuhr man von seiner Landung, so überbrachte ein Kurier den Befehl, ihn in Freiheit zu setzen zugleich mit einem Geschenk von 2000 Dukaten zur Bestreitung seiner Anstandsbedürfnisse. Am 17. Dezember 1500 erschien der Admiral am Hoflager in Granada. Als er vor Ferdinand und Isabella das Knie beugte, erstickte Schluchzen seine Rede. Die Monarchen ließen ihn aufheben und gaben sich Mühe, ihn zu besänftigen, indem sie jede Ermächtigung zu Bobadillas Rohheit ableugneten und dem Admiral vollen Genuß seiner Würden und Privilegien zusicherten. Nicht alles aber ließ sich heilen. Niemand durfte sich verhehlen, daß Bobadilla großer Beliebtheit auf Española sich erfreute, während es dem Admiral weder gelungen war, die Gemüter zu gewinnen, noch die Ungehorsamen an Mannszucht zu gewöhnen. Er selbst hatte der jungen Gesellschaft ein Gift durch Bevölkerung mit Verbrechern eingeimpft; als die Geschwüre sich öffneten, durch unaufrichtige Kapitulationen sich geschadet, die er im stillen zu brechen gedachte, und zuletzt in krankhafter Energie durch Bluturteile den Vorwurf der Grausamkeit gerechtfertigt. Man durfte daher bei der Rückkehr des Admirals und seiner Brüder nach Española geradezu einen Aufstand der Ansiedler besorgen, ganz abgesehen davon, daß man irre werden mußte an den Monarchen, nach deren Ratschluß der Vizekönig doch von der Insel entfernt worden war. Es fehlte auch nicht an schweren Anklagen; so überschickte Bobadilla unter andern einen aufgefangenen chiffrierten Brief des Admirals an den Adelantado in Xaragua, worin er den Bruder zu bewaffneten Widerstand gegen den neuen Statthalter ermuntert haben sollte. □

»Euer Vater versah das Amt herzlich schlecht . . .«

Der bereits vorgestellte spanische Historiker Madariaga ergänzt diese Ausführungen im Hinblick auf die Persönlichkeit Bobadillas:

Der großmütige Empfang durch die Könige hat viele Biographen Colóns zu der irrigen Annahme verleitet, Ferdinand und Isabella hätten das Vorgehen Bobadillas mißbilligt und seine Schlußfolgerungen abgelehnt; aber eine Unzahl von Beweisen zeigen das genaue Gegenteil. Höflichkeit, Dankbarkeit und Freigebigkeit gehörten als natürliche Eigenschaften zu einem Herrscherpaar, das dieses hohen Amtes würdig sein sollte. Daß man gut daran tut, einem Untertan, der zunächst Denkwürdiges vollbracht und dann schwere Irrtümer beging, mit Freundschaft gegenüberzutreten, war ebenfalls selbstverständlich. Alle diese Gründe sind eine hinreichende Erklärung dafür, daß das Herrscherpaar einen Mann huldvoll empfing, den noch dazu »ein besonders gewinnendes Wesen« auszeichnete. Aber vom Herzen der Katholischen Könige bis zu ihrem Verstand war ein weiter Weg. Ihre hohe Meinung von seiner Person beeinflußte ihr Urteil über Colóns Leistungen bei der Regierung von La Española in keiner Weise. Und diese Beurteilung seiner Regierungskunst war überaus ungünstig.

Auch darüber liegen eine Menge Beweise vor: Bobadilla hatte das Privateigentum Colóns und seiner Brüder auf der Insel beschlagnahmt, und gegen diese Entscheidung kämpfte sowohl Colón als auch sein Sohn Ferdinand mit allem Nachdruck. Aber die Könige bestätigten die Beschlagnahme, soweit sie das Vermögen betraf, das die Colóns als Gouverneure erworben hatten, fast im vollen Umfang. Sie ordneten an, aus diesem Vermögen zunächst einmal die von dem Admiral einbehaltenen Gehälter auszuzahlen; vom Rest gestanden sie den zehnten Teil den Brüdern Colón zu, und neun Zehntel erhielt die Krone.

Alle damals lebenden Geschichtsschreiber erwähnen Bobadilla mit Worten des Lobes. Oviedo berichtet, daß »die Katholischen Könige ihn von seinem Auftrag entbanden und nach Spanien zurückkehren ließen, weil sie die Dienste, die er ihnen während seines dortigen Aufenthaltes leistete, sehr hoch schätzten. Gerecht und als guter Ritter waltete er seines Amtes und versah alles, was man ihm befahl.«

Mit ihm zusammen waren mehrere Franziskanermönche in den Indischen Landen eingetroffen, deren Ansicht insofern Vertrauen verdient, als sie die örtlichen Verhältnisse unvoreingenommen beurteilten; einer von ihnen war sogar Franzose. Sie alle stimmten Bobadilla in ihrem Urteil über das Vorgefallene zu und rieten dem Kardinal Cisneros, keinen der Verbannten auf die Insel La Española zurückkehren zu lassen. Pater Deledeuille schreibt am 12. Oktober 1500 dem Kardinal, der »Admiral und seine Brüder wollten sich in Waffen erheben, Christen und Indianer um sich scharen und Widerstand leisten«. Frater Juan de Robles schreibt folgendes an den Kardinal: »Um der Liebe Unseres Herrn Jesu Christi willen bitten wir Euch, dafür zu arbeiten, daß weder der Admiral noch sein Anhang jemals in dies Land zurückkehren.« Die in diesem Zusammenhang aufschlußreichste Bemerkung macht vielleicht Frater Juan de Trasierra: »Um der Liebe Gottes willen, da nun schon Euer Hochwürden dafür sorgte, daß dies Land der Macht des Königs Pharao entzogen wurde, so traget doch bitte nunmehr Sorge, daß weder er noch sonst einer seiner Nation jemals auf diese Insel zurückkehre.« In diesen wenigen Zeilen stecken interessante Angaben: Zunächst berichten sie, daß der mächtige Kardinal und Premierminister als treibende Kraft Colón in Ungnade brachte. Das bestätigt übrigens auch ein Absatz in dem bereits erwähnten Brief des Paters Deledeuille: »Ferner melde ich Euer Gnaden, daß in einem Gespräch, welches der Admiral etwa zwanzig Meilen vom Hafen entfernt mit meinem Begleiter führte, er unter anderem sagte: auch wenn der Erzbischof von Toledo meint, er komme nicht mehr hierher zurück, so werde er dennoch wiederkehren.« Aber Cisneros war kein Fonseca. Bei ihm gab es keine persönliche Voreingenommenheit gegen Colón. Hoch erhaben über Ehrgeiz und Eitelkeit, frei von Selbstsucht und stets auf den Dienst am Gemeinwohl bedacht: das war der Mann, der für diese Entscheidung gegen Colón die Verantwortung trug. Unter diesen Umständen bleibt kein Zweifel am eigentlichen Grund für die Absetzung des Admirals von seinem Posten als Generalgouverneur: gleichgültig, was die Könige persönlich wünschen mochten – Colón mußte verschwinden, weil er offensichtlich mit seiner Regierungskunst auf Española gescheitert war.

Aber es gibt noch andere Beweise. Die Politik, die die Könige in der Zukunft befolgten, gibt wichtige Hinweise. Sie gaben Colón all seine Ehren und Vorrechte zurück, aber als er nochmals in die Indischen Lande fuhr, gestatteten sie ihm nicht, dort Regierungsgewalt auszuüben. Sie verboten ihm sogar ausdrücklich das Betreten der Insel La Española. Schließlich findet sich noch ein sehr deutlicher Hinweis in dem bereits erwähnten Brief König Ferdinands an den ältesten Sohn des Admirals, worin es heißt: »Damals sandten Wir – die Königin, die Gott selig habe, und ich – ihn als Gouverneur auf diese Insel. Aber Euer Vater versah dies Amt, das Ihr jetzt innehabt, herzlich schlecht. Ständig gab es Aufruhr und Verluste, und niemals wurde etwas von dort gewonnen.«

Über diesen Punkt erübrigt sich also jegliche Diskussion. Der Sturz Colóns entsprang nicht dem angeblichen Machiavellismus der Könige, deren Undank oder der Intrige. Es lag ihm vielmehr ein Entschluß zugrunde, den die einfachste staatsmännische Vorsicht gebot, denn die Colóns waren mit ihrer Regierung der Indischen Lande kläglich gescheitert. Diese Schlußfolgerung behält auch dann ihre Gültigkeit, wenn man die außergewöhnlichen, manchmal sogar einzigartigen

Schwierigkeiten berücksichtigt, mit denen sie kämpfen mußten; viele dieser Schwierigkeiten hatten sie durch ihre eigene Ungeschicklichkeit überhaupt erst geschaffen.

Der »König Pharao«

Aber der Brief des Fraters Juan de Trasierra enthält noch einen anderen wichtigen Hinweis: »Der König Pharao«, sagt Trasierra und meint den Admiral. Anscheinend war also der Spitzname der Colóns in Española »Die Pharaonen«. Dieser besondere Umstand fiel bisher niemandem auf, und doch hat das Wort in diesem Zusammenhang insofern besondere Bedeutung, als es aus der Feder eines Franziskaners kommt. Bekanntlich standen damals die Franziskaner beim Kampf gegen die Juden in der vordersten Linie. Die berühmte antisemitische Schmähschrift jenes Jahrhunderts, die Verse des Provinzials, stammten zweifellos von Franziskanern. Diese Verse enthalten folgenden Vierzeiler:

»Dich, Frater Bujarrón
Alvaro Pérez Orozco
Erkenne ich an deiner Nase,
Denn krumm ist sie wie die von Pharao.«

In der Redeweise der Franziskaner bedeutete »Pharao« also Jude. Die Anklagen aus der Kolonie, daß die drei Brüder bekehrte Juden seien, müssen sich also hartnäckig gehalten haben. Die Zeitgenossen Colóns betrachteten ihn als getauften Juden. Darüber wußte man allgemein Bescheid, und deshalb spielte dieser Brief an den Kardinal und Premierminister – der schon bald darauf Großinquisitor wurde – darauf an, ohne daß die flüchtig hingeworfene Bemerkung einer besonderen Erklärung bedurft hätte.

Das gleiche gilt für die Worte: »Einer seiner Nation«, die gleichfalls im Brief des Fraters Trasierra vorkommen. Welche Nation meint er? Genua war keine; Italien noch weniger. Aber eine jüdische Nation gab es. □

Wenn Madariaga einen zeitgenössischen Spottvers als Beleg für die schon im 3. Kapitel erwähnte Theorie von der jüdischen Abstammung des Kolumbus zitiert, so kann dieser Auffassung ein wenig bekannter Satz aus der Verteidigungsschrift des Admirals vom Mai 1499 an die Könige gegenübergestellt werden; denn es scheint, daß sich Kolumbus und manche seiner Gegner gegenseitig als »Conversos« bezeichneten.

Alle diese Anklagen sind gegen mich wider alles Recht erhoben worden, wie ich bereits ausgeführt habe, und dies ist geschehen und gesagt worden, damit Eure Hoheiten meiner und meiner Unternehmung überdrüßig werden sollten. Aber so hätten sie sich nicht einmal betragen, wenn der Entdecker dieser Länder ein »Converso« gewesen wäre. Und die »Conversi« sind die Feinde Eurer Hoheiten und der Christen. Sie trugen am allermeisten dazu bei, solche Verleumdungen zu verbreiten und bemühen sich, mir meinen guten Namen zu rauben. Hier versichert man, daß der größte Teil von denen, die sich mit diesem Roldán, der mich jetzt bekämpft, zusammengetan haben, zu jener Rasse gehören. □

Die letzte Reise

Noch ein letztes Mal ging 1502 der inzwischen einundfünfzigjährige Kolumbus auf eine neue Reise nach Westen. Ferdinand und Isabella hatten diesmal vorgebaut, ihm klare Instruktionen erteilt und ausdrücklich untersagt, Española anzulaufen. Vergessen wir nicht, daß sich nun die Verhältnisse gewandelt hatten und vier Jahre zuvor Indien von Vasco da Gama auf dem Ostweg erreicht worden war. Nun sollte Kolumbus neue Gebiete »in Indien in jenen Teilen entdecken, die uns gehören«.

Ein merkwürdiges Schicksal wollte es, daß kurz nachdem Kolumbus mit seinen Karavellen in Westindien angelangt war, einige spanische Schiffe, auf denen auch Bobadilla und Roldán in die Heimat reisten, unterwegs während eines Hurricans mit Mann und Maus untergingen.

Fast wäre es dem Admiral ähnlich ergangen wie seinen beiden Kontrahenten; denn er geriet auf dieser Reise in mehr kritische Situationen als auf den drei vorangegangenen zusammen. Er hat die Fahrt deshalb auch in seinen Aufzeichnungen besonders hervorgehoben, während sie seinen Biographen nach dem vordergründig dramatischen Geschehen der dritten Reise vielfach unbedeutend oder gar unwichtig erscheint.

Die Meuterei vor Jamaika

Verfolgen wir den Reiseweg, so erkennen wir deutlich, wie angestrengt Kolumbus eine Durchfahrt nach Westen suchte, aber er mußte umkehren, geriet in gefährliche Stürme und ließ schließlich an der Küste von Jamaica die nicht mehr seefesten noch vorhandenen drei Schiffe an

Land ziehen. Dann schickte er ein paar Leute in zwei Kanus nach Española, um von dort Hilfe zu erbitten. Unter den Zurückgebliebenen brach offene Meuterei aus, wie Fernando Kolumbus berichtet.

Nachdem die Kanus nach Española in See gestochen waren, begannen die auf den Schiffen zurückgebliebenen Leute zu erkranken. Sie waren von den Anstrengungen der Reise erschöpft, auch ertrugen sie den Wechsel der Nahrung schlecht. Sie hatten gar keine aus Kastilien mitgebrachten Lebensmittel mehr, keinen Wein mehr zu trinken und als Fleisch nur noch die Huttie (Kaninchen oder Ratten), die sie manchmal durch Tausch erwerben konnten. Den Gesunden aber behagte es nicht, daß sie so lange eingeschlossen bleiben mußten. So begannen sie in allen Ecken zu murren, sagten, der Admiral wolle nie mehr nach Spanien zurückkehren, weil ihn die Katholischen Könige des Landes verwiesen hätten, er könne auch nicht nach Española, wo ihm die Landung schon verwehrt worden sei, als er die Insel von Kastilien her angelaufen habe. Die Leute mit dem Kanu seien auch nur abgesandt worden, um sich nach Kastilien zu begeben, wo sie für ihn unterhandeln sollten. Sie seien keineswegs geschickt worden, Schiffe oder sonst eine Hilfe herbeizuholen. Solange sie mit den Katholischen Königen unterhandelten, wolle der Admiral hier bleiben, um dem Verbannungsbefehl zu gehorchen. Wenn es anders gewesen wäre, hätte mindestens Bartolomeo Fiesco längst zurück sein müssen; es sei ihnen doch gesagt worden, er werde zurückkommen. Man könne aber überhaupt nicht wissen, ob nicht er und Diego Méndez auf der Überfahrt ertrunken seien; sollte dies jedoch geschehen sein, so würden sie überhaupt keine Hilfe und Rettung mehr finden, wenn sie sich nicht entschlössen, selbst etwas zu unternehmen, da sich der Admiral nicht geneigt zeige, aufzubrechen, und zwar wolle er dies aus den bereits genannten Gründen nicht, selbst wenn er wollte, könnte er es nicht, da er so stark unter der Gicht litt, daß er sich kaum vom Bett rühren konnte und schon ganz und gar nicht die Mühe und Gefahr auf sich nehmen durfte, mit einem Kanu nach Española überzusetzen.

Sie müßten sich entschließen, so lange sie selbst noch gesund seien und nicht warten, bis sie ebenfalls krank würden wie die andern. Der Admiral könne ihnen dies auch nicht verwehren. Seien sie einmal auf Española, so dürften sie damit rechnen, um so besser empfangen zu werden, in je größerer Gefahr sie den Admiral hier zurückließen, denn der Statthalter der Insel Española, der Comendador von Lares (Ovando), hege gegen den Admiral einen tödlichen Haß. Wenn sie später nach Kastilien zurückkehrten, brauchten sie dort nur den Bischof Don Juan de Fonseca aufzusuchen, der ihnen jede Gunst erweisen würde; auch sei dort der Schatzmeister Morales, der eine Schwester der Brüder Porras zur Beischläferin habe. Die Brüder Porras waren auf den Schiffen die Häupter der Verschwörung, welche die andern am heftigsten aufstifteten. Sie hielten es für sicher, daß sie von den Katholischen Königen gut aufgenommen würden, denn die Schuld würden jene stets dem Admiral zuschreiben, wie es schon im Fall des Roldán auf Española geschehen war. Sie würden ihm lieber vollends noch alles nehmen, was er hatte, als sich zu bemühen, die Dinge, die zwischen ihnen und ihm vorgefallen waren, zu prüfen.

Dies und noch anderes sagten sie zueinander. Der eine der beiden Brüder, Francisco, war Kapitän des Schiffes »Bermuda« (oder »Santiago de Palos«), der andere, Diego, Zahlmeister der Flotte. Von ihnen angestiftet und auf sie hoffend, schlossen sich 48 Mann dieser Verschwörung an und wählten Porras zum Häuptling. Auf den Tag und die Stunde, die sie beschlossen hatten, nahm jeder die notwendigsten Dinge an sich, und als sie mit ihren Waffen bereit standen, stieg Francisco de Porras am 2. Januar morgens aufs Hinterdeck des Schiffes, auf dem sich der Admiral befand, und sagte zu ihm: »Herr, was soll das bedeuten, daß Ihr nicht nach Kastilien zurückwollt und es vorzieht, uns hier alle untergehen zu lassen?« Als der Admiral diese anmaßenden Worte hörte, die nicht von der Art waren, wie er sie gewöhnt war, bekam er eine Ahnung, um was es sich handeln könnte. Er antwortete mit vorgetäuschter Ruhe, er sehe keine Möglichkeit, in See zu stechen, solange ihm nicht die Männer, die mit dem Kanu fortgefahren seien, ein Schiff verschafft hätten. Er wünsche mehr als jeder andere die Rückfahrt, zu seinem Wohl und auch zum Wohle aller, für deren Schicksal er verantwortlich sei. Sollten sie anderer Meinung sein, so stehe er nicht an, die Kapitäne und Hauptleute zu empfangen, um ihre Meinung zu hören und ihnen zu sagen, wie er die Lage betrachte; er sei bereit, mit ihnen darüber zu verhandeln, was zu tun wäre, wie er das auch früher oftmals gemacht habe. Darauf erwiderte Porras, es sei jetzt nicht der Ort für viele Worte, er solle sich jedoch bald einschiffen oder zurückbleiben mit Gott. Damit wandte er ihm den Rücken und fügte mit lauter Stimme hinzu: »Ich gehe nach Kastilien, mit allen, die mir folgen wollen«.

Seine Anhänger huben nun ein lautes Geschrei an: »Wir wollen mit ihm gehen, wir wollen mit ihm gehen«. Von beiden Seiten stürmten sie auf das Schiff, besetzten das Deck und die Mastkörbe, die blanke Waffe

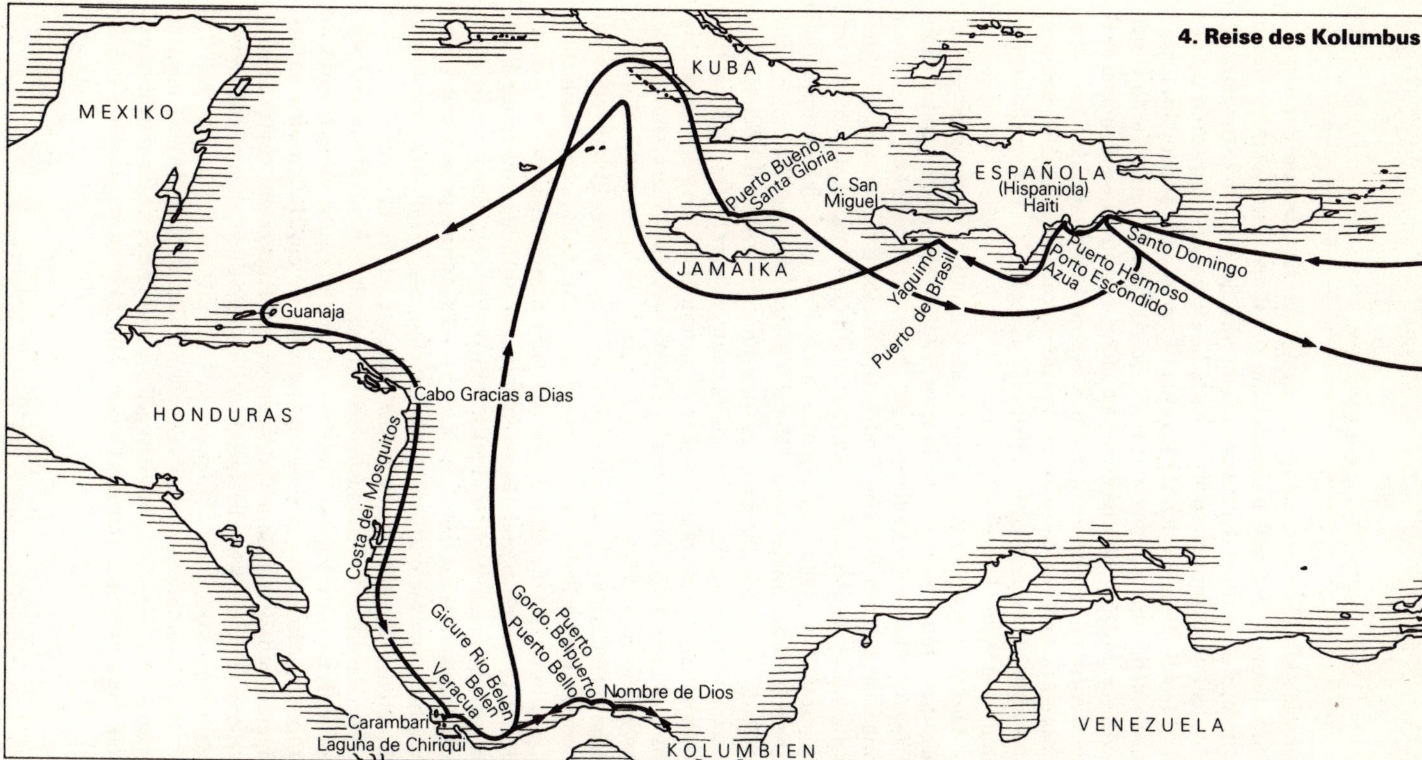
4. Reise des Kolumbus
MEXIKO
KUBA
ESPAÑOLA
(Hispaniola)
Haïti
JAMAIKA
HONDURAS
KOLUMBIEN
VENEZUELA
Puerto Bueno
Santa Gloria
C. San
Miguel
Santo Domingo
Puerto Hermoso
Porto Escondido
Azua
Yaquimo
Puerto de Brasil
Guanaja
Cabo Gracias a Dias
Costa dei Mosquitos
Gicure Rio Belen
Belen
Veracua
Carambari
Laguna de Chiriqui
Puerto
Gordo. Belpuerto
Puerto Bello
Nombre de Dios

in der Hand. Ohne Ordnung und Vernunft schrien die einen: »Nieder, nieder!« andere: »Nach Kastilien, nach Kastilien!« und andere: »Herr Kapitän, was werden wir tun?« Obwohl der Admiral zu Bett lag und so stark unter der Gicht litt, daß er kaum auf den Füßen stehen konnte, erhob er sich dennoch und ging hinkend zu den Lärmenden. Aber drei oder vier ehrenhafte Männer, seine ergebenen Diener, warfen die Arme um ihn, damit ihn die Empörer nicht töten konnten und brachten ihn mit Mühe auf sein Bett zurück. Dann eilten sie zum Präfekten, der sich tapfer mit einem Speer zur Wehr gesetzt hatte; sie entwanden ihm die Waffe mit Gewalt und brachten ihn zu seinem Bruder. Dem Hauptmann Porras sagten sie, er möge sich mit Gott verziehen und nicht die Ursache des Unheils werden, das sie alle träfe. Er möge sich's genug sein lassen, daß seiner Abreise kein Hindernis in den Weg gelegt, noch Widerstand geleistet würde. Sollte er jedoch den Tod des Admirals verschulden, so dürfe er nicht hoffen, ungestraft davonzukommen, die Sache würde ihm nicht den geringsten Nutzen bringen.

Nachdem sich der Aufruhr etwas gelegt hatte, nahmen die Verschwörer zehn Kanus, die an den Schiffen angebunden waren und die der Admiral auf der ganzen Insel hatte zusammensuchen und kaufen lassen, damit sie den Indianern entzogen wären, wenn sie den Christen etwas hätten zuleide tun wollen, wie auch um sich ihrer im Notfall zu bedienen. Auf diese Kanus schifften sie sich ein und waren so fröhlich, als ob sie bereits in einem kastilischen Hafen gelandet wären. Viele andere, die von dem Verrat nichts wußten, waren verzweifelt, weil sie glaubten, sie würden verlassen und müßten zurückbleiben. Diese nahmen alle ihre Sachen zusammen und stiegen zu den Empörern in die Boote, zum großen Schmerz der wenigen Getreuen, die beim Admiral ausharrten, und der vielen Kranken. Ihnen allen war zumute, sie seien auf ewig verloren und hätten keine Rettung mehr zu erwarten. Wäre die ganze Mannschaft gesund gewesen, so wären ohne Zweifel keine zwanzig Mann beim Admiral geblieben.

Der Admiral trat heraus, um seine Leute mit den besten Worten, die ihm Zeit und Umstände eingaben, zu stärken und zu trösten. Die Empörer nahmen indessen mit ihrem Kapitän Francisco de Porras auf ihren Kanus Kurs nach der Ostspitze der Insel, von wo aus Diego Méndez und Fiesco ihre Überfahrt nach Española angetreten hatten. Auf ihrem Wege fügten sie den Indianern viele Kränkungen zu, nahmen ihnen mit Gewalt die Lebensmittel und alle übrigen Dinge, die ihnen gefielen und hießen sie, zum Admiral zu gehen, der sie dafür bezahlen werde. Sollte er sich weigern, so gestünden sie ihnen das Recht zu, ihn zu erschlagen. Damit würden sie ihm nur zufügen, was er verdient habe, denn er sei nicht nur den Christen verhaßt, sondern auch die Ursache allen Übels, das den Indianern auf den andern Inseln zugefügt werde. Dasselbe würde auch ihnen widerfahren, wenn sie nicht durch seinen Tod Abhilfe schüfen, denn mit dieser Absicht verweile er auf der Insel. □

Ein Ende im Wohlstand

Erst nach etwa dreiviertel Jahren kam die langersehnte Hilfe, für Kolumbus eine schlimme Zeit, die ihn stärker mitnahm als die Gefangenschaft der dritten Reise. Mit etwa hundert Überlebenden wurde er schließlich gerettet und nach Santo Domingo gebracht. Von dort kehrte er nach Spanien zurück, das er Anfang September 1504 erreichte, ein gebrochener, müder Mann.

Knapp drei Monate später starb Königin Isabella, die immer Verständnis für seine Pläne gezeigt hatte. Auf Ferdinand oder gar dessen Schwiegersohn, den jungen Habsburger, durfte er nicht mehr rechnen. Sein Werk war abgeschlossen, das wußte er nur zu genau. So blieb eigentlich nur noch ein Warten auf das Ende, erfüllt von lästigen Streitereien, Kämpfen um echte und vermeintliche Ansprüche. Dabei ging es ihm materiell hervorragend. Die Vorstellung vom armen, verlassenen und verratenen Entdecker darf getrost in das Reich der Fabel verwiesen werden. Ein großes Haus im vornehmsten Viertel von Sevilla und ein beachtliches Vermögen hätten einem ruhigeren Geist ein bequemes Leben garantiert. Kolumbus entwickelte neue Pläne, obgleich er spüren mochte, daß er sie nicht mehr würde verwirklichen können. Es ist auffallend, daß nun mehr und mehr das Gold in seinen Vorstellungen einen breiten Raum einnahm. Fast hat man das Gefühl, als vermischten sich in seinem Denken manchmal die Grenzen zwischen Realität und Phantasie stärker als früher. Dann kam das Ende doch verhältnismäßig rasch. Am 19. Mai 1506 unterzeichnete er sein Testament, einen Tag später starb er in Valladolid im Alter von fünfundfünfzig Jahren.

Kolumbus, »Ostasien« und »Amerika«

Auch im Tode fand Kolumbus keine Ruhe, als sei ihm bestimmt, immer weiter zu reisen. So blieb der Leichnam nur sieben Jahre in dem Sterbeort Valladolid und wurde dann in das Kartäuserkloster nach Sevilla überführt. Da es aber der Wunsch des Admirals gewesen war, seine letzte Ruhestätte auf der von ihm entdeckten Insel zu finden, wurde er wohl um 1541 nach Santo Domingo gebracht und dort in der neu erbauten Kathedrale beigesetzt. Neben ihm fanden sein 1526 verstorbener Sohn Diego, der Gouverneur auf Española gewesen war, und sein Enkel Louis ihre letzte Ruhestätte. Als die Insel 1795 an Frankreich fiel, wollten die Spanier die Gebeine nicht zurücklassen, öffneten die Grabanlage, betteten die dort gefundenen Gebeine um und überführten sie in die Kathedrale von Havanna auf Kuba. Als 1898 auch diese Kolonie verlorenging, wurden die Überreste nach Spanien zurückgebracht und in einem pompösen Grabmal in der Kathedrale von Sevilla beigesetzt. Hartnäckig hält sich allerdings die Hypothese, 1795 seien gar nicht die Gebeine des Entdeckers nach Havanna gebracht worden, sondern infolge eines Irrtums die seines Sohnes. Danach würde Kolumbus heute noch in Santo Domingo ruhen.

Die Öffnung des Kolumbusgrabes

Der deutsche Amerikaforscher Rudolf Cronau, ein Verteidiger dieser These, erlebte 1891 die Öffnung des Grabes mit. Sein kaum bekannter Augenzeugenbericht ist auch heute noch kulturgeschichtlich interessant und beachtenswert:

Spanischem Nationalstolz war es zuwider, daß die ehrwürdigen Reste des Entdeckers der neuen Welt Fremden überlassen sein sollten, und es wurde beschlossen, dieselben nach Cuba, nach der Kathedrale von Havanna zu bringen. Dem Beschlusse folgte alsbald die Tat, und man öffnete am 20. Dezember 1795 in der Kathedrale zu Santo Domingo eine Stelle zur Rechten des Hochaltars, wo mündlicher Überlieferung zufolge die Grabstätte des Christoph Kolumbus sich befinde. Äußerlich war dieselbe durch nichts gekennzeichnet. Man traf auf eine kleine Gruft, welche die Überreste eines Bleisarges sowie menschliche Gebeine enthielt, die man sorgfältigst sammelte, in einen Sarg aus vergoldetem Blei legte und nun unter großen militärischen und kirchlichen Zeremonien nach Havanna brachte. Dort wurde der Sarg am 19. Januar 1796 neben dem Hochaltare der Kathedrale beigesetzt und die Stelle später durch eine im Jahre 1822 angefertigte Platte verschlossen, welche das allerdings willkürlich behandelte Medaillonporträt des Entdeckers trägt.

Um das nun Nachfolgende zu verstehen, müssen wir ganz besonders hervorheben, daß im Laufe der Zeit, und zwar zwischen den Jahren 1541 und 1795 mehrfache bauliche Veränderungen in dem Sanktuarium der Kathedrale zu Santo Domingo stattgefunden hatten.

Unser hier beigefügter Plan zeigt die Situation, in welcher das Sanktuarium sich im Jahre 1541 befand und die es heute nach seiner Restauration wieder besitzt. Innerhalb der zwischen den Jahren 1541 und 1795 gelegenen Periode aber wurde eine umfassende Veränderung in der Bodenbeschaffenheit des Sanktuariums vorgenommen, deren Berücksichtigung von großer Wichtigkeit ist. Die Plattform A nämlich war ursprünglich um zirka 1 Meter niedriger als die Plattform B, zu welcher die beiden Treppen C und D hinaufführten. Die Plattform A wurde nun während der genannten Zwischenzeit in das gleiche Niveau mit der Plattform B gebracht, so daß die beiden Treppen verschwanden. Das Ganze erhielt einen gleichmäßigen Bodenbelag, so daß die durch Steinplatten ohne Inschriften charakterisierten Stellen der rechts und links vom Hochaltare sich befindenden Grabgewölbe 1, 2 und 3 durch nichts mehr gekennzeichnet waren.

So war die Situation, als die Spanier am 20. Dezember 1795 jene kleine Gruft, welche auf unserem Plane mit der Ziffer 2 bezeichnet ist, eröffneten und derselben die vermeintlichen Überreste des Christoph Kolumbus entnahmen.

Da, 82 Jahre später, am 10. Dezember 1877 trafen Arbeiter, welche mit der Erneuerung des Bodenbelags und mit anderen Reparaturen in der Kathedrale zu Santo Domingo beschäftigt waren, auf eine rechts vom Hochaltar gelegene kleine Grabkammer, welche zwischen der Wand und der von den Spaniern entleerten Gruft gelegen war. Die Stelle dieser neuentdeckten Grabkammer ist auf unserem Plane mit der Ziffer 1 bezeichnet.

Die Kammer war von der daneben liegenden nur durch eine 16 Zentimeter starke Scheidewand getrennt, zeigte sich ein wenig größer als die von den Spaniern entleerte, und enthielt gleichfalls einen ziemlich wohlerhaltenen Bleisarg, welcher 23 Zentimeter Höhe, 44 Zentimeter Länge und 21 1/2 Zentimeter Breite hatte. Die nähere Besichtigung ergab, daß der menschliche Gebeine enthaltende Sarg mit mehreren Inschriften bedeckt war, welche darauf schließen lassen mußten, daß die Spanier im Jahre 1795 nicht den wirklichen Sarg und die wirklichen Überreste des Entdeckers Christoph Kolumbus davongeführt hätten, sondern daß man diese erst jetzt gefunden habe.

Der Bischof von Santo Domingo, *Orope Rocque Cocchia* ließ, die Wichtigkeit des Fundes erkennend, sofort unter Zuziehung einer zahlreichen Zeugenschaft, die sich aus den Mitgliedern der Regierung, den Konsuln aller in Santo Domingo vertretenen auswärtigen Staaten, sowie aus anderen angesehenen Persönlichkeiten zusammensetzte, die genauesten Untersuchungen betreffs der Überreste anstellen und kam man nach Schluß derselben zu der Überzeugung, daß man es hier mit den wirklichen Resten des großen Entdeckers zu tun habe und daß die nach Havanna gebrachten Gebeine mit größter Wahrscheinlichkeit die Reste Diego Colons, des Sohnes des Admirals seien, welche neben denjenigen seines Vaters beigesetzt worden wären. Bei weiteren Nachforschungen entdeckte man auf der linken Seite des Hochaltars eine dritte Gruft, welche, auf unserem Plane mit der Ziffer 3 bezeichnet, neben menschlichen Gebeinen die Trümmer eines Bleisarges enthielt, auf denen die Inschrift zu lesen war:

el Almirante Don Luis
Colon ducue de jamaica
marques de veragua.

Selbstverständlich erregte der Fund des in der Gruft 1 entdeckten Sarges infolge der ihm gegebenen Erklärung in der ganzen zivilisierten Welt das größte Aufsehen und hatte das Erscheinen von zahlreichen Streitschriften zur Folge.

An diesem zeitweise mit aller Erbitterung geführten literarischen Streite beteiligten sich in hervorragender Weise Bischof Rocque Cocchia, der Kanonikus Javier Bellini, sowie der in Santo Domingo ansässige Gelehrte Emiliano Tejera, welche für die Indentizität der Reste mit denjenigen des Christoph Kolumbus eintraten, wohingegen die Spanier Lopez Prieto und Manuel Colmeiro den Fund als eine Fälschung bezeichneten und sich höchstens zu dem Zugeständnisse herbeilassen wollten, die Reste seien möglicherweise diejenigen Christovals, des Enkels des Entdeckers. Selbstverständlich ist, daß sie die Behauptung aufrecht erhielten, die wirklichen Überreste des Admirals seien diejenigen, welche nach der Kathedrale von Havanna gekommen waren.

Das Ergebnis der Grabuntersuchung

Als Verfasser dieses im Herbste 1890 seine Reise durch Westindien und Mittelamerika antrat, um für die vorliegende Geschichte bildliches Material an Ort und Stelle zu sammeln, hatte ich die Untersuchung dieser Frage mit auf mein Programm gesetzt. Dank meiner Empfehlungsschreiben der deutschen Regierung gelang es mir auch, Zutritt zu den Überresten zu erhalten, um dieselben aufs genaueste prüfen zu können. Es fand diese Untersuchung Sonntag, den 11. Januar 1891, vormittags in der Kathedrale zu Santo Domingo statt und zwar in Gegenwart der Kirchenvorstände, der Beamten des Ministeriums des Innern der Republik Santo Domingo, sowie der gesamten Konsuln der in Santo Domingo vertretenen auswärtigen Regierungen. Zugegen war auch der Verfasser mehrerer der obenerwähnten Streitschriften, Emilio Tejera.

Meine Wahrnehmungen sind folgende. Die beiden kleinen Grabkammern, deren Lage aus dem Plane wie aus der Darstellung des Sanktuariums ersichtlich ist, nehmen den ganzen Raum zwischen der Treppe C und der Mauerwand ein und sind nur durch die bereits erwähnte 16 Zentimeter starke gemauerte Scheidewand voneinander getrennt. Beide Grüfte sind mit einem zementartigen Mörtel ausgekleidet und ist ihr Inneres von oben her aufs deutlichste sichtbar, da man sie absichtlich in einem übersehbaren Zustande belassen hat. Beide ziemlich kleinen Räume sind leer, da der Inhalt der Gruft 2 sich in Havanna befindet, wohingegen der in der Gruft 1 gefundene Bleisarg in einem wohlverwahrten Gemach hinter der ersten linken Seitenkapelle der Kathedrale aufbewahrt wird. Die zu diesem Raume führende Pforte wird durch drei verschiedene Schlüssel geöffnet, deren einer sich in den Händen des Erzbischofs befindet, wohingegen die anderen von der Regierung verwahrt werden. Den Bestimmungen zufolge darf das Gemach nur im Beisein eines Kirchen- und zweier Ministerialbeamten betreten werden. Der Zutritt wird äußerst selten gestattet und wird über jeden Besuch ein Protokoll aufgenommen.

Inmitten des Gemaches steht eine ziemlich große, gleichfalls durch verschiedene Schlüssel zu öffnende Lade, welche den umstrittenen Bleisarg birgt. Derselbe ist aber von einem, durch starke Holzleisten zusammengehaltenen und mit silbernen Henkeln versehenen Glassarge umschlossen, der wiederum nur vermittelst drei verschiedener Schlüssel zu eröffnen ist. Um eine solche Eröffnung aber zu verhindern, war der Glassarg sofort nach der Einstellung der Überreste mit einem breiten, weißseidenen Bande mehrfach umwunden und sodann mit den Siegeln der Regierung von Santo Domingo, der Kirche sowie der Konsulate von Spanien, Italien, Deutschland, England, Frankreich, Holland und der Union verschlossen worden.

Eine Eröffnung hatte seither nicht wieder stattgefunden und befanden sich demnach Sarg und Überreste in genau demselben Zustande, in welchem sie aufgefunden wurden. Nachdem an dem erwähnten Tage, dem 11. Januar 1891, in Gegenwart der genannten Zeugen die Pforte des Gemaches sowie die Lade geöffnet worden, wurde der Glassarg mit seinem Inhalte herausgehoben und in dem Seitenschiffe der Kathedrale auf einen mit golddurchwirkten Brokatstoffen bedeckten Tisch gestellt, so daß der Einblick ermöglicht war. Der Bleisarg zeigte sich geöffnet, der Deckel desselben war weit zurückgeschlagen und an dem Deckel des Glassarges befestigt, so daß die im Inneren des Bleisarges liegenden Gebeine aufs deutlichste sichtbar waren. eine Anzahl von Hals- und Rückenwirbeln, Teile der Arm- und Beinknochen zeigten sich besonders gut erhalten. Ein Gefäß aus Glas enthielt den Staub, welchen man am Boden des Sarges gefunden hatte. Ferner waren ein kleines mit Inschriften bedecktes silbernes Plättchen und eine runde Bleikugel sichtbar, welch letztere außerhalb des Bleisarges lag.

Auf Ersuchen des Ministers des Innern der Republik wurde nun zunächst von den Konsuln der auswärtigen Regierungen konstatiert, daß nicht nur das den Glassarg umgebende weißseidene Band, sondern auch alle die Siegel, welche um Jahre 1877 angelegt worden waren, durchaus intakt seien. Nachdem dies geschehen, wurden die Siegel erbrochen, das Band abgelöst, der Glassarg mittelst dreier Schlüssel geöffnet, der Bleisarg herausgehoben und inmitten des Tisches gestellt, so daß eine Untersuchung in der eingehendsten Weise vollzogen werden konnte. Der Sarg selbst zeigte sich stark oxydiert, an einigen Stellen eingedrückt, sonst aber noch ziemlich gut erhalten. Einzelne abgeblätterte Bleifragmente waren sorglich in einem Papiere aufbewahrt. (Es folgen Hinweise auf die Beschriftung des Sarges.)

[...] Zu bemerken ist, daß das erste abgekürzte Wort auch una oder unica übersetzt werden könnte, und würde dementsprechend der Anfang des Satzes »Ein Teil« oder »die einzigen Teile« zu lauten haben.

Es erübrigt uns noch, der gleichfalls auf dem Boden des Sarges im Staube gefundenen Bleikugel zu erwähnen. Man hat angenommen, daß dieselbe sich seit der ersten Seemannszeit des Kolumbus im Körper desselben befunden haben möge und erst mit dem Zerfall desselben freigeworden sei. Ein besonderes Gewicht hat man auf ihr Vorhandensein bisher nicht gelegt. Wir hingegen möchten sie als einen Beweis für die Identität der fraglichen Überreste mit denjenigen des Kolumbus betrachten, und zwar darum, weil dieser in einer auch von uns mitgeteilten Stelle seine während der vierten Reise an die spanischen Monarchen gerichteten Schreibens sagt: »Meine Wunde brach wieder auf.«

Es ist nicht bekannt, daß Kolumbus während seines Aufenthaltes in Portugal und Spanien, oder während seiner Fahrten im Dienste der spanischen Monarchen irgend eine Wunde davongetragen habe, und so mag die Annahme, daß er die Kugel während seines früheren, anscheinend sehr bewegten und abenteuerlichen Seelebens erhalten habe und daß sie in seinem Körper bis an sein Ende verblieben sei, auf Richtigkeit beruhen. Wir nehmen an, daß, als vor Überführung der Gebeine von Sevilla nach Santo Domingo die Reste aus dem ursprünglichen, vielleicht morsch gewordenen größeren Sarge in den kleinen Bleisarg übertragen wurden, man die Bleikugel zwischen den Gebeinen fand, sie aber auch bei denselben beließ.

Sollte, wie Prieto, Colmeiro u. a. glauben machen wollen, mit den im Jahre 1877 aufgefundenen Resten eine Fälschung beabsichtigt gewesen sein, welche Gründe möchten wohl die Fälscher veranlaßt haben, eine derartige Bleikugel beizufügen, die, soweit wir wissen, bis jetzt noch nicht als ein Beweismittel für die Echtheit des Fundes angesehen und in Verbindung mit der oben zitierten Briefstelle gebracht worden ist?

Als weiteren Beweis für die Echtheit des Fundes möchten wir anziehen, daß der von den Spaniern entführte Bleisarg anscheinend keine Inschrift besaß, wenigstens wird eine solche nirgendwo erwähnt. Ist es nun schwer anzunehmen, daß man den Sarg eines so ausgezeichneten Mannes, wie der Wiederentdecker Amerikas war, so ganz ohne alle äußeren Merkmale gelassen haben sollte, so will uns auch der Umstand für die Beweisführung wichtig erscheinen, daß der im Jahre 1877 aufgefundene Sarg den Ehrenplatz zur Rechten des Hochaltars einnahm und daß die daneben liegende, von den Spaniern entleerte kleinere Gruft ganz den Eindruck macht, als sei sie später angefügt und zwar so, wie man eben einen weniger bedeutenden Sohn neben einen bedeutenden Vater betten würde.

Gegen alle diese schwerwiegenden Gründe wollen die Einwendungen der Gegner wenig bedeuten. Die Annahme, daß der fragliche Sarg möglicherweise die Reste Christophs, des Enkels des Entdeckers, umschließe, erscheint uns hinfällig, da es dann in den Inschriften anstatt erster Admiral »vierter Admiral« heißen müßte, auch der Zusatz »Descubridor« durchaus nicht am Platze wäre, da der Enkel des Admirals niemals auf Entdeckungsreisen ausgezogen ist. Ein fernerer Einwurf, daß in Spanien zu jener Zeit die Bezeichnung »Amerika«, als welches der Buchstabe A in der Aufschrift des Sargdeckels gedeutet wird, in Spanien nicht gebräuchlich gewesen wäre, ist gleichfalls nicht stichhaltig, da der Name Amerika schon im Jahre 1507 von dem Deutschen Waltzemüller vorgeschlagen worden war und bis zum Jahre 1541, wo die Anfertigung des Bleisarges geschehen sein mag, weithin Verbreitung gefunden hatte und bereits auf Karten erscheint.

Nach Beendigung meiner an dem Sarge und den Resten selbst vorgenommenen Untersuchungen, die sich auf die Dauer von nahezu drei Stunden erstreckten, wurden die in dem Glasbehälter befindlichen Aschenreste in sein silbernes, mit Gold eingefaßtes Kästchen übertragen und dieses gleichfalls in dem Sarge geborgen. Nachdem derselbe dann wieder in den Glassarg eingesetzt war, wurde der letztere sorgfältigst verschlossen, mit einem die Farben der Republik Santo Domingo tragenden Bande, rot, weiß und blau, umschlungen und darauf in der früheren Weise durch Anlegung der Siegel der Regierung, der Kirchenbehörden und der verschiedenen Konsulate verschlossen. Nachdem dann das von den zugezogenen Notaren aufgenommene Protokoll verlesen und der Sarg wieder an seinen Aufbewahrungsort gebracht worden war, zerstreuten sich die Teilnehmer an dem denkwürdigen Akte. Wie gewiß alle diese Teilnehmer, so kehrte auch der Verfasser dieses mit der Überzeugung heim, daß die ehrwürdigen Reste des großen Entdeckers nach wie vor in der Kathedrale zu Santo Domingo ruhen. □

Mehr aber als der bescheidene Sarg in Santo Domingo oder das prunkvolle Grab in Sevilla zählt das Werk. Die ersten biographischen Aufzeichnungen stammen, wie wir hörten, von seinem jüngeren Sohn Fernando und von Las Casas. Beide verherrlichten das Werk des Entdeckers und beeinflußten bis ins 19. Jahrhundert hinein weitgehend das Kolumbus-Bild. Zu den frühesten Kritikern dieser Auffassung gehört der deutsche Südamerikaforscher Alexander von Humboldt. Das vierhundertjährige Jubiläum der Entdeckung Amerikas regte zu neuer Beschäftigung mit Leben und Werk an, führte zu einer kritischeren Auswertung der vorhandenen Quellen und zum Beginn einer neuen intensiven Kolumbus-Forschung, zu deren bedeutendsten Vertretern der Amerikaner Henry Harrisse gehörte.

Trotzdem blieben zahlreiche Fragen offen, bot sich immer noch genügend Raum für Hypothesen aller Art. Auch die Frage, ob Kolumbus Jude gewesen sei, beschäftigte immer wieder die Gemüter. Während die sogenannte »Genueser Schule« für die italienische Abstammung plädiert, sucht heute vor allem Salvador de Madariaga in seiner 1940 in Spanien erstmals erschienenen Kolumbus-Biographie die jüdische Herkunft der Familie nachzuweisen, und neuerdings möchte Simon Wiesenthal sogar die erste Reise als eine Rettungsaktion für aus Spanien vertriebene Juden ansehen (siehe 3. Kapitel). Einige Historiker wollen Kolumbus alle Verdienste absprechen, wie etwa der Franzose Marius André, dessen Werk aber wohl nur noch dort unter der wesentlichen Literatur zitiert wird, wo man es nicht gelesen hat.

Das Urteil der Historiker

Eine der besten knappen modernen Analysen, frei von Emotionen und romanhaften Ausschmückungen, lieferte 1940 der bekannte deutsche Gelehrte Richard Hennig mit seinem Werk »Columbus und seine Tat...« Hier Auszüge des Schlußkapitels:

Das Gesamt-Charakterbild des Kolumbus schwankt in der Geschichte wie das so gar manches anderen Großen. Der starken Überschätzung seiner edlen Eigenschaften, wie sie das Zeitalter der Romantik mit sich brachte und wie sie sich etwa in Luise Brachmanns bekannter, rührseliger Kolumbus-Ballade niedergeschlagen hat, folgte eine andere Beurteilung, die sich ausgesprochen unfreundlich gegenüber dem Entdecker Amerikas einstellte und deren Ausläufer auch heute noch fortwirken, ganz zu schweigen von den systematischen Verkleinerern des Genuesen in Spanien und Portugal. Schon vor einem halben Jahrhundert beklagte sich der um wahre Objektivität bemühte Geleich darüber, daß »die Stimmung gegen Kolumbus in Deutschland eine sehr ungünstige« sei. Selbst auf diesem Gebiet gibt es, wie nahezu überall, Modeströmungen, die den Geschmack sich wandeln und zuweilen von einem Extrem ins andere fallen lassen.

Dabei arbeiten die modernen Kolumbus-Feinde nicht im geringsten Hand in Hand und nach einem einheitlichen Plan. Jeder bemüht sich, Dinge zu beweisen, die mit den »Feststellungen« seiner »Mitstreiter« nicht vereinbar sind.

Für die Bewertung der gesamten Kolumbus-Tat von entscheidender Wichtigkeit scheint nachstehende Feststellung zu sein, die zunächst im Hinblick auf die größte Entdecker-Persönlichkeit aller Zeiten sehr überraschend anmutet, die sich aber dennoch beweisen läßt: *Kolumbus hat niemals den Ehrgeiz gehabt, ein Entdecker im strengen Sinne des Wortes zu werden!* Bereits Humboldt hat dies treffend erkannt, denn er äußert einmal:

»Die Unternehmung war, dem ersten Entwurf und Plan gemäß, im Grunde nichts weniger als eine Reise zur Entdeckung neuer Länder: es war die Reise, welche die Möglichkeit einer unbehinderten Überfahrt nach Indien auf dem westlichen Wege dartun sollte.«

Das eindeutige Ziel: Ostasien

Ganz im Gegensatz zu vielen andren See-Abenteurern seines Zeitalters wünschte Kolumbus nicht, irgendeine beliebige Neuentdeckung zu machen und aus deren wirtschaftlicher Ausbeute Nutzen zu ziehen, sondern er suchte durchaus nichts anderes als nur das ostasiatische *Festland*, das Reich des Großkhans und Indiens. Alles andre galt ihm als nebensächlich. Wie wenig ihm daran lag, »irgend etwas« zu entdecken, wie sehr es ihm ganz allein auf die asiatische Küste ankam, zeigt eine sehr charakteristische Äußerung des Las Casas über die von Bartolomeo Colombo für den englischen König gezeichnete Karte vom Jahre 1489. Er sagt nämlich, diese Karte habe die Länder enthalten, »die er mit seinem Bruder zu entdecken gedachte«. Strenggenommen, ist diese Bemerkung ein logischer Unsinn; gemessen an den Plänen der beiden Brüder, deckt sie aber ihre Absichten völlig klar auf. Es ist nicht zu bestreiten, daß ihre Gedanken in ihrer Großartigkeit turmhoch hinausgingen über das Streben, um jeden Preis irgend welches neue Land zu entdecken.

Wie sehr diese Behauptungen zutreffen, zeigen uns verschiedene Eintragungen im Reisetagebuch des Kolumbus, die in ihrer eindrucksvollen Haltung am besten erkannt werden dürften, wenn sie, hintereinander abgedruckt, für sich selber sprechen. Wir finden hier folgende Dokumente vor:

Einleitung: »Eure Majestäten [. . .] gedachten mich, Christoph Colón, in besagte Gegenden Indiens zu schicken, um die genannten Fürsten, Völker und Länder kennen zu lernen und um zu erkunden, wie man dort unsren heiligen Glauben einführen könne. Sie befahlen mir, nicht zu Lande nach dem Osten zu gehen, wie dies sonst geschehen ist,

AMERICÆ
Das Fünffte Buch/
Vol schöner vnerhörter Historien/ auß dem andern Theil Ioannis Benzonis von Meylandt gezogen: Von der Spanier Wüten/ beyd wider jhre Knecht die Nigriten/ vnnd auch die arme Indianer: wie die Spanier von den Frantzösischen MeerRäubern zum offtermal angriffen vnd geplündert worden/ deñ auch/ wie sie erstlich das newe Spanien erfunden haben/ vnd gantz erbärmlich mit dem armen Landvölcklein daselbst vmbgangen sind.
Sampt kurtzer vnd nützlicher Erklärung der Historien/ bey jedem Capitel.
Auch einer schönen LandTafel/ deß newen Spanien in America.
Alles mit schönen vnd kunstreichen Kupfferstücken vnd deren angehenckten Erklärungen an Tag geben/ durch Dietherich von Bry/ Burger in Franckfurt am Mayn.
Dem Durchleuchtigen Hochgebornen Fürsten vnd Herrn/ Herren Moritzen Landtgraffen zu Hessen/ rc.
Mit Röm. Keys. May. Priuilegien begnadet.

Zwei der reich geschmückten Kapitel-Titel
aus De Brys großem Bericht über die Neue Welt (»Americae).

sondern vielmehr den westlichen Weg zu wählen, und trugen mir auf [. . .] mit einer [. . .] Flotte die besagten Teile Indiens aufzusuchen.«

Eintragung vom 3. August: »Unterwegs anzuhalten würde eine große Torheit verraten [. . .]. Der Admiral beabsichtigt, sogar die Insel Zipangu nicht anzusteuern; weil er es vorzieht, zuerst auf das Festland oder die ihm vorgelagerten Inseln zu gehen.«

Eintragung vom 19. September: »Der Admiral wollte von seinem Wege nicht abweichen, um dieses Land aufzusuchen. Er war der Überzeugung, daß sowohl im Norden wie im Süden Inseln lägen . . . Er segelte aber zwischen ihnen hindurch, da es sein Wille war, bei so günstigem Winde zunächst einmal nach Indien vorzudringen und erst auf der Rückfahrt, mit des Allerhöchsten Hilfe, alles in näheren Augenschein zu nehmen.«

Eintragung vom 3. Oktober: »Obwohl ich Kenntnis von einigen Inseln in diesen Gewässern habe, will ich mich dennoch nicht aufhalten, da es mein Ziel ist, nach Indien zu kommen. Ich wäre unsinnig zu nennen, wenn ich mich mit ihnen aufhielte.«

Noch am 6. Oktober lehnte Kolumbus eine Anregung Pinzóns ab, die reine Westrichtung des Kurses zu ändern und dem nächsten Lande zuzusteuern, weil er glaubte, dann zwar zur Insel Zipangu = Japan, aber nicht ans Festland zu kommen. Erst am 7. Oktober ließ er sich durch neue Anzeichen nahen Landes bewegen – vielleicht um der wachsenden Mißstimmung der Schiffsmannschaft gegen den Ausländer die Spitze abzubrechen – mehr nach Südwesten zu segeln, um der Bemannung wenigstens wieder einmal *Land* überhaupt zu zeigen und sie dadurch zu beruhigen.

Und einem Manne, der so konsequent dem ostasiatischen Festland und *nur* diesem Festland nachjagte, hat man auf der einen Seite nachsagen wollen, er sei ohne jede Theorie ins Blaue hineingefahren, und auf der anderen, er sei aus Palos abgereist »mit dem großartigen Plan, eine Neue Welt zu entdecken. Das eine wie das andere ist Phantasie! *Kolumbus hatte sich bei der Abfahrt eine sehr klare Theorie zurechtgelegt, und an Neuentdeckungen war ihm gar nichts gelegen: er wollte das schon längst bekannte Festland Ostasien auf einem neuen, kürzeren Wege erreichen – das war alles!* Die vielen Neuentdeckungen, die er gemacht hat, waren ihm gar nicht willkommen; viel lieber wäre es ihm gewesen, wenn er die Länder gefunden hätte, deren Vorhandensein durch Marco Polo schon bekannt war und die er suchte.

Als Kolumbus schließlich am 12. Oktober die Watlings-Insel erreichte, die wohl ohne Zweifel sein berühmtes Guanahani war, mußte er sich bewußt sein, daß er das asiatische Festland noch nicht erreicht hatte, das selbst nach Toscanellis viel zu optimistischen Berechnungen noch wesentlich weiter westlich liegen mußte. Erst am 28. Oktober glaubte Kolumbus das Festland erreicht zu haben, als das er die Insel Kuba irrig ansprach.

Unmittelbar nach seiner am 12. Oktober 1492 erfolgten Landung auf Guanahani war er jedoch schon des Glaubens, bereits im Lande des Großkhans, d. h. auf einer zu China gehörenden Insel zu sein; denn in seinem Tagebuch vom 21. Oktober steht die für das spanische Königspaar bestimmte Notiz zu lesen:

»Ich habe fener beschlossen, ans Festland zu gehen und die Stadt Quinsai aufzusuchen, um dem Großkhan die Briefe Ew. Majestät zu überbringen und seine Antwort entgegenzunehmen.«

Ähnlich notiert er im Tagebuch nach seiner Erreichung Kubas zum 1. November:

»Es ist sicher, daß dies das Festland ist und daß ich mich vor Zeitun und Quinsai befinde, vielleicht höchstens noch 100 Leguas von der einen oder anderen Stadt entfernt.«

Am 12. Juni 1494 ließ Kolumbus ferner seine ganze Schiffsmannschaft nach der erneuten Erreichung der Küste von Kuba schwören, sie sei überzeugt, daß man sich am Festland von Asien befinde und von hier zu Fuß bis nach Spanien zurückkehren könne.

Unzweideutige Anzeichen von Festland boten sich ihm freilich erst auf der 3. Reise im August 1498 dar, als er an der Orinoco-Mündung weilte, da ein so mächtiger Strom natürlich eine gewaltige Landmasse im Hinterland voraussetzte. Kolumbus, der von »theologischen Faseleien« nicht freigesprochen werden kann, glaubte alsbald, es handle sich um einen der Ströme des Paradieses, und dieses, das man ja irgendwo im äußersten »Indien« vermutete, könne daher nicht mehr fern sein.

Kolumbus sprach meist von »Indien«, das er finden wollte und später gefunden zu haben glaubte (»Westindien«). Der Ausdruck führt leicht irre, weil wir unter Indien nur Süd- und Südostasien verstehen. Zu Kolumbus' Zeiten zählte aber auf Grund der Ptolemäus-Nomenklatur auch ganz China dazu, ja das ganze bekannte Ostasien. Richtiger würde man sagen, Kolumbus wollte *China* im westlichen Ozean finden, »einen Weg nach China suchen«, wie ein chinesischer Gelehrter jüngst richtig betont hat. Bernaldez, der persönliche Freund und Vertraute des Kolumbus, hat mit wenigen schlichten Worten diesen eigentlichen Plan des Entdeckers klar umrissen, wenn er schreibt, daß es dessen Absicht war:

»zur Entdeckung des Festlandes Indien aufzubrechen, da er auf diesem Wege die große und sehr reiche Hauptstadt von Cathai vermutete, die dem Großkhan gehört.«

Im Dienst des Christentums

Daß Kolumbus nachdrücklich auch das religiöse Verdienst im Auge hatte, das sich die christlichen Herrscher Spaniens durch die Möglichkeit, dem Christentum im Reiche des Großkhans Ausbreitung zu verschaffen, erwerben würden, kann man ihm wahrlich nicht verdenken, ganz davon abgesehen, daß seine aufrichtige Frömmigkeit ihm selber solche Missionspflege als ein hochverdienstliches Werk erscheinen lassen mußte. Auffällig und nicht ganz verständlich ist freilich, was er in der Einleitung seines Schiffstagebuches über ein vom Papst abgelehntes Gesuch des »Großkhans« um Zusendung von Lehrern des christlichen Glaubens sagt.

Soviel wir wissen, ist nach 1340 von chinesischen Herrschern nie wieder um christliche oder andre Missionare gebeten worden. Da zudem die Päpste derartigen Ersuchen, woher sie auch kamen, mit denkbar größtem Eifer nachzukommen pflegten, ist es a priori denkbar unwahrscheinlich, daß ein entsprechender Wunsch eines chinesischen Kaisers in Rom jemals abgelehnt worden sein könnte. Es ist daher durchaus unverständlich, worauf Kolumbus anspielt – es sei denn, daß er eine abessinische Aufforderung an den Papst im Auge hatte, die 1492 erst ein Jahrzehnt zurücklag. Sollte diese aber gemeint sein, so müßten des Kolumbus Vorstellungen über die geographische Lage von »Cathai« und »Indien« und ihre politischen Beziehungen zueinander allerdings äußerst unklar gewesen sein.

Er wußte nicht, daß er einen neuen Kontinent entdeckt hatte

Kolumbus ist im Glauben gestorben, daß er nur die Kugelgestalt der Erde und die Erreichbarkeit Asiens im Westen des Atlantischen Ozeans endgültig nachgewiesen habe. Oft genug hat er zu erkennen gegeben, wie sicher er nach seinem Erfolge überzeugt war, auf ostasiatischer Erde zu weilen. Hinsichtlich der geographischen Längen, unter denen er sich befand, gab er sich erheblichen Täuschungen hin. Hierbei ist zu beachten, daß diese sich nicht so genau wie die Breiten ermitteln und messen ließen, solange der Gesamtumfang der Erde noch eine unbekannte Größe war. Im östlichen Kuba wähnte Kolumbus 135 Längengrade westlich der Kanaren zu weilen, d. h. doppelt so weit, als er wirklich entfernt war.

Hätte Kolumbus geahnt, wie weit die asiatische Küste *wirklich* im Westen von Spanien entfernt war, er hätte sein Unternehmen bestimmt nicht begonnen, geschweige denn zu Ende geführt. In auch nur mäßig weitere Entfernungen, als sie durchfahren wurden, wäre ihm seine Schiffsmannschaft nicht mehr gefolgt. Wenn auch die bekannte Erzählung, daß es auf seinem Geschwader schon schwere Meutereien gegeben habe, und die romantisch-sentimentale Vorstellung vom Ablauf der Entdeckung im ganzen Umfang legendenhaft sind, so kann doch kaum bezweifelt werden, daß Kolumbus auf spanischen Schiffen als Ausländer nicht eben freundlich betrachtet wurde und daß seine Schiffsmannschaft, abgesehen von den geistig hochstehenden Brüdern Pinzón nur widerwillig und ängstlich in so weite und unheimliche Ferne fuhr. Eine um mehrere Wochen verlängerte Fahrt hätte wohl sicher ernstere Gehorsamsverweigerungen nach sich gezogen. Der Wunsch, der murrenden Mannschaft zu zeigen, daß Land in der Nähe sei, dürfte, wie gesagt, erheblich beigetragen haben zu der geschichtlich unermeßlich wichtig gewordenen Kursänderung des Kolumbus am 7. Oktober 1492, die ihn aus der bis dahin eingehaltenen Westrichtung nach Westsüdwest abweichen ließ.

Alle diese Tatsachen muß man sich vor Augen halten, wenn man ein richtiges Augenmaß gewinnen will nicht nur für die Gedankenwelt des Kolumbus selbst, sondern auch für die abweichenden Vorstellungen seiner zeitgenössischen Gegner, die vor dem Antritt seiner weltgeschichtlichen Reise an einen Erfolg des Unternehmens nicht glauben konnten und die dadurch bewirkten, daß sich seine Vorverhandlungen mit den Fürsten des Zeitalters über beinahe ein volles Jahrzehnt hinzogen.

Die Erkenntnis, daß er einen ganz neuen Erdteil entdeckt hatte, ist dem Kolumbus – leider – zeitlebens überhaupt nicht gekommen.

Er verharrte in seinem Wahn, obwohl er die von Marco Polo in so glühenden Farben geschilderten menschenwimmelnden und reichen, alten Kulturländer Chinas und die von ihm erwartete Durchfahrt durch die Malakkastraße nirgends zu finden vermochte. Er war aber davon wohl nicht allzu sehr überrascht, denn auf Grund einer Marco-Polo-Stelle, daß der ostasiatischen Küste 7440 Inseln vorgelagert seien, die eine überreiche Fülle von Kostbarkeiten, insbesondere von Gewürzen, Spezereien und Gold, aufwiesen, mußten ihn ja auch diese Inseln vor dem Festland ansehnlich reizen, und seine Tagebuch-Eintragung vom

14. November 1492 weist ausdrücklich hin auf die »zahllosen Inseln, die sich auf den Weltkarten im äußersten Osten finden«.

Sein Wahn, in Kathai = China zu sein oder doch in dessen allernächster Nähe, empfing jedenfalls immer neue Nahrung. In dem ebenso wichtigen wie eigenartigen Brief, den er am 7. Juli 1503 aus Jamaika an die spanischen Majestäten schrieb, steht ja u.a. zu lesen, er sei am 13. Mai »in die Provinz Mago, die an Cathay (China) grenzt, gelangt«, und des weiteren gar:

»Alle kennen hier gleicherweise den großen Khan (d.h. den Kaiser von China).«

Mit dieser letzten Bemerkung hat es eine besondere Bewandtnis. Sie läßt so recht erkennen, wie ausschweifend gelegentlich die Phantasie des Entdeckers arbeitete, wenn es sich darum handelte, neue »Beweise« für seine Wahnideen zu ermitteln. Wir wissen nämlich, wie er zu der genannten Behauptung gekommen ist. Die Eingeborenen der westindischen Inseln nannten sich selber »karib«. Dies Wort bedeutet in ihrer Sprache »die Starken« und hat sich ja auch in den völkerkundlich-geographischen Begriffen »Kariben« und »Karibisches Meer« erhalten. Kolumbus aber verstand das Wort oder deutete es sich zurecht als »kanib«, und er glaubte es mit kühnem gedanklichen Saltomortale als »Untertanen des Khans« übersetzen zu dürfen. So kam die sonderbare Fehlvorstellung zustande: »Alle kennen hier den großen Khan«! Am Rande sei übrigens bemerkt, daß des Kolumbus irrige Version »kanib« später Anlaß gab zu der sich öfters, z.B. auch auf Schöners Globen, findenden geographischen Bezeichnung »Insulae Canibalorum sive Antiglia«.

Daraus ist schließlich der ganz andersartige Begriff der »Kannibalen« geworden, der also, im Grunde genommen, nur auf einen Hörfehler des Kolumbus zurückgeht!

Kolumbus suchte eben schlechthin alles, was er schließlich vorfand, in das Weltbild einzuordnen, mit dem er von Palos abgefahren war und das im wesentlichen dem Weltbilde Toscanellis entsprach. »Der größte Mangel in den Fähigkeiten des Kolumbus, die übertriebene Leichtgläubigkeit, war die Ursache seines Erfolges« (Bancroft).

Und dennoch sollte man, ehe man voreilig über ein solches Verharren im Irrtum durch Jahre hindurch den Stab bricht, nicht unterlassen, sich in die Psyche jenes Zeitalters um 1500 zurückzuversetzen. Kolumbus' Irrtum wurde lange, bis zu Balboas Entdeckung der Südsee (25. September 1513), ja sogar bis zur Heimkehr der Magellanschen Weltumsegler (6. September 1522), fast allgemein geteilt. □

An der Wende vom Mittelalter zur Neuzeit

Wurde hier die entdeckungsgeschichtliche Bedeutung der Reisen gewürdigt und im großen Zusammenhang des geographischen Weltbildes des ausgehenden 15. Jahrhunderts gesehen, so analysierte Egmont Zechlin 1951 auf einem Kongreß in Genua Kolumbus in seiner geistesgeschichtlichen Bedeutung als »Ausdruck der mittelalterlich-neuzeitlichen Epochenscheide«:

Zu den individuellen Ursachen der Entdeckung Amerikas kommen allgemeine Voraussetzungen, kommen politische Wandlungen, die zur Neuzeit geführt haben. Entstammt auch die Weltvorstellung des Kolumbus dem Mittelalter, so wurde die Durchführung seines Planes doch erst durch die politischen Umwälzungen und die Lebensbedingungen der Staatenwelt möglich. Den Drang zur Ferne trug wohl mancher im Herzen; Energie, Wagemut und Entdeckerwillen finden wir auch bei anderen Völkern. Jetzt aber fügte sich die Initiative der zielbewußten Persönlichkeit in die großen Weltverhältnisse, vor allem in die Lebensinteressen und die Lebensnotwendigkeiten eines Staates ein. Man kann sogar so formulieren, daß sich in seiner Tat die Entstehung des modernen Staates auswirkte, des nach innen und außen souveränen Machtstaates, wie er aus dem Zusammenbruch der kirchlich-hierarchischen Rechtsordnung des Mittelalters erwuchs.

Der neue Staatstypus, in dem alle Kräfte unter einen einheitlichen Willen gestellt und zusammengefaßt wurden, stellt auch Unternehmungen nach Übersee in den Dienst seiner Machtpolitik, wie umgekehrt diese erst so entscheidende Folgen haben können, weil die Macht eines Staates hinter ihnen steht. Gewiß hat der Prozeß der Überwindung des mittelalterlichen Feudalsystems gerade in Portugal und Spanien noch seine Zeit gedauert. König Johann II. befand sich damals im scharfen Kampf mit dem Adel, der sich sogar mit den spanischen Königen verband, und in Spanien standen noch lange Priester und Ritter über dem handeltreibenden Bürger. Aber in beiden Ländern hat das Interesse des modernen Staates und seine Organisation und Machtkonzentration mit dem Wandel der Gesellschaftsstruktur die Überseefahrten ermöglicht: in Portugal, als Heinrich der Seefahrer den Christusrittern Gelegenheit gab, ihren bisher an den Mauren erprobten Kreuzzugsgeist, Eroberer- und Abenteurertrieb in Afrika als Sklavenfänger, Entdecker und Händler zu betätigen, und dann Johann II. die Machtmittel des Staates dafür einsetzte; in Spanien, als die nach der

Eroberung von Granada beschäftigungslos gewordenen Caballeros und Hidalgos Gelegenheit erhielten, als überseeische Konquistadoren für Gott und die Jungfrau, für Ruhm und Reichtum und für das königliche Fünftel zu kämpfen.

Hier nun ordnet sich das Leben des Kolumbus ein. Der junge Genuese kann sein weltgeschichtliches Werk nicht von seiner Vaterstadt aus vollbringen. Wohl hatten schon die Italiener die atlantischen Inselgruppen – Kanaren, Madeira und die Azoren – entdeckt, bzw. wiederentdeckt. Aber es war kein historischer Zufall, daß Kolumbus seine Fahrt erst unternehmen konnte, als einer der westeuropäischen Nationalstaaten ihn in seinen Dienst stellte. In der Entdeckeratmosphäre von Lissabon, wohin er als Handelsagent und Seemann einer genuesischen Reederei kam und von wo aus er sich unmittelbar an den portugiesischen Afrikafahrten beteiligte, ist sein Plan entstanden. Bei dem spanischen Königspaar hat er erst dann Gehör gefunden, als mit dem Siege von Granada über die Mauren und der gleichzeitigen Austreibung der Juden das durch die Vereinigung von Aragon und Kastilien entstandene Spanien ein religiös geeinter und nationaler Machtstaat geworden war. Schließlich hat die nationalstaatliche Rivalität der beiden iberischen Nationen, die bereits bei den Afrikafahrten und im Frieden von Alcaçovas sichtbar ist, sich auf den Entschluß zur Westfahrt nach »Indien« ausgewirkt.

Nationalstaatliche Macht

Wir stoßen hier auf ein echtes historisches Problem. Es zeigt sich, daß die ozeanischen Entdeckungen und die Entstehung des modernen Staates und Staatensystems in einem unmittelbaren Kausalzusammenhang stehen. Die Entdeckung Amerikas und dann auch seine Eroberung und Besiedlung ebenso wie das Vordringen der Portugiesen nach Indien und dem Fernen Osten waren nicht ein Gemeinschaftswerk des Abendlandes, der res publica christiana. Sosehr auch Kolumbus, wie wir hörten, sich als Vorkämpfer der abendländischen Christenheit fühlte und auch die Portugiesen das christliche Missionsmotiv betonten, so geschahen die Überseefahrten und die Überseepolitik vielmehr unter dem neuen Zeichen der nationalstaatlichen Souveränität und Intensivierung des europäischen Staats- und Wirtschaftslebens und der vom Gesetz der Machtausdehnung bestimmten und miteinander kämpfenden Nationalstaaten, das auch auf die freien Märkte, Rohstoffgebiete und Siedlungsländer jenseits der Meere übergriff. Dies aber stärkt nicht das europäische Gemeinschaftsgefühl, sondern vermehrt die nationalen Reibungsflächen. Indem die Ozeane in den Bereich der modernen Machtpolitik einbezogen werden, d.h. in den bewußten staatlichen Herrschaftswillen, werden europäische Rivalitäten auf die Meere und nach Übersee ausgedehnt, so weit, daß die europäische Kabinettspolitik auch in Auseinandersetzungen der Kolonisten mit ihren Mutterländern Partei nahm, ja die Eingeborenenstämme und -bünde in die Gegensätze der europäischen Machtinteressen einbezog. Umgekehrt wurde auch die europäische Politik mit von den Ereignissen in Übersee und auf der See bestimmt.

Wirtschaftsfaktor Gold

Zugleich erscheint Kolumbus als Ausdruck wirtschaftlicher Notwendigkeiten. Die Knappheit an Edelmetallen, die schon die italienischen Bankhäuser veranlaßt hatte, Agenten in die Sahara zu entsenden, um an die mittelafrikanischen Goldquellen heranzukommen, und die zu den wirtschaftlichen Motiven Heinrichs des Seefahrers Anlaß gegeben hatte, wirkte sich auch in Spanien aus. Um so mehr aber nun, als sich eine neue Auffassung von Geld und Verdienst offenbart, wie sie mit dem neuen weltlichen Geist der Renaissance im Gegensatz zum mittelalterlichen *pretium justum* in dem Luxusbedürfnis der Fürsten, steigendem Geldbedarf des modernen Staates wie des privaten Unternehmers zum Ausdruck kommt. Man könnte vielleicht sogar sagen, daß Kolumbus in sich einen Gegensatz verkörperte, wie ihn das spanische Königspaar bot: Isabella, die sich noch wehrte, die Indianer zu Geld bringenden Sklaven zu machen, während der skrupellose Machttrieb und Geschäftssinn des Renaissancefürsten Ferdinand die macchiavellistische Staatsidee und den beginnenden Kapitalismus andeuten. Beides, Macht und Reichtum, sind für den Fürsten, der sich durchsetzen will, notwendig. Darin erhält auch Kolumbus' starres Festhalten an seinen hohen Bedingungen einen tieferen zeitgeschichtlichen Sinn. Er wußte – und mußte es ja dann auch erfahren –, daß der Ruhm des Entdeckers rasch verfliegt. In den Machtkämpfen der modernen Zeit waren Stellung und Titel des Admirals, Vizekönigs und Gouverneurs und die Aufnahme in den spanischen Hochadel ebenso notwendig wie der Besitz des Goldes, das er so beharrlich suchte, daß manche Forscher hier die Haupttriebfeder für seine Fahrten sehen. Er hat selbst diese dämonische Macht des Goldes geschildert, so, als es für ihn mit dem Mißlingen des Kolonisationswerkes und dem Verlust seiner Gouverneurstellung geradezu lebensnotwendig geworden war, die verheißenen Schätze herbeizuschaffen. »Gold«, so schrieb er damals, »bringt Reichtum, und wer es besitzt, kann in der Welt tun und lassen, was er will, und vermag damit Seelen ins Paradies zu bringen.« Es ist das Leitmotiv des modernen Kapitalismus. □

Die Welt verändert sich – Das spanische Weltreich und England

Bei Zechlin klingen bereits die politischen Auswirkungen der Entdekkungsfahrten an. Auf die machtpolitischen Veränderungen geht Richard Konetzke in seinem 1943 erschienenen Buch »Das spanische Weltreich. Grundlagen und Entstehung«, besonders im Zusammenhang mit dem spanisch-englischen Verhältnis näher ein.

Die englische Konkurrenz

Während der gemeinsame Gegensatz zu Frankreich die spanischen und englischen Könige in der europäischen Politik zu natürlichen Verbündeten machte, stießen die Spanier in ihren überseeischen Unternehmungen schon frühzeitig auf einen englischen Wettbewerb. Der venetianische Seefahrer Johann Gabotto[1] wandte sich an England mit dem Plan, die nordwestliche Durchfahrt nach dem Gewürzlande zu entdecken. Heinrich VII. erteilte ihm darauf am 5. März 1496 die Erlaubnis, unter englischer Flagge und auf eigene Kosten mit fünf Schiffen »nach allen Gegenden und Küsten des östlichen, westlichen und nördlichen Meeres zu segeln« und »Inseln, Länder, Bezirke oder Provinzen von Heiden und Ungläubigen, in welchem Teil der Welt sie auch liegen mögen, die vor dieser Zeit allen Christen unbekannt waren, zu entdecken, zu erforschen und für England in Besitz zu nehmen«. Gabotto, seine Söhne oder ihre Erben sollten die besetzten und eroberten Gebiete als Gouverneure und Vertreter des Königs verwalten und verpflichtet sein, alle Waren und Gewinne aus jeder Reise allein nach dem Hafen Bristol zu bringen und den fünften Teil des gesamten vereinnahmten Kapitals an den König zu entrichten, der dafür ihnen eine teilweise Zoll- und Abgabenfreiheit für die eingeführten Waren gewährte. Ferner erhielten die Gabottos das Handelsmonopol nach den

[1] auch: Giovanni Cabotto oder Cabot

von ihnen entdeckten Gebieten. Heinrich VII. erhob damit für englische Schiffe den Anspruch, alle überseeischen Inseln und Länder, die nicht im Süden, im Bereich der Entdeckungen des Kolumbus, lagen, aufzusuchen, für England in Besitz zu nehmen und an der Küste eines entdeckten Festlandes in jeder Richtung weiterzufahren, so daß sie gegebenenfalls auch die spanischen Entdeckungen umflügeln konnten. Aber wenn der englische König auch ein persönliches Interesse an der Fahrt Gabottos bekundete, eine größere Bedeutung legte er ihr noch nicht bei. Er übernahm nur einen geringfügigen Beitrag zu den Kosten, die von den Kaufleuten von Bristol aufgebracht wurden. Er unterrichtete auch zuvor den spanischen Gesandten von der geplanten Entdekkungsreise. Die Antwort, die die Katholischen Könige auf den Bericht ihres Gesandten gaben, war ein Einspruch gegen englische Versuche, in den überseeischen Entdeckungsbereich, den Spanien und Portugal im Vertrage von Tordesillas unter sich und unter Ausschluß aller anderen europäischen Staaten aufgeteilt hatten, einzudringen. Sie wiesen ihren Gesandten am 28. März 1496 an: »Beachtet auch, daß man sich in jenem Lande (England) nicht damit abgeben kann, ohne uns und den König von Portugal zu schädigen«. Die spanischen Monarchen suchten den englischen König von seinem Vorhaben abzubringen. Derartige Unternehmungen seien »sehr ungewiß und von solcher Beschaffenheit, daß es gegenwärtig nicht angebracht ist, sich damit zu beschäftigen«. Man sei außerdem der Meinung, daß eine französische Intrige hinter diesem Plan stecke. Der König von Frankreich wolle den englischen König zu diesem Unternehmen veranlassen, um ihn von anderen Angelegenheiten abzulenken. Man deutete damit an, daß Frankreich Heinrich VII. in überseeische Abenteuer drängen und ihn dadurch in Verwicklungen mit Spanien bringen wolle, um ihn vom Beitritt zur »Heiligen Liga«, die sich zur Vertreibung der Franzosen aus Neapel gebildet hatte, fernzuhalten. Die spanischen Vorstellungen waren in einen freundschaftlichen Rat gekleidet und mehr auf indirekte Weise erhoben, um das gute Einvernehmen mit England, das man in den europäischen Machtkämpfen brauchte, nicht zu stören. Der Grundsatz Spaniens, jedes fremde Eindringen in die von ihm entdeckte und noch zu entdeckende überseeische Welt abzuwehren, war jedoch nach der Verständigung mit Portugal zum ersten Male gegen eine andere europäische Macht geltend gemacht woroden. Der spanisch-englische Weltgegensatz, der zum Schicksal des spanischen Imperiums werden sollte, deutete sich schon in den Anfängen der überseeischen Ausbreitung Spaniens an. Gleichzeitig tritt auch schon jene für das spanische Weltreich so verhängnisvolle Entwicklung in Erscheinung, daß die immer stärkere Verflechtung Spaniens in die kontinental-europäische Politik ihm Bindungen und Hemmungen in der wirksamen Verteidigung seiner überseeischen Rechte und Besitzungen auferlegte.

Im Dienst Englands – Gabotto alias Cabot entdeckt Nordamerika

Die Reise Gabottos fand trotz der spanischen Mahnungen und Warnungen statt. Im Jahre 1497 entdeckte der venetianische Seefahrer Nordamerika am Kap Breton und erkundete die Küste von Neuschottland. Auf einer zweiten Expedition fuhr er im nächsten Jahre an der nordamerikanischen Küste bis zur Delaware- oder bis zur Chesapeake-Bucht entlang und kehrte dann um, ohne China oder Japan gefunden zu haben. Seine Unternehmung war ein Fehlschlag und eine Enttäuschung. Er brachte die mitgeführten Waren wieder zurück, ohne sie gegen Gold und Gewürze eingetauscht zu haben. Heinrich VII. unterstützte zunächst keine weiteren Entdeckungsversuche. Vielleicht nahm er dabei auch auf die wiederholten spanischen Proteste Rücksicht, da ihm an der Erhaltung der Freundschaft mit Spanien gelegen war. Der spanische Gesandte hatte in dieser Angelegenheit verschiedene Unterredungen mit dem englischen König und begründete die Auffassung, daß Gabotto die Inseln angelaufen habe, die von Spanien bereits entdeckt worden seien. Er hielt die Karte Gabottos, die das von ihm aufgefundene Land weit westlich des spanischen Entdeckungsbereichs einzeichnete, für eine Fälschung.

»Wettlauf« der Entdecker im Süden und Norden

Der Einbruch der Engländer von Norden her in die spanische Welthälfte veranlaßte die Katholischen Könige, die Entdeckungen beschleunigt fortzuführen. Sie erteilten am 8. Juni 1501 Alonso de Ojeda ein Privileg, die Nordküste von Südamerika in westlicher Richtung weiterzufahren, »weil sie auf die Gegend hin läuft, wo, wie in Erfahrung gebracht worden ist, die Engländer Entdeckungen machen«. Ojeda solle die erreichten Gegenden mit Wappenpfeilern oder in anderer Weise kennzeichnen, »damit es bekannt sei, daß Ihr jenes Land entdeckt habt, so daß Ihr die Forschungsfahrten der Engländer in jener Richtung aufhalten könnt«. Nach den bis dahin erreichten geographischen Kenntnissen bestand die Auffassung, daß die Nordküste Südamerikas und die in südwestlicher Richtung verlaufende Küste des von den Engländern gefundenen Landes sich irgendwo treffen oder nahekommen müßten.

Neue Rechtsansprüche Englands

Im Jahre 1501 wurden aber auch die englischen Entdeckungsfahrten wiederaufgenommen, und es ist wahrscheinlich, daß der spanische Hof von diesen Plänen frühzeitig Kunde bekam. Am 19. März erhielten drei Bristoler Kaufleute gemeinsam mit drei Portugiesen von den Azoren einen Patentbrief des englischen Königs, der sie ermächtigte, unter englischer Flagge in irgendwelchen Teilen der Welt Inseln und Länder der Heiden zu entdecken, die »vorher und bis zur Gegenwart allen Christen unbekannt sind«. Alle fremden Eindringlinge in die neu gefundenen Gebiete können gewaltsam entfernt werden, auch wenn sie einer England befreundeten Nation angehören. Eine spanische Entdeckerzone war also in diesem amtlichen Dokument nicht mehr anerkannt und als Rechtsanspruch auf überseeischen Besitz nur die Tatsache der ersten Entdeckung angenommen worden. Das besondere Ziel dieses englisch-portugiesischen Entdeckerkonsortiums war wahrscheinlich die Auffindung der nordwestlichen Durchfahrt nach Asien in der Gegend der Labradorküste. Über den Verlauf der Fahrt haben wir keine nähere Kunde.

Ein königliches Patent vom 9. Dezember 1502 verlieh einer Gesellschaft, der teilweise dieselben Mitglieder angehörten, ein neues Entdeckerprivileg für alle Länder und Gegenden, die nicht vom König von Portugal oder von den Untertanen irgendwelcher anderer befreundeter und verbündeter Fürsten zuerst entdeckt worden sind und »in deren Besitz diese Fürsten sich jetzt befinden«. Hiermit ist ein neuer Grundsatz für die überseeische Expansion Englands aufgestellt worden. Der englische König erkannte nur noch die tatsächliche Besetzung, nicht mehr die bloße erste Entdeckung als Rechtstitel für Kolonialerwerb an. Die privilegierte Gesellschaft, die als »Company adventurers to the new found lands« bekannt geworden ist, beutete die Neufundlandfischerei aus, aber über ihre Entdeckertätigkeit sind keine genaueren Angaben überliefert. Im Jahre 1508 oder 1509 unternahm Johann Gabottos Sohn Sebastian eine Expedition, die ihn von Grönland nach der nordamerikanischen Küste bis zum Kap Hatteras hinunterführte.

Mit dem Tode Heinrichs VII. (1509) schwand auf lange Zeit das englische Interesse an Entdeckungsreisen. Sebastian Gabotto trat im

Jahre 1512 in spanische Dienste. Erst mehr als ein halbes Jahrhundert später, im Zeitalter der Königin Elisabeth, schwärmten die englischen Seefahrer, Händler und Freibeuter ungestüm und wagemutig auf die Weltmeere aus und drängten auch den englischen Staat in den machtpolitischen Konflikt mit Spanien hinein. Damit war die Stunde des spanisch-englischen Weltkampfes gekommen. Das spanische Weltreich trat seinem Todfeind gegenüber. □

Massaker in der Neuen Welt

In allen diesen Aussagen ist nicht von den unmittelbarsten Folgen der Entdeckungen in der Neuen Welt die Rede, wie wir sie bereits im vorangegangenen Kapitel kurz gestreift haben. Daß eine kritisch-soziologische Sicht dabei gar nicht so modern sein muß, wie man heute oft gern wahrhaben möchte, beweist ein Kapitel aus der schon einmal zitierten, vor mehr als hundert Jahren erschienenen »Geschichte des Entdekkungszeitalters« von Oscar Peschel über die gesellschaftlichen Erscheinungen in den ersten spanischen Siedlungen der Neuen Welt. Dennoch gibt die Darstellung, geschrieben aus den Vorstellungen des 19. Jahrhunderts, nur einen Teil der europäischen Schuld deutlich wieder.

Das Verständnis der Zeiten und Taten, die bisher geschildert wurden, müßte lückenhaft bleiben, wenn wir uns nicht Raum gönnen wollten, über das Gedeihen der ältesten europäischen Ansiedlung in der Neuen Welt Auskunft zu erteilen. Bei Ovandos[1] Ankunft war der äußerste Westen und der äußerste Osten Españolas noch nicht unterworfen. In dem gewerbslustigen Xaragua herrschte, seit dem Tode ihres Bruders, des Behechio, Anacaona unbeschränkt. Aber ein trauriges Ende war ihr beschieden, als sie beim Statthalter einer Verschwörung gegen die spanische Herrschaft verdächtigt wurde. Ovando marschierte mit 200 Mann und 70 Reitern in ihr kleines Reich, wo er von Anacaona mit größter Unbefangenheit aufgenommen und ihm zu Ehren ein großer dramatischer Tanz, das letzte Festspiel auf Española aufgeführt wurde. Der nächste Sonntag war ausersehen zu einer, bemerkt Las Casas, nicht eben römischen und noch weniger christlichen Tat. Die Spanier trafen Vorbereitungen zu ritterlichen Übungen, und, wie man beabsichtigt hatte, bat Anacaona um die Erlaubnis, dem Schauspiel

[1] Der neue Bevollmächtigte der spanischen Krone

beizuwohnen, die ihr unter der Bedingung bewilligt wurde, daß sie mit dem Gefolge ihrer Häuptlinge erscheine. Wirklich kam sie auch in Begleitung von 80 Vasallen, die in einem Caney oder indianischen Palaste dem Statthalter gegenüber Platz nahmen und seiner Rede warteten.

Ovando hatte das Gebäude mittlerweile von seinen Reitern und Soldaten umstellen lassen, und als er beim Überzählen kein Opfer vermißte, legte der Statthalter [als ein Zeichen] den Finger auf das Kleinod seiner Halskette.

Als die Spanier das stumme Signal wahrnahmen, blitzten auf Verabredung die Degen aus der Scheide, und die wehrlose Versammlung wurde in Banden gelegt, ohne daß einer zu entschlüpfen vermochte. Als man die wehklagende Anacaona gefesselt entfernt hatte, wurde der Palast angezündet und die flammende Stätte umzingelt gehalten, bis sämtliche Gefangene verbrannt waren. Anacaona dagegen wurde aus Ehrfurcht vor der monarchischen Gewalt nur am Strange hingerichtet. Um einer aus Spanien drohenden Untersuchung über diesen Frevel zu entgehen, ließ zwei Jahre später 1505 Ovando einen Prozeß gegen die Hingerichtete einleiten und nachträglich ihre Schuld durch das Zeugnis ihrer Ankläger aktengemäß feststellen. Sechs Monate währte der Kampf im Westen, den die Spanier wie eine empörte Provinz behandelten, bis man die flüchtigen Häuptlinge aus ihren Schlupfwinkeln im Gebirge oder von der Insel Guahaba sämtlich hervorgezogen hatte.

Beherzter wehrte sich die Bevölkerung der Südostspitze oder des Landes Higuey, dessen Stämme mit dem Blute der Kariben sich gemischt hatten und die, wie diese, Bogen und Pfeile führten. Aber vergeblich vertrauten sie auf die Festigkeit ihrer Dörfer, deren enge Gassen sonst zum Straßenkampfe sich vorzüglich eigneten. Ihre matten Pfeile waren den wohlbedeckten Spaniern nicht gefährlich, während ihre nackten Krieger nur mit den Armen die Streiche guter Klingen abwehren konnten.

So rückten die spanischen Geschwader von Ort zu Ort, von Blutbad zu Blutbad. Erbarmungslos verfuhren die Sieger namentlich gegen alle Häuptlinge, die sie gewöhnlich in Mehrzahl mit infernalischem Jubel verbrannten, und dabei ein grauenhaftes, vor der Menschennatur uns befremdendes Geschrei ausstießen. Acht Monate hatte der Krieg gedauert, der in die Jahre 1503 und 1504 fiel. Mit dem Tode des Häuptlings Cotubanamá erlosch der letzte Widerstand, und die Eingeborenen versuchten nicht mehr das Joch der gewaltigen Fremdlinge abzuschütten.

Völkersterben auf Española

Von diesem Augenblick an verschwand die Urbevölkerung auf Española mit unheimlicher Geschwindigkeit. Bei der ersten genaueren Zählung im Jahre 1508 wurden noch 60000 Köpfe vorgefunden, zwei Jahre später, als der zweite Admiral Don Diego auf der Insel erschien (1510), gab es nur noch 46000 Ureinwohner, und diese Zahl hatte sich in den Jahren 1511–1512 schon auf 20000, im Jahre 1514 auf 13000–14000 vermindert. Oviedo, der im Jahre 1515 die Insel durchwanderte, fand am Xaraguasee noch eine seßhafte Bevölkerung in ungestörter Ruhe, doch gesteht er uns, daß im Jahre 1548 kaum noch 500 Personen des alten Geschlechts angetroffen wurden. So geschah es also, daß schon das zweite Geschlecht nach Ankunft der Fremdlinge völlig ausstarb. Mit Ausnahme der Karibischen Inseln hielt die Sterblichkeit auf den Antillen gleichen Schritt mit Española. Von den Lukayischen Inseln und von Kuba holte man seit 1508 frische Bevölkerungen, um das gelichtete Española wieder mit Menschen zu füllen. Anfangs galten die Geraubten je vier Kastellanos das Haupt, wie der Handwerksausdruck lautete, später als die Perlenfischereien bei Cubagua in Schwung kamen, wurden geübte Taucher von den Lukayen mit 150 Kastellanos bezahlt, und mehr als 40000 der Unglücklichen sollen im Laufe von zwanzig Jahren aus der Heimat in den Tod und zwar oft auf die schnödeste Art geschleppt worden sein.

Wohl waren die ersten Entdecker und Ansiedler die Urheber dieses Völkertodes, doch trifft sie nur die sittliche Schuld, den Prozeß beschleunigt zu haben, denn wir gewahren jetzt, erwärmt von einem milden Zeitalter, daß beinahe ohne Gewalt auf dem nordamerikanischen Festlande und auf den Inseln des Stillen Meeres namentlich der Sandwich- und der Gesellschaftsuppe die Urbevölkerung unrettbar dem Grabe zueilt. Dieses Abschiednehmen ganzer Rassen beim Erscheinen verfeinerter und stärkerer Völker erfolgt dort so sichtbar und doch so geräuschlos, daß es uns an die Vorgänge geologischer Zeitalter mahnt, wo die Natur mit bedächtiger Hand die verbrauchten Formen belebter Wesen hinwegräumte.

In tiefe Trauer versetzt es uns aber, daß die Antillenos vorbedächtig eine Art von Rassenselbstmord ausführten. Die Frauen gelobten sich, nicht mehr Kinder zu gebären, sondern entfernten den Leibessegen durch wohlbekannte Pflanzengifte. Aber nicht das künftige Geschlecht allein wurde dem Dasein entzogen, sondern auch das gegenwärtige kürzte, oft in ganzen Gesellschaften, sich das Leben meist durch Genuß des jäh tötenden Manioksaftes oder durch die Dämpfe giftiger Pflanzenstoffe, die man neben den Hängematten anzündete. Seit die Spanier die sorglos heiteren Insulaner zu angestrengter Arbeit nötigten, besaß für sie das Leben nicht Süßigkeit genug, daß es des Bückens wert gewesen wäre. Die meisten der Unglücklichen erlagen nicht sowohl der Arbeit selbst, als dem Klima, da sie von der sonnigen Küste hinweg unbekleidet, wie sie waren, nach dem rauhen Cibao versetzt wurden. Was aber von ihnen, als mildere Zustände anbrachen, noch übrig blieb, rafften 1518 die schwarzen Blattern hinweg.

Leibeigene und Diener

So wurden denn, nach wie vor, Belehnungen mit Leibeigenen oder sogenannte Repartimientos erteilt. Der spanische Herr benutzte die zugeteilten Indianer teils als häusliche Dienstboten, teils zu Fronden auf seinen Feldern, teils zu Arbeiten in den Goldwäschereien. Je acht bis neun Monate gehörte ihre Arbeitskraft dem europäischen Gebieter, und nur den Rest des Jahres wurden sie in die Heimat zur Bestellung ihrer Felder mit einem Jahreslohn von einem halben Kastellano entlassen. Das neue Gesetz, welches die Dominikaner ihnen auswirkten, war ihnen vielfach günstig, erklärte es sie doch für frei; da man aber irrtümlich glaubte, daß die Indianer nur deswegen noch so geringe Früchte christlicher Bekehrung zeigten, weil man sie in ihre Dörfer zurückkehren ließ, so befahl man, sie mitten unter den Spaniern anzusiedeln, ohne zu bedenken, daß in vielen Fällen das örtliche Klima, welches den Spaniern zuträglich war, die Eingebornen töten mußte. Ferner sollte vor Beginn des Tagewerks ein Spanier ihnen das Credo, eine Ave oder Salve Regina vorsprechen, aber nur in der europäischen Sprache, wovon die Eingeborenen, oder in lateinischer Sprache, wovon bisweilen der Spanier selbst kein Wörtchen verstand. Es wurden ihnen ausreichende Ackerlose und während der Frondenzeit eine genügende Nahrung zugebilligt. Die Arbeitszeit sollte nur fünf Monate dauern und dann 40 Tage Freiheit gegeben werden, schwangere Frauen aber nach Antritt des fünften Monats völlig unbeschäftigt bleiben. Für das Jahr wurde ihnen als Lohn ein Peso zugebilligt, damit sie sich Kleider kaufen sollten. Für einen Peso aber, setzte Las Casas hinzu, bekam man auf der Insel nur einen Kamm, einen Spiegel, ein Kopftuch oder eine bunte Mütze. Die Kaziken sollten nicht gänzlich ihrer Untertanen beraubt werden, man ließ ihnen wenigstens einige davon als Dienerschaft. Auf erneute Vorstellungen der Dominikaner wurden noch einige Nachsätze erlassen, welche die verheirateten Frauen und Kinder unter 14 Jahren von den Fronden befreiten und die Dauer der Arbeit wieder auf neun Monate beschränkten. Übrigens war es ganz gleichgültig für das Schicksal der Bevölkerung, wie milde oder mangelhaft das Gesetz ausgedacht wurde, da es erst im Jahre 1513 nach Westindien gelangte, wo der Untergang der Antillenos nicht mehr beträchtlich verzögert werden konnte. Allein die Geschichte des Gesetzes wird immer ein dankbares Gedächtnis an die Kühnheit der wackeren Dominikaner rege erhalten.

Das Gold versiegt

Gleichzeitig mit der Urbevölkerung verschwand auch das Gold von den Antillen. Es ist unerläßlich mit diesem Umstande sich zu beschäftigen, denn allein die Metallschätze gewährten anfangs den Ansiedlungen einige Dauer, die andernfalls nur als kostspielige Liebhaberei von der Krone hätten ernährt werden müssen. Der erste beträchtliche Goldertrag Españolas fällt in das Jahr 1501. Im folgenden Jahre, als die Flotte Ovandos ankam, hatte eine Indianerin in den sogenannten neuen Goldfeldern am rechten Ufer des Haya 8 bis 9 Leguas nördlich von Santo Domingo die berühmte Goldstufe gefunden, die später mit dem Geschwader des Ovando bei dem großen Tornado 1502 unterging. In zwei Städten, nämlich in Concepcion de la Vega und in Buenaventura waren königliche Münzen errichtet worden, wohin alles gewonnene Erz von den Goldgräbern abgeliefert werden mußte, um es dort je zweimal im Jahre einzuschmelzen und die Kronabgabe zu erheben, die unter Cristóbal Colón ein Drittel, unter Bobadilla ein Zehntel, später und für immer aber aus dem fünften Teil (Quint) bestand. Nach Ovandos Ankunft belief sich die jährliche Ausbeute auf 300000 Goldpiaster oder 6000 Mark. Etwas später hob sich dieser Betrag auf 450000 bis 460000 Kastellanos. Die höchste Ausbeute lieferten die Wäschereien um das Jahr 1516, wo der königliche Quint auf 8000–10000 Mark sich belaufen mußte. Die Kroneinkünfte aus der Neuen Welt überstiegen diese Höhe erst zur Zeit, wo die mexikanischen Schätze flüssig wurden, so daß also vorher schon der Ertrag von Española abgenommen haben muß, weil zu dem königlichen Quint auch das Gold der ausgeplünderten dariensischen Landenge gezogen wurde. So rasch aber erschöpfte sich der Reichtum, daß ein Reisender, der 1541 nach der Neuen Welt kam, von der Goldausbeute Españolas schon wie von vergangenen Dingen spricht. Die unausbleiblichen Erscheinungen tiefen materiellen Elends neben der Fülle von Gold zeigten sich auch auf den Antillen.

Die Preise der Geräte, der Kleider und vor allen der Lebensmittel stiegen auf eine unerschwingliche Höhe. Sehr glaubhaft ist es daher, daß bisweilen die Kosten der Werkzeuge und der Ernährung der indianischen Goldwäscher die Ausbeute wieder verschlangen und der Unternehmer nicht einmal den Quint zu zahlen vermochte. Erschienen dann nach Ablauf des Semesters Goldjäger mit 500, 800 oder 1000 Kastellanos in der königlichen Münze, so gingen sie entweder mit leeren Händen wieder fort, weil der Ertrag im voraus längst verpfändet war, oder sie wanderten wohl gar in den Schuldturm. Alle jene Schätze entschlüpften daher der ersten Hand, und Vermögen erwarben nur die, welche mit Ernst den Anbau des Landes, oder Viehzucht, oder Handel mit Gütern spanischen Gewerbfleißes betrieben. In früheren Zeiten wurden aber die Märkte so karg versehen, daß die Spanier, die mit fürstlichem Pomp, begleitet von einem indianischen Dienergefolge und einem Harem, im Lande umherzogen, indem sie sich in Hängematten tragen, von Sonnenschirmen beschatten und von Fächerträgern kühle Luft zuwehen ließen, oft nicht mehr als ein Hemd besaßen, sondern barhäuptig und barfuß, oft sogar ohne Beinkleider sich zeigten.

Zuckerrohr und Negerhandel

Nichts hat aber auf die Geschicke der Insel, und wir dürfen hinzusetzen, auf die ethnographische Physiognomie Amerikas und seine historische Entwicklung, einen größeren und schädlicheren Einfluß geübt, als die Verpflanzung des Zuckerrohrs im Jahre 1493, denn der Bau dieses Handelsgewächses steht in enger Beziehung zu dem Negerhandel und der Afrikanisierung Haitis, sowie anderer Teile der Neuen Welt. Der Urheber dieses, unser Jahrhundert noch tief beschämenden Unrechts war leider der edle Las Casas, der den gepeinigten Resten der antillischen Urbevölkerung durch die Einfuhr äthiopischer Arbeitskräfte einige Linderung zu verschaffen hoffte. Er selbst bereute, als er am Ende seines Lebens (1560) den dritten Band seiner Geschichte verfaßte, bitter diesen unbesonnenen Anschlag, und entschuldigte seinen guten Wahn damit, daß er damals nicht gewußt habe, mit welcher Menschenverachtung und welcher Gewalt der Negerhandel betrieben wurde. Bis zum Jahre 1518 gab es nur ein Dutzend Neger auf Española, die zu den königlichen Domänen gehörten. Die Pflanzer hatten aber schon vielfach Gesuche nach Spanien geschickt, um die verschwundene indianische Bevölkerung durch Neger ersetzen zu dürfen, und Las Casas, dessen Stimme in den indischen Angelegenheiten damals großen

Einfluß hatte, begünstigte diese Auskunft. Ein flandrischer Kavalier erhielt von Karl V. das Monopol des Negerhandels auf acht Jahre und verkaufte sogleich seine Gerechtsame an genuesische Handelshäuser für 25000 Dukaten; doch beschränkte man anfangs die Einfuhr auf 4000 Neger für Española, Kuba, Portoriko und Jamaika. Ein Ansiedler in der Vega namens Aguilon hat den ersten Zucker in der Neuen Welt gesotten, und die frühesten Proben davon kamen in einem Schiff, welches der Geschichtschreiber Oviedo befehligte, 1515 nach Spanien. Bald darauf erfand man Zuckerpressen, die mit Pferden, und endlich solche, die mit Wasserkraft getrieben wurden. Ansiedler, die solche Maschinen bauen ließen, wurden durch öffentliche Darlehen unterstützt. Eine jede derartige Mühle erforderte mindestens 80, die Pressen mit Pferdekraft (Trapiches) 30–40 Neger für die Pflanzung. So konnte auch der erste Negeraufstand schon in den Weihnachtsfeiertagen 1522 auf den Plantagen des Admirals Diego Colón ausbrechen. Die Anstifter waren vom Stamm der Joloffer und der Schauplatz am Niçao, also östlich von Neyba. Eine Bande, die zu Hunderten anschwoll, zog mordend und sengend von Pflanzung zu Pflanzung, wurde aber diesmal noch gebändigt. Im Jahre 1545 brach ein neuer gefährlicher Aufstand aus, von dem Benzoni hörte, als er auf dem Festlande reiste. Es gab damals bereits mehr als 7000 entlaufene Neger, die sich als Räuber in den Gebirgen aufhielten und die man Cimarrones nannte. »Viele Spanier«, setzt der italienische Reisende hinzu, »behaupten fest, daß Española in kurzer Zeit den Negern in die Hände fallen müsse.« Daß man damals ein Ereignis so deutlich voraussah, welches noch in weiter chronologischer Ferne lag, wird uns nicht überraschen, wenn wir hören, daß um die Mitte des 16. Jahrhunderts schon 30–40 große Zuckermühlen im Gange waren und sich die Zahl der Negersklaven bis auf 30000 Köpfe im Jahre 1560 gehoben hatte. Die spanischen Ansiedler blieben immer in sehr bescheidener Zahl. Um 1520 erreichten sie erst die Ziffer von 3000 bis 4000 Köpfen, allein bald nach der Eroberung Mexikos entleerten sich sämtliche Antillen durch massenhafte Auswanderung nach den goldverheißenden neuen Gebieten. Unter Ovandos Statthalterschaft gab es bereits 17 Städte oder Ortschaften, von denen die wichtigsten Santo Domingo und Concepcion blieben. Allein die Hauptstadt der Insel Santo Domingo sah ihre Einwohnerzahl im Jahre 1548 bereits auf 600 Familien (vezinos) verringert und Concepcion, die Hauptstadt des ehemals volkreichen Königgaues, war schon mit dem Aussterben der Urbevölkerung um das Jahr 1513 in Schutt gesunken. Noch rascher verödeten und verschwanden die Ortschaften in der Nähe der Goldfelder, denn die Ansiedler bauten nur Hütten nach Art der Urbevölkerung, die wenig Mühe kosteten, rasch verfielen und gern verlassen wurden. □

Bericht des Las Casas über die Greuel auf Kuba

Kronzeuge für das Verhalten der spanischen Eroberer vor allem auf den westindischen Inseln bleibt der schon mehrfach erwähnte Las Casas, dessen »Kurzgefaßter Bericht von der Verwüstung der Westindischen Länder« vor einigen Jahren von Hans Magnus Enzensberger in einer modernen deutschen Ausgabe neu herausgegeben wurde. Da Peschel in dem oben abgedruckten Text vorwiegend aus dem Kapitel über Española geschöpft hat, bringen wir, um Wiederholungen zu vermeiden, im folgenden als Beispiel für die scharfe Feder des Dominikaners seine Darstellung der Verhältnisse auf Kuba (Cuba).

»Das Gold ist ihr Gott . . .«

Im Jahr eintausendfünfhundertundelf kamen die Spanier auf die Insel Cuba, die, wie ich bereits sagte, so lang ist, als der Weg von Valladolid nach Rom, und eine Menge starkbevölkerter Provinzen hatte. Hier begannen und endigten sie nicht allein auf oben beschriebene Weise, sondern gingen sogar noch weit grausamer zu Werke. Hierbei ereignete sich unter andern folgender merkwürdiger Fall:

Ein Cazique, der einer der vornehmsten im Lande war, und den Namen *Hatuey* führte, hatte sich nebst mehreren seiner Leute von der Insel Hispaniola nach Cuba in der Absicht geflüchtet, dem barbarischen und unmenschlichen Verfahren der Christen zu entgehen. Als er sich auf dieser Insel befand, brachten verschiedene Indianer die Botschaft, die Christen kämen dahin. Er versammelte hierauf alle seine Leute, oder doch die meisten derselben, und redete sie folgendergestalt an: Ihr wißt bereits, daß es heißt, die Christen kämen hieher. Ihr habt es erfahren, wie sie mit diesem und jenem von euern Herren und mit den Leuten auf Haiti (Hispaniola) umgegangen sind. Hier werden sie das nämliche tun. Wißt ihr auch wohl, warum sie es tun? – Sie sagten nein! es müßte denn sein, daß sie von Natur boshaft und grausam wären. – Sie tun es nicht bloß deswegen, sagt er, sondern sie haben einen Gott, welchen sie anbeten, und den auch wir mit aller Gewalt anbeten sollen; um deswillen peinigen, unterdrücken und töten sie uns. Seht, sagt er – indem er auf ein Körbchen voll Gold und Edelgesteine wies, das neben ihm stand – dies ist der Christen Gott! Dünkt's euch gut, so wollen wir ihm zu Ehren Areytos – eine Art von Balletten oder Tänzen – anstellen. Vielleicht ist er uns gnädig, und befiehlt den Christen, daß sie uns nichts zu leide tun. Freudig schrien sie alle: Recht gut! Recht gut! und sogleich tanzten sie vor ihm, bis sie sämtlich müde waren. Nun sagte Hatuey: Seht, wenn wir ihn bei uns behalten, so nehmen sie ihn uns doch, wir mögen es machen wie wir wollen, und schlagen uns nachher tot. Werfen wir ihn lieber in jenen Fluß! Alle waren es zufrieden, daß er hineingeworfen würde; und sie warfen ihn auch wirklich in einen dort befindlichen großen Strom.

Als die Christen auf der Insel Cuba landeten, floh dieser Cazique sie überall, als einer, der sie kannte, und wehrte sich, wenn sie ihm etwa zu nahe kamen; endlich aber ward er gefangen. Weil er nun vor diesen grausamen und ruchlosen Menschen floh, und sich gegen diejenigen wehrte, die ihn ums Leben zu bringen oder ihn wenigstens nebst allen seinen Leuten und Blutsfreunden bis auf den Tod zu peinigen suchten; so beschlossen sie, ihn lebendig zu verbrennen. Als er bereits an den Pfahl gebunden war, sagte ihm ein Geistlicher vom Orden des heiligen Franciscus, ein gottseliger Mann, der sich dort aufhielt, verschiedenes von Gott und unserm Glauben, wovon der Cazique noch nie das geringste gehört hatte. Der Geistliche suchte sich die wenige Zeit, welche ihm die Henkersknechte verstatteten, so gut als möglich zunutze zu machen, und versicherte ihn endlich, wenn er dasjenige, was er ihm da sage, glauben wolle, so werde er in den Himmel kommen, und ewige Freude und Ruhe daselbst genießen; widrigenfalls aber werde er in der Hölle ewige Qual und Pein leiden müssen. Der Cazique dachte hierüber ein wenig nach, und fragte sodann den Geistlichen, ob denn auch Christen in den Himmel kämen. Allerdings, sagte der Geistliche, kommen alle guten Christen hinein! Sogleich, und ohne weiteres Bedenken, erwiderte der Cazique, dort wolle er nicht hin, sondern lieber in die Hölle, damit er nur dergleichen grausame Leute nicht mehr sehen, noch da sich aufhalten dürfe, wo sie zugegen wären. So beförderten die Spanier, welche sich nach Indien begaben, die Ehre Gottes und unserer Religion!

»Plötzlich fuhr der Teufel in die Christen . . .«

Einst, als wir uns wohl noch zehn Meilen des Weges von einem großen Flecken befanden, kamen uns die Indianer zum Empfang entgegen, und brachten uns Lebensmittel und andere Geschenke. Ihre Abgeordneten

*Eine der vielen Darstellungen von Greueln,
wie sie überall während der Conquista an Indianern verübt wurden
und wie sie vor allem von Las Casas geschildert worden sind.
Aus: De Bry, »Americae«, 5. Buch.*

hatten eine große Menge Fische, Brot und andere Speisen bei sich, und gaben uns von allem, so viel sie nur konnten. Aber plötzlich fuhr der Teufel in die Christen, so, daß sie in meinem Beisein, ohne die mindeste Veranlassung oder Ursache, mehr als dreitausend Menschen, Männer, Weiber und Kinder darnieder hieben, die rings um uns her auf der Erde saßen. Hier nahm ich so unbeschreibliche Grausamkeiten wahr, daß andere Sterbliche dergleichen wohl schwerlich gesehen haben, oder sie für möglich halten möchten.

Wenige Tage nachher schickte ich Boten an alle Großen der Provinz Havana; denn ich stand bei ihnen in gutem Ruf, und ließ ihnen sagen, sie sollten sich weder fürchten noch flüchten, sondern sich vielmehr aufmachen uns zu bewillkommen; es werde keinem von ihnen das mindeste

Leid widerfahren. Ich tat dies mit ausdrücklicher Bewilligung des Befehlshabers: denn die begangenen Mordtaten hatten das ganze Land in Furcht und Schrecken gesetzt. Als wir nun in die Provinz kamen, wurden wir unterwegs von einundzwanzig Caziquen und andern Großen empfangen, die der Befehlshaber sogleich in Verhaft nehmen ließ, ohne sich an das sichre Geleite zu kehren, das ich ihnen versprochen hatte. Tages darauf wollte man sie sämtlich verbrennen; man gab sogar vor, dies sei recht wohl getan, denn sonach bliebe diesen Herren keine Zeit übrig, uns zu schaden. Es kostete mir sehr viel Mühe, sie vom Scheiterhaufen zu retten, und es so weit zu bringen, daß sie entwischten.

Nachdem nun die Spanier die meisten Eingeborenen dieser Insel unterjocht oder umgebracht hatten, die übrigen aber sahen, daß sie ohne Rettung verloren sein und umkommen müßten, so flüchteten sich einige ins Gebirge, andere hängten sich aus Verzweiflung auf. Männer und Weiber nebst ihren Kindern taten eben das. Unter andern knüpften sich mehr als zweihundert Indianer auf, um nur den Grausamkeiten eines einzigen – mir wohlbekannten – Spaniers zu entgehen, welcher der ärgste unter allen übrigen Barbaren war.

Es befand sich ein Königlicher Beamter auf dieser Insel, der bei der Verteilung dreihundert Indianer bekam. In Zeit von drei Monaten hatte er deren zweihundertundsiebenzig durch Arbeit in den Bergwerken totgemartert, so, daß ihm deren nur noch dreißig, oder ein Zehntel derselben übrig waren. Man gab ihm deren wieder so viel, wo nicht noch mehr, und er brachte sie abermals um. Er bekam zum drittenmale so viel, und machte es wieder so, bis endlich der Teufel seine Seele holte.

Während meines Aufenthaltes starben binnen drei oder vier Monaten siebentausend Kinder vor Hunger, weil ihre Väter und Mütter in die Bergwerke geschickt wurden. Auch sah ich noch andere schreckliche Dinge.

Man beschloß nachher, Jagd auf die Indianer zu machen, die sich im Gebirge befanden, und ging entsetzlich mit ihnen um. Kurz, die Spanier entvölkerten und verheerten diese ganze Insel, so, daß wir noch vor weniger Zeit mit viel Betrübnis und Leidwesen wahrnahmen, daß sie durchgehends zur Wüste und Einöde gemacht worden sei. □

Wir können das Verhalten der Spanier nur aus dem jahrhundertealten Geist der Reconquista, des im 2. Kapitel geschilderten Glaubenskrieges gegen die Mauren, zu deuten suchen. Die Spanier hatten wenige Anlagen zu Kolonisatoren. Für sie bedeutete die Eroberung der neu entdeckten Gebiete nur eine Art Fortsetzung dieser Reconquista. Mit einem Unterschied allerdings. In Spanien hatten sie gegen ein hochzivilisiertes, ihnen oft überlegenes Volk gekämpft. Die Indianer dagegen sahen sie als wilde Barbaren an, die sich noch im schlimmsten heidnischen Zustand befanden – ohne »menschliche« Kultur und eine achtenswerte Religion. So schreibt beispielsweise ein zeitgenössischer Autor:

Die Indianer essen Menschenfleisch [. . .] es gibt bei ihnen keine Gerechtigkeit [. . .] sie sind dumm und stumpfsinnig. Sie halten sich nur dann an die Wahrheit, wenn es ihnen nützt. Sie sind unbeständig. Sie können sich überhaupt nicht vorstellen, was vorsorgende Voraussicht bedeutet. Sie sind sehr undankbar und wankelmütig [. . .] sie essen Läuse, Spinnen und Würmer, ohne sie zu kochen [. . .] (sie sind) richtige wilde Tiere. □

Und daraus ergibt sich nur als Folge eine Feststellung, wie sie Petrus Martyr, ein Zeitgenosse des Kolumbus, trifft:

Was die Freiheit der Indianer anbetrifft, so ist man noch zu keiner völligen Übereinstimmung gelangt. Das Naturrecht und die Religion verlangen, daß das gesamte Menschengeschlecht frei sei. Das Herrscherrecht ist nicht derselben Meinung. Selbst der Gebrauch ist dawider, und eine lange Erfahrung lehrt, daß das Sklaventum für diejenigen unumgänglich notwendig ist, welche ihrer Lehrer oder Vormünder beraubt, zum Götzendienste und ihren alten Irrtümern zurückkehren würden. □

Das »Wunder« des neuen Kontinents Amerika

Es würde über den Rahmen dieses Buches hinausführen, wollten wir die Auswirkungen der Konquista, wie man die spanische Eroberung der Neuen Welt nennt, hier noch weiter verfolgen. Für uns drängt sich zum Abschluß eines Lebensberichts über Kolumbus nur die letzte Frage auf, warum die Neue Welt nicht nach ihrem Entdecker, sondern nach dem italienischen Reisenden Amerigo Vespucci benannt wurde. Eine Antwort darauf gibt Stefan Zweig in seiner kleinen, wenig bekannten Studie »Amerigo. Die Geschichte eines historischen Irrtums«, der unser folgender Abschnitt entnommen ist.

Das Flugblatt des Vespucius

1503 flattern beinahe gleichzeitig in den verschiedenen Städten – Paris, Florenz, man weiß nicht in welcher zuerst – ein paar bedruckte Blätter auf, vier bis sechs im ganzen, »*Mundus Novus*« betitelt. Als Verfasser dieses lateinisch geschriebenen Traktats wird bald ein Albericus Vespucius oder Vesputius genannt, der in der Form eines Briefes an Laurentius Petrus Franciscus de Medici über eine Reise berichtet, die er in bisher unbekannte Länder im Auftrag des Königs von Portugal unternommen habe. Solche brieflichen Berichte über Entdekkungsreisen sind in der damaligen Zeit nicht selten. Alle großen Handlungshäuser Deutschlands, Hollands und Italiens, die Welser, die Fugger, die Medici, und außerdem noch die Signoria von Venedig haben ihre Korrespondenten in Lissabon und Sevilla, die ihnen Nachricht über jede gelungene Expedition nach Indien zum Zwecke geschäftlicher Orientierung geben; diese Briefe ihrer Handelsattachés sind, weil sie eigentlich Geschäftsgeheimnisse vermitteln, sehr gesucht, und ihre Abschriften werden ebenso wie die Karten – die Portolane – der neuge-

Amerigo Vespucci

In der Lebensgeschichte Vespuccis bleiben einige unklare Punkte. Er wurde am 9. März 1451 in Florenz geboren, war also wohl gleichaltrig mit Kolumbus. Als Dreißigjähriger ging er nach Sevilla und trat dort in die Dienste eines Handelshauses, in dessen Auftrag er auch bei der Ausrüstung der Flotte für die 3. Reise des Admirals mitwirkte. Damals entstand auch die Freundschaft zwischen ihm und dem Admiral. Vespucci berichtet, daß er danach vier Expeditionen in die Neue Welt unternommen habe, die sich aber nicht sicher belegen lassen. Während viele Wissenschaftler nur die Angaben über die erste Fahrt bezweifeln, behaupten andere, daß er überhaupt keine unternommen habe. Nach seinen eigenen Angaben trat Vespucci die erste Fahrt schon 1497 an, das aber würde eine Überschneidung mit der besser belegten oben angeführten Tatsache der Flottenzurüstung ergeben. Dabei will er sogar noch vor Kolumbus das südamerikanische Festland erreicht haben. Die zweite Fahrt führte 1499–1500 an die Küste von Honduras, auf der dritten und vierten erforschte er in portugiesischen Diensten 1501 bis 1502 und 1503–1504 die brasilianische Küste. Über die dritte (oder wohl eher zweite) Reise gab er unter dem Titel »Mundus Novus« jenen Bericht heraus, in dem er die Vermutung äußerte, daß es sich bei den eben entdeckten Ländern um einen neuen Kontinent handeln müsse.

fundenen Küsten als Wertobjekte gehandelt. Manchmal fällt eine dieser Abschriften einem geschäftstüchtigen Buchdrucker in die Hand, der sie dann sofort in seiner Presse vervielfältigt. Und diese Flugblätter, welche für das große Publikum die damals noch nicht etablierte Zeitung ersetzen, indem sie interessante Neuigkeiten der Öffentlichkeit rasch zugänglich machen wollen, werden dann zwischen Ablaßzetteln und medizinischen Rezepten auf den Jahrmärkten verkauft. Ein Freund legt sie dem andern in Briefen, in Paketen bei; so erlangt ab und zu ein ursprünglicher Privatbrief eines Faktors an seinen Chef die Öffentlichkeit eines gedruckten Buchs.

Von all diesen Flugblättern der Zeit hat seit dem ersten Brief des Kolumbus von 1493, der seine Ankunft an den Inseln »nahe des Ganges« meldete, keines solch allgemeines und keines folgenreicheres Aufsehen erregt als diese vier Blätter des bishin völlig unbekannten Albericus. Schon der Text kündigt eine gewisse Sensation an. Dieser Brief sei *»ex italica in latinam linguam«*, aus dem Italienischen ins Lateinische übersetzt, »damit alle Gebildeten gewahr werden können, wie viele wunderbare Dinge in diesen Tagen entdeckt würden« *(»quam multa miranda in dies reperiantur«)*, wieviel bis zum heutigen Tage unbekannte Welten aufgefunden und was alles in ihnen enthalten sei *(»quanto a tanto tempore quo mundus cepit ignota sit vastitas terrae et quod continetur in ea«)*. Diese marktschreierische Ankündigung ist an sich schon ein kräftiger Köder für die nach Nachrichten hungrige Welt; das kleine Flugblatt findet demgemäß reißenden Absatz. Es wird in den entlegensten Städten mehrmals nachgedruckt, ins Deutsche, ins Holländische, Französische, Italienische übersetzt und sofort in alle Sammlungen von Reiseberichten, wie sie jetzt in allen Sprachen zu erscheinen beginnen, aufgenommen; es ist ein Markstein, wenn nicht sogar der Grundstein der neuen Geographie für die noch ahnungslose Welt.

Der große Erfolg dieses winzigen Büchleins ist vollkommen verständlich. Denn dieser unbekannte Vespucius ist der erste von all den Seefahrern, der gut und amüsant zu erzählen versteht. Was sonst auf solchen Abenteurerschiffen sich zusammentut, sind analphabetische Strandläufer, Soldaten und Matrosen, die nicht einmal ihren eigenen Namen zu unterzeichnen wissen, vielleicht allenfalls noch ein excribano, ein trockener Jurist, der nur Fakten kalt aneinanderreiht, oder ein Pilot, der Längengrade und Breitengrade notiert. Das große Publikum ist also noch zur Wende des Jahrhunderts ganz unbelehrt über das, was in diesen fernen Geländen eigentlich entdeckt worden ist. Und da kommt nun ein glaubhafter und sogar gelehrter Mann, der nicht übertreibt und fabuliert, sondern redlich berichtet, wie er am 14. Mai 1501 im Auftrag des Königs von Portugal über das große Weltmeer gefahren sei, zwei Monate und zwei Tage lang unter einem Himmel, der so dunkel und stürmisch war, daß man weder Sonne noch Mond habe erblikken können. Er läßt den Leser all die Schrecknisse miterleben, er erzählt, wie sie schon alle Hoffnung auf glückliche Landung aufgegeben hätten in ihren lecken und von den Würmern bereits durchhöhlten Schiffen; da hätten sie dank seiner Geschicklichkeit als Kosmograph endlich am 7. August 1501 – das Datum ist anders als in seinen anderen Berichten, aber an solche Ungenauigkeiten muß man sich bei diesem gelehrten Manne gewöhnen – Land gesehen, und welch ein gesegnetes Land!

Das Paradies in Brasilien

Arbeit und Qual sei hier für den Menschen nicht vonnöten. Die Bäume bedürfen keiner Pflege und geben Früchte im Überfluß, die Flüsse und Quellen reines, gutes Wasser; das Meer ist voller Fische, die Erde unglaublich und fruchtbar und strotzend von wohlschmeckenden und völlig unbekannten Früchten; kühle Brisen wehen über das reiche Land, und die dichten Wälder machen auch die sonnigsten Tage erquicklich. Tausenderlei Getier und Vögel gebe es hier, von dessen Vorhandensein Ptolemäus nie eine Ahnung gehabt. Die Menschen leben noch im vollen Zustand der Unschuld; sie seien rötlicher Hautfarbe, und zwar, erklärt der Reisende, weil sie von der Geburt bis zum Tode nackt gehen und derart von der Sonne gebräunt werden; sie besitzen weder Kleider noch Schmuck noch irgendwelches Eigentum. Alles gehöre ihnen gemeinsam, auch die Frauen, von deren jederzeit gefälliger Sinnlichkeit der gelehrte Herr ziemlich pikante Anekdoten serviert. Scham und sittliche Gebote seien diesen Naturkindern völlig fremd, der Vater schläft mit der Tochter, der Bruder mit der Schwester, der Sohn mit der Mutter; es gibt keine Ödipuskomplexe, keine Hemmungen, und doch werden sie hundertundfünfzig Jahre alt, falls sie nicht – dies ihre einzige unfreundliche Eigenschaft – sich zuvor kannibalisch verzehren. Kurzum, »wenn es irgendwo das irdische Paradies gibt, so kann es nicht weit von hier sein«. Ehe Vesputius von Brasilien – denn dies ist das geschilderte Paradies – Abschied nimmt, ergeht er sich noch ausführlich über die Schönheit der Sterne, die in andern Bildern und Zeichen über dieser gesegneten Hemisphäre leuchten, und verspricht, späterhin noch mehr von dieser und anderen Reisen in einem Buche zu berichten, »damit ein Erinnern an ihn an die Nachwelt komme« *(»ut mei recordatio*

Weltuntergangsstimmung und Angst vor dem Antichrist bestimmten die Übergangszeit vom Spätmittelalter zur Neuzeit, in der Kolumbus lebte. Holzschnitt »Der Antichrist« aus Schedels Weltchronik: Koberger, Nürnberg 1493.

apud posteros vivat«) und man »Gottes wunderbare Werke auch in diesem bisher unbekannten Teile seiner Erde erkenne«.

Man kann das Aufsehen verstehen, das dieser lebendige, farbige Bericht bei den Zeitgenossen erregt. Denn nicht nur die Neugier nach diesen unbekannten Zonen wird gleichzeitig befriedigt und angestachelt; unbewußt hat mit dem einen Wort, daß »das irdische Paradies, wenn es irgendwo existiere, nicht weit von hier sein könne«, dieser Vesputius an eine der geheimnisvollsten Hoffnungen seiner Epoche gerührt. Längst hatten die Kirchenväter, besonders die griechischen Theologen, die These aufgestellt, Gott habe nach Adams Sündenfall das Paradies keineswegs zerstört. Er habe es nur weggerückt auf die »Gegenerde«, in einen den Menschen nicht erreichbaren Raum. Diese »Gegenerde« aber solle nach der mythischen Theologie jenseits des Ozeans gelegen sein, also hinter einer den Irdischen undurchdringlichen Zone. Nun aber, da die Kühnheit der Entdecker diesen bisher undurchdringlichen Ozean durchfahren und die Hemisphäre der anderen Sterne erreicht – könnte der alte Traum der Menschheit sich nicht doch erfüllen und das Paradies wiedergewonnen werden? Wie natürlich darum, daß die Schilderung jener von Vesputius erschauten Unschuldswelt, die sonderbar der Welt vor dem Sündenfall gleicht, eine Zeit erregt, die ähnlich wie die unsere inmitten von Katastrophen lebt. In Deutschland beginnen sich die Bauern zusammenzuscharen, weil sie die Fron nicht mehr ertragen wollen, in Spanien wütet die Inquisition und gönnt auch dem Verläßlichsten keinen Frieden, in Italien, in Frankreich toben die Kriege. Tausende und Hunderttausende von Menschen, die solcher täglichen Bedrängnis müde werden, sind schon aus Abscheu vor dieser überreizten Welt in die Klöster geflüchtet; nirgends ist Ruhe, ist Rat, ist Friede für den »Jedermann«, der nichts sucht als sein kleines unbehelligtes Dasein. Und plötzlich kommt Botschaft und flattert mit ihren paar schmalen Blättern von Stadt zu Stadt: ein verläßlicher Mann, kein Gaukler, kein Sindbad, kein Lügner, sondern ein gelehrter Mann, der vom König von Portugal ausgesandt sei, habe weit hinter allen bisher bekannten Zonen ein Land entdeckt, wo noch Frieden für die Menschen zu finden ist. Ein Land, wo nicht der Kampf um Geld, um Besitz, um Macht die Seelen verstört. Ein Land, wo es keine Fürsten, keine Könige, keine Blutsauger und Froneintreiber gibt, wo man nicht die Fäuste sich blutig schinden muß um sein täglich Brot, wo die Erde noch gütig den Menschen nährt und der Mensch nicht des Menschen ewiger Feind ist. Es ist eine uralte religiöse, eine messianische Hoffnung, die dieser unbekannte Vesputius mit seinem Bericht entfacht; er hat an die tiefste

Neben der Entdeckung Amerikas ist die Reformation das herausragende Ereignis der Epoche. Zeitgenössischer Titelholzschnitt: Luther während des Konzils in Worms vor Kaiser Karl V.

Sehnsucht der Menschheit gerührt, an den Traum der Freiheit von Sitte, Geld, Gesetz und Besitz, an jenes unstillbare Verlangen nach einem Leben ohne Mühe, ohne Verantwortung, das in jedes Menschen Seele geheimnisvoll dämmert wie eine dunkle Erinnerung aus dem Paradies.

»Mundus Novus« – Die »Neue Welt«

Dieser sonderbare Umstand mochte wohl geneigt sein, jenen wenigen und schlecht gedruckten Blättern eine Wirkung in die Zeit zu geben, die weitaus diejenige aller anderen Berichte, selbst des Kolumbus, übertraf; aber der eigentliche Ruhm und die welthistorische Bedeutung dieses winzigen Flugblatts beruhen weder auf seinem Inhalt noch auf der seelischen Spannung, die es unter den Zeitgenossen erregte. Das eigentliche Geschehnis dieses Briefes ist merkwürdigerweise nicht der Brief selbst, sondern sein Titel, die zwei Worte, die vier Silben *»Mundus Novus«*, die eine Revolution ohnegleichen in der Betrachtung des Kosmos hervorgerufen haben. Bis zu dieser Stunde hatte Europa als das große geographische Ereignis der Zeit betrachtet, daß Indien, das Land der Schätze und der Gewürze, innerhalb eines Jahrzehnts auf einem zweifachen Wege erreicht worden war: durch Vasco da Gama auf dem Wege nach Osten rund um Afrika und durch Christoph Kolumbus auf dem Wege nach Westen quer durch den bisher undurchfahrbaren Ozean. Mit Bewunderung hatte man die Schätze gesehen, die Vasco da Gama aus den Palästen Calicuts heimgebracht, mit Neugier von den vielen Inseln gehört, die der Großadmiral des Königs von Spanien, Christoph Kolumbus, seiner Meinung nach der Küste von China vorgelagert gefunden. Auch er hatte also, seiner ekstatischen Aussage gemäß, das Land des Großen Khans betreten, das Marco Polo beschrieben; damit schien die Welt umrundet, Indien, das seit tausend Jahren unerreichbare, von beiden Seiten erreicht.

Aber nun kommt dieser andere Seefahrer, dieser merkwürdige Albericus, und meldet etwas noch viel Erstaunlicheres. Was er auf dieser Reise nach Westen erreicht habe, sei gar nicht Indien, sondern ein ganz neues, unbekanntes Land zwischen Asien und Europa, also ein völlig neuer Teil der Welt. Wörtlich schreibt Vesputius, daß man jene Regionen, die er im Auftrag des Königs von Portugal gefunden habe, getrost eine neue Welt nennen dürfe, *»Novum Mundum appellare licet«*, und begründet ausführlich diese seine Ansicht: »Denn keiner unserer Vorfahren hatte von diesen Ländern Kenntnis, die wir gesehen, und von dem, was sie enthalten; unser Wissen geht weit über das ihre hinaus. Die meisten von ihnen glaubten, daß sich südlich des Äquators kein Festland befände, sondern nur eine unendliche See, die sie die atlantische nannten, und auch diejenigen, die hier einen Kontinent für möglich hielten, waren aus verschiedenen Gründen der Meinung, er müsse unbewohnbar sein. Meine Fahrt hat nun bewiesen, daß diese Ansicht irrig ist und der Wahrheit schroff entgegensteht, da ich südlich des Äquators einen Kontinent fand, der in manchen Tälern viel mehr von Menschen und Tieren bevölkert ist als unser Europa, Asien und Afrika und überdies ein angenehmeres und milderes Klima besitzt als die anderen uns bekannten Erdteile.«

Diese wenigen, aber entschiedenen Worte machen den *»Mundus Novus«* zu einer denkwürdigen Urkunde der Menschheit; sie sind – zweihundertsiebzig Jahre vor der anderen – die erste Unabhängigkeitserklärung Amerikas. Kolumbus, bis zu seiner Todesstunde blind in den

Eine neue Zeit bricht an:
Der Mensch dringt in neue Welten und zu neuen Erkenntnissen vor.
Holzschnitt des 16. Jahrhunderts.

Wahn verstrickt, er habe auf Guanahani und Kuba Indien betreten, hat mit diesem Wahn eigentlich seinen Zeitgenossen den Kosmos verkleinert; erst Vespucci gibt, indem er die Hypothese zerstört, dieser neue Kontinent sei Indien, und klar behauptet, es sei eine neue Welt, zugleich das neue und bis zum heutigen Tage gültige Maß. Er sticht den Star, der dem großen Entdecker den Blick auf seine eigene Tat verschattete, und wenn er selbst auch nicht im entferntesten ahnt, welche Dimensionen dieser Kontinent haben wird, so hat er doch wenigstens die Selbständigkeit seines Südteils erkannt. In diesem Sinn vollendet Vespucci tatsächlich die Entdeckung Amerikas, denn jede Entdeckung, jede Erfindung wird gültig nicht nur durch den, der sie macht, sondern mehr noch durch den, der sie in ihrem Sinne, in ihrer wirkenden Kraft erkennt; wenn Kolumbus das Verdienst der Tat, so gehört Vespucci durch diese seine Worte das historische Verdienst ihrer Deutung. Er hat als Traumdeuter sichtbar gemacht, was sein Vorläufer traumwandlerisch gefunden.

Die Überraschung, welche die Ankündigung dieses bisher unbekannten Vesputius hervorruft, ist eine ungeheure und freudige; sie greift tief in das allgemeine Empfinden der Zeit, tiefer sogar und nachhaltiger als die Entdeckung des Genuesers. Daß ein neuer Weg nach Indien gefunden sei, daß man die von Marco Polo längst beschriebenen Länder auch mit Schiffen von Spanien aus erreichen könne, hatte als kommerzielle Angelegenheit immerhin nur einen kleinen, an dieser Entdeckung unmittelbar interessierten Kreis beschäftigt: die Kaufleute, die Händler in Antwerpen und Augsburg und Venedig, die bereits eifrig kalkulierten, auf welchem Weg – dem Vasco da Gamas über den Osten oder dem des Kolumbus über den Westen – man die Gewürze, den Pfeffer und den Zimt billiger verschiffen könne. Die Mitteilung dieses Alberico aber, daß ein neuer Teil der Welt mitten im Ozean aufgefunden sei, wirkt auf die Phantasie der Masse mit unwiderstehlicher Kraft. Ist es die sagenhafte Insel Atlantis der Alten, die er gefunden? Sind es die glückseligen, die halkyonischen Inseln? Wunderbar wird das Selbstgefühl der Zeit gesteigert durch das Gefühl, daß die Erde weiter und überraschungsreicher sei, als selbst die weisesten Männer der Vorzeit vermutet, und daß es ihnen, daß es ihrer eigenen Generation vorbehalten sei, die letzten Geheimnisse des Erdballs zu ergründen. Und man versteht, mit welcher Ungeduld die Gelehrten, die Geographen, die Kosmographen, die Drucker und hinter ihnen die unermeßliche Schar der Leser warten, daß dieser unbekannte Albericus sein Versprechen erfülle und mehr erzähle von seinen Forschungen und Reisen, die zum erstenmal die Welt und die Menschheit über die Größe des Erdballs belehren. □

Der Name Amerika

Und dann schreibt 1507 der deutsche Georg Waltzemüller in seinem Büchlein »Cosmographia Introductio« jene »verhängnisvollen« Zeilen, die den Anstoß für den »historischen Irrtum« gaben, der Kolumbus schließlich um den Ruhm brachte, dem von ihm entdeckten Erdteil auch seinen Namen zu geben – einem Erdteil, von dem allerdings Kolumbus gar nicht wußte, daß er ihn überhaupt entdeckt hatte. Der folgend zitierte einzige Satz genügte, die Neue Welt ein für allemal mit dem Namen eines Menschen zu verbinden, der nicht einmal zur Mannschaft des Kolumbus gehört hatte, geschweige denn, einen Beitrag zu seiner Entdeckung geleistet hätte.

Nun wahrlich, da diese Regionen weiter durchforscht sind, und da ein anderer vierter (Erd)teil von Americus Vesputius entdeckt wurde, wie aus den nachstehenden Briefen ersichtlich ist, so sehe ich keinen Grund, warum er nicht gerechterweise nach seinem Entdecker Americus, einem Manne von scharfem Verstande, Amerigen, d.h. das Land des Americus oder Amerika genannt werden sollte, so wie die Namen von Europa und Asien von weiblichen Personen abgeleitet sind. □

Die Quellen

Wir danken allen Autoren und Verlagen, die durch ihre freundliche Genehmigung zum Nachdruck von Texten aus ihren Werken zum Gelingen dieser Anthologie beitrugen.

I

Die zitierten Texte in der Reihenfolge, in der sie in den Kapiteln dieses Buches erscheinen:

Seite 10 bis 14 sowie 14 bis 22
Lemke, H. (Hg.): Die Reisen des Venetianers Marco Polo im 13. Jahrhundert. Hamburg 1908. (Seite 265–269, 280–282, 379–383, 389–390 und 418 des Originals.)

Seite 23 bis 30
Hennig, R.: Wo lag das Paradies? Ullstein-Verlag, Berlin 1950. (Seite 231–237 des Originals.)

Seite 31
Ruge, S.: Prinz Heinrich der Seefahrer. In: Globus 65, 1894. (Seite 154 des Originals.)

Seite 31 bis 37
Friderici, G.: Der Charakter der Entdeckung und Eroberung Amerikas durch die Europäer. Stuttgart 1936. (Seite 27 und 33–38 Band II des Originals.)

Seite 37 bis 39
Hennig, R.: Politische Ziele im Lebenswerk Prinz Heinrichs des Seefahrers. In: Historische Zeitschrift 160, 1939; R. Oldenbourg-Verlag. (Seite 295–301 des Originals.)

Seite 39 bis 41
Peschel, O.: Geschichte des Zeitalters der Entdeckungen. Leipzig 1930. (Seite 24–26 des Originals.)

Seite 41 bis 44
Azurara, G. E. de: Cronica de descobrimento e conquista de Guiné. In: Hayklut Society Bd. 100. (Seite 280ff des Originals.)
Deutsche Übersetzung R. Hennig: Terrae incognitae, Leiden 1956, Bd. IV. (Seite 147–150 des Originals.)
N. V. Boekhandel & Drukkerij voorheen E. J. Brill, Leiden.

Seite 45 bis 49
Prestage, E.: Die portugiesischen Entdecker. Leipzig 1936. (Seite 81–86 des Originals.)

Seite 50 bis 51
Pöllnitz, G. v.: Martin Behaim. In: Jahresbericht 1958/1959, Realgymnasium Würzburg.

Seite 52 bis 53
Günther, S.: Martin Behaim. Bamberg 1890. (Seite 23f. des Originals.)

Seite 54 bis 57
Prestage, E.: Die portugiesischen Entdecker. Leipzig 1936. (Seite 156–159 des Originals.)

Seite 58 bis 69
Hart, H. H.: Vasco da Gama und der Seeweg nach Indien. Carl Ed. Schünemann-Verlag, Bremen o.J. (Seite 234–251 des Originals.)

Seite 70 bis 72
Roteiro da viagem de Vasco da Gama. Lissabon 1861. Übers. bei: Hümmerich, Vasco da Gama und die Entdeckung des Seeweges nach Ostindien. München 1898. (Seite 126 des Originals.)

Seite 74 bis 81
Burckhardt, T.: Die maurische Kultur in Spanien. Verlag Georg D. W. Callwey, München 1970. (Seite 53–58 und 16–24 des Originals.)

Seite 83 bis 99
Prescott, W.: Spaniens Aufstieg zur Weltmacht. Wien 1938. (Seite 251–262 des Originals.)

Seite 100 bis 111
Castro, Americo: Spanien. Vision und Wirklichkeit. © Verlag Kiepenheuer & Witsch, 1957. (Seite 478–487 des Originals.)

Seite 111 bis 120
Nigg, W.: Das Buch der Ketzer. Artemis Verlag AG, Zürich 1962. (Seite 207–213 der Lizensausgabe durch die Büchergilde Gutenberg, Frankfurt.)

Seite 121 bis 123
Prescott, W.: Spaniens Aufstieg zur Weltmacht. Wien 1938. (Seite 271–272 des Originals.)

Seite 123 bis 125 sowie 125 bis 127
Wiesenthal, S.: Segel der Hoffnung. Walter-Verlag, Olten 1972. (Seite 192–193, 188–189 des Originals.)

Seite 127 bis 128
Prescott, W.: Spaniens Aufstieg zur Weltmacht. Wien 1938. (Seite 283 des Originals.)

Seite 146 bis 163
Madariaga, S. de: Kolumbus. Entdecker neuer Welten. Scherz-Verlag, Bern/München/Wien 1966. (Seite 56–69 des Originals.)

Seite 160 bis 161
Morison, Samuel E.: Admiral des Weltmeeres. Walter Dorn-Verlag, Bremen-Horn 1948. (Seite 44–46 des Originals.) *Gekürzt.*

Seite 164 bis 167 sowie 167 bis 168
Hennig, R.: Columbus und seine Tat. Eine kritische Studie über die Vorgeschichte der Fahrt von 1492. Bremen 1940. (Seite 181 und 183 des Originals.)

Seite 169 bis 173
Konetzke, R.: Das spanische Weltreich. Verlag Georg D. W. Callwey, München 1943. (Seite 124–129 des Originals.)

Seite 173 bis 175
Friderici, G.: Der Charakter der Entdeckung und Eroberung Amerikas durch die Europäer. Stuttgart 1936, Bd. I. (Seite 313–316 des Originals.)

Seite 176
Jacob, E. G. (Hg.): Christoph Columbus. Bordbuch, Briefe, Berichte, Dokumente. Carl Ed. Schünemann-Verlag, Bremen o.J. (Seite 55 des Originals.)

Seite 176 bis 183
Irving, W.: Die Geschichte des Lebens und die Reisen Christoph's Columbus. Frankfurt 1828. (T. I., Seite 115–126 des Originals.)

Seite 184 bis 187
Jacob, E. G. (Hg.): Christoph Columbus. Bordbuch, Briefe, Berichte, Dokumente. Carl Ed. Schünemann-Verlag, Bremen o.J. (Seite 55ff. des Originals.)

Seite 188 bis 197
Wiesenthal, S.: Segel der Hoffnung. Walter-Verlag, Olten 1972. (Seite 167–176 des Originals.)

Seite 199 bis 207 sowie 207 bis 216
Morison, Samuel E.: Admiral des Weltmeeres. Walter Dorn-Verlag, Bremen-Horn 1948. (Seite 105f., 109–128 und 184–193 des Originals.) *Gekürzt.*

Seite 217 bis 219 sowie 220 bis 223
Jacob, E. G. (Hg.): Christoph Columbus. Bordbuch, Briefe, Berichte, Dokumente. Carl Ed. Schünemann-Verlag, Bremen o.J. (Seite 82–89 des Originals.)

Seite 224 bis 242
Cronau, R.: Amerika. Die Geschichte seiner Entdeckung von der ältesten bis auf die neueste Zeit. Leipzig 1892, Bd. I. (Seite 194–206 des Originals.)

Seite 243
Morison, Samuel E.: Admiral des Weltmeeres. Walter Dorn-Verlag, Bremen-Horn 1948. (Seite 254 des Originals.)

Seite 243 bis 251
Cronau, R.: Amerika. Die Geschichte seiner Entdeckung von der ältesten bis auf die neueste Zeit. Leipzig 1892, Bd. I. (Seite 226–236 des Originals.)

Seite 254 bis 260
Goldschmit-Jentner, R. K.: Christoph Columbus. Der Mensch, die Tat, die Wirkung. Christian Wegner-Verlag, Hamburg-Reinbek 1946. (Seite 183–191 des Originals.)

Seite 261 bis 270
Buchner, R.: Maximilian I. Kaiser an der Zeitwende. Musterschmidt-Verlag, Göttingen 1959. (Seite 41–51 des Originals.)

Seite 270 bis 276
Infesura, St.: Römisches Tagebuch. Übers.: H. Hefele. Eugen Diederichs-Verlag, Jena 1913. (Seite 261–267 des Originals.) *Gekürzt.*

Seite 276 bis 279
Dickmann, F. (Hg.): Geschichte in Quellen, Bd. III. Bayerischer Schulbuchverlag, München 1966. (Seite 57–60 des Originals.)

Seite 279 bis 280
Pastor, L. v.: Geschichte der Päpste, Bd. III, 1. Verlag Herder, Freiburg 1955. (Seite 622f., 11. Aufl.)

Seite 281 bis 290
Schillmann, F.: Florenz und die Kultur Toskanas. Wien 1929. (Seite 223–233 des Originals.)

Seite 291 bis 293
Landucci, L.: Ein florentinisches Tagebuch. Übers.: M. Herzfeld. Eugen Diederichs-Verlag, Jena 1912. (Seite 173–178 des Originals.)

Seite 293 bis 294
Schüller-Piroli, S.: Borgia. Zerstörung einer Legende. Walter-Verlag, Olten 1963. (Seite 233 des Originals.)

Seite 294 bis 299
Franz, G.: Der deutsche Bauernkrieg. Wissenschaftliche Buchgemeinschaft, Darmstadt 1975. (Seite 58–62 des Originals.)

Seite 301 bis 304 sowie 306 und 313 bis 316
Christoph Columbus: Entdeckungsfahrten. Reiseberichte und Briefe von der zweiten, dritten und vierten Entdeckungsfahrt nach Amerika 1493–1506. Rascher-Verlag, Zürich 1943. (Seite 41–45 und 154–158 des Originals.)

Seite 307 bis 312 sowie 317 bis 318
Morison, Samuel E.: Admiral des Weltmeeres. Walter Dorn-Verlag, Bremen-Horn 1948. (Seite 479–483 und 543f. des Originals.)

Seite 319 bis 327
Peschel, O.: Geschichte des Zeitalters der Entdeckungen. Meersburg 1930. (Seite 243–250 des Originals.)

Seite 327 bis 330
Madariaga, S. de: Kolumbus. Entdecker neuer Welten. Alfred Scherz-Verlag, Bern/München/Wien 1966. (Seite 451–453 des Originals.)

Seite 331 sowie 332 bis 336
Christoph Columbus: Entdeckungsfahrten. Reiseberichte und Briefe von der zweiten, dritten und vierten Entdeckungsreise nach Amerika 1493–1506. Rascher-Verlag, Zürich 1943. (Seite 129 und 276–280 des Originals.)

Seite 337 bis 343
Cronau, R.: Amerika. Die Geschichte seiner Entdeckung von der ältesten bis auf die neueste Zeit. Leipzig 1892, Bd. I. (Seite 327–336 des Originals.)

Seite 344 bis 352
Hennig, R.: Columbus und seine Tat. Eine kritische Studie über die Vorgeschichte der Fahrt von 1492. Verlag Arthur Geist, Bremen 1940. (Seite 153–164 des Originals.)

Seite 353 bis 356
Jacob, E. G. (Hg.): Christoph Columbus. Bordbuch, Briefe, Berichte, Dokumente. Carl Ed. Schünemann-Verlag, Bremen o. J. (Seite 342–346 des Originals.)

Seite 356 bis 360
Konetzke, R.: Das spanische Weltreich. Verlag Georg D. W. Callwey, München 1943. (Seite 214–219 des Originals.)

Seite 360 bis 367
Peschel, O.: Geschichte des Zeitalters der Entdeckungen. Meersburg 1930. (Seite 380–392 des Originals.)

Seite 367 bis 370
Enzensberger, H. M. (Hg.): Bartolome de Las Casas: Kurzgefaßter Bericht von der Verwüstung der Westindischen Länder. Insel-Verlag, Frankfurt 1966. (Seite 23–27 des Originals.)

Seite 371
Martyr, P.: De orbe novo. Dec VII. c. 4 und Martyr, P.: Op. Epist. 806.

Seite 372 bis 380
Zweig, St.: Amerigo. Die Geschichte eines historischen Irrtums. S. Fischer-Verlag, Frankfurt 1954. (Seite 15–23 des Originals.)

Seite 381
Hylacomylus: Cosmographiae introductio, cap. 9. Straßburg 1507.

II
Die zitierten Autoren in alphabetischer Reihenfolge

Azurara, G. E. de: Cronica de descobrimento e conquista de Guiné. In: Hayklut Society Bd. 100. Deutsche Übersetzung R. Hennig: Terrae incognitae, Leiden 1956, Bd. IV. N. V. Boekhandel & Drukkerij voorheen E. J. Brill, Leiden. Buchseite 41–44.

Buchner, R.: Maximilian I. Kasier an der Zeitwende. Musterschmidt-Verlag, Göttingen 1959. Buchseite 261–270.

Burckhardt, T.: Die maurische Kultur in Spanien. Verlag Georg D. W. Callwey, München 1970. Buchseite 74–81.

Castro, A.: Spanien. Vision und Wirklichkeit. © Verlag Kiepenheuer & Witsch, 1957. Buchseite 100–111.

Christoph Columbus: Entdeckungsfahrten. Reiseberichte und Briefe von der zweiten, dritten und vierten Entdeckungsfahrt nach Amerika 1493–1506. Rascher-Verlag, Zürich 1943. Buchseite 301–304, 306, 313–316, 331, 332–336.

Cronau, R.: Amerika. Die Geschichte seiner Entdeckung von der ältesten bis auf die neueste Zeit. Leipzig 1892, Bd. I. Buchseite 224–242, 243–251, 337–343.

Dickmann, F. (Hg.): Geschichte in Quellen. Bd. III. Bayerischer Schulbuchverlag, München 1966. Buchseite 276–279.

Enzensberger, H. M. (Hg.): Bartolome de Las Casas: Kurzgefaßter Bericht von der Verwüstung der Westindischen Länder. Insel-Verlag, Frankfurt 1966. Buchseite 367–370.

Franz, G.: Der deutsche Bauernkrieg. Wissenschaftliche Buchgemeinschaft, Darmstadt 1975. Buchseite 294–299.

Friderici, G.: Der Charakter der Entdeckung und Eroberung Amerikas durch die Europäer. Stuttgart 1936. Buchseite 31–37, 173–175.

Goldschmit-Jentner, R. K.: Christoph Columbus. Der Mensch, die Tat, die Wirkung. Christian Wegner-Verlag, Hamburg-Reinbek 1946. Buchseite 254–260.

Günther, S.: Martin Behaim. Bamberg 1890. Buchseite 52–53.

Hart, H. H.: Vasco da Gama und der Seeweg nach Indien. Carl Ed. Schünemann-Verlag, Bremen o.J. Buchseite 58–69.

Hennig, R.: Columbus und seine Tat. Eine kritische Studie über die Vorgeschichte der Fahrt von 1492. Bremen 1940. Buchseite 164–167, 167–168, 344–352.

Hennig, R.: Politische Ziele im Lebenswerk Prinz Heinrichs des Seefahrers. In: Historische Zeitschrift 160, 1939, R. Oldenbourg-Verlag, Buchseite 37–39.

Hennig, R.: Wo lag das Paradies? Ullstein-Verlag, Berlin 1950. Buchseite 23–30.

Hylacomylus: Cosmographiae introductio. cap. 9. Straßburg 1507. Buchseite 381.

Infesura, St.: Römisches Tagebuch. Übers.: H. Hefele. Eigen Diederichs-Verlag, Jena 1913. Buchseite 270–276.

Irving, W.: Die Geschichte des Lebens und die Reisen Christoph's Columbus. Frankfurt 1828. Buchseite 176–183.

Jacob, E. G. (Hg.): Christoph Columbus. Bordbuch, Briefe, Berichte, Dokumente. Carl Ed. Schünemann-Verlag, Bremen o.J. Buchseite 184–187, 217–219, 220–223, 353–356.

Konetzke, R.: Das spanische Weltreich. Verlag Georg D. W. Callwey, München 1943. Buchseite 169–173, 356–360.

Landucci, L.: Ein Florentinisches Tagebuch. Übers.: M. Herzfeld. Eugen Diederichs-Verlag, Jena 1912. Buchseite 291–293.

Lemke, H.: Die Reisen des Venetianers Marco Polo im 13. Jahrhundert. Hamburg 1908. Buchseite 10–14, 14–22.

Madariaga, S. de: Kolumbus. Entdecker neuer Welten. Scherz-Verlag, Bern/München/Wien 1966. Buchseite 146–163, 327–330.

Martyr, P.: De orbe novo. Dec VII. c.4 und Op. Epist 806. Buchseite 371.

Morison, Samuel E.: Admiral des Weltmeeres. Walter Dorn-Verlag, Bremen-Horn 1948. Buchseite 160–161, 199–207, 207–216, 243, 307–312, 317–318.

Nigg, W.: Das Buch der Ketzer. Artemis Verlags AG, Zürich 1962. (Lizenzausgabe durch die Büchergilde Gutenberg, Frankfurt.) Buchseite 111–120.

Pastor, L. v.: Geschichte der Päpste, Bd. III, 1. Verlag Herder, Freiburg 1955. Buchseite 279–280.

Peschel, O.: Geschichte des Zeitalters der Entdeckungen. Leipzig 1930. Buchseite 39–41, 319–327, 360–367.

Pöllnitz, G. v.: Martin Behaim. In: Jahresbericht 1958/1959, Realgymnasium Würzburg. Buchseite 50–51.

Prescott, W.: Spaniens Aufstieg zur Weltmacht. Wien 1938. Buchseite 83–99, 121–123, 127–128.

Prestage, E.: Die portugiesischen Entdecker. Leipzig 1936. Buchseite 45–49, 54–57.

Roteiro da viagem de Vasco da Gama. Lissabon 1861. Übers. bei: Hümmerich, Vasco da Gama und die Entdeckung des Seeweges nach Ostindien. München 1898. Buchseite 70–72.

Ruge, S.: Prinz Heinrich der Seefahrer. In: Globus 65, 1894. Buchseite 31.

Schillmann, F.: Florenz und die Kultur Toskanas. Wien 1929. Buchseite 281–290.

Schüller-Piroli, S.: Borgia. Zerstörung einer Legende. Walter-Verlag, Olten 1963. Buchseite 293–294.

Wiesenthal, S.: Segel der Hoffnung. Walter-Verlag, Olten 1972. Buchseite 123–125, 125–127, 188–197.

Zweig, St.: Amerigo. Die Geschichte eines historischen Irrtums. S. Fischer-Verlag, Frankfurt 1954. Buchseite 372–380.

III

Die Original-Verlage in alphabetischer Reihenfolge

Artemis Verlags AG, Zürich 1962 – Nigg, W.: Das Buch der Ketzer. (Lizenzausgabe durch die Büchergilde Gutenberg, Frankfurt.) Buchseite 111–120.

Bayerischer Schulbuch-Verlag, München 1966 – Dickmann, F. (Hg.): Geschichte in Quellen, Band III. Buchseite 276–279.

Brill, E. J., N. V. Boekhandel & Drukkerij, Leiden 1956 – Hennig, R.: Terrae incognitae, Band IV. Übersetzung des Werkes Azurara, G. E. de: Cronica de descobrimento e conquista de Guiné. In: Hayklut Society Band 100. Buchseite 41–44.

Callwey Verlag, München 1970 – Burckhardt, T.: Die maurische Kultur in Spanien. Buchseite 74–81.

Callwey Verlag, München 1943 – Konetzke, R.: Das spanische Weltreich. Buchseite 169–173, 356–360.

Diederichs-Verlag, Jena 1913 – Infesura, St.: Römisches Tagebuch. Übers.: H. Hefele. Buchseite 270–276.

Diederichs-Verlag, Jena 1912 – Landucci, L.: Ein florentinisches Tagebuch. Übers.: M. Herzfeld. Buchseite 291–293.

Dorn-Verlag, Bremen-Horn 1948 – Morison, Samuel E.: Admiral des Weltmeeres. Buchseite 160–161, 199–207, 207–216, 243, 307–312, 317–318.

S. Fischer-Verlag, Frankfurt 1954 – Zweig, St.: Amerigo. Die Geschichte eines historischen Irrtums. Buchseite 372–380.

Geist-Verlag, Bremen 1940 – Hennig, R.: Columbus und seine Tat. Eine kritische Studie über die Vorgeschichte der Fahrt von 1492. Buchseite 344–352.

Herder-Verlag, Freiburg 1955 – Pastor, L. v.: Geschichte der Päpste, Bd. III, 1. Buchseite 279–280.

Insel-Verlag, Frankfurt 1966 – Enzensberger, H. M. (Hg.): Bartolome de Las Casas: Kurzgefaßter Bericht von der Verwüstung der Westindischen Länder. Buchseite 367–370.

Kiepenheuer & Witsch, 1957 – Castro, Americo: Spanien. Vision und Wirklichkeit. Buchseite 100–111.

Musterschmidt-Verlag, Göttingen 1959 – Buchner, R.: Maximilian I. Kaiser an der Zeitwende. Buchseite 261–270.

Oldenbourg-Verlag – Hennig, R.: Politische Ziele im Lebenswerk Prinz Heinrichs des Seefahrers. In: Historische Zeitschrift 160, 1939. Buchseite 37–39.

Rascher-Verlag, Zürich 1943 – Christoph Columbus: Entdeckungsfahrten. Reiseberichte und Briefe von der zweiten, dritten und vierten Entdeckungsfahrt nach Amerika 1493–1506. Buchseite 301–304, 306, 313–316, 331, 332–336.

Scherz-Verlag, Bern/München/Wien 1966 – Madariaga, S. de: Kolumbus. Entdecker neuer Welten. Buchseite 146–163, 327–330.

Schünemann-Verlag, Bremen o.J. – Hart, H. H.: Vasco da Gama und der Seeweg nach Indien. Buchseite 58–69.

Schünemann-Verlag, Bremen o.J. – Jacob, E. G. (Hg.): Christoph Columbus. Bordbuch, Briefe, Berichte, Dokumente. Buchseite 184–187, 217–219, 220–223, 353–356.

Ullstein-Verlag, Berlin 1950 – Hennig, R.: Wo lag das Paradies? Buchseite 23–30.

Walter-Verlag, Olten 1972 – Wiesenthal, S.: Segel der Hoffnung. Buchseite 123–125, 125–127, 188–197.

Walter-Verlag, Olten 1963 – Schüller-Piroli, S.: Borgia. Zerstörung einer Legende. Buchseite 293–294.

Wegner-Verlag, Hamburg-Reinbek 1946 – Goldschmit-Jentner, R. K.: Christoph Columbus. Der Mensch, die Tat, die Wirkung. Buchseite 254–260.

Wissenschaftliche Buchgemeinschaft, Darmstadt 1975 – Franz, G.: Der deutsche Bauernkrieg. Buchseite 294–299.

Namen- und Ortsregister

Kursiv gesetzte Ziffern verweisen auf Abbildungen

Abbildungsnachweis zu den Kunstdrucktafeln

Archiv für Kunst und Geschichte, Berlin (3); Maria Berger, Köln-Alinari (1); Bildarchiv Preußischer Kulturbesitz, Berlin (3); Germanisches Nationalmuseum, Nürnberg (1); Historia-Photo, Bad Sachsa (1); Interfoto Friedrich Rauch, München (1); MAS, Barcelona (6); Monumenti Musei e Gallerie Pontificie, Rom (1); Österreichische Nationalbibliothek, Wien (2); Georg Stiller, Gütersloh (1); Zeitbild Maiwald, Garmisch-Partenkirchen (1).